EU CREIO NA
PREGAÇÃO

Dados Internacionais de Catalogação na Publicação (CIP)
(Câmara Brasileira do Livro, SP, Brasil)

Stott, John
   Eu creio na pregação / John Stott; tradução Gordon Chown — São Paulo: Editora Vida, 2006.

   Título original: *I believe in preaching*.
   ISBN 978-85-7367-693-8

   1. Oração — Igreja Católica 2. — Igreja Católica I. Título.

06-2858   CDD-248.32

Índice para catálogo sistemático:
   1. Oração : Prática religiosa : Cristianismo   248.32

JOHN STOTT

EU CREIO NA PREGAÇÃO

Vida
ACADÊMICA

EDITORA VIDA
Rua Conde de Sarzedas, 246 — Liberdade
CEP 01512-070 — São Paulo, SP
Tel.: 0 xx 11 2618 7000
atendimento@editoravida.com.br
www.editoravida.com.br
@editora_vida /editoravida

Capa: Douglas Lucas

EU CREIO NA PREGAÇÃO
© de John Stott

Todos os direitos desta edição em língua portuguesa são reservados e protegidos por Editora Vida pela Lei 9.610, de 19/02/1998.

É proibida a reprodução desta obra por quaisquer meios (físicos, eletrônicos ou digitais), salvo em breves citações, com indicação da fonte.

■

Todas as citações bíblicas e de terceiros foram adaptadas segundo o Acordo Ortográfico da Língua Portuguesa, assinado em 1990, em vigor desde janeiro de 2009.

■

As opiniões expressas nesta obra refletem o ponto de vista de seus autores e não são necessariamente equivalentes às da Editora Vida ou de sua equipe editorial.

Os nomes das pessoas citadas na obra foram alterados nos casos em que poderia surgir alguma situação embaraçosa.

Todos os grifos são do autor, exceto os indicados.

Reimp.: maio 2014
Reimp.: mar. 2016
Reimp.: abr. 2017
Reimp.: nov. 2018
Reimp.: jan. 2020
Reimp.: fev. 2021
Reimp.: jul. 2023

Esta obra foi composta em *Adobe Garamond Pro*
e impressa por Piffer Print sobre papel
Pólen Natural 70 g/m² para Editora Vida.

Sumário

Prefácio do editor 7
Introdução do autor 9

■ **CAPÍTULO UM**
A glória da pregação: um esboço histórico 15

■ **CAPÍTULO DOIS**
Objeções contemporâneas contra a pregação 51

■ **CAPÍTULO TRÊS**
Fundamentos teológicos para a pregação 97

■ **CAPÍTULO QUATRO**
A pregação como edificação de pontes 143

■ **CAPÍTULO CINCO**
A chamada ao estudo 191

■ **CAPÍTULO SEIS**
Preparando sermões 225

■ **CAPÍTULO SETE**
Sinceridade e zelo 281

■ **CAPÍTULO OITO**
Coragem e humildade 321

Conclusão 361
Bibliografia selecionada 365

Prefácio

O padrão da pregação no mundo moderno é deplorável. Existem poucos grandes pregadores. Muitos ministros religiosos parecem já não acreditar nela como modo poderoso de proclamar o evangelho e de transformar vidas. Esta é a época dos sermãozinhos: e sermãozinhos produzem cristãozinhos.[1] Boa parte da incerteza atual a respeito do evangelho e da missão da igreja deve-se, por certo, a uma geração de pregadores que perderam confiança na Palavra de Deus e já não se dão ao trabalho de estudá-la em profundidade e de proclamá-la sem medo nem favoritismo.

John Stott é um dos poucos grandes pregadores na Grã-Bretanha hoje. Além disso, foi liberado para um ministério de escrever e viajar que o leva para todas as partes do mundo. É, portanto, notavelmente gratificante que se deixou persuadir a escrever este livro, que assumirá seu lugar como um dos tratamentos principais do assunto. É necessário um pregador para escrever de modo eficaz a respeito da pregação, e é isso que temos neste livro.

Um breve exame do conteúdo indicará o escopo desta publicação notável. Demonstra a gloriosa herança e o efeito poderoso da pregação no decurso dos séculos. Desde o começo até o fim deste livro, também revela a amplidão e a profundidade espantosas da sua própria leitura no assunto. Enfrenta diretamente as objeções à pregação; enfileira encorajamentos para a pregação e demonstra

[1]V. p. 331.

como um pé do pregador sempre deve estar ancorado na Bíblia e o outro no mundo contemporâneo. Os capítulos sobre o estudo e o preparo que contribuem para a pregação eficaz estão repletos de sabedoria e de conselhos úteis, e será tanto um desafio quanto uma inspiração para os pregadores. Mas a perícia por si mesma não basta. O pregador deve viver sua mensagem. Deve também, por sua humildade e paixão, permitir que o Espírito Santo opere através dele. Além disso, deve acreditar que a pregação no poder do Espírito vai transformar vidas.

As primeiras palavras deste livro resumem de modo apropriado o seu tema: A pregação é indispensável para o cristianismo. *É isso mesmo!* Em razão de conhecer a verdade e de senti-la profundamente, e por ter vivenciado o seu poder em todas as partes do mundo, o dr. John Stott produziu um livro que, da mesma forma que um bom sermão, dirige-se tanto à cabeça quanto ao coração, a fim de alcançar a vontade. Este livro, pois, procura encorajar e desafiar todos os pregadores a se dedicar com toda a sinceridade à sua vocação de fazer conhecer o plano de Deus para a salvação do mundo que perdeu o seu caminho. Não existe vocação mais sublime que essa.

Surgem sinais hoje, em muitas partes do mundo, de crescimento relevante na igreja cristã. O que agora se torna necessário é um reavivamento de pregação bíblica confiante, inteligente e relevante, que promova esse crescimento e edifique discípulos maduros em Cristo. Se existe algum livro que possa estimular tal reavivamento na pregação, o livro é este.

MICHAEL GREEN
Páscoa de 1981

Introdução

Qualquer tentativa da parte de um pregador de pregar a outros pregadores a respeito da pregação seria um empreendimento precipitado e tolo. Pessoalmente, confesso que no púlpito fico freqüentemente atacado pela "frustração da comunicação", pois uma mensagem arde dentro de mim, mas não consigo transmitir aos outros o que estou pensando e muito menos o que estou sentindo. E raras vezes (talvez nunca) saio do púlpito sem um senso de fracasso parcial, um estado de ânimo de arrependimento, um clamor a Deus por perdão e uma resolução para confiar nele para me dar graça para ter um desempenho melhor no futuro.

Ao mesmo tempo, confesso ser — por motivos que virão à tona nos capítulos que se seguem — crente (sem pedir desculpas) na necessidade indispensável da pregação, tanto para o evangelismo quanto para o crescimento saudável da igreja. A situação contemporânea torna mais difícil a pregação; não a torna menos necessária.

Já foram escritos inúmeros livros sobre a pregação. Pessoalmente, li quase uma centena de livros sobre homilética, sobre comunicação e sobre temas correlatos. Como, portanto, se justificaria o lançamento de mais um deles? Se algo de distintivo existe em *Eu creio na pregação*, acho que é o seguinte: procurei ajuntar vários aspectos mutuamente complementares ao tema, os quais freqüentemente têm sido mantidos separados. Assim, no panorama histórico inicial, espero que os leitores venham a sentir, assim como eu, que existe certa "glória" no ministério da pregação que nos prepara para enfrentar com integridade os problemas que esse ministério enfrenta hoje, apresentados no capítulo 2. Embora nos capítulos 5 e 6 eu procure oferecer conselhos práticos tanto a respeito do estudo quanto do preparo do sermão, pouca coisa falo a respeito da apresentação, da elocução e dos gestos. Isso se dá, em parte, porque tais questões são mais bem aprendidas quando se é "aprendiz" de um pregador experiente, pela tentativa e pelo erro, e com a ajuda de amigos críticos. Também porque desejo colocar as coisas principais em primeiro lugar e porque creio que, de longe, os segredos mais importantes da pregação não são técnicos, mas teológicos e pessoais. Por isso, temos o capítulo 3 a respeito dos "Fundamentos teológicos da pregação" e os capítulos 7 e 8 sobre as características pessoais do pregador, tais como sinceridade, seriedade, coragem e humildade. Outra ênfase específica que fiz, oriunda da experiência e da convicção crescentes, diz respeito à "pregação como edificação de pontes" (cap. 4). Um sermão genuíno forma uma ponte sobre o abismo entre o mundo bíblico e o moderno, e deve ser igualmente fundamentado em ambos.

Todos os pregadores têm consciência da tensão dolorosa entre os ideais e a realidade. Alguns leitores acharão não somente que incluí exagerada carga prejudicial de citações, como também acharão que um número grande delas provém de uma era do passado, bem distante da nossa situação. Quanto às citações em geral, meu desejo era simplesmente compartilhar com os outros os frutos da minha leitura. Embora também tenha escrito com liberdade e franqueza com base na minha experiência, teria sido arrogância confinar-me a ela. A pregação tem uma tradição ininterrupta na igreja de quase vinte séculos. Temos muitíssima coisa para aprender dos grandes pregadores do passado, cujo ministério Deus abençou de modo tão notável. O fato de nossa realidade diferir da deles não me parece ser motivo para não compartilhar dos seus ideais.

Outros leitores, ainda, me considerarão por demais idealista num sentido diferente, no sentido de eu não levar suficientemente em conta os problemas que afligem muitos dos ministros religiosos hoje. Trabalham demasiadamente por pouca recompensa financeira. Ficam expostos a pressões intelectuais, sociais, morais e espirituais implacáveis, das quais nossos antepassados nada sabiam. Sua moral é baixa. Muitos sofrem de solidão, desânimo e depressão. Alguns têm várias congregações nas aldeias sob seus cuidados (penso num presbítero da igreja da Índia do Sul que tem trinta delas, e somente uma bicicleta para visitá-las). Outros estão se esforçando com dificuldade numa área decadente e negligenciada do centro da cidade, com pouquíssimos membros e nenhum líder. Não é verdade que estabeleço padrões impossivelmente altos de estudo e de preparo, que talvez sejam apropriados para uma igreja urbana ou suburbana estabelecida há muito tempo, mas não para uma situação pioneira de implantação de igrejas? Sem dúvida, é verdade que não somente a minha experiência tem sido limitada, em grande medida, à All Souls Church [Igreja de Todas as Almas] em Londres e a igrejas semelhantes, como também que tinha em mente semelhantes igrejas na maior parte da escrita deste livro. Nem por isso deixei de me esforçar ao máximo para levar em conta outras situações.

Creio que os ideais que desdobrei são universalmente verdadeiros, embora, naturalmente, precisem ser adaptados a cada realidade específica. Quer o pregador se dirija a uma congregação grande numa igreja urbana moderna, quer ocupe um púlpito antigo numa igreja de uma aldeia européia histórica, quer fique abrigado, juntamente com um remanescente minúsculo num cantinho ventoso de um edifício velho e dilapidado que já há muito tempo deixou de ser útil, quer falando a um grupo de camponeses numa choupana na América Latina ou debaixo de algumas árvores na África, quer esteja sentado num lar ocidental com um grupo pequeno reunido em seu redor — mesmo assim, com todas essas diversidades, muitas coisas permanecem iguais. Temos a mesma Palavra de Deus e os mesmos seres humanos, e o mesmo pregador falível chamado pelo mesmo Deus vivo para estudar tanto a Palavra quanto o mundo a fim de relacionar um com o outro com honestidade, convicção, coragem e mansidão.

O privilégio da pregação é outorgado a um número crescente de pessoas diferentes hoje em dia. Embora tenha escrito tendo em mira principalmente o pastorado de tempo integral, creio firmemente que é certo e útil haver uma equipe pastoral, e levei em conta tanto os pastores auxiliares quanto os pregadores leigos que porventura pertençam a ela. Além disso, apesar de me dirigir aos pregadores, não me esqueci dos ouvintes. Em quase todas as igrejas, seriam benéficos relacionamentos mais íntimos e cordiais entre os pastores e os membros, entre os pregadores e os ouvintes. É necessário haver mais cooperação entre eles no preparo dos sermões e mais candura na avaliação dos mesmos. A congregação mediana pode exercer muito mais influência do que reconhece no padrão de pregação que recebe ao pedir sermões mais bíblicos e contemporâneos, ao deixar seus pastores livres da administração a fim de terem mais tempo para estudar e se preparar, e ao expressar apreço e encorajamento quando seus pastores levam a sério sua responsabilidade da pregação.

Por fim, quero agradecer a algumas das muitas pessoas que me ajudaram a escrever este livro. Começo com o rev. E. J. H. Nash, que me mostrou o caminho para Cristo quando estava eu para completar dezessete anos de idade, que me nutria e orava por mim com fidelidade notável, desenvolveu o meu apetite pela Palavra de Deus e me deu a primeira prova das alegrias de expô-la.

Em seguida, agradeço à congregação longânima da All Souls Church, que tem sido a bigorna na qual forjei quaisquer perícias de pregação que possuo, e à família da Igreja que me tem cercado com amor, encorajamento e orações. Juntamente com eles, agradeço a Michael Baughen, que chegou em All Souls como ministro auxiliar em 1970, e foi meu sucessor como reitor em 1975, e que me tem dado o privilégio de ser membro da sua equipe pastoral e de continuar a pregar.

Expresso minha gratidão especial a Frances Whitehead. Por várias décadas, ela tem sido minha secretária, cujos esforços e eficiência são proverbiais, e que tem decifrado laboriosamente as garatujas nas quais a minha escrita se degenera quando a inspiração celestial desce sobre mim. Ela já digitou (total ou parcialmente) mais de vinte livros.

Agradeço a Ted Schroder, que nasceu na Nova Zelândia e que agora ministra nos Estados Unidos, e que durante seu pastorado na All Souls, de quatro anos de duração, sempre me desafiava a correlacionar o evangelho com o mundo moderno. Agradeço, também, a um número sem conta de pastores em conferências, seminários e laboratórios sobre a pregação, em todos os seis continentes; e aos alunos da Trinity Evangelical Divinity School, do seminário Gordon-Conwell, do Seminário Teológico Fuller e a Associação de Estudantes Teológicos, que têm ouvido as minhas preleções sobre esse tema. Esses pastores e alunos têm me estimulado com suas perguntas.

Agradeço a Roy McCloughty, Tom Cooper e Mark Labberton, os quais, um após outro, têm me ajudado como estudantes assistentes em tempo parcial, especialmente a Mark que, além disso, leu três vezes o manuscrito deste livro e fez sugestões úteis, não menos da perspectiva dos estudantes de seminário. Agradeço aos meus amigos Dick e Rosemary Bird que têm me acompanhado por muitos anos até minha casinha campestre, "Hookses", para criar, altruisticamente, as condições nas quais eu consiga escrever em paz e sem interrupções. Agradeço a muitas pessoas que têm respondido às perguntas postuladas a elas por escrito, sobretudo ao bispo Lesslie Newbiggin, ao catedrático James Stewart, a Malcolm Muggeridge, Iain Murray, Leith Samuel, Oliver Barclay, ao bispo John Reid e ao bispo Timothy Dudley-Smith.

Devo agradecimentos especiais a Os Guinness, Andrew Kirk, Michael Baughen e Rob Warner por terem arranjado tempo para ler os originais desta obra e para me enviar seus comentários. Michael Green, organizador da série *I Believe* [*Eu creio*], da qual este livro faz parte originariamente, a despeito de uma crise de bronquite, e a ele devo, ainda, agradecimentos pelos termos generosos que empregou ao prefaciar este livro.

JOHN STOTT
Páscoa de 1981

CAPÍTULO UM

A glória da pregação: um esboço histórico

A pregação é indispensável para o cristianismo. Sem a pregação, ele perde algo necessário que lhe confere autoridade. Isso porque o cristianismo é, essencialmente, uma religião da Palavra de Deus. Nenhuma tentativa de entender o cristianismo pode ser bem-sucedida se deixa despercebida ou nega a verdade de que o Deus vivo tomou a iniciativa de se revelar de modo salvífico à humanidade caída; ou que a sua revelação de si mesmo foi dada pelo meio mais direto de comunicação que nos é conhecido, a saber, por uma palavra ou palavras; ou que conclama aos que escutaram sua Palavra a transmiti-la aos outros.

Primeiramente, Deus falou por meio de profetas e interpretou para eles o significado das suas ações na história de Israel, e, ao mesmo tempo, mandou transmitir sua mensagem ao povo, quer pela palavra falada, quer pela escrita, quer por ambas juntas. Depois, e de modo supremo, falou por intermédio do Filho, sua "Palavra [...] que se tornou carne". As palavras da sua Palavra foram transmitidas quer diretamente, quer mediante os apóstolos. Em terceiro lugar, fala por meio do seu Espírito, que pessoalmente dá testemunho de Cristo e das Escrituras, tornando-os reais para o povo de Deus hoje. Essa relação trinitária do Pai, do Filho e do Espírito Santo, que falam mediante a Palavra de Deus que é bíblica, encarnada e contemporânea é fundamental para a religião cristã. É a fala de Deus que torna necessária a nossa fala. Devemos transmitir aquilo que ele tem falado. Daí a obrigação suprema de pregar.

Além disso, essa ênfase é exclusividade do cristianismo. É claro que todas as religiões têm seus mestres oficialmente aceitos, sejam gurus hindus, sejam rabinos judaicos, sejam mulás muçulmanos. Entretanto, esses instrutores na religião e na ética, mesmo dotados de autoridade oficial e de carisma pessoal, são, em essência, os expositores de uma tradição antiga. Somente os pregadores cristãos declaram ser arautos das boas-novas da parte de Deus e ousam pensar em si mesmos como seus embaixadores ou representantes que realmente transmitem "a palavra de Deus" (1Pe 4.11). "A pregação é parte essencial e característica distintiva do cristianismo", escreveu E. C. Dargan na sua obra em dois tomos *History of preaching* [*História da pregação*]. E, ainda: "A pregação é distintivamente uma instituição cristã".[1]

Que a pregação é crucial e distintiva para o cristianismo tem sido reconhecido no decurso inteiro da longa e pitoresca história da igreja, desde o próprio início. Portanto, antes de pesarmos na balança as objeções contra a pregação e de considerarmos como devemos respondê-las, parece tanto saudável quanto útil colocar o argumento contemporâneo no contexto da história eclesiástica. Sem dúvida nenhuma, nem as opiniões do passado, respeitadas no decurso dos séculos, nem as vozes influentes do presente são infalíveis. Entretanto, a impressionante unanimidade na convicção da primazia e do poder da pregação (e vou aproveitar deliberadamente um amplo espectro da tradição eclesiástica) nos oferecerá ampla perspectiva a partir da qual poderemos enxergar a visão oposta e nos deixar bem animados a agir dessa forma.

JESUS, OS APÓSTOLOS E OS PAIS DA IGREJA

O único lugar para começarmos é com o próprio Jesus. "O Fundador do cristianismo foi, pessoalmente, o primeiro dos seus pregado-

---

[1] P. 12 e 552, vol. 1.

res; mas foi antecedido pelo seu precursor e seguido pelos seus apóstolos, e na pregação destes a proclamação e ensino da Palavra de Deus por meio de discursos públicos ficaram sendo características essenciais e permanentes da religião cristã".[2] Sem dúvida, os evangelistas apresentam Jesus como, em primeiríssimo lugar, pregador itinerante. "Jesus foi [...] proclamando as boas-novas de Deus", relata Marcos, ao introduzir o ministério público (Mc 1.14; v. Mt 4.17). Por isso, foi inteiramente legítimo quando George Buttrick, posteriormente capelão em Harvard, adotou as três palavras "Jesus foi proclamando" como título das suas Preleções Lyman de 1931 em Yale. Os evangelistas sinóticos resumem o ministério de Jesus na Galiléia nestes termos: "Jesus ia passando por todas as cidades e povoados, ensinando nas sinagogas, pregando as boas novas do Reino e curando todas as enfermidades e doenças" (Mt 9.35; v. 4.23 e Mc 1.39). Aliás, foi assim que o próprio Jesus entendia a sua missão naquele período. Declarou na sinagoga de Nazaré que, como cumprimento da profecia em Isaías 61, o Espírito do Senhor o ungira para pregar mensagem de libertação. Conseqüentemente, "era necessário" que fizesse assim. Foi "para isso" que tinha sido "enviado" (Lc 4.18, 43; v. Mc 1.38: "Foi para isso que eu vim"). O testemunho que João Batista deu da missão consciente de Jesus como pregador e mestre é semelhante. Aceitava o título de "Mestre", declarou que "Nada disse em segredo" e explicou a Pilatos que viera ao mundo "para testemunhar da verdade" (Jo 13.13; 18.20,37).

Que os apóstolos, depois do Pentecoste, davam prioridade ao ministério da pregação é declarado especificamente em Atos 6. Resistiram à tentação de se envolver em outras formas de serviço, a fim de se dedicar "à oração e ao ministério da palavra" (v. 4). Pois foi para isso que Jesus os chamara primariamente. Jesus, em vida, os enviara para pregar (Mc 3.14), embora temporariamente restringisse o ministério deles "às ovelhas perdidas de Israel" (Mt 10.5-7). Depois da sua ressurreição, no entanto, comissionara-os solenemente a levar o evangelho a "todas as nações" (v. Mt 28.19; Lc 24.47). Segundo a

[2]E. C. DARGAN, *History of preaching*, p. 7, vol. II.

forma mais longa do fim de Marcos: "... saíram e pregaram por toda parte" (16.20). Proclamaram no poder do Espírito Santo as boas novas da morte e da ressurreição, ou do sofrimento e da glória de Cristo (1Pe 1.12). Em Atos, podemos vê-los fazendo assim — primeiramente Pedro e os demais apóstolos em Jerusalém que "anunciaram corajosamente a palavra de Deus" (4.31), e depois, o herói de Lucas, Paulo, nas suas três expedições missionárias, até Lucas o deixar em Roma em prisão domiciliar, só que "pregava o Reino de Deus e ensinava a respeito do Senhor Jesus Cristo, abertamente e sem impedimento algum" (28.31). Nisso, Lucas reflete fielmente o modo de o próprio Paulo perceber o seu ministério. Cristo o enviara para pregar o evangelho, e não para batizar — conforme escreveu o próprio apóstolo; por isso sentia certa necessidade ou compulsão para agir assim. Além disso, a pregação era o modo determinado por Deus para os pecadores ouvirem a respeito do Salvador e, assim, invocá-lo para a salvação, pois "como ouvirão, se não houver quem pregue?" (1Co 1.17; 9.16; Rm 10.14,15). Depois, no fim da sua vida, sabendo que combatera o bom combate e terminara a sua carreira, passou a comissão adiante para seu jovem assistente, Timóteo. Na presença de Deus e ante-gozando a volta de Cristo para julgar e para reinar, encarregou-o solenemente: "Pregue a palavra, esteja preparado a tempo e fora de tempo, repreenda, corrija, exorte com toda paciência e doutrina" (2Tm 4.1,2).

Era tanto o destaque para a pregação e para o ensino no ministério de Jesus que pouco nos surpreende descobrir entre os primeiros pais da Igreja a mesma ênfase neles.

O Didaquê, ou *O ensino do Senhor por meio dos doze apóstolos,* que data provavelmente de perto do início do século II, é um manual eclesiástico sobre a ética, os sacramentos, o ministério e a segunda vinda de Jesus. Refere-se a vários ministérios do ensino, aos "bispos e diáconos" por um lado, e aos "mestres, apóstolos e profetas" por outro. Os mestres viajantes devem receber as boas-vindas, mas são apresentados testes práticos para avaliar a fidedignidade deles. Se um mestre contradizer a fé apostólica, se ficar ali mais de dois dias e/ou pedir dinheiro, então é falso profeta (11.1,2; 12.1-5). Se, porém, for genuíno, deve-se escutá-lo com humildade. "Sê paciente e misericordioso e sincero, e tranqüilo, e bom, reverenciando sempre as palavras que ouviste". E também: "Filho meu, lembrar-te-ás noite e dia daquele que te anuncia a palavra de Deus, porque onde se fala do poder do Senhor, ali o Senhor está" (3.8; 4.1).[3]

Em meados do século II foi publicada a *Primeira apologia de Justino Mártir*. Dirigiu-a ao imperador, defendeu o cristianismo contra acusações falsas e argumentou que essa fé é a verdade porque o Cristo que morreu e ressuscitou era a encarnação da verdade e o Salvador da humanidade. Perto do fim, ofereceu um relato do "culto semanal dos cristãos". É notável, tanto pelo destaque dado à leitura e pregação das Escrituras, quanto pela combinação entre a Palavra e o sacramento:

> E no dia chamado domingo, todos quantos moram nas cidades ou no interior reúnem-se juntos num só lugar, e são lidas as memórias dos apóstolos ou os escritos dos profetas, por tanto tempo quanto possível; depois, tendo terminado o leitor, o presidente instrui verbalmente, e exorta à imitação dessas coisas virtuosas. Em seguida, todos nos colocamos em pé e oramos e, conforme dissemos antes, ao terminarem as nossas orações são trazidos pão, vinho e água, e o presidente, de modo semelhante, oferece orações e ações de graças, segundo a sua capacidade, e o povo concorda, dizendo amém.[4]

No fim do século II o pai latino Tertuliano escreveu a sua *Apologia* a fim de inocentar os cristãos das acusações falsas que tinham de suportar. Escrevendo a respeito das "peculiaridades da sociedade cristã", enfatizou o amor e a união que os mantinham juntos, e passou, então, a descrever as suas reuniões:

> Nós nos reunimos para ler as nossas escrituras sagradas [...] Com as palavras sagradas, nutrimos a nossa fé, animamos a nossa esperança, tornamos mais firme a nossa confiança, e não menos,

---

[3]Trad. João Gonçalves Salvador, São Paulo: Metodista, 1957.
[4]Cap. 67, in: *Ante-nicene fathers,* p. 186, vol. 1.

pela inculcação dos preceitos de Deus, confirmamos bons hábitos. No mesmo lugar também são feitas exortações, repreensões e censuras sagradas...[5]

O contemporâneo de Tertuliano, o pai grego Ireneu, bispo de Lyon, ressaltava a responsabilidade dos presbíteros de aderirem aos ensinos dos apóstolos:

> Estes também conservam essa nossa fé em um só Deus, que conseguiu semelhantes dispensas maravilhosas por amor a nós; e nos expõem as Escrituras sem perigo, nem blasfemando a Deus, nem desonrando os patriarcas, nem desprezando os profetas.[6]

Eusébio, bispo de Cesaréia no início do século IV e pai da história eclesiástica, conseguiu resumir os duzentos primeiros anos da era cristã em termos da obra dos pregadores e mestres:

> Empreeendiam viagens longe de casa e faziam a obra de evangelista, tendo o propósito de pregar a todos quantos ainda não tivessem ouvido a palavra da fé e de lhes dar o livro dos evangelhos divinos. Mas se limitaram a meramente deitar os alicerces da fé em alguns lugares estrangeiros e a nomear outros como pastores, aos quais confiavam os cuidados dos que acabaram de ser trazidos à fé; em seguida, partiam para outras terras e nações, com a graça e a cooperação de Deus.[7]

Do período patrístico posterior, escolherei um só exemplo, mas de fato o mais nobre, a saber, João Crisóstomo, que pregou por doze anos na Catedral em Antioquia antes de se tornar bispo em Constantinopla em 398 d.C. Numa exposição de Efésios 6.13 ("... vistam toda a armadura de Deus...".) expressou suas convicções a respeito da importância incomparável da pregação. Assim como nosso corpo humano, disse ele, o corpo de Cristo está sujeito a muitas enfermidades. Os remédios, a dieta correta, o clima apro-

---

[5]Cap. 39, in: *Ante-nicene fathers,* p. 46, vol. 3.
[6]*Adversus haereses,* in: *Ante-nicene fathers,* p. 498, vol. 1.
[7]Livro III. 37.2.

priado e o sono adequado, todos esses ajudam a restaurar nossa saúde física. Mas como será curado o corpo de Cristo?

> Um único meio e um único modo de cura nos foi dado [...] e este é o ensino da Palavra. Esse é o melhor dos instrumentos, esse é a melhor dieta e clima; esse serve no lugar dos remédios, serve no lugar da cauterização e da cirurgia; quer haja necessidade cortar, quer de amputar, esse único método deve ser usado; e sem ele, nada mais surtirá efeito.[8]

Foi mais de um século depois da sua morte que a sua grandeza como pregador veio a ser reconhecida, e foi então que recebeu a alcunha de *Chrysostomos,* "O Boca de Ouro"; "e geralmente, e com justa razão, considerado o maior orador de púlpito da igreja grega. Nem tem qualquer superior ou igual entre os pais latinos. Permanece sendo, até os dias de hoje, um modelo para os pregadores nas cidades grandes".[9]

Podem ser mencionadas quatro características principais da sua pregação. Em primeiro lugar, era bíblica. Não somente pregava sistematicamente por vários livros bíblicos em seguida, como também seus sermões estão repletos de citações e alusões da Bíblia. Em segundo lugar, sua interpretação das Escrituras era singela e direta. Seguia a escola antioquena da exegese "literal", em contraste com as alegorizações alexandrinas imaginativas. Em terceiro lugar, suas aplicações morais eram aplicáveis à vida diária prática. Lendo seus sermões hoje, podemos imaginar sem dificuldade a pompa da corte imperial, os luxos da aristocracia, as corridas loucas no hipódromo, e, na realidade, a totalidade da vida de uma cidade oriental no fim do século IV. Em quarto lugar, era destemido nas suas condenações. Na realidade, "era mártir do púlpito, pois foi principalmente sua pregação fiel que provocou o seu exílio".[10]

---

[8]Clyde FANT & PINSON (orgs.), *Twenty centuries of great preaching*, p. 108-9 vol. 1.
[9]Philip SCHAFF (org.), *The nicene and post-nicene Fathers*, p. 22, vol. 9.
[10]Ibid.

OS FRADES E OS REFORMADORES

Agora, neste breve esboço, damos um pulo de mais de quinhentos anos para a fundação das Ordens Mendicantes medievais. Isso porque, segundo escreveu Charles Smyth, "A era da pregação remonta à chegada dos frades [...] A história do púlpito conforme o conhecemos começa com o frades pregadores. Satisfaziam e estimulavam a exigência popular crescente de sermões. Revolucionaram o ofício".[11] Embora Francisco de Assis (1182-1226) fosse mais um homem de serviço compassivo do que de erudição e insistisse que as "nossas ações e as nossas doutrinas devem ir juntas", nem por isso deixava de "estar tão comprometido com a pregação quanto com a pobreza: 'A não ser que vocês pregam por onde quer que vão,' dizia Francisco, 'não há proveito em ir pregar em lugar algum.' Desde o próprio início do seu ministério, esse tinha sido o seu lema".[12] Seu contemporâneo, Domingo (1170-1221) dava ênfase ainda maior à pregação. Combinando a austeridade pessoal com o zelo evangelístico, viajava amplamente na causa do evangelho, principalmente na Itália, na França e na Espanha, e organizou seus "frades negros" numa Ordem de pregadores. Um século depois, Humberto de Romans (m. 1277), um dos mais excelentes dos Ministros Gerais Dominicanos, disse: "Cristo recitou a missa uma só vez [...] mas enfatizava grandemente a oração e a pregação, especialmente a pregação".[13] E ainda mais um século depois, o grande pregador franciscano Bernardino de Siena (1380-1444) fez esta declaração inesperada: "Se destas coisas você puder fazer somente uma — ou ouvir a missa ou ouvir o sermão — você deve dispensar a missa, e não o sermão [...] Existe menos perigo para sua alma em deixar de ouvir a missa do que em deixar de ouvir o sermão".[14]

A partir dessa asseveração surpreendente da Palavra pelos franciscanos e dominicanos, não é um passo grande até àquele grande

---

[11] *The art*, p. 13.
[12] Clyde Fant & William Pinson, *Twenty centuries of great preaching*, p. 174-5 vol. I.
[13] Charles Smyth, op cit., p. 16.
[14] Ibid., p. 15-6.

percursor ou "estrela da alva" da Reforma, John Wycliffe (1329-1384). Associado durante toda a sua vida com a Universidade de Oxford e escritor prolífero, seu intelecto penetrante foi paulatinamente se separando do escolasticismo medieval e proclamou as Escrituras Sagradas como a autoridade suprema na fé e na vida. Responsável por instigar a primeira Bíblia completa em inglês (traduzida da *Vulgata*) da qual provavelmente tenha pessoalmente participado na tradução, era pregador bíblico diligente e, com base nas Escrituras, atacava o papado, as indulgências, a transubstanciação e as riquezas da igreja. Não tinha dúvida de que a vocação principal do clero era pregar:

> O serviço mais sublime que os homens poderão alcançar na terra é pregar a Palavra de Deus. Esse serviço é dever mais específico dos sacerdotes, e por isso Deus o exige diretamente da parte deles [...] E por causa disso, Jesus deixava de lado outras obras e se ocupava principalmente na pregação; assim também se ocupavam seus apóstolos, e, por isso, Deus os amava [...] A Igreja, no entanto, é mais honrada pela pregação da Palavra de Deus, e, daí, esse é o melhor serviço que os sacerdotes podem prestar a Deus [...] Portanto, se nossos bispos não pregarem pessoalmente e se impedirem os sacerdotes verdadeiros de pregar, serão culpados dos mesmos pecados daqueles que mataram o Senhor Jesus Cristo.[15]

A Renascença, além de anteceder à Reforma, preparou o caminho para ela. Começando na Itália do século XIV, com estudiosos brilhantes tais como Petrarco, cujo "humanismo" se expressava no estudo dos textos clássicos gregos e romanos, obteve um sabor mais cristão quando entrou, no século seguinte, na Europa do Norte. Isso porque a ocupação principal dos "humanistas cristãos" como Erasmo e Thomas More era o estudo dos clássicos cristãos, tanto bíblicos quanto patrísticos. Como resultado, criticavam a corrupção na igreja, pediam re-

---

[15] *Contra fratres,* in: Clyde FANT & William PINSON, op. cit., p. 234, vol. 1.

formas de acordo com a Palavra de Deus e reconheciam o papel principal dos pregadores na obtenção dessa reforma. Escreveu Erasmo:

> A função mais importante do sacerdote é o ensino [...] mediante o qual possa instruir, admoestar, repreender e consolar. Os leigos podem batizar. Todos os membros da igreja podem orar. O sacerdote nem sempre batiza, nem sempre absolve, mas sempre deve ensinar. Qual é o proveito de ser batizado sem ter sido catequizado, qual é o proveito de ir até à Mesa do Senhor sem saber o significado disso?[16]

Assim, parece ser verdadeiro o adágio segundo o qual "Erasmo botou o ovo que Lutero chocou". Certamente a insistência por Erasmo na supremacia da Palavra sobre o sacramento — porque os sacramentos dependem, para sua eficácia, da interpretação pela Palavra —, foi confirmada e ampliada por Lutero. "A Reforma deu centralidade ao sermão. O púlpito ficava mais alto que o altar, pois Lutero sustentava que a salvação era mediante a Palavra, e sem a Palavra os elementos estão destituídos de qualidade sacramental, mas a Palavra é estéril se não é falada".[17] Em todas as suas escritas, Lutero não perdia nenhuma oportunidade de engrandecer o poder libertador e sustentador da Palavra de Deus. Ele afirmou: "A Igreja deve sua vida à Palavra da promessa, e é nutrida e preservada por essa mesma Palavra — as promessas de Deus são a causa da Igreja, mas a Igreja não é a causa das promessas de Deus".[18] Além do mais, existem somente dois sacramentos autênticos, "o Batismo e o Pão", porque "somente nesses dois achamos tanto o sinal divinamente instituído quanto a promessa do perdão dos pecados".[19] A Palavra de Deus, portanto, é indispensá-

---

[16] *On preaching,* in: ROLAND BAINTON, *Erasmus of Cristendom,* p. 324.
[17] Ibid., p. 348.
[18] *A prelude on the babylonian captivity of the Church,* em RUPP, p. 8-16. [Publicado em português com o título "Do cativeiro babilônico da igreja; um prelúdio de Martinho Lutero", in: *Martinho Lutero:* obras selecionadas, vol. 2 (São Leopoldo/ Porto Alegre: Sinodal/ Concórdia, 1989).]
[19] Ibid.

vel para nossa vida espiritual. "A alma pode dispensar de todas as coisas, menos da Palavra de Deus [...] se ela possui a Palavra, é rica, e nada lhe falta, visto que essa Palavra é a Palavra da vida, da verdade, da luz, da paz, da justiça, da salvação, da alegria, da liberdade." Assim é, porque a Palavra se centraliza em Cristo. Daí a necessidade de pregar Cristo com base na Palavra: "... pois pregar a Cristo significa alimentar a alma, torná-la justa, libertá-la e salvá-la, se ela crer na pregação".[20]

Visto que a saúde do cristão e da Igreja depende da Palavra de Deus, a pregação e o ensino da mesma é tanto "a parte mais importante do serviço prestado a Deus"[21] quanto o "dever e obrigação mais sublime e único" de cada bispo, pastor e pregador.[22] É também uma responsabilidade de tamanho peso extremamente exigente. Lutero apresenta nove "propriedades e virtudes" de um bom pregador. Os sete primeiros seriam razoavelmente de se esperar. Deve, naturalmente, "ensinar sistematicamente [...] ter boa perspicácia [...] ser eloqüente [...] ter uma boa voz e [...] uma boa memória". Depois, "deve saber quando chegar ao fim", e, poderíamos acrescentar, como começar, pois deve "ter certeza da sua doutrina". Além disso, "em oitavo lugar, deve arriscar e envolver o corpo e o sangue, as riquezas e a honra, na Palavra"; e "em nono lugar", por fim "deve se deixar zombar e escarnecer por todos".[23] O risco da ridicularização, o risco de perder a vida, os bens e o bom nome — segundo Lutero, eram os testes ulteriores de "um bom pregador".

Semelhante declaração não era mera teoria acadêmica; Lutero a colocou em prática pessoalmente, de forma notável durante a maior crise da sua vida. Excomungado por uma bula papal em janeiro de

---

[20]LUTERO, *Of the liberty of a Christian man*, em *Rupp*, p. 87. [Publicado em português com título *Tratado de Martinho Lutero sobre a liberdade cristã*, em Martino Lutero: obras selecionadas (São Leopoldo/ Porto Alegre: Sinodal/ Concórdia, 1989).

[21]*Luther's Works,* ed. Lehmann, vol. 53, p. 68.

[22]LUTERO, *Treatise on good works,* em *Luther's works,* ed. Lehmann, p.58, vol. 44.

[23]*Luther's table-talk:* Of preachers and preaching, parágrafo. cccc.

1521, foi intimado em abril para comparecer diante da Dieta de Worms, presidida pelo imperador Carlos V. Lutero recusou-se a se retrair a não ser que tanto o testemunho das Escrituras quanto a razão óbvia o comprovassem errado, pois, segundo disse: "Estou certo na minha consciência e fortemente ancorado na Palavra de Deus". Nos dias que se seguiram, permitiram-lhe defender-se diante de juízes doutos em tribunal. Na realidade, porém, tinha sido condenado antes mesmo de o julgamento começar. No fim, Lutero deu seu ultimato: "Ainda que eu perdesse meu corpo e minha vida por causa da verdadeira Palavra de Deus, não poderei me afastar dela". Foi a pregação dessa Palavra divina, e não a intriga política, nem o poder da espada, que estabeleceu a Reforma na Alemanha. Posteriormente, Lutero expressou o caso assim: "Simplesmente ensinava, pregava e citava por escrito a Palavra de Deus: fora disso, eu nada fazia. E enquanto eu descançava ou bebia cerveja de Wittenberg com Filipe e Amsdorf, a Palavra enfraquecia tão grandemente o papado que nunca um príncipe nem um imperador infligia tantos danos sobre ele, eu nada fazia. A Palavra realizou tudo".[24]

Enquanto Calvino escrevia seus *Institutas* na paz comparativa de Genebra, ele, também, exaltava a Palavra de Deus. Em especial, enfatizava que a primeira marca, a principal, de uma Igreja verdadeira, era a pregação fiel da Palavra. "Sempre onde vemos a Palavra de Deus pregada e ouvida com pureza", escreveu ele, "e os sacramentos administrados segundo a instituição de Cristo, ali, não se pode duvidar, existe uma igreja de Deus". Com efeito, esse ministério da Palavra e do sacramento, a proclamação audível e visível do evangelho, deve ter decretado "um sinal perpétuo mediante o qual a igreja deve se tornar claramente visível".[25] Os reformadores ingleses eram fortemente influenciados por Calvino. Em grande medida, aceitavam o

---

[24]Ernest Gordon Rupp, *Lether's progress to the Diet of Worms 1521*, p. 96-9.
[25]Calvino, *Institutes of the Cristian religion* IV, I.9 e 2.1, p. 1023 e 1041. [Publicado em português com o título *As institutas* (São Paulo: Casa Publicadora Presbiteriana, 1985).]

ensino dele de que os sacramentos são marcas indispensáveis da igreja e de que o sacerdócio é essencialmente um ministério da Palavra. Portanto, o Artigo anglicano XIX declarou que "a igreja visível de Cristo é uma congregação de fiéis [i.é., crentes], na qual é pregada a pura Palavra de Deus, e são devidamente administrados os Sacramentos conforme à Instituição de Cristo...". E o bispo, ao ordenar candidatos ao presbiterato, não somente dava uma Bíblia a cada um como símbolo do seu cargo, mas também o exortava a ser "estudioso [...] na leitura e na aprendizagem das Escrituras" e o autorizava, pelo poder do Espírito Santo "a pregar a Palavra de Deus e a ministrar os santos sacramentos na congregação".

Nenhum reformador levou mais a sério essa tarefa do que Hugh Latimer, o pregador popular da reforma inglesa. Nasceu por volta de 1485, filho de um fazendeiro proprietário em Leicestershire, e consagrado bispo de Worcester em 1535; nunca se tornou prelático nem perdeu seu toque caseiro e rústico. Em vez disso "Falava *a partir do* coração, e suas palavras [...] penetravam *no* coração".[26]

Sua grande preocupação espiritual era que o povo da Inglaterra continuava perdido nas trevas espirituais e que o clero era culpado por isso, por negligenciar a ministério da Palavra. Especialmente dignos de culpa eram os bispos. Estavam tão ocupados, segundo disse Latimer, "regozijando-se nas suas rendas, dançando nos seus domínios [...] mastigando nas suas manjedouras e mourejando nas suas mansões festivas" que não tinham tempo para pregar.[27]

O discurso mais famoso de Latimer — e talvez o mais poderoso — é conhecido por "O sermão do arado", e foi pregado na Catedral de São Paulo em 18 de janeiro de 1548, pouco depois de ele ter sido solto do seu encarceramento na Torre de Londres. Seu tema foi que "A Palavra de Deus é semente para ser lançada no campo de Deus" e que "o pregador é o semeador". À medida que desenvolvia o tema, aproveitava sua experiência de agricultor nas propriedades do seu

---

[26]Do "Brief account" da vida de Latimer que introduz *Select sermons*, p. 10.
[27]J. R. H. MOORMAN, *A history of the Church of England*, p. 183.

pai em Leicestershire. O pregador, argumentou Latimer, deve ser semelhante ao arador, porque deve "labutar em todas as estações do ano". Mas lastimava porque o clero, pelo contrário, passava seu tempo mexendo nos negócios e nos prazeres. Como resultado, "mediante os demandos e a vagabundagem, a pregação e o arado desaparecem totalmente". Em seguida, Latimer manteve seus ouvintes em suspense com essa passagem famosa:

> E agora lhes postularei uma pergunta estranha: "Quem é o bispo e prelado mais diligente em toda a Inglaterra, que supera a todos os demais no exercício do seu cargo? Posso contar, pois sei quem é; conheço-o bem. Mas agora acho que vejo vocês escutando e prestando atenção para que eu o cite pelo nome. Existe um que ultrapassa todos os demais e que é o prelado e pregador mais diligente de toda a Inglaterra. E vocês querem saber quem é? Vou contar a vocês — é o Diabo. É ele o pregador mais diligente entre todos os demais; nunca está ausente da sua diocese; nunca está longe da sua comunidade eclesiástica; você nunca o achará desocupado; sempre está na sua paróquia; mantém residência o tempo todo; você nunca o achará indisponível; pode procurá-lo sempre quando quiser, pois ele sempre está em casa. É o pregador mais diligente no reino inteiro; sempre está com as mãos no arado; nada de se fazer de lorde ou de lazeirento pode prejudicá-lo; sempre está praticando o seu negócio; vocês nunca o acharão desocupado, posso lhes garantir [...] Onde o Diabo está em residência e está com seu arado em andamento, ali: fora os livros e vivam as velas!; fora as Bíblias e vivam os rosários!; fora a luz do evangelho e viva a luz das velas — até mesmo ao meio-dia!; [...] vivam as tradições e as leis dos homens!; abaixo as tradições de Deus e sua santíssima Palavra! [...] Quem dera nossos prelados fossem tão diligentes para semear os grãos de trigo da sã doutrina quanto Satanás o é para semear as ervas daninhas e o joio! [...] Nunca houve na Inglaterra um pregador igual a ele.

A conclusão do sermão foi a seguinte:

Os prelados [...] são lordes, e não labutam; mas o diabo é diligente com a mão no arado. Não é prelado que não prega; não é grã-fino que vagueia longe da sua comunidade; mas é arador ativo [...] Portanto vocês, prelados que não pregam, aprendam do Diabo: a serem diligentes no exercício do seu cargo [...] Se vocês não quiserem aprender de Deus, nem de homens bons, a serem diligentes no seu cargo, aprendam do Diabo.[28]

Já me referi a Lutero e a Calvino, quanto à reforma na Europa Continental, e a Latimer quanto à reforma na Inglaterra. Eram pregadores, e acreditavam na pregação. No entanto, eram simplesmente exemplos principais de uma convicção e prática generalizadas. Segue-se o comentário de E. C. Dargan:

> Os grandiosos acontecimentos e realizações daquela revolução poderosa eram, em grande medida, obra dos pregadores e da pregação; foi, pois, por meio da Palavra de Deus, mediante o ministério de homens sinceros que nela acreditavam, a amavam e a ensinavam, que foi realizada a obra melhor e mais permanente da Reforma. E, pela proposição inversa, os acontecimentos e os princípios do movimento tiveram efeito poderoso sobre a própria pregação, e lhe deu um novo espírito, novo poder, novas formas, de modo que o relacionamento entre a Reforma e a pregação pode ser descrito sucintamente como de mútua dependência, ajuda e orientação.[29]

OS PURITANOS E OS EVANGÉLICOS

O destaque que era dado à pregação pelos primeiros reformadores continuou a ser dado, na parte final do século XVI e no século XVII pelos puritanos. Têm sido descritos por muitos nomes, alguns ofensivos, e outros, não tanto. Mas, segundo escreve Irvonwy Morgan, "o nome que melhor resume o seu caráter é os 'Pregadores piedosos'". Passa a explicar por que:

[28] *Works of Hugh Latimer*, p. 59-78, vol. 1.
[29] *A History of preaching*, p. 366-7, vol. 1.

O que há de essencial em entender os puritanos é que eram pregadores antes de qualquer outra coisa, e pregadores com uma ênfase específica que podia ser distinguida de outros pregadores por aqueles que os escutavam [...] O que os unia, servia de fundamento para seus esforços e lhes dava dinâmica para persistir era a consciência de que foram chamados para pregar o Evangelho. "Ai de mim se não pregar o evangelho" era sua inspiração e justificativa. A tradição puritana, em primeira e última análise, deve ser avaliada em termos do púlpito, e as palavras do ex-frade dominicano, Thomas Sampson, um dos líderes e primeiros sofredores do Movimento Puritano [...] pode servir de divisa deles: "Que outros sejam bispos, pois eu empreenderei a obra de pregador, ou nenhuma mesmo", diz ele.[30]

Entre os puritanos do século XVII, Richard Baxter, autor de *The reformed pastor* [*O pastor reformado*]* (1656), destaca-se por exemplificar de modo consistente os ideais expostos pela tradição e pelo próprio livro. Sentia-se oprimido pela ignorância, pela preguiça e pela licenciosidade do clero, que tinham sido desmascaradas por um comitê parlamentar no seu relatório *The first century of scandalous malignant priests* [*O primeiro século dos sacerdotes escandalosos e malignos*] (1643), que forneceu uma centena de históricos pessoais chocantes. Por isso, Baxter endereçou seu *The reformed pastor* aos colegas entre o clero, especialmente aos membros da Associação Pastoral de Worcestershire, e compartilhou com eles os princípios que orientavam sua obra pastoral na paróquia de Kidderminster. Escreveu:

> Resumindo: devemos ensinar-lhes, tanto quanto possível, a respeito da *Palavra* e das *obras* de Deus. Quão grandiosos são esses dois compêndios para o ministro pregar sobre eles! Quão excelentes, quão maravilhosos e quão misteriosos! Todos os cristãos são discípulos ou alunos de Cristo; a igreja é sua escola;

---

[30] *Godly preachers,* p. 10-1.
*Publicado em português com o título *O pastor aprovado* (São Paulo: PES, 1989). (N. do E.)

nós somos seus introdutores; a Bíblia é sua gramática; é essa que devemos sempre estar ensinando a eles.[31]

A metodologia didática de Baxter era dupla. Por um lado, foi pioneiro da prática de catequizar as famílias. Visto que havia cerca de oitocentas famílias na sua paróquia, e já que desejava se informar a respeito do progresso espiritual delas pelo menos uma vez por ano, ele e seus colegas somados convidavam aos seus respectivos lares quinze ou dezesseis famílias por semana. Os membros eram convidados a recitar o catecismo, eram ajudados a compreendê-lo e respondiam a perguntas a respeito da sua experiência das verdades aprendidas. Esse catequizar ocupava Baxter durante dois dias inteiros da semana, e era uma das partes essenciais da sua obra. Mas a outra parte, "aspecto sumamente excelente", era "a pregação pública da Palavra". Era uma obra que, segundo insistia,

> exige maior perícia e, especialmente, mais vida e zelo, do que qualquer um de nós pode dar. Não é questão de somenos ficar em pé diante de uma congregação e pregar uma mensagem como oriunda da parte do Deus vivo, em nome do nosso Redentor.[32]

Seria grave erro supor, no entanto, que a importância da pregação era reconhecida, no século XVII, somente pelos puritanos. Exatamente quatro anos antes de Baxter ter escrito *The reformed pastor*, George Herbert escreveu a obra *A priest to the temple* [*Sacertote para o templo*] (com o título alternativo de *The country parson, his character and rule of holy life* [*O pastor rural, seu caráter e sua regra de vida santa*]), embora não fosse publicada senão vinte anos depois. Existem evidências de ambos se conhecerem e se respeitarem mutuamente. Certamente Baxter aplaudia as poesias e a piedade de Herbert, embora Herbert tenha sido descrito como um dos primeiros anglo-católicos. Mesmo assim, dava ênfase essencialmente "puritana" à pregação. Seu

---

[31] P. 75.
[32] Ibid., p. 81.

sétimo capítulo, entitulado "O pastor pregando", começa: "O pastor rural prega constantemente, o púlpito é sua alegria e seu trono". Além disso, obtém sua mensagem do "livro dos livros, do armazém e arsenal da vida e do consolo, das Sagradas Escrituras", pois ali "'é amamentado e vive". Sua característica principal não é que é inteligente, nem erudito, nem eloqüente, mas santo", e é tão sincero no seu desejo de comunicar-se, que até mesmo interrompe seu sermão com "muitas apóstrofes a Deus, tais como 'Ó Senhor, abençoa a minha congregação e ensina aos membros no tocante a esta questão'".[33]

No outro lado do Atlântico, e alguns anos mais tarde, Cotton Mather, o puritano norte-americano, estava exercendo em Boston um ministério cuja influência estava sendo sentida nos dois lados do oceano. Pesquisador subvencionado de Harvard, teólogo erudito e escritor prolífero, forneceu no livro *Student and preacher* [*Estudante e pregador*] as chamadas "Diretrizes para um candidato ao ministério". Seu conceito de ministro cristão em geral e do pregador em especial era extremamente exaltado. Seu prefácio começa:

> O ofício do ministério cristão, corretamente entendido, é o mais honroso e importante que qualquer homem no mundo inteiro pode chegar a exercer; e será uma das maravilhas e atividades da eternidade considerar as razões por que a sabedoria e a bondade de Deus alocou esse ofício ao homem imperfeito e culpado! [...] O grande desígnio e a intenção do ofício de pregador cristão são restaurar o trono e domínio de Deus nas almas humanas; demonstrar nas cores mais vivas e proclamar na linguagem mais clara as maravilhosas perfeições, atuações e graça do Filho de Deus; e convidar as almas humanas a entrar num estado de amizade eterna com ele [...] É uma obra que um anjo poderia aspirar como honraria para o caráter dele; sim, um ofício que todos os anjos no céu poderiam desejar exercer nos próximos

[33]P. 81.

mil anos. É um ofício tão honroso, importante e útil, que se alguém for escolhido para isso por Deus, cuja graça o tornasse fiel e bem-sucedido nisso por toda a sua vida, poderá desprezar com desdém uma coroa real e derramar uma lágrima de compaixão pelo monarca mais brilhante na terra.[34]

Cotton Mather morreu em 1728. Uma década depois, recém-voltado de dois anos na Geórgia, desiludido porque, a seu próprio juízo, era inconverso, a John Wesley foi outorgada sua experiência que lhe "acalentou o coração", na qual, segundo ele mesmo disse, "confiei em Cristo, e em Cristo somente, para a salvação", e lhe foi concedida a certeza de que os pecados dele, especificamente dele, tinham sido removidos, e de que Cristo o salvara da lei do pecado e da morte. De imediato, começou a pregar a salvação gratuita que acabara de receber. Sem dúvida, influenciado pela leitura de Richard Baxter, encorajava um ministério de casa em casa e a catequização dos convertidos. Mas a pregação era seu ministério característico. Nas igrejas e nos seus respectivos cemitérios, nas áreas verdes públicas das aldeias, nos campos e nos anfiteatros naturais, proclamava o evangelho e "oferecia Cristo" às vastas multidões que se reuniam para escutá-lo. "Realmente vivo pregando", comentou no seu diário em 28 de agosto de 1757. O tempo todo, seu manual de estudo era a Bíblia, pois sabia que o propósito supremo dela era apontar para Cristo e iluminar seus leitores no caminho da salvação. No prefácio aos *Standard sermons* [Semões básicos] escreveu:

> Sou um espírito proveniente de Deus e estou voltando para Deus: estou simplesmente adejando sobre um grande abismo até, daqui a poucos momentos, já não ser visto; lanço-me para uma eternidade imutável! Quero saber uma só coisa — o caminho para o céu [...] O próprio Deus tem condescendido em ensinar o caminho: com essa mesma finalidade ele desceu

[34] P. iii-v.

do céu. Escreveu tudo num livro. Oh! dá-me aquele livro! A qualquer preço, dá-me o livro de Deus! Eu já o possuo: aqui há conhecimento suficiente para mim. Quero ser *homo unius libri* [homem de um só livro]. Aqui, então, estou, longe dos caminhos movimentados dos homens. Fico sentado sozinho: somente Deus está aqui. Na sua presença, abro o seu livro e o leio; com o seguinte propósito: achar o caminho ao céu.[35]

E John Wesley pregava, baseando-se nas suas meditações bíblicas, e compartilhava com os outros aquilo que descobrira e indicava o caminho, tanto para o céu quanto para a santidade.

Embora John Wesley tenha se tornado mais conhecido ao público do que seu contemporâneo mais jovem, George Whitefield (provavelmente por causa da denominação cristã de alcance mundial que leva o nome de Wesley), Whitefield era quase certamente o pregador mais poderoso entre os dois. Na Grã-Bretanha e na América do Norte (que visitou sete vezes), dentro de casa e fora, pregou uma média de vinte sermões por semana em 34 anos. Eloqüente, zeloso, dogmático, apaixonado, dava vida à sua pregação com metáforas vívidas, ilustrações familiares e gestos dramáticos. Por esses meios, mantinha os auditórios fascinados, enquanto lhes dirigia perguntas diretas ou rogava com empenho que se reconciliassem com Deus. Tinha total confiança na autoridade da sua mensagem e exigia que ela recebesse o respeito que merecia como a Palavra de Deus. Certa vez, numa casa de reuniões em Nova Jérsei, "notou um idoso que se acomodava para tirar a sua soneca costumária no horário do sermão", escreve John Pollock, um dos seus biógrafos. Whitefield começou quieto o seu sermão, sem perturbar o sono do cavalheiro. Mas depois, "em palavras comedidas e deliberadas", disse:

> Se eu tivesse vindo a vocês para lhes falar em meu próprio nome, vocês poderiam repousar os cotovelos nos joelhos e a cabeça nas mãos, e adormecer! [...] Mas cheguei até vocês em nome do Senhor Deus dos Exércitos e [bateu as mãos e pisou

---

[35] P. vi.

forte com seu pé] *preciso* da sua atenção e a *exijo*". O idoso acordou, assustado.³⁶

O SÉCULO XIX

Charles Simeon nasceu em 1759, no mesmo ano em que nasceu William Wilberforce, que passou a ser seu amigo vitalício. Sua carreira coincidiu parcialmente com a de Whitefield por pouco mais de dez anos, e por trinta e dois anos com a de Wesley. Tendo sido convertido enquanto era estudante em Cambridge, ansiava para ter a oportunidade de pregar o evangelho ali. Quando passava em frente da Igreja da Santíssima Trindade no meio do *campus* universitário, dizia a si mesmo: "Como me alegraria se Deus me desse aquela igreja para eu pregar ali o evangelho e ser arauto dele no meio da universidade".³⁷ Deus atendeu a oração dele e, em 1782, veio a ser o primeiro pároco da igreja. No início, porém, sofreu oposição violentíssima. Os donos dos assentos boicotaram os cultos e trancaram as portas aos seus bancos da igreja, de modo que, por mais de dez anos, a congregação tinha de ficar em pé. Freqüentemente havia cenas desordeiras. Mas Simeon perseverou e foi paulatinamente conquistando o respeito, tanto da universidade quanto da cidade. Durante 54 anos ocupou o púlpito da Igreja da Santíssima Trindade, expondo sistematicamente as Escrituras, e resolvera, sem meios-termos, conforme diz sua lápide na chancela, "nada saber entre vocês, a não ser Jesus Cristo, e este, crucificado".

O modo sublime de Simeon considerar a pregação originou-se do seu conceito do ministro como embaixador. Escreveu a John Venn na ocasião da sua ordenação em 1782, cerca de quatro meses depois da sua:

> Caríssimo amigo, congratulo você muito sinceramente, não pela licenciatura para receber quarenta ou cinqüenta libras por ano, nem pelo título de reverendo, mas pela acessão ao cargo mais

---

³⁶ *George Whitefield*, p. 248.
³⁷ William Carus, *Memoirs of the Rev. Charles Simeon*, p. 41.

valioso, mais honroso, mais importante e mais glorioso no mundo — o de embaixador do Senhor Jesus Cristo.[38]

Era certamente assim que considerava o próprio ministério. Certa vez, expôs o texto que continha a injunção de Jesus: "Considerem atentamente como vocês estão ouvindo" (Lc 8.18) de tal maneira que ofereceu "Diretrizes de como escutar sermões". Argumentou que uma das razões por que Jesus deu esse aviso foi "porque o próprio Deus nos fala por meio do pregador". Continuou:

> Os ministros são embaixadores de Deus e falam em nome de Deus. Se pregarem aquilo que se fundamenta nas Escrituras, a palavra deles, se for de acordo com a mente de Deus, deve ser considerada a de Deus. Isso é asseverado por nosso Senhor e pelos seus apóstolos. Devemos, portanto, acolher a palavra do pregador como a palavra do próprio Deus. Com que humildade, portanto, devemos prestar atenção a ela! Quais juízos não devemos aguardar se a menosprezarmos![39]

No decurso da totalidade do século XIX, a despeito dos ataques da alta crítica contra a Bíblia (associados com o nome de Julius Wellhausen e dos seus contemporâneos e sucessores) e a despeito das teorias evolucionárias de Charles Darwin, o púlpito manteve seu prestígio na Inglaterra. O povo vinha em multidões para escutar os grandes pregadores daqueles dias e lia avidamente os sermões impressos deles. Havia John Henry Newman (1801-1890) na Igreja Universitária em Oxford, o cônego H. P. Liddon (1829-1890) na Catedral de São Paulo, F. W. Robertson (1816-1853) em Brighton, e, o mais eminente de todos, Charles Haddon Spurgeon (1834-1892) no seu Metropolitan Tabernacle em Londres.

Deixemos aquele escocês vitoriano, Thomas Carlyle (1795-1881), resumir para nós a influência incomparável do pregador. Seu testemunho é tanto mais impressionante porque era, até certo ponto, pessoa fora da igreja, pois escrevia como historiador e era crítico fran-

---

[38]Ibid., p. 28.
[39]*Wisdom*, p. 188-9.

co das igrejas e dos seus credos. Apesar disso, em quarto lugar na sua lista de "heróis" ou "grandes homens" que exercem liderança na comunidade, citou o "sacerdote", sendo que claramente se referia ao "pregador", "o Capitão espiritual do povo". Como modelos, selecionou Lutero e Knox: "... a esses dois homens consideraremos nossos melhores sacerdotes, por terem sido nossos melhores reformadores". O que Carlyle admirava neles era a coragem solitária. Na Dieta de Worms, Lutero não se deixou atemorizar pelos dignitários mais imponentes da igreja e do Estado. Por um lado, fica assentada "a pompa e poder do mundo"; por outro lado, "fica em pé, defendendo a verdade de Deus, um só homem, filho do mineiro pobre Hans Lutero". "Aqui tomo a minha posição", disse ele, "não posso fazer diferente. Deus me ajude!". Na opinião de Carlyle, foi "o momento mais glorioso na história moderna da humanidade". Realmente, a vasta obra da libertação humana nos séculos seguintes, tanto na Europa quanto na América do Norte, começou então; "o germe de tudo isso achava-se ali". A dívida da Escócia para com João Knox, "o mais corajoso de todos os escoceses", era semelhante: "Isso que Knox fez em prol da sua nação, digo, podemos realmente chamar de ressurreição como se fosse dentre os mortos [...] O povo começou a *viver*". Tal é o poder da Palavra pregada.[40]

O respeito, quase o reverente temor, com que o púlpito era tratado por muitos na era vitoriana é bem ilustrado na obra de Herman Melville: *Moby Dick* (1851). Oferece um relato pitoresco do sermão do capelão naval em New Bedford, sul de Massachusetts, que merece ser citado por extenso. Num domingo tempestuoso de dezembro, Ishmael estava aguardando a hora de ir a bordo de um baleeiro, a fim de navegar para o sul. Mas sendo, conforme explicou posteriormente, "bom cristão, nascido e criado no seio da Igreja Presbiteriana infalível",[41] foi freqüentar o culto numa pequena "capela de baleeiros". Dentro, achou "uma pequena congregação, não muito cheia, de

---

[40]Cap. 4, "The hero as priest", p. 181-241.
[41]P. 147.

marinheiros e de mulheres e viúvas de marinheiros" sendo que seu "silêncio abafado" contrastava-se com "os uivados da tempestade lá fora". Não demorou para entrar o capelão, um idoso chamado Pai Mapple. Tendo sido ele mesmo um arpoador na juventude, mantinha seu amor ao mar e seu vocabulário náutico. O púlpito, lá no alto, era alcançado, não por degraus, mas por uma escada perpendicular de navio. Mão sobre mão, com a perícia de um velho marinheiro, o Pai Mapple subiu até ao lugar da pregação e, depois, deixando Ishmael atônito, puxou a escada para cima, juntamente com ele, "até a totalidade dela ficar depositada lá dentro, deixando-o impregnável na sua pequena Québec". Melville passa a descrever a frente apainelada do púlpito como "semelhante à proa redonda de um navio", ao passo que "a Bíblia Sagrada repousava sobre uma projeção ornata, feita como o bico de cabeça-de-violino do navio". "O que poderia ser mais cheio de significado?", pergunta.

> Isso porque o púlpito é sempre a parte mais dianteira desta Terra; todo o resto vem depois; o púlpito conduz o mundo. É dali que a tempestade da ira de Deus é avistada primeiramente e a proa precisa agüentar o primeiro impacto. É a partir dali que o Deus das brisas, boas e ruins, é primeiramente invocado por ventos favoráveis. Sim, o mundo é um navio na sua viagem de partida, que não é viagem completa; e o púlpito é a sua proa.[42]

O capítulo seguinte é chamado "O sermão" e fornece um exemplo notável do poder do púlpito. O Pai Mapple, dirigindo-se à sua congregação como "companheiros de bordo", pregou a história de Jonas. Embora esse livro, segundo explicou, fosse "um dos fios menores no cabo poderoso das Escrituras", não deixava de conter "uma lição com dois fios, lição essa que é dirigida a nós como pecadores e uma lição para mim como piloto do Deus vivo". Para os que fugiam de Deus, Jonas era modelo de arrependimento verdadeiro. Mas também era advertência pavorosa a todo pregador-piloto que é relapso

---

[42]Ibid., p. 128-34.

no seu dever no evangelho e, "como diz o grande Piloto Paulo, enquanto prega aos outros é ele mesmo um náufrago!".⁴³

"O púlpito conduz o mundo." Poucos ousariam propor hoje essa declaração, mas teria soado como exagero no século XIX. Ao mesmo tempo, os que discerniam o privilégio da pregação ficavam aflitos por causa dos que não o discerniam. Exemplo dessa aflição era o dr. James W. Alexander, filho de Archibald Alexander, o primeiro catedrático no novo Seminário Teológico de Princeton em 1812, sendo que o próprio James foi catedrático ali de 1849 a 1851. Durante vinte anos, porém, tinha sido pastor, pois conforme Charles Hodge disse a seu respeito: "O púlpito era sua esfera apropriada".

> Lastimo que ninguém entre nós apreende devidamente o valor do cargo do pregador. Nossos jovens não se preparam para ele com o espírito dos que estão na véspera de um grande conflito; nem se preparam como os que vão colocar as mãos nas fontes das paixões mais poderosas e remexer nas profundezas do oceano dos sentimentos humanos. Onde prevalece essa estimativa da obra, homens até mesmo com preparo inferior realizam muita coisa [...] O púlpito continuará sendo o grande meio de afetar a massa dos homens. É o método do próprio Deus, e ele o honrará [...] Em todas as eras, os grandes reformadores têm sido grandes pregadores...⁴⁴

A pregação não somente é influente na vida dos outros, argumentou Alexander posteriormente; é também um modo de o pregador se realizar muito:

> Existe felicidade na pregação. Pode ser realizada de tal maneira que fica monótona para quem fala e para quem escuta; mas em casos favoráveis fornece as emoções mais puras e mais nobres, e nessas há felicidade. Em nenhum lugar fora do púlpito são expe-

---

⁴³Ibid., p. 135-43.
⁴⁴James ALEXANDER, *Thoughts on preaching*, p. 9-10.

rimentados o subir direto do intelecto em direção aos céus, o vôo ousado da imaginação ou as doces agitações da paixão santa.[45]

Por causa desse poder e desse prazer, não admira que Alexander Whyte de Edimburgo, pouco depois do início do século XX, podia admoestar um ministro metodista desanimado com estas palavras: "Nunca pense em abrir mão da pregação! Os anjos em derredor do trono invejam sua grandiosa obra".[46] Isso foi em 1908. No ano anterior, foi publicada a obra do teólogo congregacional P. T. Forsyth: *Positive preaching and the modern mind* [*Pregação dogmática e a mente moderna*]. Essas são suas palavras principais: "É, talvez, um começo ousado demais, mas vou me aventurar a dizer que o cristianismo vence ou é derrotado de conformidade com a sua pregação".[47]

O SÉCULO XX

Esse século iniciou-se com um estado de ânimo e de euforia. As expectativas — pelo menos da minoria favorecida e educada do Ocidente — eram de um período de estabilidade política, de progresso científico e de riquezas materiais. Nenhuma nuvem escurecia os horizontes do mundo. A igreja compartilhava do âmbito geral de bondade. Ainda era uma instituição social respeitável e os ocupantes dos púlpitos eram tratados com estima, até mesmo com deferência.

O melhor exemplo que encontrei desse período de confiança ilimitada nos efeitos benéficos da pregação é aquele do reverendo Charles Silvester Horne, que apresentou as preleções "Beecher" sobre a pregação em Yale em 1914, e as chamou *The romance of preaching* [*O fascínio da pregação*]. Morreu dias depois, no navio que o levava para casa. Decerto, preparara essas preleções em 1913, porque elas não revelam nenhuma apreensão da guerra que se aproximava. Horne era tanto um ministro congregacional quanto um membro do parlamento britânico. Tinha boa reputação por sua eloqüência na Câmara

---

[45]Ibid., p. 117.
[46]G. F. BARBOUR, *The life of Alexander Whyte*, p. 307.
[47]P. 1.

do Comuns,* e pela sua paixão no púlpito. H. H. Asquith ia freqüentemente ouvi-lo pregar, pois, segundo dizia: "Horne era intensamente flamejante". Sendo tanto político quanto pregador, conseguia, a partir da sua experiência pessoal, comparar entre si as duas vocações, e não tinha a mínima dúvida a respeito da qual delas era a mais influente:

> O pregador, que é mensageiro de Deus, é o verdadeiro senhor da sociedade; não foi eleito pela sociedade para ser seu governante, mas eleito por Deus por formar os ideais dela, e por meio deles, guiar e governar a sociedade. Mostre-me um homem que, no meio de uma comunidade, por mais secularizada que esteja nos seus modos, consegue levá-la a pensar com ele, consegue acender o seu entusiasmo, revivificar a sua fé, limpar as suas paixões, purificar as suas ambições, tornar inabalável a sua vontade, e eu lhe mostrarei o verdadeiro senhor da sociedade, independentemente de qual partido segurar nominalmente as rédeas do governo, não importa qual figura de proa ocupe o lugar ostensível da autoridade.[48]

Estava bem consciente dos concorrentes do pregador na arte e no negócio das comunicações. Falava do dramaturgo, do jornalista, do agitador social, do romancista e do estadista, do poeta e do teatrólogo. A essa lista acrescentaríamos hoje o roteirista e o produtor de televisão. Sabia, assim como nós o sabemos, que os ouvidos das pessoas eram assediados por vozes rivais. Apesar disso, atribuia ao pregador o primeiro lugar na hierarquia do poder moral e social:

> O verdadeiro fascínio da história é esse fascínio do pregador: o milagre sublime da alma inebriada por Deus, com a visão da Vontade eterna e o senso de um Império ao qual pertencem todos os continentes, línguas e raças. Esse homem fica sereno em meio ao clangor das armas e da fanfarronice estulta da Força,

---

*Um dos três elementos que compõem o parlamento britânico (os outros são a Monarquia e Câmara dos Lordes). É formada por 659 membros eleitos. (N. do E.)
[48]P. 15.

e pede somente a espada chamada Verdade, a armadura da Justiça, e o espírito da Paz. Esse é o Herói invencível e irresistível. Todas as suas vitórias mais permanentes são dele.[49]

Portanto, continuou Horne, "quem deve ter mais orgulho da sua vocação do que nós? Qual outra história chegou a se igualar à nossa? Pense na procissão dos pregadores! [...] Paulatinamente, diante da mensagem deles, impérios pagãos antigos cambaleavam, déspostas ímpios curvavam a cabeça".[50] Mencionou especialmente Savonarola, Calvino e Knox como "exemplos supremos do poder que o homem do evangelho pode exercer na formação da vida civil e nacional dos povos livres".[51]

Outro homem, também ministro congregacional, que considerava a pregação mais poderosa do que a política, era o dr. J. D. Jones (morreu em 1917); por quase quarenta anos foi ministro da Igreja Congregacional de Richmond Hill, em Bournemouth. Conclamado pelo líder de um partido político a se candidatar para uma vaga no parlemento, recusou, e citou como motivo a resposta que Neemias deu a Sambalate e Tobias quando estes procuraram impedi-lo de construir os muros de Jerusalém. "Estou executando um grande projeto", dissera a eles, "e não posso descer". J. D. Jones enfatizou a última palavra. "Teria sido uma 'descida' abandonar o púlpito em troca da arena política", declarou. "Não menosprezo a obra que o Parlamento pode realizar para melhorar a situação humana, mas, em última análise, a cura das mágoas do mundo não deve ser levada a efeito pela legislação mas pela graça redentora de Deus, e a proclamação dessa graça redentora é a obra mais sublime à qual qualquer homem pode ser vocacionado".[52]

O otimismo dos primeiros anos do século XX foi espatifado primeiramente pelo irrompimento da Primeira Guerra Mundial e de-

---

[49] Ibid., p. 19.
[50] Ibid., p. 37-8.
[51] Ibid., p. 178.
[52] Alexander GAMMIE, *Preachers I have heard*, p. 169.

pois, pelos horrores da lama e do sangue nas trincheiras. A Europa emergiu daqueles quatro anos com um estado de ânimo arrependido, que não demorou para ser piorado pelos anos da depressão econômica. As declarações dos eclesiásticos tornaram-se mais sóbrias. Mesmo assim, sobreviveu a confiança no privilégio e no poder do ministério no púlpito. De fato, teólogos perceptivos, tais como Karl Barth, cujo otimismo liberal anterior fora destruído pela guerra e substituído por um novo realismo no tocante à humanidade e por uma nova fé em Deus, expressaram a sua convicção de que a pregação alcançara importância ainda maior do que antes.

> É simplesmente um truísmo [declarou Barth em 1928], que nada existe mais importante, mais urgente, mais útil, mais redentor e mais salutar, nada existe, do ponto de vista do céu e da terra, mais relevante à situação real do que falar e escutar a Palavra de Deus no poder originativo e regulativo da sua verdade, em toda a sua seriedade que a tudo erradica e a tudo reconcilia, na luz que ela lança, não somente sobre o *tempo* e as confusões do tempo, mas também além, em direção ao brilho da *eternidade,* que revela o tempo e a eternidade *por meio* de si mesma e *em* si mesma — a Palavra, o Logos, do Deus Vivo".[53]

É lógico que cada recuperação de confiança na Palavra de Deus e, portanto, num Deus vivo que falou e que fala, seja como for definida essa verdade, forçosamente resultará numa recuperação da pregação. Deve ser por isso que tantos pregadores grandiosos têm pertencido à tradição da Reforma. Outro exemplo é James Black de Edimburgo, que nas suas Preleções "Warrack" de 1923 na Escócia e nas suas Preleções "Sprunt" nos Estados Unidos fez uma exortação emocionante aos seus auditórios de estudantes no sentido de levarem a sério a sua pregação: "O nosso serviço é grandioso e magnífico", disse ele, "e merece a consagração de qualquer dom que possuamos [...] Quero pedir-lhes, portanto, que resolvam desde cedo fazer da pregação a

---

[53] *The word of God and the word of man*, p. 123-4.

grande ocupação da sua vida".[54] Ainda: "Nossa obra é suficientemente grandiosa para usarmos todos os preparativos e todos os talentos que possamos contribuir para o seu desempenho [...] A vocês pertencerá o cuidado e o pastorear das almas. Contribuam para isso com todo o entusiasmo e paixão da própria vida rica de vocês".[55]

Muito mais surpreendente é a prioridade dada à pregação por um homem de opiniões teologicamente liberais tal como o bispo Hensley Henson. Porém em 1927, nos seus sermões e exortações de ordenação publicados com o título *Church and parson in England* [*Igreja e o clérigo na Inglaterra*], deplorou "o espetáculo, lastimavelmente por demais comum, de uma congregação que se acomoda em resignação triste, se não em sono desavergonhado, diante da inflição do sermão".[56] Por contraste com esse desprezo ao púlpito, declarou sua convicção: "... de todas as ações do ministério, a pregação é a mais sublime, e o teste da nossa reverência pela nossa profissão é nosso modo de desempenhar o dever do pregador".[57] Como conseqüência, exortou seus colegas entre o clero: "Nunca se permitam adotar um conceito inferior do seu dever de pregador [...] Em certo sentido, podemos dizer com propriedade que todas as atividades do pastorado se reúnem no ministério da pregação".[58]

A vida e a obra de Dietrich Bonheoffer ainda estão sendo avaliadas. Embora a coragem com que foi para a sua execução no campo de concentração em Flossenburg em 1945 seja universalmente admirada, os estudiosos continuam a debater o que ele queria dizer com algumas das suas declarações teológicas. Os que melhor o conheciam, tais como seu amigo Eberhard Bethge, nos asseguram que na sua interpretação "não-religiosa" do cristianismo nunca pretendia dispensar a adoração verdadeira da comunidade reunida. Pelo

---

[54] James BLACK, *The mystery of preaching*, p. 123-4.
[55] Ibid., p. 168-9.
[56] P. 143.
[57] Ibid., p. 153.
[58] Ibid., p. 138.

contrário, esta é essencial, exatamente porque é a ocasião na qual a chamada de Cristo pode ser ouvida:

> Se quisermos ouvir a sua chamada para segui-lo, devemos escutar onde ele pode ser achado, ou seja: na igreja mediante o ministério da palavra e dos sacramentos. A pregação da igreja e a administração dos sacramentos é o lugar onde Jesus Cristo está presente. Se você quiser ouvir a chamada de Jesus, você não precisa de nenhuma revelação pessoal; tudo quanto você precisa fazer é escutar o sermão e receber o sacramento, ou seja: ouvir o evangelho de Cristo crucificado e ressuscitado.[59]

Em uma das suas preleções sobre a pregação, proferidas antes de irromper a guerra, Bonhoeffer ressaltou ainda mais fortemente a importância central da pregação:

> Por causa da palavra proclamada, o mundo existe com todas as suas palavras. No sermão, é deitado o alicerce para um mundo novo. Nele, a palavra original se torna audível. Não há maneira de evitar ou escapar da palavra falada do sermão, nada nos libera da necessidade desse testemunho, nem sequer o culto ou a liturgia [...] O pregador deve ter a certeza de que Cristo entra na congregação mediante aquelas palavras que proclama das Escrituras.[60]

Nem mesmo a Segunda Guerra Mundial, embora acelerasse o processo da secularização na Europa, conseguiu abafar a pregação. Durante essa guerra, e depois dela, três ministros metodistas de distinção ocupavam púlpitos em Londres e atraíam multidões — Leslie Weatherhead no City Temple, Donald Soper em Kingsway Hall (e também ao ar livre em Marble Arch e na Colina da Torre), e Will Sangster no Salão Central de Westminister. Certo humorista

---

[59] *The cost of discipleship,* 1937, in: Clyde FANT, *Bonhoeffer,* p. 28. [O *The cost of discipleship* foi publicado em português com o título *Discipulado* (São Leopoldo: Sinodal, 2002).]

[60] Clyde FANT, *Bonhoeffer,* p. 130.

observou que podiam ser mais bem distinguidos entre si pelos seus três amores, posto que "Sangster amava o Senhor, Weatherhead amava o seu povo, ao passo que Soper amava um debate". Dos três, Sangster era provavelmente o pregador mais eloqüente. Nascido no centro antigo de Londres, deixou a escola aos quinze anos de idade a fim de trabalhar como *office boy* na região comercial, não deixou de se tornar um pregador local metodista aos dezoito anos de idade e, em 1950, foi eleito Presidente da Conferência Metodista na Grã-Bretanha. No seu conhecido livro *The craft of the sermon* [A arte do sermão] (1954) dificilmente conseguia palavras suficiente altaneiras para descrever a tarefa do pregador. Perto do começo do livro, escreveu:

> Chamado para pregar![...] Comissionado por Deus para pregar a palavra! Um arauto do grande Rei! Uma testemunha do Evangelho Eterno! Alguma outra obra podia ser tão sublime e santa? Para essa tarefa suprema Deus enviou seu Filho unigênito. Em toda a frustração e confusão destes tempos, é possível imaginar uma obra de importância comparável com a de proclamar a vontade de Deus aos homens desviados?[61]

> Não por acidente, nem pelo egoísmo impulsivo dos homens, o púlpito recebeu o lugar de destaque nas igrejas reformadas. Está ali por desígnio e por devoção. Está ali pela lógica das coisas. Está ali como *o trono da Palavra de Deus*.[62]

Depois, perto do fim do livro, expressou sua convicção de que "a pregação do Evangelho de Jesus Cristo é a atividade mais sublime e santa à qual um homem pode se dedicar: uma tarefa que os anjos podem invejar, e em favor da qual os arcanjos poderão abandonar os átrios do céu".[63] Conforme comentou Andrew Blackwood em tons semelhantes: "A pregação deve ser classificada como a obra mais nobre da terra".[64]

---

[61] P. 14-5.
[62] Ibid., p. 7.
[63] Ibid., p. 297.
[64] *The praparation of sermons*, p. 13.

Assim chegamos às décadas de 1960, de 1970, e de 1980. A maré da pregação entrou em refluxo e continua sendo baixa hoje. Pelo menos no mundo ocidental, o declínio da pregação é sintoma do declínio da igreja. Uma era de ceticismo não conduz à recuperação da proclamação confiante. No entanto, não faltam vozes que tanto declaram sua importância vital quanto conclamam à sua renovação. Escutamos essas vozes em praticamente todas as igrejas. Escolhi amostras das igrejas Católica Romana, Anglicana, e Independentes.

Alguns escritores católicos romanos estão muito preocupados com o baixo nível da pregação contemporânea. Segundo o teólogo jesuíta idoso, Karl Rahner, uma das questões emocionantes dos nossos dias diz respeito àquilo que chama de "o problema com a pregação". Trata-se de uma falta de relacionar a mensagem cristã com o dia-a-dia. "Muitos deixam a igreja porque a linguagem que flui do púlpito não tem significado para eles; não tem relação com a própria vida deles e simplesmente contorna muitas questões ameaçadoras e inevitáveis [...] 'O problema com a pregação' está se tornando cada vez mais problemático".[65]

Mas isso não deve ser assim para os que leram os documentos que emanaram do Segundo Concílio Vaticano. O sexto capítulo da "Constituição dogmática sobre a revelação divina", chamado "A Sagrada Escritura na vida da Igreja", contém asseverações contundentes a respeito do dever de estudar e aplicar as Escrituras:

> É preciso que os exegetas católicos e os demais que se dedicam à Sagrada Teologia, unindo diligentemente suas forças, procurem, com meios aptos, investigar e apresentar, sob a vigilância do sagrado Magistério, as divinas letras, de maneira que o maior número possível de ministros da divina Palavra possa frutuosamente oferecer ao povo de Deus o alimento das Escrituras que ilumine a mente, fortaleça as vontades e inflame os corações dos homens no amor de Deus.[66]

---

[65] *The renewal of preaching*, p. 1.
[66] Parágrafo 23.

Eis por que é necessário que todos os clérigos [...] que [...] legitimamente se consagram ao ministério da palavra, se apeguem às Escrituras por meio da assídua leitura sacra e diligente estudo, para que não venha a ser "vão pregador da palavra de Deus externamente quem não escuta interiormente" [Agostinho], quando especialmente na Sagrada Liturgia tem que comunicar aos fiéis a ele confiados as vastíssimas riquezas da palavra divina.[67]

O povo cristão em geral, continua o texto, deve também ler as Escrituras por conta própria. "Assim, pois, que pela leitura e o estudo dos Livros Sagrados, 'Seja difundida e glorificada a palavra de Deus' (2 Tess 3,1) e que o tesouro da Revelação confiado à Igreja cada vez mais encha os corações dos homens".[68]

O "Decreto sobre o ministério e a vida dos Presbíteros" volta a esse tema, e conclama o clero romano a pregar o evangelho:

Pois, como ninguém pode salvar-se caso não creia primeiro, os Presbíteros, na qualidade de cooperadores dos Bispos, têm como primeira tarefa anunciar o Evangelho de Deus a todos [...] há de ser sempre dever deles não ensinar a sua sabedoria, mas o Verbo de Deus, e convidar a todos com insistência para a conversão e a santidade. A pregação sacertotal [...] não há de expor apenas de modo geral e abstrato a palavra de Deus, mas deverá aplicar a verdade perene do Evangelho às circunstâncias concretas da vida.[69]

A Igreja Anglicana, segundo já vimos, tem sido adornada por uma longa sucessão de pregadores talentosos. Nos anos recentes, no entanto, nenhum líder eclesiástico tem feito mais em prol da recuperação da pregação na Igreja da Inglaterra do que Donald Coggan, arcebispo de Cantuária de 1974 a 1980. Pregador competente, que se descreveu como quem passou meio-século "debaixo da tirania jubilosa de ser um ministro da Palavra",[70] foi, em grande

---

[67] Ibid., parágrafo 25.
[68] Ibid., parágrafo 26.
[69] Ibid., parágrafo 4, p. 539-40.
[70] *On preaching* p. 3.

medida, pela iniciativa dele que o College of Preachers [Faculdade de Pregadores] (já bem estabelecido em Washington, D.C.) foi fundado na Inglaterra. No seu primeiro livro sobre a pregação, *Stewards of grace* [*Mordomos da graça*] (1958), expressou sua convicção a respeito da indispensabilidade da pregação nos seguintes termos:

> Aqui temos o milagre da economia divina, que entre o perdão da parte de Deus e o pecado do homem consta — *o pregador*! Que entre a provisão divina e a necessidade humana consta — *o pregador*! Que entre a verdade de Deus e a procura pelo homem consta — *o pregador*! É sua tarefa ligar o pecado humano com o perdão, a necessidade humana com a onipotência divina, a procura humana com a revelação divina...[71]

Meu exemplo na Igreja Independente é o dr. Martyn Lloyd-Jones, que de 1938 a 1968 exerceu um ministério extremamente influente na Capela de Westminster em Londres. Nunca estava ausente do próprio púlpito aos domingos (a não ser nas férias); sua mensagem alcançava os cantos mais distantes da terra. Sua formação para médico e a clínica médica que anteriormente praticava, seu compromisso inabalável com a autoridade das Escrituras e ao Cristo das Escrituras, sua mente analítica aguda, seu entendimento penetrante do coração humano e seu ardor apaixonado gaulês, uniram-se para fazer dele o pregador britânico mais poderoso das décadas de 1950 e 1960. Em *Preaching and preachers* [*Pregação e pregadores*] (1971), que originariamente foi apresentado como preleções no Seminário Teológico de Westminster em Filadélfia, compartilha conosco suas convicções mais fortes. Seu primeiro capítulo é chamado "A primazia da pregação". Nele, declara: "Para mim, a obra da pregação é a mais elevada, a maior e a mais gloriosa vocação para a qual alguém pode ser convocado. Se alguém quiser saber doutra razão em acréscimo, então eu diria, sem qualquer hesitação, que a mais urgente necessidade da igreja cristã da atualidade é a pregação autêntica".[72]

---

[71] P. 18.
[72] P. 9.

Em seguida, no final do livro, ele escreve sobre o prestígio da oração: "Não há nada de errado nisso. É o mais grandioso do mundo, o mais emocionante, o mais excitante, o mais recompensador e o mais maravilhoso".[73]

Com esses admiráveis exemplos, termino meu breve esboço histórico. Está longe de ser completo. Não alego ser uma exaustiva "história da pregação". Pelo contrário, é uma seleção muito subjetiva de testemunhas. Nem por isso deixa de ter duplo valor, no mínimo.

Primeiramente, demonstra como é longa e ampla a tradição cristã que atribui muita importância à pregação. Abrange quase vinte séculos, a partir de Jesus e de seus apóstolos, que continua através dos pais antigos e dos grandes teólogos-pregadores pós-nicenos tais como Crisóstomo no Oriente e Agostinho no Ocidente, passando pelos frades pregadores medievais Francisco e Domingos, pelos reformadores e pelos puritanos, por Wesley e Whitefield, e culminando nos clérigos modernos dos séculos XIX e XX. Em segundo lugar, essa tradição longa e ampla é consistente. Sem dúvida, houve exceções que negligenciavam e até mesmo maculavam a pregação, pessoas que omiti da minha história. Mas essas têm sido exceções, desvios deploráveis da norma. O consenso cristão no decurso dos séculos tem sido engrandecer a importância da pregação e, para isso, apelar aos mesmos argumentos e vocabulário. Dificilmente podemos deixar de nos inspirar com esse testemunho em comum.

Aqui, portanto, temos uma tradição que não pode facilmente ser deixada de lado. Sem dúvida, pode ser apurada e avaliada. Certamente, hoje é desafiada pela revolução social da nossa era. Não há incerteza, é necessário enfrentar os desafios com franqueza e integridade, conforme procuraremos fazer no capítulo seguinte. No entanto, conseguiremos avaliá-los com maior imparcialidade e nos sentir menos ameaçados pelos ataques e menos ofuscados pelos argumentos, agora que relembramos a história da igreja e vislumbramos a glória da pregação por meio dos olhos dos seus heróis em todos os séculos.

---

[73]Ibid., p. 297.

CAPÍTULO DOIS

Objeções contemporâneas contra a pregação

Os profetas da desgraça na igreja de hoje estão predizendo, com confiança, que já se passaram os dias da pregação. Dizem que é uma arte que está morrendo, uma forma de comunicação que está fora de moda, "um eco de um passado abandonado".[1] Não somente a mídia moderna a superou, como também é incompatível com o estado de ânimo moderno. Como conseqüência, o sermão já não desfruta das honrarias que antes lhe eram outorgadas e que foram expressadas nas citações apresentadas no capítulo um. Até mesmo a "degustação de sermões", um equivalente eclesiático repreensível do percorrer bares experimentando bebidas, que envolve a freqüência errática das igrejas com o simples propósito de pegar uma amostra de cada pregador eminente da época, para subseqüente comparação, já não está mais na moda. Livros de sermões, que antes desfrutavam de popularidade, agora se tornaram um empreendimento arriscado para serem publicados. Em algumas igrejas, o sermão é reduzido a cinco minutos, e isso em tons de pedir desculpas; em outras, foi substituído por um "diálogo" ou

---

[1]Clement WELSH, *Preaching in a new key*, p. 32.

um "acontecimento". Segundo o veredicto franco do dr. Howard Williams, "o sermão está fora".²

Igualmente franca é a declaração em sentido contrário feita pelo dr. Donald Coggan de que dito conceito da pregação é "uma mentira descarada", perpetrada pelo "Pai lá de baixo" (como C. S. Lewis chamava o Diabo), e como resultado do qual ganhou uma vitória estratégica. Não somente silenciou de modo eficaz alguns pregadores, como também desmoralizou os que continuam a pregar. Sobem ao púlpito "como homens que perderam a batalha antes começar a luta; o piso sólido da convicção escorregou-se de debaixo dos seus pés".³

Meu propósito neste capítulo é tentar descobrir as raízes do desencantamento contemporâneo com a pregação. Quero examinar os três argumentos principais que estão sendo propostos contra a pregação — o estado de ânimo contrário à autoridade, a revolução da cibernética e a perda de confiança no Evangelho — e, ao mesmo tempo, oferecer uma resposta preliminar a eles.

A DISPOSIÇÃO DE ÂNIMO ANTIAUTORIDADE

Raras vezes, ou talvez nunca, na sua longa história, o mundo tem testemunhado semelhante revolta autoconsciente contra a autoridade. Não é que o fenômeno do protesto e da rebelião seja novidade. A partir da queda do homem, a natureza humana tem sido rebelde, "inimiga de Deus porque não se submete à lei de Deus, nem pode fazê-lo" (Rm 8.7). E esse fato básico na condição humana produziu milhares de manifestações funestas. Mas o que parece ser novidade hoje é tanto a escala mundial dessa revolta, quanto os argumentos filosóficos com os quais essa é reforçada. Não pode haver dúvida de que o século XX foi envolvido numa revolução global, condensada nas duas Guerras Mundiais. A ordem velha está cedendo lugar à nova. Todas as autoridades aceitas (família, escola, universidade, Estado, igreja, Bíblia, papa e Deus) estão sendo ques-

---

²*My word*, p. 1-17.
³*Stewards of grace*, p. 13.

tionadas. Tudo quanto dá a impressão de "autoridade estabelecida", ou seja, de privilégio entrincheirado ou de poder inassaltável, está sendo sujeitado a escrutínio e a oposição. Um "radical" é exatamente alguém que faz perguntas inconvenientes e irreverentes a algum "estabelecimento" que antes se considerava imune à crítica.

Seria muita insensibilidade reagir de modo negativo contra a totalidade da rebeldia atual ou condená-la coletivamente como diabólica. Para alguns, é responsável, madura e cristã no sentido mais pleno. Origina-se na doutrina cristã da raça humana feita à imagem de Deus e, portanto, protesta contra todas as formas da desumanização. Coloca-se contra as injustiças sociais que ofendem a Deus, o Criador, procura proteger os seres humanos da opressão e anseia por libertá-los a fim de que desfrutem da liberdade que Deus planejou para eles. Na política, protesta contra todos os regimes autoritários, quer da esquerda, quer da direita, que discriminam as minorias, negam às pessoas seus direitos civis, proíbem a expressão livre das opiniões ou lançam pessoas no cárcere meramente por causa das suas idéias. Nas ciências econômicas, protesta contra a exploração dos pobres e contra a nova servidão social, a escravidão imposta pelo mercado consumista e pelas máquinas. Na indústria, protesta contra a confrontação classista entre a diretoria e os sindicatos, e pede uma porcentagem maior de participação responsável para os trabalhadores. Na educação, protesta contra a doutrinação, que é o abuso das salas de aula para forçar as mentes maleáveis dos jovens a adotar formatos predeterminados, e pede, pelo contrário, um processo educacional que estimula as crianças e os jovens a desenvolver o próprio potencial pessoal.

Quando a rebelião é expressada em termos tais como esses, os cristãos, longe de se oporem a ela, devem estar na vanguarda dos que a promovem. Isso porque sua inspiração se acha na glória de Deus, na humanização de seres humanos feitos à semelhança dele. É quando os proponentes das mudanças vão além disso e proclamam sua determinação para abolir o próprio processo democrático e, juntamente com ele, todas as formas de censura por consentimento, e proclamam que já não existem padrões objetivos de verdade ou de virtude, que estamos obrigados a divergir deles. Isso porque os cristãos fazem distinção entre a verdadeira autoridade e a falsa, ou seja, entre a tirania que esmaga a nossa humanidade e a autoridade racional e benevolente debaixo da qual descobrimos a nossa liberdade humana autêntica.

Enquanto prevalecer a disposição de ânimo atual, tanto os que tentam dar um golpe desenfreado em favor da anarquia quanto os que procuram a liberdade verdadeira tendem a enxergar o púlpito como símbolo da autoridade contra a qual se rebelam. A igualdade das oportunidades educacionais, pelo menos no Ocidente, tem aguçado as faculdades críticas das pessoas. Agora, cada pessoa tem opiniões e convicções próprias, e as considera tão válidas como as do pregador. "O que ele pensa que é", perguntam as pessoas — quer em silêncio, quer em voz alta —, "para ter a presunção de me ditar normas?". O emprego popular de palavras vinculadas com o púlpito refletem essa distorção. "Pregar" chegou a significar "dar conselhos de modo ofensivo, tedioso ou intrusivo",[4] ao passo que "passar sermão" é dirigir a alguém uma exortação pesada em tons patronizantes.

Embora essa resistência aos pronunciamentos autoritativos do púlpito tenha se generalizado, começou com o Iluminismo (se não antes) no século XVIII e se tornou mais vocífera no século XIX. Nenhuma expressão mais vigorosa (nem mais chistosa) tem sido feita dessa resistência do que por Anthony Trollope em *Barchester towers* [*Barchester se sobressai*], publicada pela primeira vez em 1857. A personagem principal desse romance é o reverendo Obadiah Slope, capelão doméstico do bispo Proudie de Barchester, cuja esposa era implicante. Trollope não faz segredo da sua antipatia ativa por ele. Descreve-o nos termos menos elogiosos possíveis:

> Seus cabelos são escorridos, de tons ruivos pálidos, sem brilho. Sempre formam três massas retas empelotadas [...] Seu rosto é quase da mesma cor que a dos cabelos, embora talvez um pouco

[4] *Chambers' Dictionary.*

mais vermelho: não muito diferente da carne de gado — mas carne, diríamos, de má qualidade [...] Seu nariz, no entanto, é a característica que resgata sua aparência: é notavelmente reto e bem-formado; mas eu, pessoalmente, o teria achado melhor se não possuísse uma aparência um pouco esponjosa e porosa, como se tivesse sido habilidosamente formado a partir de uma rolha vermelha.[5]

Tendo despertado, assim, a antipatia do leitor pela aparência do sr. Slope ("o sr. Slope úmido, de cabelos arenosos, olhos como pires e punhos vermelhos"),[6] Trollope está pronto para despertar a hostilidade contra a pregação dele. Embora os clérigos de Barchester pertencessem à "igreja alta e seca",* Obadias Slope (da ala com baixa estima da igreja) não respeitou as sensibilidades deles e passou, no seu primeiro sermão na catedral, a amaldiçoar todas as opiniões e hábitos que eles mais acalentavam. Assim, Trollope chega a ter a oportunidade desejada para injuriar a pregação e os pregadores:

> Atualmente, não existe, talvez, nenhuma privação maior infligida contra a raça humana nos países civilizados e livres do que a necessidade de escutar sermões. Ninguém nesses países possui atualmente, a não ser um clérigo pregador, a autoridade de obrigar um auditório de se sentar em silêncio para ser atormentado. Ninguém, a não ser um clérigo pregador, pode se deleitar em lugares-comuns, truísmos e não-truísmos, e ainda receber, como seu privilégio indisputado, a mesma atenção respeitosa como se dos seus lábios saíssem palavras de eloqüência apaixonada ou de lógica persuasiva. Se um catedrático de Direito ou de Física subir ao palco num salão de conferências e derramar palavras insípidas e frases vazias e inúteis, as derramará sobre cadeiras vazias. Se um advogado tentar falar sem se expressar bem, terá raras oportuni-

---
[5]P. 28.
[6]Ibid., p. 50.
*No contexto anglicano, "igreja alta" é uma referência à ala anglo-católica da instituição, em contraste com a "igreja baixa", de tendência mais protestante. (N. do E.)

dades de falar. A recomendação do juiz terá de ser escutada obrigatoriamente somente pelo juri, pelo réu ou pelo carcereiro. Um membro do Parlamento pode ser eliminado por vaias ou votos. Os vereadores podem ser boicotados. Mas ninguém consegue se ver livre do clérigo pregador. É ele o enfado dos nossos tempos [...] o pesadelo que perturba o repouso dominical, a incumbência que sobrecarrega a religião e torna desagradável o culto prestado a Deus. Não somos obrigados a entrar na igreja! Não, mas desejamos mais do que isso. Desejamos não ser obrigados a ficar fora. Desejamos, e nisto estamos resolutos, desfrutar do consolo da adoração pública; mas também desejamos fazer isso sem uma quantidade de tédio que a natureza humana comum não consegue suportar com paciência; desejamos, na hora de sair da casa de Deus, não ter aquele desejo ansioso de fugir — que é a conseqüência comum dos sermões vulgares.[7]

A antipatia que Trollope sentia contra os sermões não era apenas porque induziam ao tédio, mas também que lhe pareciam um exercício impróprio de autoridade, sobretudo quando o pregador era jovem. Quando o rev. Francis Arabin, que posteriormente chegou a ser catedrático de Poesia na Universidade de Oxford, foi instalado como pároco da Igreja de Santo Ewold em Ullathorne, ficou extremamente nervoso ao pregar seu primeiro sermão. Trollope expressou como se sentiu atônito porque "até mesmo homens muito jovens" que são "pouco mais do que meninos" conseguem criar coragem para pregar e "subir num púlpito bem alto acima das cabeças da multidão submissa". Acrescenta:

> A nós parece estranho que não ficam emudecidos diante da nova e impressionante solenidade da sua posição [...] Os clérigos que não conseguem pregar seriam bênçãos tão grandes se pudessem, em troca de algum pagamento, reconhecer a própria incompetência e ficar quietos.[8]

[7] Ibid., p. 46-7.
[8] Ibid., p. 191-2.

Hoje, quase um século e meio depois, estamos conscientes da existência do mesmo ódio em relação a quem exerce autoridade. O que mudou é que a resistência é muito mais generalizada, aberta e estridente. Quanto às igrejas, muitas delas contêm uma preponderância de pessoas da meia-idade ou da terceira idade, que já deixaram para trás a fase dos protestos, e nessas se pode confiar que serão relativamente dóceis. Em muitos casos, porém, os jovens votam de maneira independente, que os levam para bem longe de semelhantes instituições arcaicas. A disposição de ânimo antiautoridade chegou à temperatura máxima e explodiu na década de 1960. O *campus* em Berkeley da Universidade de Califórnia passou a ser o campo de batalha do Free Speech Movement [Movimento de Expressão Livre], e em Paris os universitários juntaram-se aos operários ao ocupar as ruas e levantar barricadas. Agora, depois de decorridas mais de quatro décadas, pelo menos alguns governos e algumas universidades aprenderam algumas lições. Existe menos censura e mais liberdade. Por isso, o alvo contra o qual os jovens atiram a sua hostilidade deixou de ser as instituições (uma vez que essa batalha já foi parcialmente ganha) e passou a ser as idéias, principalmente as idéias que as instituições velhas e desacreditadas persistem em tentar impor sobre os outros. Charlie Watts, dos Rolling Stones, expressa com perfeição essa atitude: "Sou contra qualquer forma de pensamento organizado. Estou contra [...] a religião organizada, do tipo da igreja. Não consigo enxergar como se pode organizar dez milhões de mentes a crer na mesma coisa".[9] Outros foram além, opondo-se totalmente ao pensamento; a década de 1970 foi a década do irracional.

Conseqüentemente, não se pode organizar a mente das pessoas nem impor pensamentos a eles. Nenhuma instituição, por mais respeitável que seja, tem o direito de impor sobre nós qualquer idéia mediante o peso da própria autoridade. Nenhuma idéia, tampouco, pode se impor em todos nós. Isso porque (segundo esses

[9] *The Guardian Weekly,* 19 out. 1967.

conceitos) não existe nenhuma verdade que seja absoluta e, portanto, universal. Pelo contrário, tudo é relativo e subjetivo. Antes de eu poder acreditar em qualquer idéia, ela precisa conferir credibilidade a si mesma perante mim mesmo; e antes de esperar que você acredite nela, ela precisa conferir credibilidade a si mesma perante você. Antes de isso acontecer, não devemos nem podemos acreditar.

Uma resposta cristã

Como, portanto, os pregadores devem reagir diante do espírito antiautoridade dos nossos dias? Qual crítica e resposta distintivamente cristãs podem ser feitas contra isso? Não devemos permitir que sejamos levados pelo "estouro da boiada" a abandonar a pregação. Tampouco devemos cometer o erro inverso de um dogmatismo maior, a ponto de, ao serem questionadas nossas crenças e declarações, meramente as repetirmos em voz mais alta. É possível, sem adotarmos esses extremos, manter a lealdade à fé cristã histórica e, ao mesmo tempo, reconhecer e respeitar o estado de ânimo moderno da dúvida e da negação? Penso que sim. Permita-me sugerir certas verdades que seriam aconselháveis manter em mente e certas atitudes que seriam aconselháveis cultivar.

Em primeiro lugar, precisamos nos lembrar *da natureza dos seres humanos* no entendimento cristão. Segundo os dois primeiros capítulos de Gênesis, Deus criou os seres humanos, masculinos e femininos, para serem tanto moralmente responsáveis (que recebem mandamentos) quanto livres (convidados, sem coerção, à obediência amorosa). Não podemos, portanto, consentir nem com a licenciosidade (que nega a responsabilidade) nem com a escravidão (que nega a liberdade). Os cristãos sabem, tanto segundo as Escrituras quanto pela experiência, que a realização humana é impossível fora de algum contexto de autoridade. A liberdade ilimitada é uma ilusão. A mente somente é livre debaixo da autoridade da verdade, e a vontade, debaixo da autoridade da justiça. É debaixo do jugo de Cristo que achamos o descanso por ele prometido, e não por meio de descartar esse jugo (Mt 11.29, 30). Semelhantemente, os cidadãos podem desfrutar da liberdade somente dentro de uma sociedade ordenada. Os pais que têm filhos adolescentes também conhecem a veracidade desse princípio. Isso porque os adolescentes que se rebelam contra a autoridade dos pais estão desejando não somente experimentar maior liberdade, mas também descobrir os limites da sua liberdade. Enquanto tentam forçar a cerca, esperam devotamente que essa não ceda. Assim como são os adolescentes, assim são os adultos; precisamos daquilo que P. T. Forsyth chamou de "aquela autoridade da qual as pessoas se ressentem e, ao mesmo tempo, desejam ardentemente".[10]

Em segundo lugar, precisamos nos lembrar *da doutrina da revelação*. É uma crença fundamental da religião cristã que cremos naquilo que cremos não porque seres humanos o inventaram, mas porque Deus o revelou. Como conseqüência, existe uma autoridade inerente no cristianismo que nunca poderá ser destruída. Os pregadores que compartilham dessa certeza entendem que são depositários da revelação divina ou, conforme o expressou o apóstolo Paulo, "encarregados dos mistérios de Deus" (1Co 4.1), ou seja, dos segredos que ele tem revelado. Essa convicção não precisa nos levar a um dogmatismo antipático — presunçoso, inflexível e arrogante — mas nos capacitará a proclamar o Evangelho com calma e confiança como boas-novas da parte de Deus.

Theodore Parker Ferris, que ensinava Homilética na Episcopal Theological School [Faculdade Episcopal de Teologia] e que posteriormente se tornou pároco da Igreja da Trindade, em Boston, fez desse assunto uma das ênfases principais da sua série inaugural em 1950 das preleções sobre a pregação "George Craig Stewart", que foram subseqüentemente publicadas com o título *Go tell the people* [*Diga ao povo*]. O propósito do sermão, insistia, é declarar, revelar, tornar conhecida alguma coisa. Sermões em demasia são escritos "no modo imperativo", ao passo que a religião da Bíblia "está escrita, em grande medida, na linguagem reveladora do modo indicativo". Dis-

---

[10] *Positive preaching and the modern mind*, p. 81.

se, em seguida: "Escutem algumas das declarações grandiosas da Bíblia", e passou a citar versículos do Antigo Testamento tais como: "No princípio Deus criou os céus e a terra" (Gn 1.1), "O SENHOR é a minha luz e a minha salvação" (Sl 27.1) e "... aqueles que esperam no SENHOR renovam as suas forças" (Is 40.31). "Esses não são argumentos, nem exortações, nem especulações. São declarações singelas e diretas a respeito da natureza das coisas que foram reveladas aos homens [...] O poder da religião da Bíblia acha-se nas suas afirmações." A mesma verdade, continuou ele, é aplicável às grandes proclamações do Novo Testamento tais como: "Eu sou o caminho, a verdade e a vida" (Jo 14.6) ou "... Deus em Cristo estava reconciliando consigo o mundo" (2Co 5.19).[11] "Esse livro a respeito da pregação", resumiu o dr. Ferris, "tem um único tema. O tema é o seguinte: o sermão, pela própria natureza dele, é uma revelação, e não uma exortação".[12]

Em terceiro lugar, precisamos nos lembrar *do lugar onde reside a autoridade*. Considere de novo as afirmações bíblicas citadas por T. P. Ferris, e muitas outras semelhantes a elas. Onde se acha a autoridade delas? Onde se acha a sua autoridade? Reside somente no Deus que as fez, e não, de modo algum, em nós que as citamos hoje. Existe algo de inerentemente horripilante nos seres humanos que alegam possuir, e tentam exercer, uma autoridade pessoal que não possuem. É especialmente reprovável no púlpito. Quando um pregador pontifica como demagogo barato, ou se jacta do seu poder e glória, conforme fez Nabucodonosor no terraço do seu palácio real da Babilônia (Dn 4.28,29), merece o juízo que caiu sobre aquele ditador: foi expulso do palácio como louco, "passou a comer capim como os bois [...] até que os seus cabelos e pêlos cresceram como penas da águia, e as suas unhas como as garras das aves". Pois Deus "tem poder para humilhar aqueles que vivem com arrogância" (Dn 4.33,37).

Mas suponhamos que na nossa pregação tomamos o cuidado de demonstrar que a autoridade com que pregamos não é inerente,

---

[11] Theodore Parker FERRIS, *Go tell the people*, p. 22-3.
[12] Ibid., p. 32.

nem em nós como indivíduos, nem primariamente no nosso cargo de clérigos ou pregadores, nem sequer na igreja da qual somos membros e pastores oficializados, mas supremamente na Palavra de Deus que expomos? Nesse caso, a congregação deve estar disposta a escutar, sobretudo se colocarmos a questão fora de dúvida ao demonstrar que nós, pessoalmente, devemos viver debaixo dessa autoridade. Segundo Donald Coggan expressou o caso, a fim de "pregar, o homem deve conhecer a autoridade de estar debaixo da Autoridade".[13] É por essa razão que não é aconselhável dizer "Assim diz o Senhor" (já que não possuímos a autoridade de um profeta inspirado do Antigo Testamento) nem declarar "Eu digo a vocês" (uma vez que não possuímos a autoridade de Jesus Cristo e dos apóstolos dele), mas, pelo contrário, e durante a maior parte do tempo, empregar o pronome "nós". Pois assim deixaremos claro que nada pregamos aos outros que não pregamos também, e em primeiro lugar, a nós mesmos, e que a autoridade e a humildade não são mutuamente exclusivas. "É da autoridade de um Evangelho com autoridade dentro de uma personalidade humilde", escreveu P. T. Forsyth, em 1907, "que o mundo necessita principalmente, e que falta na pregação dos presentes tempos".[14]

Em quarto lugar, devemos nos lembrar *da relevância do Evangelho*. Uma razão principal para alguns sermões serem desconsiderados com desprezo é que as pessoas percebem que não se relacionam com a vida real conforme elas a conhecem. O fato de serem pregados com autoridade torna-os ainda menos aceitáveis. Mas quando a mensagem pregada tem associação com o mundo real, e quando se percebe que ela se relaciona com a realidade humana, leva consigo autoridade própria e confere validade a si mesma. Não basta, portanto, fazer pronunciamentos de autoridade; precisamos argumentar como é razoável o que declaramos e demonstrar sua relevância. Nesse caso, a congregação escutará à altura.

---

[13]*Convictions*, p. 160.
[14]*Positive preaching and the modern mind*, p. 136.

É essa a lição que o dr. Clement Welsh, que desde 1963 é diretor de estudos e administrador do American College of Preachers [Academia Americana de Pregadores] em Washington, D.C., se esforça para ensinar no livro *Preaching in a new key* [*Pregando em novo tom*](1974). Diz não poder aceitar a declaração de Karl Barth de que "a pregação é a Palavra de Deus que ele mesmo tem falado" porque essa doutrina "de alto conceito fica assombrada pelos fantasmas de muitas perguntas sem resposta, no tocante à autoridade das Escrituras" e "levanta perguntas preocupantes de confundir a voz do homem com a voz de Deus".[15] Sugere, portanto, que comecemos na outra extremidade, com o ouvinte, não com o pregador; com a criação, não com a redenção. Isso porque o ouvinte vive no mundo criado e, sendo "o processor de dados mais fantástico que o mundo já viu",[16] quer fazer sentido da complexidade das suas experiências humanas. Para ajudar o ouvinte a agir assim, o pregador "deve dedicar à criação (i.e., ao fenômeno da vida humana) o mesmo cuidado exegético que dedicaria a uma passagem das Escrituras".[17] Na realidade, o dr. Welsh conclama a "uma combinação entre essas duas doutrinas homiléticas, sendo que uma delas ressalta a revelação e as Escrituras, e a outra ressalta a apologética e a razão".[18] Não acredito que ele esteja negando o lugar de qualquer "palavra de autoridade", embora às vezes pareça que esteja chegando perigosamente perto disso; pelo contrário, está rejeitando aquele tipo de pregação *ex cathedra* que é divorciada da realidade do mundo, que responde às perguntas erradas, e que desencoraja o pensamento responsável na congregação. Até mesmo os sermões competentes se recomendarão se forem pregados "em novo tom", ao se dirigirem de modo relevante às questões básicas da vida humana.[19]

---

[15] P. 102-3.
[16] Ibid., p. 15.
[17] Ibid., p. 109-10.
[18] Ibid., p. 104.
[19] Ibid., p. 114-7.

A pregação dialógica

Em quinto lugar, precisamos nos lembrar *do caráter dialógico da pregação*. O sermão verdadeiro não é o monólogo que aparenta ser. "Monólogo ministerial monótono" é uma expressão às vezes usada. O rev. R. E. O. White, reitor do Baptist Theological College of Scotland [Faculdade Teológica Batista da Escócia], cita uma definição ainda menos lisonjeadora: "... um monólogo mostruoso de um mentecapto aos mudos".[20] Quero argumentar, porém, que a verdadeira pregação é sempre dialógica. Não no sentido de "sermões em diálogo", nos quais dois pregadores debatem uma questão, ou um deles entrevista e questiona o outro (plano excelente para uma reunião depois do culto, ou no meio da semana, mas me parece fora de propósito no contexto da adoração pública). Nem estou sugerindo que encorajemos os apartes inoportunos, embora, sem dúvida, algumas interrupções fora de programa vivificassem os procedimentos na maioria das igrejas ocidentais e pusessem a nós, os pregadores, à prova.

O diálogo vocal entre o pregador e a congregação é, porém, lugar-comum nos cultos dos negros na América do Norte. É descrito vividamente pelo dr. Henry H. Mitchell, diretor-fundador do Ecumenical Center for Black Church Studies [Centro Ecumênico para os Estudos das Igrejas Negras] em Los Angeles, nos seus livros *Black preaching* [Pregação negra] (1970) e *The recovery of preaching* [A restauração da pregação] (1977). Este contém um capítulo chamado "A pregação como diálogo". "Desembaraçada do cativeiro teutônico da teologia branca", conforme ele a descreve, e "intocada pelas abstrações orgulhosas do mundo ocidental", os negros norte-americanos têm ficado livres para expressar, na sua adoração, sua identidade negra autêntica. A religião negra é "religião da alma", que não tem medo da emoção e do êxtase.[21] "Têm tido chamadas-e-respostas na África durante séculos, e na

---

[20] *A guide*: a pratical primer of homiletcs, p. 5.
[21] *Black preaching*, p. 26-43.

adoração cristã na América do Norte desde o próprio início — há três séculos".[22] Especificamente,

> o adorador negro não meramente reconhece a Palavra pregada pelo pregador; ele responde! Às vezes, pode gritar. Não está no passado distante, e talvez nem passou mesmo, o tempo em que o adorador negro considerasse o culto um fracasso se não houvesse gritos".[23]

O dr. Mitchell reconhece que esse tipo de resposta audível ou "reverência rouca de pessoas reais"[24] (gritos de "Amém!", "Conte tudo!", "Está certo!", "É isso aí!", "Sim, senhor!", "Grande verdade!" etc.) às vezes não passa de um hábito ou convenção cultural, e que, em outras ocasiões, "tanto barulho é, na realidade, substituto da ação".[25] Entretanto, de modo geral, é uma expressão genuína da participação do auditório, e é um grande apoio e estímulo para o pregador. No entanto, quando o coração e a mente de uma congregação negra estão dominados pelo sermão, "o diálogo que se segue entre o pregador e a congregação é a síntese da adoração criativa".[26]

Em outros contextos, no entanto, o tipo de pregação dialógica que estou recomendando é diferente. Refere-se ao diálogo silencioso que deve se desenvolver entre o pregador e seus ouvintes. Isso porque aquilo que diz provoca perguntas nas mentes deles, às quais ele passa a responder. Sua resposta levanta mais perguntas, às quais ele, de novo, responde. Um dos maiores talentos que um pregador precisa ter é o entendimento tão sensível das pessoas e dos seus problemas que pode prever suas reações a cada parte do seu sermão e responder a elas. A pregação é um pouco semelhante a um jogo de xadrez, no qual o jogador perito se mantém vários lances na frente do seu oponente, e sempre está pronto a dar sua resposta, seja qual for a peça que o oponente resolver mover em seguida.

---

[22] *The recovery of preaching*, p. 116.
[23] *Black preaching*, p. 44.
[24] *The recovery of preaching*, p. 124.
[25] *Black preaching*, p. 106.
[26] Ibid., p. 98.

Lembro-me de ter lido um artigo divertido no *Guardian Weekly* [*Guardião Semanal*] por Peter Fiddick[27] a respeito da "arte difícil de ser auditório". O título foi: "Ninguém dormirá". Confessou o problema que tinha em se manter acordado durante concertos. Sua lembrança mais antiga de ter adormecido em público, disse ele, foi no Methodist Central Hall [Salão Central Metodista] em Slough, quando estava com cerca de sete anos. Caiu no sono durante o sermão, e "acordou, mortificado, no meio do hino que se seguiu". Posteriormente, no entanto, aprendeu a vencer "o problema do sermão por realizar debates mentais com o pregador", técnica que fracassou num recital de Chopin "uma vez que as valsas não são suscetíveis aos argumentos". Peter Fiddick imaginava, provavelmente, que os pregadores ficariam furiosos se pensassem que seus ouvintes estivessem tendo "debates mentais" com eles. Mas certamente, pelo contrário, ficaríamos muito contentes com isso. Não temos o mínimo desejo de encorajar a passividade na congregação. Queremos provocar as pessoas a pensar, a nos responder e a debater conosco mentalmente, e devemos manter com elas tamanho diálogo vivo (porém silencioso) que achem impossível adormecer.

É de importância especial agir dessa forma quando o tema envolve alguma controvérsia. A tendência natural é expressar nossas convicções, e, nesse caso, é possível deixar despercebidos os problemas que essas despertam na mente de outras pessoas, seja dos crentes (ou semicrentes) na igreja, seja dos incrédulos com os quais conversarão no escritório ou na fábrica no dia seguinte. Não poderíamos, por exemplo, pregar que "a terra inteira está cheia da [...] glória [de Deus]" (Is 6.3) e não tomar conhecimento do fato de a terra sofrer terremotos, predações e fome, além de desfrutar de ordem, de abundância e de beleza. Nem poderíamos pregar sobre a providência de Deus que "age em todas as coisas para o bem daqueles que o amam" (Rm 8.28), sem nos demonstrar conscientes do mal e do sofrimento.

[27]31 out. 1970.

Eu poderia multiplicar exemplos. Não devemos, ao pregar sobre o casamento, esquecer-nos dos solteiros na congregação, nem sobre a alegria cristã sem nos lembrar das tristezas e das tragédias que alguns estariam experimentando. Não podemos fazer uma exposição da promessa de Cristo no sentido de responder à oração, sem nos lembrar de que algumas orações permanecem sem resposta; nem podemos falar de como ele nos proibiu de ficar ansiosos, sem reconhecer que haja pessoas com boas razões para a ansiedade. Antecipar-nos às objeções dos ouvintes é proteger nossos flancos do contra-ataque.

Um diálogo entre o locutor e os ouvintes, ou entre o escritor e os leitores, freqüentemente se desenvolve nas Escrituras. No Antigo Testamento, podemos achá-lo no livro de Malaquias: "'Eu sempre os amei', diz o SENHOR. 'Mas vocês perguntam: 'De que maneira nos amaste?'" (1.12). De novo: "Vocês têm cansado o SENHOR com as suas palavras. 'Como o temos cansado', vocês perguntam" (2.17). E mais uma vez: "'Pode um homem roubar a Deus? Contudo, vocês estão me roubando. E ainda perguntam: 'Como é que te roubamos.' Nos dízimos e nas ofertas'" (3.8).

No Novo Testamento, o próprio Jesus empregava freqüentemente um método semelhante. Várias das suas parábolas terminavam com uma pergunta, e é provável que nesse caso esperasse que as pessoas respondessem audivelmente. Envolvia-as num diálogo. Por exemplo: "Qual destes três você acha que foi o próximo do homem que caiu nas mãos dos assaltantes?" (Lc 10.36). E: "Portanto, quando vier o dono da vinha, o que fará àqueles lavradores?" (Mt 21.40). Ou, depois de ter lavado os pés dos apóstolos, perguntou-lhes: "Vocês entendem o que lhes fiz?" (Jo 13.12).

O mestre supremo nessa arte, no entanto, era o apóstolo Paulo, e o melhor exemplo disso é a sua epístola aos romanos. No decurso dos primeiros capítulos, à medida que vai ditando a Tércio, fica consciente das objeções judaicas ao seu argumento. Muitas vezes, expressa a objeção deles e oferece a resposta. Vejamos, por exemplo, este diálogo:

Que vantagem há, então, em ser judeu, ou que utilidade há na circuncisão? Muita, em todos os sentidos! Principalmente porque aos judeus foram confiadas as palavras de Deus.

Que importa se alguns deles foram infiéis? A sua infidelidade anulará a fidelidade de Deus? De modo nenhum! Seja Deus verdadeiro, e todo homem mentiroso [...] Mas, se a nossa injustiça ressalta de maneira ainda mais clara a justiça de Deus, que diremos? Que Deus é injusto por aplicar a sua ira? (Estou usando um argumento humano.) Claro que não! Se fosse assim, como Deus iria julgar o mundo? (Rm 3.1-6; cf. v. 27-31).

É bem possível, conforme vários estudiosos já indicaram, que Paulo estava deliberadamente se valendo das "diatribes" estóicas, cujas "características salientes", nas palavras do professor James Stewart, "eram suas perguntas retóricas, sua preferência por frases breves e desconexas, seu emprego do estratagema de um objetante imaginário, ao disporem lado a lado os desafios e as respostas...[28] Isso é estratagema dos pregadores mais do que dos escritores, mas se acha nos autores que também são pregadores. Nesse sentido, Lutero, cujos comentários foram primeiramente apresentados como preleções, entrepunha, não raras vezes, "Ouço alguém dizendo?" ou "Você não imagina, por certo, que...?", ao passo que Billy Graham diz, constantemente: "Você pode perguntar: 'Mas, Billy...'", e então expressa o problema que imagina um não-cristão no seu auditório possa ter.

No seu esboço autobiográfico *Crowded Canvas* [*Tela abarrotada*] (1974) o cônego Max Warren, que foi secretário-geral da Sociedade Missionária da Igreja da Inglaterra, definiu a comunicação como uma capacidade especial

> ... de sobrepujar a técnica comunista de "duplo pensamento" (de assimilar opiniões contraditórias) e de realizar um "quádruplo pensamento" cristão. O "quádruplo pensamento" é imaginar o que tenho para dizer, depois, imaginar como a outra

---

[28]*A man in Christ,* p. 57-8.

pessoa entenderá o que digo e, depois, repensar o que tenho que dizer, de modo que, quando o digo, ele pensará a mesma coisa que estou pensando! [...] O "quádruplo pensamento" envolve esforço mental e grande sensibilidade espiritual.[29]

Por trabalhoso que seja, isso é da essência da pregação dialógica e diminui a ofensa que a pregação autoritativa produziria de outra forma.

A REVOLUÇÃO CIBERNÉTICA

A "cibernética" (de *kybernetes,* "timoneiro") é o estudo dos mecanismos da comunicação, tanto humana quanto eletrônica, ou seja, tanto nos cérebros quanto nos computadores. "Revolução cibernética" refere-se a mudanças radicais nas comunicações, como resultado do desenvolvimento dos equipamentos eletrônicos complexos.

O sumo sacerdote da revolução da cibernética foi o notável católico romano canadense, o professor Marshall McLuhan, fundador do Centre for Culture and Technology [Centro para a Cultura e Tecnologia] da Universidade de Toronto em 1963, e seu diretor por quatorze anos. Ele morreu no último dia de 1980. Depois dos sessenta anos de idade, estava no auge da influência. O primeiro livro dele que atraiu a atenção pública generalizada foi *The Gutenberg Galaxy: the making of typographic man* [*Galáxia Gutenberg: a fabricação do homem tipográfico*], publicado em 1962, e seu livro mais conhecido *Understanding media: the extensions of man* [*Entendendo a mídia: as extensões do homem*], em 1964. Na década de 1970, sua popularidade diminuiu, e seu esquema inteiro tem sido sujeitado a críticas severas, e até mesmo hostis. Certamente cometia exageros desenfreados. Mesmo assim, um dos seus críticos mais ferrenhos, o dr. Jonathn Miller, que não hesitava em caracterizar suas conclusões como "estranhas", "absurdas", "incoerentes" e até mesmo "sem sentido", não deixa de reconhecer "a emoção intensa" com a qual leu, pela primeira vez, os escritos dele, e o fato de que

[29]P. 143.

"teve sucesso em provocar um debate a respeito de um assunto que tem sido negligenciado por um tempo demasiadamente longo".[30]

Depois de se assentar a poeira da controvérsia, parece certo que o nome de Marshall McLuhan será incluído entre os pioneiros da teoria da comunicação. Não é provável que a História se esqueça de expressões tais como "a aldeia global", "a mídia é a mensagem" (bem como "a massagem") e comunicação "ansiosa" e "calma", que acrescentou ao nosso vocabulário. Seria estultícia, portanto, considerar as suas teorias ultrapassadas; precisamos nos atracar com elas.

Começamos com a interpretação da História feita por McLuhan. Retratou o homem primitivo desfrutando de uma existência harmoniosa por meio do emprego equilibrado e simultâneo dos cinco sentidos. Quando os chefes tribais se sentavam em derredor da fogueira do arraial, conversavam uns com os outros de maneira "calma" ou casual, e absorviam informações e impressões por meio da vista, do som, do tato, do paladar e do olfato. Essa situação idílica, no entanto, foi espatifada por duas invenções desastrosas. A primeira foi o abecedário fonético. Previamente, a antiga escrita pictográfica (na China) e a hieroglífica (na Babilônia), por terem um significado visual, preservaram um vínculo entre o ouvido e o olho. Mas, no abecedário fonético, "letras semanticamente destituídas de significado são usadas para se corresponder com sons semanticamente sem sentido", e provocaram um "rompimento repentino entre a experiência auditória e visual do homem".[31] Como conseqüência, o abecedário fonético perturbou o equilíbrio sensório da humanidade ao fazer da visão o sentido dominante, e ao levar o ouvido do leitor a se tornar o olho.

A segunda ocorrência desastrosa (no esquema de McLuhan) foi a invenção dos tipos móveis no século XV por Johannes Gutenberg (m. 1468), o vilão dessa história. A tipografia levou ao fim o tribalismo. Rompeu a união coletiva da sociedade humana primitiva. Transformou cada ser humano num individualista e num especialista, pois "a capacidade de ler e de escrever [...] tira-o do seu mundo

---

[30] *McLuhan*, p. 131-2.
[31] Marshall MCLUHAN, *Understanding media:* the extensions of man, p. 93.

tribal coletivo e o joga no isolamento individual".[32] Agora, pode fica sentado sozinho num cantinho, com as costas para o mundo, lendo um livro. Além disso, à medida que lê e seu olho segue cada linha impressa, vê-se trancado na lógica linear, e assim perde a magia da aprendizagem multissensual. Torna-se, também, um literalista, pois sua imaginação entra em atrofia.

Mas em 1844 uma terceira invenção (a do telégrafo por Samuel Morse) anunciou o raiar de uma nova era — a era eletrônica. Ao passo que o abecedário e a imprensa alienara cada vez mais os seres humanos uns dos outros, "a tendência da mídia eletrônica é criar um tipo de interdependência orgânica entre todas as instituições da sociedade".[33] Os seres humanos que tinham sido destribalizados pela imprensa, agora estão sendo retribalizados pelos equipamentos eletrônicos cada vez mais sofisticados. "A simultaneidade da comunicação eletrônica [...] faz com que cada um de nós esteja presente e acessível a cada outra pessoa no mundo".[34] O mundo inteiro assim se tornou uma "aldeia global".[35]

Nessa revolução social, a televisão tem execido um papel de grande importância. McLuhan argumentou que tem invertido os processos danosos iniciados pelo abecedário fonético e pelo prelo, pois tem reintroduzido à vida humana os benefícios da comunicação "calma". "A mídia ansiosa", escreveu ele, "é aquela que estende um único sentido em 'alta definição'" (i.e., em condição "bem cheia de dados"). Uma mídia "calma", em contrapartida, em vez de bombardear um dos sentidos com muitas informações, permite a coleta paulatina de informações por vários sentidos juntos. A diferença crucial acha-se na quantidade de informações fornecidas pela mídia e a quantidade correspondente que precisa ser fornecida pelo ouvinte ou espectador. "A mídia quente tem baixa participação, e a mídia calma tem alta participação ou complementação pelo audi-

---

[32]Ibid., p. 25.
[33]Ibid., p. 25.
[34]Ibid., p. 264.
[35]Marshall McLuhan, *Gutenberg:* the making of typographic, p. 31.

tório".³⁶ Como conseqüência, a "TV não funciona como pano de fundo. Deixa você engajado. Você precisa estar *junto* dela".³⁷

A televisão, portanto, é rival séria à pregação como meio de comunicação? A caixa na sala substituiu o púlpito na igreja? Marshall McLuhan não respondeu a essa pergunta, porque nunca a postulou. Mas se tivesse sido postulada, a resposta dele, segundo me parece, teria sido necessariamente ambivalente. Se, por um lado, aprovava a palavra falada (seu inimigo principal era a "impressa"), uma vez que a palavra escrita é uma mídia "calma" e "envolve dramaticamente todos os sentidos".³⁸ Portanto, quando duas pessoas estão conversando entre si, não somente estão se escutando mutuamente, como também estão observando as expressões faciais e gestos, talvez se tocando ou abraçando mutuamente e até cheirando o odor característico uma da outra. Essas coisas têm seus equivalentes no relacionamento entre o pregador e a congregação; a maioria das igrejas até mesmo tem um cheiro reconhecível! No entanto, o futuro da linguagem é ameaçado pela tecnologia eletrônica, visto que esta não necessita de palavras. "A eletricidade indica o caminho para uma extensão do processo da própria consciência, em escala mundial, e sem a mínima verbalização." Segundo parece, McLuhan acolhia bem esse desenvolvimento e a saudava como a destruição da torre de Babel, e até mesmo como "uma condição pentecostal de compreensão e união universais". Os idiomas seriam totalmente deixados de fora por "uma consciência cósmica geral" e "a condição de falta de fala que conferiria uma perpetuidade de harmonia e paz coletivas".³⁹

Embora Marshall McLuhan tenha sonhado a respeito das bênçãos comparativas da fala e da falta da fala, acredito que a faculdade da fala seja uma dádiva distintivamente humana, um meio maravilhosamente versátil de comunicação e um reflexo da imagem de Deus que levamos. Embora as pombas arrulhem, os asnos urrem, os

---

³⁶Ibid., p. 31.
³⁷Ibid., p. 332; v. *The medium*, p. 125.
³⁸Ibid., p. 87.
³⁹Ibid., p. 90.

macacos guinchem e os porcos grunham, somente os seres humanos conseguem falar. Segundo a Bíblia, o próprio Deus vivo é um Deus que fala. Ele se comunicou conosco mediante a fala; sua intenção é que nos comuniquemos uns com os outros da mesma forma. Recusar a agir assim nos empobreceria imensuravelmente e reduziria nossa dignidade ao nível das aves e dos animais.

Depois dos dias da maior fama de Marshall McLuhan, a invenção do transistor, que emprega cristais de silício como amplificadores eletrônicos poderosos, tem transformado ainda mais a ciência dos computadores. Os computadores transistorizados, ou microprocessadores, cujos primeiros modelos chegaram ao mercado somente em 1975, já fizeram seus ancestrais desajeitados da década de 1950 parecer tão arcaicos como dinossauros. Não somente são tão pequenos que são facilmente portáteis, e muito mais baratos para serem produzidos e operados, como também não demorarão muito para ter uma memória vastamente melhorada a ponto de armazenar uma enciclopédia inteira num único "chip", e alcançarão tamanha velocidade que terão potencial de transmissão de cerca de um trilhão por segundo.

Os videntes sociais estão tentando avaliar as conseqüências da revolução dos "chips". Prevêem que, em certos aspectos pelo menos, o mundo seria um lugar mais seguro, uma vez que um sistema universal de cartões de crédito tornaria obsoletos os crimes baseados no dinheiro, ao passo que dispositivos de proteção contra danos deixarão os automóveis à prova de colisões. Ao mesmo tempo, é possível que as pessoas viajarão menos. As idas e voltas para o emprego vão diminuir, porque a indústria será operada por robôs, o horário de serviço será reduzido e os negócios serão descentralizados; "escritório e lar se fundirão, o sistema de transportes públicos cederá lugar a redes gigantes de comunicações de dados e o automóvel comercial será trocado pelo sistema mais recente de conferências por vídeo".[40]

A revolução dos computadores relaciona-se principalmente ao processamento de dados, ou seja, seu armazenamento, recupera-

---

[40] Christopher EVANS, *The mighty micro*, p. 142.

ção, seleção e comunicação. Todas as formas atuais de comunicação, portanto, serão forçosamente afetadas por ela. Certo capítulo do livro de Christopher Evans, *The mighty micro* [*O poderoso micro*] (1979) é chamado "A morte da palavra impressa".[41] Tendo ressaltado que tanto os livros quanto os computadores são essencialmente "dispositivos para o armazenamento de informações", passa a argumentar que os computadores são "vastamente superiores" aos livros, não somente por estarem se tornando menores e mais baratos, mas também porque os "livros eletrônicos" serão "dinâmicos", capazes de colecionar, selecionar e apresentar matérias. Além disso, seus poderes de apresentação incluirão tanto o aspecto visual (na tela tipo TV) quanto o auricular (mediante aquela fala sintética estranha chamada "linguagem computorizada").

No início da década de 1980, era difícil imaginar o mundo no ano 2000 d.C., quando, então, a probabilidade seria que os microcomputadores versáteis seriam provavelmente tão comuns quanto são as simples calculadoras, muito comuns naquela década. Devemos certamente acolher bem o fato de o *chip* de silício vir a transcender o potencial do cérebro humano, assim como a máquina tem transcendido o poder muscular do homem. Muito menos bem-vinda será a provável redução de contatos humanos à medida que a nova rede eletrônica tornar os relacionamentos pessoais cada vez menos necessários. Numa sociedade assim desumanizada, o convívio fraternal da igreja local se tornará cada vez mais importante, sendo que os membros estarão juntos e se falarão e escutarão em pessoa, em vez de na tela. Nesse contexto humano de mútuo amor, falar e ouvir a Palavra de Deus se tornará, provavelmente, ainda mais, e não menos necessário para preservar nossa qualidade humana.

A influência da televisão

Volto, portanto, à rivalidade entre a caixa e o púlpito. Sem dúvida, a televisão é um fator de importância na vida de todos nós. Na

---

[41] Ibid., p. 103-9.

Grã-Bretanha, 98% dos lares têm um aparelho de TV, no mínimo, e o lar mediano o mantém ligado entre 30 e 35 horas por semana. O tempo médio que um adulto gasta assistindo à TV é entre 16 e 18 horas por semana, o que significa gastar quase 8 anos inteiros diante da TV.[42] As estatísticas nos Estados Unidos são mais altas. Segundo pesquisas realizadas em 1970 e 1971, a média de tempo diante da tela, no caso dos adultos, era 23,3 horas.[43]

É extremamente difícil estabelecer uma estimativa equilibrada dos efeitos sociais da televisão. Sem dúvida, os benefícios positivos têm sido enormes. A TV capacita as pessoas a compartilhar dos acontecimentos e experiências dos quais — por falta de tempo, privilégio, dinheiro ou saúde — seriam excluídas. Podem participar de grandes ocasiões de celebração ou luto nacionais (tais como um casamento ou um enterro, a coroação de um rei ou a posse de um presidente, ou a visita de um chefe de Estado proveniente de outro país). Podem viajar até aos lugares mais distantes que nunca teriam condições financeiras de visitar pessoalmente e ficar conhecendo algumas das maravilhas da natureza. Podem ver filmes, peças de teatro e eventos esportivos. Podem ficar em dia com as notícias mundiais e ser estimuladas a compreender as questões políticas, sociais e morais debatidas na atualidade. Tudo isso é grande vantagem.

No entanto, existe o outro lado que se relaciona especialmente com a pregação dos sermões e a sua escuta. A televisão dificulta para as pessoas escutar com atenção e de modo responsivo; em razão disso, manter a atenção de uma congregação e conseguir uma resposta positiva apropriada é tarefa difícil. Por que é assim? Procurarei resumir as cinco tendências nocivas da televisão.

Primeira: a TV tende a tornar as pessoas *fisicamente preguiçosas*. Oferece-lhes entretenimento dentro de casa por meio de um clique. Por que, portanto, não se espraiar numa poltrona e até mesmo participar do "culto de adoração" diante da tela? Por que ter o traba-

---

[42]BROADCASTING, *Society and the Church*, p. 3.
[43]Marie WINN, *The plug-in drug*, p. 4.

lho de se arrumar e ir à igreja? As pessoas condicionadas pela televisão são mais relutantes para sair e ressentem-se muito mais das intrusões do que as demais. Embora a chamada "igreja eletrônica" dos Estados Unidos, que tem uma audiência enorme de telespectadores, tenha transmitido grandes bênçãos a pessoas confinadas à casa por velhice ou enfermidade, duvida-se muito se pessoas com condições físicas normais de saúde devam chegar a considerá-la substituta para a afiliação na igreja local. A telinha inibe a plena participação pessoal na fraternidade, nos sacramentos e na adoração congregacional, e sobretudo o serviço e o testemunho pessoal.

Em segundo lugar, a TV tende a *destituir as pessoas da crítica intelectual*. É lógico que não se deve generalizar. A maioria dos canais incluem programas designados a provocar o pensamento. Mesmo assim, penso que Marshall McLuhan exagerou o elemento de "participação" que a TV exige. Muitas pessoas se deixam cair numa poltrona diante da telinha porque, depois de um dia de serviço pesado, querem receber entretenimento em vez de ser levadas a participar e, muito menos, a pensar. E assim se dissemina a doença conhecida por "espectadorite". As pessoas já não podem escutar sem olhar. A TV lhes oferece mais quadros do que argumentos.

Ora, naturalmente, McLuhan sabia disso. Acreditando em 1968 que Richard Nixon perdera a eleição presidencial em 1960 por causa da imagem melhor que a TV projetou de John F. Kennedy, a preocupação dos conselheiros republicanos de Nixon em 1968 foi como levá-lo a transformar sua imagem na tela,[44] daquela de um advogado seco e sem humor em ser humano caloroso e animado. Por isso, contrataram Marshall McLuhan como consultor e circularam aos seus assistentes trechos apropriados da obra dele: *Understanding media* [*Entendendo a mídia*]. Ele escreveu: "A políticas e as questões sociais são inúteis para os propósitos eleitoreiros [...] A formação da imagem global do candidato tomou o lugar de deba-

---

[44]Joe MCGINNISS, *The selling of the president 1968*, p. 23.

ter pontos de vista conflitantes entre si".[45] William Gavin, um dos assessores principais de Nixon, apresentou como política: "Livre-se da lógica linear: apresente uma barragem de impressões".[46] Em seguida, resumiu sua explanação com as palavras: "Leve os eleitores a gostar do candidato, e dois-terços da batalha já foram ganhos".[47] Não há necessidade de discordar de que as imagens são mais poderosas do que as questões e de que quadros são mais poderosos do que argumentos. Mas substituir um pelos outros é fazer a dignidade humana capitular diante da fragilidade humana. Os cristãos não devem concordar com nenhuma coisa que embote as faculdades críticas das pessoas.

Em terceiro lugar, a TV tende a tornar as pessoas *emocionalmente insensíveis.* E, de certa maneira, o caso é inverso. A TV tem o efeito salutar de introduzir visualmente nos lares e na consciência cenas que, de outra forma, nunca poderíamos ter visto. Os horrores da guerra, as privações da fome e da pobreza, a devastação dos terremotos, das inundações e dos furacões, e a triste situação dos refugiados – essas coisas são trazidas à força diante da nossa atenção (e assim deve ser feito) como nunca antes. Não podemos continuar fechando os olhos diante delas. Mesmo assim, podemos fechá-los (é dessa forma que procedemos às vezes). É realmente compreensível que ajamos assim. Isso porque há limite ao volume de dor e tragédia que nossas emoções conseguem suportar. Depois de algum tempo, quando o fardo se torna pesado demais, ou passamos para outro canal, ou desligamos o aparelho, ou continuamos olhando sem nada sentir, por termos desligado por dentro as emoções. Tornamo-nos peritos na autodefesa emocional. A essa altura, os apelos se tornam contraproducentes; já não nos sobram sentimentos para corresponder a eles; às vezes me pergunto se estamos criando uma nova geração "endurecida contra o Evangelho", porque as pessoas foram sujeitadas *ad nauseam,* não a estereótipos

---

[45]Ibid., p. 21.
[46]Ibid., p. 121.
[47]Ibid., p. 199.

levianos das boas-novas, mas às imagens televisionadas que danificaram de modo permanente seus mecanismos de reação emocional.

Em quarto lugar, a TV tende a tornar as pessoas *psicologicamente confusas*. Isso porque a televisão pertence ao âmbito do artificial e do imaginário. A maioria dos programas que vemos na tela não foram filmados na vida real, mas num estúdio. Tomando emprestado um dos jogos de palavras de McLuhan que seus críticos acham dolorosos, esses programas pertencem, da mesma forma que os filmes de cinema, não ao mundo real, mas ao "mundo da fantasia".[48] Os programas filmados fora do estúdio também estão destituídos de certa medida de autenticidade, ou por terem sido editados depois da filmagem (p. ex., noticiários e documentários) ou porque, mesmo repassados ao vivo, recebemos uma experiência vicária e participamos somente em segunda mão. É verdade que podemos realmente ver um jogo de futebol (mesmo na tela) e ouvir os torcedores gritando (mesmo através do alto-falante), mas não existe maneira de sentirmos o vento daquele furacão nem sentir os odores daquela favela.

Foi esse elemento de irrealidade na televisão que Malcolm Muggeridge enfatizou nas "Preleções em Londres sobre o cristianismo contemporâneo" em 1976, chamadas *Christ and the media* [*Cristo e a mídia*]. Estava "contrastando a fantasia da mídia com a realidade de Cristo".[49] Expressou o anseio de "ficar [...] com a realidade de Cristo" e de persuadir outras pessoas a agir assim, "amarrar-se a ela, assim como nos velhos tempos dos navios a vela os marinheiros se amarravam ao mastro quando rugiam as tempestades e as ondas eram violentas".[50] As perguntas que esse contraste desperta na minha mente são estas: Com qual facilidade as pessoas podem fazem a transição

---

[48] *Understanding media:* the extensions of man, p. 303. [Em português esse jogo de palavras não é discernível. Em inglês a contraposição é feita com as palavras "real" (relativo à realidade) e "reel" (relativo ao ato de escrever com fluência). (N. do R.)]
[49] P. 73.
[50] Ibid., p. 43.

entre um desses mundos e o outro? Reconhecem, quando ouvem a Palavra de Deus e adoram a ele, que agora, por fim, estão em contato com a realidade última? Ou, conforme receio, passam de uma situação irreal para outra, sonambulando, porque a televisão as introduziu num mundo de fantasia da qual nunca escapam inteiramente?

Em quinto lugar, a TV tende a deixar as pessoas *em desordem moral*. Não estou querendo dizer que os espectadores automaticamente imitam o comportamente sexual ou violento que vêem na tela. Um estudo realizado em 1977 sobre a violência na tela e a censura dos filmes, embora confessasse que as pesquisas sociais tivessem sido inadequadas, chegou à conclusão de que a violência na tela "não tem a probabilidade, em si mesma, de impelir o espectador mediano a comportar-se de maneiras que, de outra forma, não teriam feito".[51] O *Annan Report* [*Relatório Annan*] (1977) sobre *The future of broadcasting* [*O futuro da difusão*] chegou a uma conclusão semelhante, embora acrescentasse que havia genuína preocupação pública a respeito da violência na televisão e que o público tem certa razão à qual as transmissoras precisam atender.[52]

Essa influência moralmente "desordeira" da televisão, à qual me refiro, é mais insidiosa do que a influência direta. O que acontece com todos nós, a não ser que nossos poderes de juízo moral estejam aguçados e alertas, é que nosso entendimento daquilo que é "normal" começa a ser modificado. Debaixo da impressão de que "todos fazem isso" e de que ninguém, hoje em dia, acredita muito em Deus ou nos absolutos da verdade e da virtude, nossas defesas se afrouxam e nossos valores ficam imperceptivelmente alterados. Começamos a tomar por certo que a violência física (quando somos provocados), a promiscuidade sexual (quando somos despertados para isso) e os gastos consumistas exagerados (quando somos tentados) são as normas aceitas da sociedade ocidental no fim do século XX. Fomos ludibriados!

---

[51] *Screen violence*, p. 126.
[52] *The future of broadcasting*. V. cap. 16, "Padrões de programas".

Os membros mais vulneráveis da população são, naturalmente, as crianças. Entretanto, são elas as maiores viciadas em TV. Na Grã-Bretanha, "dois terços das crianças estão vendo televisão entre três e cinco horas por dia (21 a 35 horas por semana)".[53] Nos Estados Unidos, as crianças pré-escolares constituem o maior grupo de telespectadores, e sua média semanal de ver TV é pelo menos de 30,4 horas.[54] Já aos dezessete anos de idade, a criança norte-americana mediana acumulou 15 000 horas de ver TV — o equivalente de quase dois anos, dia e noite".[55]

Marie Winn documentou os efeitos da televisão sobre as crianças norte-americanas no seu livro perturbador *The plug-in drug* [*A droga conectada*] (1977). A tese dela é que os danos que as crianças sofrem não se deve tanto ao conteúdo dos programas de televisão quanto à própria experiência de ficar diante da televisão. Inibe os trabalhos escolares e as atividades ao ar livre. Prejudica o desenvolvimento da criança na linguagem, na imaginação, na percepção, na aprendizagem, na autodisciplina e nos relacionamentos. Encoraja a passividade e diminui a criatividade. E desfaz a vida familiar natural. Pior de tudo, induz o "estado hipnótico televisionário", conforme tem sido chamado. "Não somente tem ofuscado, para os telespectadores contínuos, as distinções entre o real e o irreal, mas [...] ao fazer assim, tem embotado suas sensibilidades diante dos acontecimentos reais."[56]

Resumindo: a preguiça física, a exaustão emocional, a flacidez intelectual, a confusão psicológica e a desorientação moral, todas essas são aumentadas pela exposição prolongada à televisão. E são as crianças que sofrem os maiores danos.

Como devemos reagir diante dessa crítica negativa dos efeitos da televisão contemporânea? Não estou propondo que todos nós

---

[53] *Children and television,* relatório abreviado, p. 1.
[54] Marie WINN, *The plug-in drug,* p. 4.
[55] *New internacionalist,* n.º 76, junho de 1979.
[56] Marie WINN, *The plug-in drug,* p. 80.

vendamos ou destruamos os aparelhos de TV nem que retrocedamos no tempo à era da pré-TV. Semelhante comportamento reacionário é tanto desnecessário quanto impossível. A maioria das tendências danosas que descrevi são causadas mais pela qualidade inferior de alguns programas e à freqüência obsessiva e não-crítica diante da tela do que a esse meio de comunicação em si mesmo. No cômputo geral, como meio de comunicação, a televisão oferece mais bênçãos do que maldições. O que é necessário, portanto?

Em primeiro lugar, os pais precisam exercer maior disciplina sobre o acesso dos filhos à "caixa". Na Grã-Bretanha, 79% das crianças "dizem que seus pais não exercem nenhum controle sobre o número de horas por dia ou por semana que gastam vendo a televisão".[57] Entretanto, ver TV de modo indiscriminado expõe a geração seguinte à "propaganda por consenso", àquilo que Peter Abbs chama "cultura em massa". Sua tese é que o homem é "a criatura mais imitadora no mundo e que aprende mediante a imitação" (Aristóteles), que as crianças absorvem símbolos de valores culturalmente aceitos e que, na nossa sociedade, tais símbolos são criados pelas elites comerciais.[58]

Em segundo lugar, os cristãos devem procurar penetrar o mundo da mídia de massa e se formar como roteiristas, produtores e artistas de TV. É difícil nos queixarmos do baixo nível de muitos programas atuais se não tomarmos iniciativas construtivas para fornecer alternativas que não somente sejam tecnicamente iguais (se não melhores), mas também mais sadias. Nas eras anteriores, à medida que foi desenvolvido cada novo meio de comunicação (a escrita, a pintura, a música, o drama, a imprensa, o cinema, o rádio), os cristãos têm estado entre os primeiros a discernir seu potencial e aproveitá-lo nas atividades de adoração e de evangelismo. Forçosamente, a mesma atitude deve ser adotada com a televisão. Em algumas partes do mundo isso já é uma realidade.

---

[57] *Children and television,* relatório abreviado, p. 1.
[58] De um artigo chamado "Cultura em massa e mimese", na edição n.º de *Tract.*

Em terceiro lugar, os pregadores precisam levar em conta que sua congregação é condicionada pela TV. Temos uma tarefa colossal nas mãos se esperamos contrabalançar as tendências malignas da TV moderna. Já não podemos tomar por certo que as pessoas desejem escutar sermões, nem sequer que tenham capacidade de escutá-los. Depois de se acostumarem a ver as imagens em rápido movimento na tela, como podemos esperarar que dediquem a sua atenção a uma só pessoa falando, sem efeitos visuais e sonoros, sem nenhuma mudança divertida e sem nenhuma outra opção para olhar? Isso não está além da capacidade delas? Como conseqüência, quando começa o sermão, elas se desligam. Quase dá para ouvir o clique. Não acho que é motivo suficiente para desistirmos de pregar, pois (conforme passarei a defender mais adiante) existe na pregação algo de incomparável e insubstituível. Mas certamente teremos que lutar para captar a atenção dos ouvintes. Tudo quanto é tedioso, descolorido, desarrumado, lento ou monótono não pode competir na era da televisão. A TV desafia a nós, pregadores, a tornar atraente a nossa apresentação da verdade, por meio da variedade, do ânimo, das ilustrações, do humor e do movimento em fluxo rápido. E, além disso, embora nada possa suplantar a pregação, certamente precisa ser suplementado.

O processo de aprendizagem

Existem quatro maneiras de os seres humanos aprenderem: por meio da escuta, do debate, da observação e da descoberta. A primeira é a mais direta, boca para ouvido, locutor para ouvinte; aqui se inclui, naturalmente, a pregação. Mas não é, de modo algum, sempre a maneira mais eficaz. "A maioria das pessoas acham difícil entender conceitos puramente verbais. Sentem *suspeita* do ouvido; não confiam nele. De modo geral, nós nos sentimos mais seguros quando as coisas são *visíveis,* quando podemos 'ver por conta própria'."[59]

---

[59]Marshall MCLUHAN, *The medium is the massage:* an inventory of effects, p. 117.

Portanto, os outros três aspectos do processo de aprendizagem devem ocupar seu devido lugar no programa de educação cristã em cada igreja local.

Dialegesthai, "raciocinar" ou "argumentar", é um verbo freqüentemente empregado por Lucas para descrever a pregação evangelística de Paulo. "... discutiu com eles com base nas Escrituras" (At 17.2), sobretudo com judeus. Supõe-se que se tratasse de um diálogo vocal no qual apresentava um argumento, alguns o questionavam, outros o contradiziam e ele respondia às suas perguntas e críticas. Não precisamos duvidar de que empregasse um método semelhante em *catechêsis,* a instrução dos convertidos. Assim também hoje, quando a preleção universitária é suplementada por seminários ou tutoriais (com estreito contato entre o tutor e os estudantes), assim também na igreja o sermão deve ser suplementado por diferentes aulas de estudo e grupos para debates.

Um amigo meu, professor-adjunto numa universidade, compartilhou comigo, com muita franqueza, as frustrações que sentia em relação à pregação na própria igreja. "Durante meses, até mesmo anos", segundo contou, "ficava irrequieto e ansiava por uma oportunidade para reagir". Segundo a convicção dele, os líderes leigos da igreja deviam se envolver com o pastor na decisão sobre temas de sermões, e eles mesmos devem pregar ocasionalmente, se possuírem o dom e o preparo. Mas sua preocupação principal era o contraste entre os métodos didáticos da universidade e os da igreja. "Numa aula da universidade existe uma oportunidade *imediata* de responder, de interromper, de fazer perguntas; e é encorajada, já que a sala de aula é um fórum de debates." Na igreja que ele freqüentava, no entanto, não era dada nenhuma oportunidade assim; na realidade, qualquer tipo de réplica (favorável ou desfavorável) era desencorajado.

Aqui em Londres, procuramos encorajar várias formas de resposta. Além dos "Grupos de principiantes" para os recém-convertidos e dos "Grupos de fraternidade" para os cristãos veteranos, o dos "Agnósticos Anônimos" encoraja os interessados a levantar seus questionamentos e a dar expressão às suas dúvidas, com plena liberdade. As oportunidades para os "respondões" são fornecidas, às vezes, depois do culto. Para depois do sermão matutino a respeito de uma questão em pauta na atualidade, temos convidado as pessoas a trazer um almoço em forma de sanduíches e a continuar ali por mais tempo a fim de participar de um debate sobre o tema. São realizadas reuniões para perguntas mais generalizadas, sobretudo depois de uma série de sermões; ocasionalmente, temos organizado uma série de conferências de maior duração.

Um dos nossos pregadores ofereceu à congregação três oportunidades separadas para responder às perguntas que lhe postulou, baseadas em Filipenses 1.12-19, em que Paulo se refere tanto aos cristãos que passaram a ter "maior determinação e destemor" no seu testemunho como resultado do seu exemplo, quanto às variadas motivações que os levavam a pregar a Cristo. Em primeiro lugar, pediu que anotássemos por escrito as maneiras específicas de podermos encorajar outras pessoas e ser mais corajosas no seu testemunho, ou imitar pessoalmente o testemunho destemido delas. Em segundo lugar, convidou-nos a debater, com as pessoas sentadas perto de nós, os fatores na nossa situação que impediam ou ajudavam nosso testemunho. E, em terceiro lugar, usou o retroprojetor para colocar na tela oito motivos mistos no evangelismo e nos conclamou a confessar silenciosamente quaisquer desses que porventura tenha motivado a nós. Cada uma dessas sessões durava três minutos. Achei que era uma experiência que valia muito bem a pena; envolvia as pessoas, querendo ou não, no diálogo, e nos obrigava, de modo muito prático, a enfrentar o desafio do texto. Na atmosfera mais informal de uma congregação não vejo por que — pelo menos em algumas ocasiões — não se encorajar perguntas no tocante ao sermão imediatamente ao ser concluído.

A "observação" nos apresenta ampla gama de ajudas visuais. É lógico que os dois sacramentos do Batismo e da Ceia do Senhor são ajudas visuais fornecidas por Deus — são "palavras visíveis" que dramatizam a graça de Deus na salvação por meio de Cristo. Alguns pregadores empregam com poderoso efeito o quadro-negro ou o retroprojetor, ao passo que outros empregam filmes ou *slides*, bem como videocassetes, facilmente dispostos. Apresentações dramáticas breves que ilustram alguma verdade da lição ou do sermão podem produzir forte impacto. Existe precedente bíblico para elas nas parábolas encenadas de Ezequiel. Algumas igrejas também estão reintroduzindo as "danças" litúrgicas, embora eu considere que "mímica" seja uma palavra mais exata, visto que a ação é uma expressão silenciosa da adoração. Sempre precisa de um acompanhamento musical. Melhor ainda, a "dança" deve acompanhar as palavras de um hino ou salmo, e procurar interpretá-las. Quando se combinam entre si o drama, a dança e o diálogo, poderíamos quase nos referir ao "culto em três dimensões".

Além disso, existem mais duas ajudas visuais que o próprio Deus designou. Primeiro: quer que o pastor seja uma ajuda visual para a sua congregação. Paulo disse a Tito: "Seja você mesmo um exemplo para eles, fazendo boas obras" (Tt 2.7). E Timóteo, semelhantemente, devia ser "um exemplo para os fiéis na palavra, no procedimento, no amor, na fé e na pureza" (1Tm 4.12). Nos dois textos, o substantivo é *tupos*, "tipo" ou "padrão", palavra também usada no tocante às personagens do Antigo Testamento, cujo exemplo pode ser para nós uma advertência ou um encorajamento. Nós, os pregadores, não podemos esperar que nos comunicaremos verbalmente do púlpito se, fora dele, nos contradissermos visualmente.

Em segundo lugar, Deus quer que a congregação seja uma ajuda visual para o mundo. Se desejarmos que nosso evangelho seja crível, devemos vivê-lo na prática. Infelizmente, conforme escreveu com razão Gavin Reid: "... quer a igreja goste desse fato, quer não, está se comunicando o tempo todo — de modos não-verbais — e boa parte daquilo que ela 'diz' é inimiga da sua mensagem verdadeira".[60]

Uma quarta maneira de os seres humanos aprenderem é por meio da descoberta e da prática. É lógico que as pessoas sempre aprenderam assim. A criança aprende a nadar praticando natação. Aprende a andar de bicicleta praticando na bicicleta. Os estágios

---

[60] *The gagging:* the failure of the Church to communicate in the television age, p. 108.

dos aprendizes têm sido aceitos, desde os tempos mais antigos, como a melhor maneira de aprender uma profissão. Hoje, porém, a "participação" — na tomada das decisões políticas e no processo da aprendizagem — está sendo enfatizada mais do que nunca. As crianças escolares estão sendo encorajadas a desenvolver projetos por conta própria, sobretudo na matemática e nas ciências, e a descobrir sozinhas as coisas. Trata-se da educação "pedocêntrica" ou do método "heurístico" de aprendizagem.

Para os adultos, a melhor exemplificação disso se acha nas viagens. A Terra Santa é um caso típico. Podemos escutar preleções, ler livros, ver filmes e *slides*, e falar com os que viajaram para lá. Mas nada se pode comparar com realmente irmos para lá pessoalmente. Nesse caso, podemos assimilar impressões por meio dos cinco sentidos. Vemos o Lago da Galiléia e as montanhas ondulantes da Samaria. Escutamos o barulho das pessoas pechinchando no mercado e o balir de um rebanho misto de ovelhas e cabritos. Tocamos numa oliveira retorcida muito antiga ou deixamos as águas do rio Jordão gotejarem pelos dedos. Saboreamos o suco das uvas de Israel ou a doçura de um figo, de uma laranja ou de uma romã. Sentimos o perfume das flores dos campos. E a Bíblia inteira se torna viva! "Descobrimos" aquela terra por conta própria.

O mesmo princípio deve ser aplicado na igreja local. A pregação e o ensino sobre temas tais como a oração e o evangelismo, considero-os indispensáveis. Mas em semelhantes atividades práticas não basta dominar a teoria. Podemos aprender a orar somente praticando a oração, especialmente num grupo de oração. E somente podemos aprender a evangelizar saindo com um crente mais experiente, ou para testemunhar nas esquinas ou para visitar algumas casas. Além disso, é mediante a participação ativa do Corpo de Cristo que aprendemos o significado da igreja conforme ela é descrita no Novo Testamento. Uma reunião de confraternização é um acontecimento no qual o indivíduo é aceito, bem-acolhido e amado. É então que os conceitos abstratos do perdão, da reconciliação e da comunhão adotam uma forma concreta, e a verdade pregada passa a ter vida.

Assim, o modo de aprender é ser um processo rico e variado. Estamos assimilando conhecimentos e experiências o tempo todo, de modo direto e indireto, consciente e inconscientemente, mediante palavras e imagens, ao escutar e olhar, ao debater e descobrir, mediante a absorção passiva e a participação ativa.

Como, pois, podemos desenvolver um argumento especial em favor da pregação? Quero fazer uma tentativa. Os elementos da ciência relativamente novos da "teoria da comunicação" agora são bem conhecidos. Vou adotar como exemplo a introdução da obra de David K. Berlo: *The process of communication* [*O processo da comunicação*] (1960). Baseando-se no tripé "locutor, auditório e fala", que Aristóteles apresenta na obra *Retórica*, o dr. Berlo desenvolve os seguintes pormenores. Primeiro, há uma "fonte" (a pessoa que deseja comunicar-se), juntamente com a "mensagem" que precisa comunicar. Em segundo lugar, precisa "codificá-la" em símbolos (palavras ou imagens) e, em terceiro lugar, selecionar um "canal" ou meio de transmiti-la (no caso de palavras, podem ser faladas, escritas, telefonadas ou transmitidas pelo rádio; no caso de imagens, podem ser desenhadas, pintadas, encenadas ou filmadas). Por fim, existe o "receptor" (o alvo da comunicação) que deve "decodificá-la" ou interpretá-la. O dr. Berlo resume: "A comunicação requer seis ingredientes básicos: uma fonte, um codificador, uma mensagem, um canal, um decodificador e um receptor. A fonte codifica uma mensagem. A mensagem codificada é transmitida em algum canal. A mensagem é decodificada e interpretada pelo receptor".[61]

Visto que a fonte e o codificador são usualmente a mesma pessoa e, da mesma forma, o receptor e o decodificador, prefiro simplificar esse modelo, reduzindo-o a quatro ingredientes: a fonte (que comunica), a mensagem (o que ela tem para comunicar), o código e o canal (como comunica) e o receptor (a quem a comunicação é dirigida). Meu argumento é que, embora a pregação, como meio de comunicação, se conforme com todos os outros meios, não deixa

---

[61] P. 99.

de ser *sui generis*. Não existe outra forma de comunicação que se assemelha a ela e que, portanto, pudesse substituí-la. Todos os seus quatro ingredientes são especiais e, em combinação entre si, são incomparáveis. Vou explicar.

A fonte, na maioria das vezes, é um pastor (embora também possa ser um pregador leigo) que acredita ser chamado por Deus para pregar e cuja chamada foi reconhecida pela igreja, a qual, portanto, o autoriza mediante um comissionamento solene para exercer seu ministério, e ora para que Deus confirme a chamada ao revisti-lo do poder do Espírito Santo. Essa, portanto, não é uma "fonte" usual de comunicação. Pelo menos idealmente, esse pregador fica em pé no púlpito, chamado, comissionado e empossado por Deus, um servo de Deus, um embaixador de Cristo, uma testemunha de Cristo cheio do Espírito.

Os "receptores" são uma congregação cristã (isso porque não estou pensando, no momento, da pregação evangelística) que se reuniu deliberadamente no Dia do Senhor "para lhe prestar os louvores dos quais é digno" e "escutar sua santíssima palavra". Existe, portanto, uma empatia profunda entre o pregador e a congregação, que surge da sua fé em comum. O pastor é comissionado para alimentar o rebanho, o mordomo, para dispensar à família. As duas partes sabem disso. É, em parte, com esse propósito que se congregaram. A expectativa paira no ar. Portanto, a oração feita no púlpito antes do início do sermão não é mera formalidade (ou pelo menos não deve ser). É, pelo contrário, uma oportunidade vital para o pregador e a congregação orar uns pelos outros, colocar-se nas mãos de Deus, humilhar-se diante dele e orar para que a sua voz seja ouvida, e sua glória, percebida.

A "mensagem" é a Palavra do próprio Deus. Isso porque as pessoas não se reuniram para escutar um ser humano, mas para se encontrar com Deus. Desejam, assim como Maria de Betânia, assentar-se aos pés de Jesus e escutar seus ensinos. Estão espiritualmente famintas. O pão que desejam é a Palavra de Deus.

Quais, portanto, são o código e o canal da comunicação? Obviamente, o código consiste em palavras, e o canal, em fala. Entretanto, a comunicação não deve ser entendida em termos físicos (do púlpito para os bancos da igreja), nem sequer em termos humanos (uma boca falando, muitos ouvidos escutando), mas em termos divinos (Deus falando através do pregador ao povo).

É nesse contexto total que a pregação se torna incomparável. Aqui, pois, está o povo de Deus reunido na presença de Deus para escutar a Palavra de Deus da parte do ministro de Deus.

É isso que quero dizer ao declarar que, mesmo nesta era saturada com a mídia mais primorosa da comunicação, a pregação permanece sendo *sui generis*. Nenhum filme nem peça de teatro, nenhum drama nem diálogo, nenhum seminário nem preleção, nenhuma escola dominical nem grupo de debates possui todos esses elementos combinados entre si. O que é incomparável não é um ideal nem um ambiente, mas uma realidade. O Deus vivo está presente, conforme prometeu na sua aliança, no meio do seu povo em adoração, e prometeu revelar-se aos seus mediante a Palavra e o sacramento. Nada poderia chegar a substituir isso, nunca.

Embora empregasse a linguagem um pouco florida do século XIX, Matthew Simpson fez um resumo admirável do evento do sermão. Escreveu a respeito do pregador:

> Seu trono é o púlpito; está ali representando Cristo; sua mensagem é a Palavra de Deus; ao seu redor, há almas imortais; o Salvador está ao seu lado, sem ser visto; o Espírito Santo se move sobre a congregação; os anjos contemplam a cena; e o céu e o inferno aguardam o resultado. Que associações e que vasta responsabilidade![62]

A Palavra e a adoração, portanto, pertencem indissoluvelmente uma à outra. Toda a adoração é uma reação favorável, inteligente e amorosa à revelação de Deus, porque é a adoração do seu Nome. É impossível, portanto, a adoração aceitável sem a pregação. Isso porque a pregação é tornar conhecido o Nome do Senhor e a adoração

---

[62] *Lectures on preaching*, p. 98.

é louvar o Nome do Senhor assim revelado. A leitura e a pregação da Palavra, longe de serem intrusão estranha na adoração, são realmente indispensáveis para esta. Não pode haver divórcio entre elas. E realmente, é o divórcio entre elas, contrário à natureza, que explica o baixo nível de boa parte da adoração contemporânea. Nossa adoração é fraca porque nossos conhecimentos de Deus são fracos, e nossos conhecimentos de Deus são fracos porque a nossa pregação é fraca. Quando, porém, a Palavra de Deus é exposta na sua plenitude e a congregação começa a ter um vislumbre da glória do Deus vivo, todos se curvam em reverente temor solene e admiração jubilosa diante do seu trono. É a pregação que realiza isso — a proclamação da Palavra de Deus no poder do Espírito de Deus. É por isso que a pregação é incomparável e insubstituível.

A PERDA DA CONFIANÇA DA IGREJA NO EVANGELHO

A perda contemporânea de confiança no Evangelho é o mais fundamental de todos os empecilhos à pregação. Isso porque "pregar" (*kêrussein*) é assumir o papel de arauto ou pregoeiro público, e proclamar para todos uma mensagem, ao passo que "evangelizar" (*euangelizesthai*) é disseminar as boas-novas. As duas metáforas pressupõem que recebemos alguma coisa para dizer: *kêrussein* depende do *kêrygma* (a proclamação ou anunciação) e *euangelizesthai* depende do *euangelion* (o Evangelho ou boas-novas). Sem uma mensagem clara e confiante, é impossível a pregação. Mas é exatamente esta que, segundo parece, está em falta na igreja hoje em dia.

Não é que esse fenômeno seja totalmente novo. No decurso da história da igreja, o pêndulo tem balançado entre eras de fé e eras de dúvida. Em 1882, por exemplo, Macmillan publicou um ensaio de *Sir* John Pentland Mahaffy chamado *The decay of modern preaching* [*A decadência da moderna pregação*]. E no começo do século XX, o cônego J. G. Simpson, de Manchester, lastimou a ausência de pregação autoritativa na Inglaterra: "Não somente a raça de grandes pregadores parece atualmente estar em extinção, como também o poder do púlpito entrou em declínio [...] O púlpito dos dias presentes não possui mensagem clara, ressoante e específica". Não admira que certa criança, muito cansada com os pronunciamentes enfadonhos de um pregador, apelou: "Mamãe, pague o homem, e vamos para casa".[63]

Entretanto, findado o século XX, estamos conscientes de que a erosão da fé cristã continua. A relatividade tem sido aplicada à doutrina e à ética, e os absolutos têm desaparecido. Darwin tem convencido muitos de que a religião é uma fase evolucionária; Marx, que é um fenômeno social; e Freud, que é uma neurose. Para muitas pessoas, a autoridade bíblica tem sido subvertida pela crítica bíblica. O estudo das religiões comparadas tem tendido a rebaixar o cristianismo à posição de uma religião entre muitas e tem encorajado o crescimento do sincretismo. O existencialismo corta nossas raízes históricas, pois insiste que nada importa senão o encontro e a decisão do momento. Além disso, surgem as negações descaradas da teologia radical ou secular, negações da personalidade infinita e amorosa de Deus e da divindade essencial de Jesus. Essas coisas têm contribuído a uma perda de resistência entre os pregadores. Alguns deles confessam com franqueza que entendem que sua função é compartilhar suas dúvidas com sua congregação.

Outros estão adotando uma modéstia fingida ao insistirem que a "presença cristã" no mundo precisa ser não somente uma presença de prestação de serviços, mas também uma presença silenciosa. Ou, se tiverem mesmo algum papel ativo, entendem que é em termos de diálogo, mas não de proclamação; precisam, dizem eles, sentar-se com humildade lado a lado com o homem secular e deixá-lo ensinar a eles. Lembro-me vividamente como, na Quarta Assembléia do Concílio Mundial da Igrejas em Uppsala, na Suécia, em 1968, um membro do secretariado de Genebra propôs que fosse incluída no seu relatório sobre "missões" a seguinte frase: "Neste diálogo, Cristo fala através do irmão e corrige nossa imagem distorcida da verdade". Quando foi ouvida, soava inócua, até nos darmos conta de

---

[63] *Preachers and teachers*, p. 222-3.

que o termo "irmão" se referia ao parceiro não-cristão no diálogo. Se essa frase tivesse sido aceita, teria sido a única referência, no relatório secional, a Cristo falando, e teria feito uma reviravolta no evangelismo, transformando-o numa proclamação feita do Evangelho pelo não-cristão ao cristão!

Talvez esse seja um caso extremo, mas exemplifica a moda da falsa humildade, que se recusa a conferir para Cristo qualquer qualidade incomparável ou definitiva para nosso Senhor Jesus Cristo. A igreja inteira parece estar apanhada numa crise de identidade, na qual não tem certeza a respeito de si mesma, e fica confusa quanto à sua mensagem e missão. Michael Green resume a questão com sua franqueza de sempre no prefácio de *The truth of God Incarnate* [*A verdade do Deus Encarnado*], resposta que editou para *The myth of God Incarnate* [*O mito do Deus Encarnado*]. Seu prefácio é chamado "Ceptisimo na igreja". Nele, escreve: Nestes últimos 45 anos [...] temos visto uma relutância cada vez maior para aceitar o cristianismo tradicional sem diluições, completo com uma Bíblia inspirada e um Cristo encarnado, e uma tendência crescente para acomodar o cristianismo com o espírito da era".[64]

Ora, não existe a mínima possibilidade de recuperar a pregação sem uma recuperação prévia da convicção. Precisamos reconquistar nossa confiança na veracidade, relevância e poder do Evangelho, e voltar a nos sentir emocionados com ele. O Evangelho é boas-novas da parte de Deus, ou não? Campbell Morgan, o expositor talentoso que durante dois períodos separados no século XX foi ministro da Capela Westminster, deixou bem clara a sua opinião a respeito:

> A pregação não é a proclamação de uma teoria, nem o debate a respeito de uma dúvida. Qualquer pessoa tem todo o direito de proclamar algum tipo de teoria, ou de debater as suas dúvidas. Mas isso não é pregação. "Dê-me o benefício das suas convicções, se você tiver alguma. Guarde as suas dúvidas para você

[64] P. 9.

mesmo; as minhas já são suficientes", disse Goethe. Nunca estamos pregando quando estamos arriscando especulações. É claro que especulamos, é natural que assim façamos. Digo, às vezes: "Estou especulando; parem de tomar notas". A especulação não é pregação. E a declaração de negações não é pregação, tampouco. A pregação é a proclamação da Palavra, da verdade conforme ela tem sido revelada.[65]

A recuperação da moral cristã

Como, portanto, podemos esperar que aconteça a recuperação da moral cristã? Poderemos chegar, algum dia, ecoar as afirmações de Paulo ao contemplar, sem sentir vergonha, sua visita à Roma imperial? "Sou devedor tanto a gregos como a bárbaros, tanto a sábios como a ignorantes. Por isso estou disposto a pregar o evangelho também a vocês que estão em Roma. Não me envergonho do evangelho, porque é o poder de Deus para a salvação de todo aquele que crê: primeiro do judeu, depois do grego" (Rm 1.14-16). Na atualidade, a atitude da igreja para com o evangelismo pode ser resumida em termos exatamente contrários: "Nenhum entusiasmo, pouco senso de obrigação e bastante vergonha". Como poderemos fazer esse conceito voltar para o conceito apostólico ("Sou devedor [...] estou disposto [...] não me envergonho")?

Devemos, em primeiro lugar, distinguir entre palavras superficialmente semelhantes, tais como a certeza, a convicção, a presunção e a intolerância. A convicção é o estado de estar convicto; a certeza, o de estar satisfeito mediante evidências ou argumentos adequados de que alguma coisa é a verdade. A presunção é tomar por certo, de modo prematuro, da sua verdade, confiança que se baseia em premissas inadequadas ou não-examinadas. A intolerância é tanto cega quanto obstinada; o intolerante fecha seus olhos aos dados e se agarra às suas opiniões, apesar de tudo. A presunção e a intolerância são incompatíveis com qualquer preocupação com a verdade, com a ado-

[65] *Preaching*, p. 21.

ração ao Deus da verdade. Em contrapartida, pelo menos algum grau de convicção e certeza cristãs são tanto compatíveis quanto razoáveis, porque estão fundadas em boas evidências históricas, ou, conforme dizem os escritores do Novo Testamento, no "testemunho". Os verbos "conhecer", "crer" e "estar persuadido" estão espalhados liberalmente por todo o Novo Testamento. A fé e a confiança são consideradas normas da experiência cristã, e não exceções. Aliás, os apóstolos e os evangelistas dizem freqüentemente aos seus leitores que o propósito daquilo que escrevem (quer se trate do seu testemunho de Jesus, quer daquele de outras testemunhas oculares) é "para que vocês saibam" ou "para que vocês creiam" (p. ex., Lc 1.1-4; Jo 20.31; 1Jo 5.13). Acho necessário insistir nisso porque nestes tempos de dúvidas, alguns cristãos sentem sua consciência perturbada por crer! Mas, pelo contrário, *plêrophoria,* que significa "plena confiança" e até mesmo "certeza", deve caracterizar tanto a abordagem a Deus na oração quanto a proclamação de Cristo diante do mundo (Hb 10.22; 1Ts 1.5). A mente cristã faz perguntas, sonda problemas, confessa ignorância, sente-se perplexa, mas faz essas coisas dentro do contexto da confiança profunda e crescente da realidade de Deus e do seu Cristo. Não devemos concordar em ficar numa condição de dúvida básica e crônica, como se fosse uma característica da normalidade cristã. Não é. É, pelo contrário, um sintoma de enfermidade espiritual na nossa era espiritualmente doente.

Em segundo lugar, precisamos reconhecer que perguntas genuínas e importantes estão sendo feitas pelos teólogos hoje, e que não podem ser evitadas. Até que ponto o condicionamento cultural das Escrituras afeta a natureza normativa dos seus ensinos? Temos a liberdade de vestir essa doutrina com a roupagem da linguagem cultural moderna sem estarmos culpados da manipulação? A linguagem em que as doutrinas foram formuladas — tanto nas Escrituras quanto na tradição — é obrigatória para a igreja em todos os tempos, ou podemos nos ocupar numa obra de reformulação? Quais são os relacionamentos entre a história e a fé, entre Jesus e Cristo, entre as Escrituras e as tradições da igreja? Como podemos apresentar as boas-novas de Jesus Cristo de modo inteligível ao

Ocidente secular sem distorcê-las? Essas são algumas das perguntas urgentes com as quais todos nos confrontamos hoje. Embora talvez não possamos concordar com todas as respostas que estão sendo oferecidas, não temos nada a dizer contra as perguntas propriamente ditas.

Em terceiro lugar, precisamos encorajar os estudiosos cristãos a ir até às fronteiras e participar dos debates, embora, ao mesmo tempo, mantenham sua participação ativa na comunidade da fé. Sei que essa é uma questão delicada e que não é fácil definir os relacionamentos corretos entre a livre pesquisa e a firme fé. Entretanto, freqüentemente tenho me sentido perturbado pela solidão de alguns estudiosos cristãos. Quer tenham sido eles que foram se afastando para longe da fraternidade, quer a fraternidade tenha permitido que se afastassem, em ambos os casos seu isolamento é uma condição doentia e perigosa. Como parte da própria integridade, os estudiosos cristãos precisavam tanto conservar a tensão entre a receptividade e seu compromisso, quanto aceitar certa medida de prestar contas mutuamente e assumir a responsabilidade uns pelos outros no Corpo de Cristo. Em semelhante comunidade de mútuo apoio, acho que poderíamos ver menos perdas, de um lado, e mais criatividade teológica, de outro lado.

Em quarto lugar, devemos orar com mais persistência e expectativa, pedindo graça da parte do Espírito Santo da verdade. O entendimento cristão não é possível sem a iluminação do Espírito, nem é possível a segurança cristã sem o seu testemunho. Por mais vitais que seja tanto a pesquisa histórica sincera quanto a afiliação na comunidade dos crentes para o crescimento na compreensão e certeza cristãs, somente Deus, em última análise, pode nos convencer a respeito dele mesmo. Nossa maior necessidade, conforme os reformadores continuavam insistindo, é o *testimonium internum Spiritus sancti* (testemunho interno do Espírito Santo). O testemunho da experiência cristã no decurso das eras é importante, mas precisamos atribuí-la uma posição terciária. O testemunho das testemunhas oculares apostólicas é indispensável, mas mesmo isso é apenas secundário. O testemunho primário é aquele de Deus Pai a

Deus Filho, através de Deus, o Espírito Santo (v. Jo 15.26,27). Mesmo assim, precisamos nos colocar em situação apropriada para acolher seu testemunho objetivo à medida que estudamos as Escrituras, e seu testemunho subjetivo à medida que, nos estudos da Bíblia, nos humilhamos diante dele e clamamos por misericórdia.

Os cristãos acreditam que o Deus vivo é o Senhor da história. Alguns entre nós também acreditam que chegou o tempo para ele empurrar para trás as forças da incredulidade e deixar o pêndulo balançar-se, de novo, em direção da fé. Existem, de fato, sinais de que ele já está fazendo assim. Como confirmação dessa declaração, apelo a Peter Berger, o sociólogo e autor norte-americano, e em especial à sua "Chamada à autoridade na comunidade cristã", no seu livro *Facing up to modernity* [*Enfrentando a modernidade*] (1977). Contrasta a crise na sociedade norte-americana e nas igrejas norte-americanas com a situação em 1961 quando, então, foi publicado o seu livro anterior *The noise of Solemn Assemblies* [*O barulho nas assembléias solenes*]. O que aconteceu nos dezesseis anos entre essas duas datas? Escreve: "Naqueles tempos, o crítico parecia estar martelando contra os portões travados dos edifícios institucionais majestosamente autoconfiantes. Hoje, é mais como um homem entrando como furacão pelas portas escancaradas por um terremoto. O terreno em que nos posicionamos tem sido profundamente sacudido, e a maioria entre nós tem pressentimento disso".[66] Peter Berger continua seu argumento e diz que a perda de coragem pela igreja, com suas orgias de dúvidas de si mesma e sua autodesabonação" deve-se à sua capitulação diante da cultura secular que atualmente predomina. Agora, porém, é necessário "afirmar a transcendência e a autoridade do cristianismo acima e além de qualquer constelação cultural na história, no presente ou no futuro, já "oficial" ou que ainda se esforça para ser "institucionalizada".[67] Os líderes cristãos devem parar de "dançar em derredor dos bezerros de ouro da

---

[66]P. 183.
[67]Ibid., p. 186.

modernidade". Em vez de peguntar "O que o homem moderno tem para dizer à igreja?", devem começar a perguntar "O que a igreja tem para dizer ao homem moderno?".[68] Isso porque agora existe "uma fome generalizada que parece se aprofundar cada vez mais pelas respostas religiosas de pessoas de muitos tipos diferentes", que talvez anuncie "uma inversão possivelmente poderosa do processo da secularização".[69] Portanto, como preparativo para o raiar de outra era da fé, que a igreja adote uma nova "tomada de autoridade", por contraste com sua desmoralização atual, e resuma a proclamação corajosa da sua mensagem imutável.[70] É uma convocação à ação.

Neste capítulo, procuramos enfrentar os dois obstáculos principais à pregação em nossos dias. A disposição de ânimo antiautoridade deixa as pessoas indispostas a escutar, o vício da televisão as torna incapazes de fazê-lo e a atmosfera contemporânea de dúvida deixa muitos pregadores tanto indispostos para pregar quanto incapazes de fazê-lo. Um pregador mudo com uma congregação muda levanta uma barreira pavorosa contra a comunicação. Esses problemas têm subvertido a tal ponto o moral de alguns pregadores que desistiram totalmente. Outros continuam em situação de luta penosa, mas já perderam o ânimo. Na realidade, todos temos sido afetados pelos argumentos negativos, ainda que tenhamos começado a apresentar nossos argumentos positivos. A melhor forma de defesa, no entanto, é o ataque. Portanto, no capítulo seguinte, proponho-me a passar à ofensiva e a argumentar teologicamente em favor do lugar indispensável e permanente da pregação no propósito de Deus para a igreja dele.

---

[68]Ibid., p. 189.
[69]Ibid., p. 190-1.
[70]Ibid., p. 192-3.

CAPÍTULO TRÊS

Fundamentos teológicos para a pregação[1]

Em um mundo indisposto a escutar, ou incapaz de fazê-lo, como podemos ser persuadidos a continuar a pregar e a aprender a fazê-lo de modo eficaz? O segredo essencial não é dominar certas técnicas, mas ser dominados por determinadas convicções. A teologia é mais importante do que a metodologia. Ao colocar a questão em termos tão francos, não estou desprezando a homilética como um tema de estudo nos seminários, mas afirmando que a homilética pertence apropriadamente ao departamento de teologia prática e que não pode ser ensinada sem um fundamento teólogico sólido. Não há dúvida de que existem princípios de pregação a ser aprendidos e a prática a ser desenvolvida, mas é fácil confiar demais neles. A técnica pode somente nos tornar oradores; se quisermos ser pregadores, é da teologia que precisamos. Se a teologia estiver certa, teremos automaticamente todos os entendimentos básicos daquilo que devemos fazer e todos os incentivos dos quais precisamos para nos induzir a fazê-lo fielmente.

---

[1] Parte da matéria deste capítulo já foi publicada na homenagem ao falecido dr. Wilbur Smith, com o título *Evangelical roots,* org. por Kenneth S. Kantzer (Nelson, 1978).

A pregação verdadeiramente cristã (isto é, a pregação "bíblica" ou "expositiva", conforme argumentarei posteriormente) é extremamente rara na igreja atual. Jovens sérios e pensativos em muitos países estão pedindo semelhante pregação, sem a acharem. Qual a razão disso? O motivo principal talvez seja uma convicção no tocante à importância da pregação. É, portanto, razoável e caridoso supor que entre nós, os que foram chamados para pregar (tanto pastores quanto pregadores leigos), tenham plena convicção de ser isso o que devem fazer, então só bastaria pôr em prática. Se, portanto, não estamos fazendo o que devemos (na maioria das vezes não estamos), a única explicação é, forçosamente, que nos falta a convicção necessária.

Portanto, minha tarefa neste capítulo é tentar convencer os leitores da necessidade, para a glória de Deus e para o bem da igreja, da pregação bíblica correta. Pretendo colocar em ordem cinco argumentos teológicos que subjazem à prática da pregação e a reforçam. Dizem respeito às doutrinas de Deus e das Escrituras, da igreja e do pastorado, e da natureza da pregação como exposição. Qualquer uma dessas verdades deve bastar para nos convencer; as cinco juntas nos deixam sem desculpa.

UMA CONVICÇÃO A RESPEITO DE DEUS

Por detrás do conceito e do ato da pregação acha-se uma doutrina de Deus, uma convicção a respeito da sua existência, da sua atuação e do seu propósito. O tipo de Deus em quem cremos determinará o tipo de sermão que pregaremos. Um cristão deve ser, no mínimo, um teólogo amador antes de poder aspirar a ser um pregador. Três afirmações a respeito de Deus são especialmente relevantes.

Primeira: *Deus é luz*. "Esta é a mensagem que dele ouvimos e lhes transmitimos: Deus é luz; nele não há treva alguma" (1Jo 1.5). Ora, o simbolismo da luz é rico e diverso, e a asseveração de que Deus é luz tem sido interpretada de várias maneiras. Pode significar que Deus é perfeito em santidade, pois freqüentemente nas Escrituras a luz simboliza a pureza, e as trevas, a iniqüidade. Mas na literatura joanina, a luz, freqüentemente, representa a verdade, como na declaração de Jesus "Eu sou a luz do mundo" (Jo 8.12); esse é o sentido também na ordem que deu aos seus seguidores de deixar a luz brilhar na sociedade humana, em vez de escondê-la (Mt 5.14-16). Nesse caso, a declaração de João de que Deus é luz e não possui treva nenhuma significa que Deus é manifesto e não secretivo, e que se deleita em ser conhecido. Podemos dizer, portanto, que assim como brilhar é da natureza da luz, também é da natureza de Deus revelar-se. É verdade dizer que ele se oculta dos altamente sábios e cultos, mas isso somente porque são orgulhosos e não querem conhecê-lo; ele se revela aos "pequeninos", isto é, às pessoas suficientemente humildes para acolher a revelação que ele fez de si mesmo (Mt 11.25,26). A razão principal por que as pessoas não conhecem a Deus não é porque ele se oculta a elas, mas porque elas se escondem dele. Descrevemos como "comunicativas" as pessoas que estão muito desejosas de compartilhar seus pensamentos com o próximo. Não podemos, portanto, aplicar a Deus o mesmo adjetivo? Ele não brinca de "esconde-esconde" conosco, nem fica invisivelmente nos espreitando nas sombras. As trevas são o hábitat de Satanás; Deus é luz.

Cada pregador precisa do forte encorajamento que essa certeza oferece. Sentadas diante de nós na igreja, há pessoas numa ampla variedade de condições: algumas alienadas de Deus, outras perplexas e desnorteadas pelos mistérios da existência humana, ao passo que ainda outras estão envoltas na noite escura da dúvida e da incredulidade. Precisamos ter a certeza, quando falamos com elas, de que Deus é luz e que deseja fazer raiar sua luz dissipando as trevas que há dentro delas (v. 2Co 4.4-6).

Em segundo lugar: *Deus tem agido.* Isto é: ele tomou a iniciativa para se revelar em ações. Já de início, revelou seu poder e sua divindade no universo criado, de modo que os céus e a terra revelem a sua glória.[2] Entretanto, Deus tem revelado ainda mais de si mesmo na redenção do que na criação. Isso porque, quando o homem se rebe-

---

[2] V. Sl 19.1; Is 6.3; Rm 1.19,20.

lou contra o Criador, Deus, em vez de destruí-lo, planejou uma missão de salvamento, cuja operação é o fato central da história da humanidade. Pode-se dizer que o Antigo Testamento consiste em três ciclos de livramento divino: 1) quando Deus chamou Abraão do meio de Ur, 2) quando chamou os escravos israelitas do meio do Egito e 3) quando chamou os exilados do meio da Babilônia. Cada uma dessas ocasiões era uma libertação e levou a criação ou renovação da aliança mediante a qual Deus fez deles povo seu, e se comprometeu a ser o seu Deus.

O Novo Testamento enfoca outra redenção e aliança, descrita tanto como "melhor" quanto como "eterna".[3] Essas, pois, foram conseguidas mediante os atos poderosíssimos de Deus, mediante o nascimento, morte e ressurreição do seu Filho, Jesus Cristo.

O Deus da Bíblia, portanto, é um Deus de atividade libertadora, que veio salvar a humanidade oprimida, e que assim se revelou como o Deus da graça ou da generosidade.

Em terceiro lugar: *Deus tem falado.* Ele não somente é comunicativo por sua própria natureza, como também realmente se comunicou com o seu povo mediante a fala. A declaração constantemente reiterada pelos profetas do Antigo Testamento é que "a Palavra do Senhor" veio até eles. Como conseqüência, riam-se dos ídolos pagãos por serem estes mudos: "Têm boca, mas não podem falar" (p. ex., Sl 115.5). Com esses, contrastavam o Deus vivo. Sendo espírito, ele não tinha boca, porém não hesitavam em dizer: "... foi a boca do SENHOR que disse isso" (v. Is 40.5; 55.11; RC).

É importante acrescentar que a fala de Deus relacionava-se com a sua atividade. Dava-se ao trabalho de explicar o que estava fazendo. Chamou Abraão para sair de Ur? Sim, mas também falou com ele a respeito do propósito divino e lhe deu a aliança da promessa. Chamou o povo de Israel para sair da escravidão no Egito? Sim, mas também comissionou Moisés para lhes explicar o porquê da

---

[3] V. o emprego desses adjetivos "melhor" e "eterno" em Hb 7.19,22; 8.6; 9.12,14,15,23; 13.20; e a expressão "mais glorioso" em 2Co 3.4-11.

convocação: para cumprir a promessa feita a Abraão, Isaque e Jacó, para confirmar sua aliança com eles, para lhes dar suas leis e para instrui-los na adoração a ele. Chamou o povo para sair da humilhação do exílio na Babilônia? Sim, mas também levantou profetas para explicar as razões por que seu juízo divino caíra sobre eles, as condições segunda as quais os restauraria e o tipo de povo que queria que eles fossem. Enviou seu Filho para se tornar homem, para viver e servir na terra, para morrer, para ressuscitar, para reinar e para derramar o seu Espírito? Sim, mas também escolheu apóstolos e também os preparou para ver suas obras, para ouvir suas palavras e para dar testemunho daquilo que tinham visto e ouvido.

A tendência teológica moderna é atribuir muita ênfase à atividade histórica de Deus e negar que ele tenha falado; dizer que a revelação que Deus fez de si mesmo foi em ações, e não em palavras, que foi pessoal, e não proposicional; e realmente insistir que a própria redenção é em si a revelação. Mas essa é uma falsa distinção que as próprias Escrituras não contemplam. Pelo contrário, as Escrituras afirmam que Deus tem falado tanto por meio das ações históricas, por meio das palavras explicativas, e que as duas pertencem indissoluvelmente uma à outra. Até mesmo a Palavra que se tornou carne — o auge da revelação progressiva que Deus fez de si mesmo — teria permanecido enigmática se o próprio Jesus não tivesse falado e se os apóstolos não o descrevessem nem o interpretassem.

Temos aqui, portanto, uma convicção fundamental a respeito do Deus vivo que redime e se revela. É o alicerce de toda a pregação cristã. Nunca devemos ter a presunção de ocupar um púlpito a não ser que creiamos nesse Deus. Como ousaríamos falar, se Deus não falou? Por nós mesmos, nada temos para dizer. Dirigir-nos a uma congregação sem nenhuma certeza de que estamos levando uma mensagem divina seria o máximo da arrogância e da estultícia. É quando estamos convictos de que Deus é luz (e assim quer ser conhecido), de que ele tem agido (por isso se tornou conhecido) e de que Deus tem falado (e assim tem explicado suas ações), que devemos falar e não manter silêncio. Conforme Amós explicou o caso: "O leão rugiu, quem não temerá? O SENHOR, o Soberano, falou, quem não profetizará?" (3.8). Uma lógica semelhante se acha por detrás da declaração de Paulo: "Está escrito: 'Cri, por issso falei'. Com esse mesmo espírito de fé nós também cremos e, por isso, falamos" (2Co 4.13 citando Sl 116.10). O "espírito de fé" por ele referido é a convicção de que Deus tem falado. Se não tivermos certeza disso, será melhor fechar a boca. No entanto, uma vez convictos de que Deus tem falado, também devemos falar. Repousa sobre nós uma compulsão. Nada e ninguém poderá nos silenciar.

UMA CONVICÇÃO A RESPEITO DAS ESCRITURAS

A doutrina de Deus leva natural e inevitavelmente à doutrina das Escrituras. Embora tivesse dado a esta seção o título de "Uma convicção a respeito das Escrituras", trata-se, na realidade, de uma convicção múltipla que pode ser analisada em pelo menos três crenças distintas, porém mutuamente correlatas.

A primeira é que *a Escritura é a Palavra de Deus escrita*. Essa definição é tirada do Artigo XX dos 39 Artigos da Igreja da Inglaterra [Anglicana]. Com o título "A autoridade da igreja", declara que "não é lícito a igreja ordenar coisa alguma que seja contrária à Palavra de Deus escrita". Além disso, embora eu venha a qualificá-la num parágrafo posterior, "a Palavra de Deus escrita" é uma definição excelente das Escrituras. Isso porque uma coisa é crer que "Deus tem agido" e se revelado em ações históricas de salvação, e supremamente na Palavra que se tornou carne. Outra coisa, bem diferente, é crer que "Deus tem falado", inspirando os profetas e os apóstolos a interpretar as ações dele. Uma terceira etapa ainda é crer que a fala divina, que registra e explica a atividade divina, tem sido registrada por escrito. Somente assim, porém, é que a revelação particular de Deus pode se tornar universal, e tudo quanto ele disse e fez em Israel e em Cristo pôde ser colocado à disposição em todas as eras e lugares. Portanto, a ação, a fala e a escrita, juntas, fazem parte integrante do propósito de Deus.

Definir as Escrituras como a "Palavra de Deus escrita", porém, diz pouco, quase nada, a respeito dos agentes humanos através dos quais

Deus falou e por meio dos quais sua Palavra foi registrada por escrito. Daí a necessidade da qualificação que mencionei anteriormente ser necessária. Quando Deus falava, seu método normal não era gritar em voz audível a partir do céu azul e límpido. A inspiração não é ditado. Em vez disso, colocou sua Palavra na mente e na boca humana, de tal maneira que os pensamentos que concebiam e as palavras que falavam eram simultânea e completamente humanas e divinas. A inspiração não era incompatível, de modo algum, com suas pesquisas históricas, nem com o exercício livre da mente deles. É essencial, portanto, se é para sermos leais ao retrato que a Bíblia oferece de si mesma, afirmar a sua autoria humana, assim como a divina. Mesmo assim, devemos tomar o cuidado de declarar a dupla autoria da Bíblia (também para sermos leais ao modo de a própria Bíblia entender a si mesma) de tal maneira que sustentemos tanto o fator divino quanto o humano, sem permitir que um deles detraia do outro. Por um lado, a inspiração divina não se sobrepunha à autoria humana; por outro, a autoria humana não se sobrepunha à inspiração divina. A Bíblia é igualmente as palavras de Deus e as palavras do homem, assim como de modo semelhante (porem não idêntico) Jesus Cristo é tanto Filho de Deus quanto filho do homem. A Bíblia é a Palavra de Deus escrita, a Palavra de Deus através das palavras dos homens, falada por meio da boca humana e escrita por meio de mãos humanas.[4]

Volto, agora, à questão da relevância da nossa doutrina da Bíblia para o ministério da pregação. Todos os cristãos acreditam que Deus fez e falou alguma coisa incomparável em Jesus Cristo; dificilmente podemos nos chamar cristãos se não crermos nisso. Mas qual teria sido a finalidade dessa atuação e palavra definitivas de Deus por meio de Jesus, se ela tivesse sido irrecuperavelmente perdida nas brumas da antigüidade? Visto que a ação e a Palavra definitivas

---

[4]Elaborei as implicações da dupla autoria das Escrituras, especialmente em relação às culturas humanas, na minha preleção "Olivier beguin" de 1979, publicada pela Sociedade Bíblica na Austrália e na Grã-Bretanha, e pela Inter-Varsity Press nos Estados Unidos.

de Deus através de Jesus pretendessem ser para todas as pessoas em todas as eras, Deus inevitavelmente providenciou que um registro fidedigno delas fosse escrito e conservado. Sem isso, teria deixado morrer o seu propósito. Como resultado, hoje, embora quase dois mil anos nos separem daquela ação e Palavra, Jesus Cristo é acessível a nós. Podemos alcançá-lo e conhecê-lo. Mas ele é acessível somente através da Bíblia, à medida que o Espírito Santo vivifica seu próprio testemunho acerca dele nas Páginas Sagradas. É verdade que Tácito fez uma referência breve e passageira a Jesus nos seus afamados *Anais,* e — de modo mais questionável — existem alusões a Jesus em Suetônio e Josefo. É verdade, também, que a tradição ininterrupta da igreja dá testemunho eloqüente da realidade dinâmica do seu Fundador. É verdade, ainda, que os cristãos contemporâneos oferecem seu testemunho contemporâneo sobre Jesus com base na própria experiência. Se, porém, quisermos saber os fatos integrais a respeito do nascimento e da vida, das palavras e das obras, da morte e da ressurreição de Jesus, e a própria explicação autorizada oferecida pelo próprio Deus, podemos achá-las somente na Bíblia. Ou seja, se quisermos ouvir a Palavra que o próprio Deus falou, devemos nos lembrar que ele falou em Cristo e no testemunho bíblico de Cristo.

Agora começa a aparecer qual a nossa responsabilidade como pregadores. Não se trata primariamente de dar nosso testemunho a respeito Jesus em estilo século XX (a maior parte da pregação ocidental tende a ser por demais subjetiva), mas repassar com fidelidade ao século XX (e confirmar com base na nossa experiência) o único testemunho autorizado que existe, que é o testemunho que o próprio Deus dá de Cristo através das testemunhas oculares apostólicas do século I. Quanto a isso, a Bíblia é incomparável. É a "Palavra de Deus escrita", visto que nela, e somente nela, se acha a interpretação que o próprio Deus oferece da sua atuação remidora. Sem dúvida, os documentos do Novo Testamento chegaram a ser escritos dentro do contexto das comunidades cristãs do século I. Essas comunidades conservaram a tradição e, até certo ponto, a moldaram, no sentido que (humanamente falando) eram suas necessidades do evangelismo, da instrução e da adoração que determinaram, em grande medida, o que foi preservado. Reconhece-se também, cada vez mais, que os autores do Novo Testamento estavam escrevendo como teólogos e que cada um selecionou e apresentou seu material segundo seu propósito teológico específico. Entretanto, nem as igrejas, nem os escritores inventaram nem distorceram sua mensagem. Nem sua autoridade derivava-se deles nem da sua fé. Isso porque nenhum apóstolo ou evangelista escreveu em nome de uma igreja ou igrejas. Pelo contrário, confrontavam-se com as igrejas em nome de Jesus Cristo e com a autoridade dele. E quando veio a ocasião para fixar o cânon do Novo Testamento, não era a igreja que conferia autoridade aos livros incluídos, mas reconhecia a autoridade que eles já possuíam, por conterem a doutrina dos apóstolos.

O certo é que não podemos tratar adequadamente das Escrituras no púlpito, se for inadequada a nossa doutrina das Escrituras. Pela proposição inversa, os cristãos evangélicos, os que têm a doutrina mais elevada das Escrituras, deveriam se destacar como os pregadores mais corretos. O fato de não sermos assim deve nos levar à vergonh total. Se as Escrituras fossem, em grande parte, um simpósio de idéias humanas, embora refletissem a fé das comunidades cristãs mais antigas, iluminadas por um raio ocasional de inspiração divina, seria perdoável uma atitude mais ou menos indiferente para com elas. Se, porém, nas Escrituras estamos lidando com as próprias palavras do Deus vivo, "não com palavras ensinadas pela sabedoria humana, mas com palavras ensinadas pelo Espírito" (1Co 2.13), as palavras de Deus através das palavras humanas, o próprio testemunho divino acerca do Filho, nenhum esforço deve ser grande demais no estudo e na exposição delas.

Além disso, devemos manter juntos na pregação tanto os atos salvíficos de Deus, quanto suas palavras escritas. Alguns pregadores gostam muito de falar a respeito dos "atos poderosos" de Deus, e realmente parecem crer neles. No entanto, o que dizem tende a ser a sua interpretação desses atos, e não aquilo que Deus falou a respeito nas Escrituras. Outros pregadores são inteiramente fiéis na sua exposição da Palavra de Deus, mais permanecem desinteressantes e acadêmicos porque se esqueceram que o âmago da Bíblia não é aquilo que Deus tem dito, mas aquilo que ele tem feito através de Jesus Cristo para a nossa salvação. O primeiro grupo procura ser "arauto de Deus", que proclama as boas-novas da salvação, mas falha como dispenseiro dessa revelação divina. O segundo grupo procura ser "dispenseiro de Deus", que guarda e distribui sua Palavra com lealdade, mas perdeu a emoção da tarefa do arauto. O pregador verdadeiro é tanto um mordomo fiel dos mistérios de Deus (1Co 4.1,2) quanto um arauto fervoroso das boas-novas do Todo-Poderoso.

Às vezes empregamos a expressão "depois de tudo ter sido dito e feito", referindo-nos à conclusão de uma questão. Pois bem: os cristãos crêem que tudo já foi dito e feito. Isso porque Deus disse e fez através de Jesus Cristo. Além disso, ele tem dito e feito *hápax,** de uma vez por todas e para sempre. Em Cristo, são completas a sua revelação e a sua redenção. Nossa tarefa é levantar a voz e as tornar conhecidas aos outros, ao passo que nós mesmos entramos cada vez mais profundamente no entendimento e na experiência delas.

Nossa segunda convicção a respeito das Escrituras é que *Deus continua falando através daquilo que ele já disse.* Se nos limitarmos a fazer a declaração "As Escrituras são a Palavra de Deus escrita" e pararmos nisso, ficaremos expostos à resposta crítica de que aquele que falou séculos atrás está em silêncio hoje e que a única palavra que podemos ouvir dele provém de um livro, um eco fraco do passado distante, com forte cheiro do mofo das bibliotecas. Mas, não: aquilo que cremos não é nada assim. As Escrituras são muito mais do que uma coletânea de documentos antigos nos quais são preservadas as palavras de Deus. Não é um tipo de museu no qual a Palavra de Deus é exibida numa estante de vidro como uma relíquia ou fóssil. Pelo contrário, é uma palavra viva proveniente do Deus vivo para pessoas vivas, uma mensagem contemporânea para o mundo contemporâneo.

Os apóstolos claramente compreendiam e acreditavam assim a respeito dos oráculos do Antigo Testamento. Introduziam suas citações bíblicas com uma das seguintes fórmulas: ou *gegraptai gar*

---

*Diz-se de um termo que ocorre somente uma vez em documento. (N. do E.)

("porque está escrito") ou *legei gar* ("pois diz [ele ou a palavra])". O contraste entre essas fórmulas não é somente entre o pretérito perfeito e o presente, isto é, entre um acontecimento do passado e uma atividade do presente, mais também entre a escrita e a fala. As duas expressões tomam por certo que Deus tem falado, mas no primeiro caso, o que foi falado foi anotado por escrito e continua sendo um registro escrito permanente, ao passo que no segundo, Deus continua a falar o que falou em tempos passados.

Consideremos, por exemplo, as declarações de Paulo em Gálatas 4. O versículo 22 começa: "Pois está escrito (*gegraptai gar*) que Abraão teve dois filhos". No versículo anterior, no entanto, Paulo perguntou "Acaso vocês não ouvem a lei?", e no versículo 30 pergunta "Mas o que diz a Escritura?". Essas são expressões extraordinárias, pois "a lei" e "a Escritura" são livros da antiguidade. Como se pode dizer que um livro antigo "fala" de tal maneira que possamos "ouvi-lo" falar? Somente de uma maneira: precisamente porque o próprio Deus fala por meio dele é que podemos escutar a sua voz.

Esse conceito da voz contemporânea de Deus é enfatizado em Hebreus 3 e 4. O autor cita o salmo 95: "Hoje, se vocês ouvirem a sua voz, não endureçam o coração". Entretanto, introduz a citação com as palavras: "Assim, como diz o Espírito Santo". Dá a entender, portanto, que o Espírito Santo está "hoje" fazendo o mesmo apelo para seu povo escutá-lo como fizera séculos antes, quando o salmo foi escrito. É, de fato, possível detectar aqui quatro etapas sucessivas segundo as quais Deus falou e ainda fala. A primeira foi o período de provação no deserto, quando Deus falou mas Israel endureceu o coração. Depois, veio a exortação dirigida ao povo da época em que o salmo 95 foi escrito, no sentido de não repetir a estultícia anterior de Israel. Em terceiro lugar, houve a aplicação da mesma verdade aos cristãos hebreus do seculo I d.C., ao passo que, em quarto lugar, o apelo passa até nós enquanto lermos o livro de Hebreus hoje. É dessa maneira que a Palavra de Deus é contemporânea: avança com os tempos e continua a se dirigir a cada nova geração.

Pode ser apresentado mais um exemplo para demonstrar que esse princípio é tão aplicável às Escrituras do Novo Testamento quanto ao Antigo. Cada uma das sete cartas das igrejas da Ásia, registrada em Apocalipse 2 e 3, termina com um apelo idêntico do Senhor Jesus ascendido: "Aquele que tem ouvidos ouça o que o Espírito diz às igrejas". Toma-se por certo que cada igreja tenha ouvido sua respectiva carta lida em voz alta na assembléia pública e que cada uma sabia que João a anotara na ilha de Patmos algumas semanas, ou até meses, antes. Mesmo assim, cada carta termina com a mesma declaração de que o Espírito estava falando às igrejas. Isso demonstra que aquilo que foi escrito a cada igreja específica também se aplica a todas "as igrejas" em geral; que aquilo que proveio da parte de João tem como causa o Espírito; e que aquilo que João escrevera algum tempo antes continuava a falar com viva voz, até mesmo a cada membro individual da igreja que estivesse disposto a dar ouvidos à mensagem.

Uma vez que tivermos captado a verdade de que "Deus continua falando através daquilo que já falou", estaremos bem protegidos contra dois erros opostos entre si. O primeiro é a crença de que a voz de Deus, embora fosse ouvida em tempos passados, cessou de falar hoje. O segundo é a declaração de que Deus realmente está falando hoje, mas que a sua Palavra tem pouco ou nada que ver com as Escrituras. O primeiro leva ao antiquarismo cristão; o segundo, ao existencialismo cristão. A segurança e a verdade se acham nas convicções correlatas de que Deus tem falado, de que Deus ainda fala e que essas suas duas mensagens têm íntima relação entre si, porque é *através* daquilo que ele falou que ele ainda fala. Torna a sua Palavra viva, contemporânea e relevante, até nos acharmos de volta na estrada de Emaús, tendo o próprio Cristo expondo a nós as Escrituras e o coração queimando por dentro. Outra maneira de expressar a mesma verdade é dizer que devemos manter juntos a Palavra de Deus e o Espírito de Deus. Isso porque, à parte do Espírito, a Palavra está morta, ao passo que, à parte da Palavra, o Espírito é desconhecido.

Não posso expressar melhor esse tema do que por meio de tomar emprestada uma expressão que ouvi o dr. James I. Packer empregar. Ele disse: "Tendo estudado a doutrina das Escrituras por muito tempo. O modelo mais satisfatório para descrevê-la é a seguinte: 'A Bíblia é Deus pregando'".

A terceira convicção de que os pregadores precisam ter no tocante às Escrituras é que a *Palavra de Deus é poderosa*. Isso se dá não somente porque Deus tem falado e continua a falar através daquilo que já tem falado, mas porque quando fala, Deus age. Sua Palavra faz mais do que explicar a sua ação; é ativa em si mesma. Deus realiza seu propósito mediante sua Palavra; "atinge o propósito" de tudo quanto ele a envia para realizar (Is 55.11).

Para nós, é especialmente importante termos certeza do poder da Palavra de Deus, já que existe, em nossos dias, um total desencantamento com todas as palavras. Milhões delas são faladas e escritas todos os dias, mas, segundo parece, com bem pouco efeito. A igreja é uma das piores culpadas por isso e, como conseqüência, alguns a consideram nada mais que uma loja inútil de falatório. Além disso, continua a crítica, se a igreja fala demais, também pratica bem menos. Tem boca grande e mãos mirradas. Já chegou a hora de parar de falar e de começar a agir. Em especial, que os clérigos trombeteiros desçam do púlpito, arregacem as mangas e façam algo de produtivo, para variar!

Existe verdade em demasia nessa acusação para podermos simplesmente ignorá-la. A verdade realmente é que a igreja tem um melhor currículo de fala do que de ação, e alguns entre nós têm confessado que negligencia seguir as Escrituras quanto à defesa dos fracos e a busca da justiça social. Mas não devemos contrapor a fala e a ação contra si, como se uma excluísse a outra. Está escrito a respeito de Jesus que não somente "ele andou por toda parte fazendo o bem" como também "ia ensinando e pregando" (At 10.38; Mt 4.23, 9.35). No seu ministério, combinava entre si as palavras e as obras. Não enxergava nenhuma necessidade de escolher entre as duas coisas. E nós, tampouco. Além do mais, de onde provém essa desconfiança das palavras? As palavras certamente não estão destituídas de poder. O Diabo as emprega constantemente na propaganda política e na exploração comercial. E se são poderosas as mentiras dele, quanto mais poderosa é a verdade de Deus? James Stalker expressou o caso assim:

Parece a mais frágil de todas as armas: o quê, pois, é uma palavra? É simples soprinho de ar, uma vibração que treme na atmosfera por um momento e que depois desaparece [...] embora seja meramente uma arma de ar, a palavra é mais forte do que a espada do guerreiro.[5]

Lutero acreditava nisso. No famoso hino *Ein' feste burg* (c. 1529), no qual aludia ao poder do Diabo, acrescentou: "Ein wörtlein wird ihn fällen" ("uma palavrinha o derrubará"). Thomas Carlyle traduziu esse hino (1831), e começou *A safe stronghold our God is still* [*Nosso Deus é uma fortaleza segura*].* Segue-se a estrofe em questão:

> Se nos quisessem devorar
> Demônios não contados,
> Não poderiam derrotar
> Nem ver-nos assustados.
> O príncipe do mal,
> Com seu plano infernal,
> Já condenado está,
> Vencido cairá
> Por uma só palavra.**

Um dos nossos contemporâneos que tem a mesma confiança genuína no poder nas palavras é Alexander Solzhenitsyn. Seu discurso para o Prêmio Nobel de 1970 foi chamado *Uma palavra de verdade*. Perguntou:

> Neste mundo cruel, dinâmico, explosivo, à beira de um número incontável de destruições, qual é a posição e o papel do escritor? Nós, os escritores, não temos foguetes para mandar para o espaço, nem sequer dirigimos o veículo auxiliar mais insignificante, e, realmente somos totalmente desprezados pelos que respeitam somente o poder material...[6]

---

[5] *The preacher and his models*, p. 93.
*Conhecido em português por *Castelo forte é o nosso Deus*. (N. do E.)
***Novo cântico*, São Paulo: Casa Publicadora Presbiteriana, 1991, n.º 155. (N. do E.)
[6] *One word of truth*, p. 22.

O que, portanto, os escritores podem fazer "diante dos ataques impiedosos da violência flagrante", sobretudo quando a violência está "vinculada com a mentira" e "a mentira pode ser mantida somente pela violência"?[7] Naturalmente, o corajoso se recusará a participar da mentira. Mas, segundo continuou Solzhenitsyn:

> ... os escritores e os artistas podem fazer algo mais: podemos vencer a mentira [...] Não devemos procurar desculpas por nos faltarem armas [...] devemos sair para a batalha [...] *Uma palavra da verdade pesa mais do que o mundo inteiro.* E em semelhante violação fantástica da lei da conservação da massa e da energia se baseiam minhas atividades e meu apelo aos escritores do mundo.[8]

Não é que sempre se preste atenção às nossas palavras. Freqüentemente, são ineficazes. Caem em ouvidos surdos e são desconsideradas. No entanto, a Palavra de Deus é diferente, pois nas palavras dele, a fala e a atuação se combinam entre si. Criou o Universo pela sua Palavra: "... ele falou, e tudo se fez; ele ordenou, e tudo surgiu" (Sl 33.9). E agora, mediante a mesma Palavra de autoridade, ele cria de novo e salva. O Evangelho de Cristo é o poder de Deus para a salvação de todo crente, pois é do agrado de Deus salvar todos os que crêem, mediante o *kêrygma,* a mensagem proclamada (Rm 1.16; 1Co 1.21; v. 1Ts 2.13). Muitos símiles são usados na Bíblia para ilustrar a influência poderosa exercida pela Palavra de Deus. "A palavra de Deus é viva e eficaz e mais afiada do que qualquer espada de dois gumes" (Hb 4.12), pois penetra tanto a mente quanto a consciência. Assim como um martelo, pode quebrantar corações de pedra, e, como fogo, pode queimar lixo. Ilumina o nosso caminho ao brilhar como farol numa noite escura, e, como um espelho, nos mostra o que somos e o que devemos ser. É também comparada à semente que leva ao nascimento, ao leite que leva ao crescimento, ao

---

[7]Ibid., p. 26.
[8]Ibid., p. 27.

trigo que fortalece e ao mel que adocica, bem como ao ouro que enriquece imensuravelmente aquele que o possui.⁹

John Wesley era pregador que conhecia por experiência o poder da Palavra de Deus. Seu diário está repleto de referências a ela, especialmente ao seu poder de subjugar uma multidão e levá-la à convicção do pecado. No dia 10 de setembro de 1743, apenas cinco anos depois da sua conversão, Wesley pregou no ar livre a uma congregação excepcionalmente grande perto de St. Just na Cornuália: "Exclamei, com toda a autoridade do amor 'Por que morrerás, ó casa de Israel?'. O povo tremeu e ficou quieto. Nunca conhecera antes semelhante momento em Cornuália". No dia 18 de outubro de 1749 teve de enfrentar oposição ferrenha em Bolton, Lancashire. Uma turba cercou a casa, jogou pedras pela janela e depois irrompeu através da porta que arrombou.

> Acreditando que viera a hora, desci para o meio deles, onde mais se concentravam. Já tinham enchido todos os aposentos no andar de baixo. Pedi uma cadeira. Os ventos ficaram quietos, tudo ficou calmo e imóvel. Meu coração transbordava de amor, meus olhos, de lágrimas, e minha boca, de argumentos. Ficaram atônitos; ficaram envergonhados, ficaram derretidos; devoraram cada palavra. Que virada de mesa foi essa!

Vinte anos mais tarde, o mesmo poder continuava acompanhando a pregação de Wesley. No dia 18 de maio, escreveu: "No entardecer, Deus quebrantou, segundo confio, alguns dos corações de pedra em Dunbar". No dia 1.º de junho de 1777, pregou no cemitério na ilha de Man, e "a Palavra de Deus veio com poder". Na Igreja St. Luke, em Old Street, Londres, no dia 28 de novembro de 1778, "o temor a Deus parecia ter tomado posse do auditório". Mais de uma década depois, quando Wesley estava com 85 anos de idade, "Deus operou maravilhosamente no coração do povo" em Falmouth, Cornuália (17 de agosto de 1789), enquanto estava em Redruth "uma multidão enor-

---

⁹Jr 23.29; Sl 119.105; Tg 1.18,22-5; 1Pe 1.23—2.2; Sl 19.10.

me" se reuniu, e "a Palavra de Deus parecia penetrar profundamente em cada coração" (22 de agosto de 1789).

Que ninguém imagine que essas experiências fossem peculiares ao século XVIII ou a João Wesley. Billy Graham, hoje o evangelista mais famoso e mais viajado do mundo, faz declarações semelhantes. Na Assembléia de Liderança Cristã Pan-africana, em Nairobiu, em dezembro de 1976, ouvi-o dizer: "Tive o privilégio de pregar o Evangelho em todos os continentes e na maioria dos países do mundo, e quando apresento com autoridade o Evangelho singelo de Jesus Cristo, ele usa a mensagem pregada e a faz penetrar de modo sobrenatural no coração humano".

Alguém pode objetar: "Tudo bem quanto a citar Lutero, Wesley e Billy Graham. Não há dúvida de que as palavras deles tenham tido poder. Mas não se trata de pessoas excepcionais, com dons e talentos excepcionais? E o que acontece comigo? Prego com tudo que tenho no coração, domingo após domingo, e a boa semente cai à beira do caminho e é pisoteada pelas pessoas. Por que a Palavra de Deus não é mais poderosa quando provém dos *meus* lábios?". Tenho de responder SIM à primeira pergunta. Em todas as gerações Deus levanta, naturalmente, pessoas especiais, concedendo-lhes dons especiais e revistindo-as de poder especial. Seria errado sentir inveja de Lutero ou Wesley e seria estultícia imaginar que cada um de nós tivesse o dom evangelístico de Billy Graham. Mesmo assim, as Escrituras realmente justificam a expectativa de que, pelo menos em algumas ocasiões, nossa pregação da Palavra seja eficaz. Temos, como exemplo, a "parábola do semeador", à qual foi feita a alusão supra. Jesus nos ensinou que não devemos esperar que toda a nossa semeadura produza fruto. Precisamos nos lembrar que existem terrenos duros e cheios de pedras, e que as aves, as ervas más e o sol escaldante cobram seu tributo dos grãos semeados. Não devemos, no entanto, ficar por demais desencorajados, pois Jesus realmente nos levou a esperar que alguns solos revelassem ser bons e produtivos, e que a semente que neles caíssem produzissem frutos duráveis. Existe vida e poder na semente, e quando o Espírito prepara o solo e água, virá o crescimento e a frutificação.

Foi nesse sentido que P. T. Forsyth se referiu ao Evangelho como não somente uma declaração, ou doutrina, ou promessa. É mais do que isso. "É um ato e um poder: é o *ato* da redenção realizado por Deus [...] A palavra do pregador, quando prega o Evangelho sem se tratar somente de pregar um sermão, é um ato eficaz, carregado de bênção ou de juízo".[10] Isso porque introduz dramaticamente para o aqui-e-agora a obra histórica da redenção em Cristo.

É possível que nenhum autor contemporâneo tenha expressado mais eloqüentemente essa crença no poder da Palavra do que Gustaf Wingren, catedrático sueco de teologia luterana na Universidade de Lund, no seu livro *The living Word* [*A Palavra viva*]. O tema da Bíblia inteira, argumenta ele, é o conflito, o duelo entre Deus e Satanás, e é o Evangelho que liberta as pessoas. Entre a vitória de Cristo e a consumação "jaz um espaço de espera. É nesse hiato, nesse espaço, que a *pregação* envia a sua voz".[11] E ainda: "... o período entre a Páscoa e a Parusia é o período certo para a pregação".[12] A pregação fornece ao Cristo vivo tanto pés quanto boca: "É a Palavra que fornece os pés nos quais Cristo anda quando se aproxima de nós e nos alcança [...] A pregação tem um único alvo: que Cristo venha aos que se reuniram para escutar".[13] E mais: "... a pregação não é apenas a fala a respeito de um Cristo do passado, mas é uma boca através da qual o Cristo da atualidade nos oferece vida hoje".[14] O professor Wingren enxerga os seres humanos como "derrotados", "vencidos", escravos do pecado, da culpa e da morte, e enxerta a pregação como o meio da sua libertação. "Faz parte da natureza do ofício da pregação ter ela seu lugar na batalha entre Deus e o Diabo."[15] "A palavra do pregador é um ataque contra a prisão na qual o homem está preso."[16] Abre a prisão e liberta o homem.

---

[10] *Positive preaching and the modern mind*, p. 3, 15, 56.
[11] *The living word*, p. 45.
[12] Ibid., p. 146.
[13] Ibid., p. 207-8.
[14] Ibid., p. 108.
[15] Ibid., p. 95.
[16] Ibid., p. 124.

Essas convicções a respeito de Deus e do homem — a respeito do homem que é prisioneiro de Deus, que é o libertador mediante a sua Palavra — transformam a obra da pregação. Entramos no púlpito com uma Palavra nas nossas mãos, no nosso coração e nossa boca, e isso com poder. Esperamos resultados. Estamos confiando que haja conversões. Conforme disse Spurgeon em uma das suas preleções aos pastores:

> Orem e preguem de tal maneira que, se não houver conversões, vocês ficarão atônitos, estupefatos e de coração quebrantado. Acreditem da salvação dos seus ouvintes tanto quanto o anjo que soará a última trombeta terá certeza da ressurreição dos mortos! Creiam na sua doutrina! Creiam no seu Salvador! Creiam no Espírito Santo que habita em você! Pois assim será realizado o desejo do seu coração, e Deus será glorificado.[17]

Conta-se uma história informal a respeito de um pregador viajante que passava pela revista de segurança num aeroporto. Era antes dos dias do "scanning" eletrônico e o oficial da segurança estava remexendo na maleta dele. Encontrou uma caixa de cartolina preta que continha a Bíblia do pregador e ficou curioso para saber do conteúdo. "O que está naquela caixa?", perguntou em tons de suspeita, e recebeu a resposta assustadora: "Dinamite!". Infelizmente, a história não conta o que aconteceu em seguida. No entanto, acreditar no poder explosivo da Palavra de Deus — poderosa, não com semelhança a um sortilégio, mas porque o Deus que falou por meio dela continua a falar — deve ser suficiente em si mesma para transformar em pregador eficaz qualquer pessoa que é chamada a esse ministério privilegiado.

UMA CONVICÇÃO A RESPEITO DA IGREJA

Sem dúvida, temos convicções numerosas a respeito da igreja. Mas para meus propósitos agora, tenho somente esta em mente: a igreja

---

[17] *An all-round ministry*, p. 187.

é criada por Deus mediante a sua Palavra. Além disso, a nova criação de Deus (a igreja) é tão dependente da sua Palavra quanto o era a sua criação antiga (o Universo). Não somente ela levou a igreja a existir mediante a sua Palavra, como também a mantém e sustenta, dirige e santifica, e a reforma e renova mediante a mesma Palavra. A Palavra de Deus é o cetro mediante o qual Cristo governa a igreja e a comida com a qual ele a nutre.

Que a igreja depende da Palavra não é uma doutrina facilmente aceitável a todos. Nos dias antigos da Igreja Católica Romana, por exemplo, seus defensores instiriam que "a igreja escreveu a Bíblia", e por isso tem autoridade sobre ela. Ainda hoje, às vezes ouvimos esse argumento um pouco simplório. Ora, é claramente certo que os dois Testamentos foram escritos dentro do contexto da comunidade dos fiéis, e que a substância do Novo Testamento, segundo as providência de Deus, conforme já notamos, foi até certo ponto determinada pelas necessidades das congregações cristãs locais. Conseqüentemente, a Bíblia não pode ser destacada do meio ambiente na qual se originou nem ser isolada dele. Mesmo assim, conforme os protestantes sempre têm enfatizado, é enganoso e inexato dizer que "a igreja escreveu a Bíblia"; a verdade é quase o inverso: "A Palavra de Deus criou a igreja". Isso porque podemos dizer que o povo de Deus veio a existir quando a sua Palavra chegou a Abraão, o chamou e fez uma aliança com ele. Semelhantemente, foi mediante a pregação apostólica da Palavra de Deus no poder do Espírito Santo no dia do Pentecoste que o povo de Deus passou a ser o Corpo de Cristo, cheio do Espírito Santo.

Não é difícil demonstrar que o povo de Deus depende da Palavra de Deus. Isso porque, desde o começo até o fim das Escrituras, Deus está se dirigindo ao seu povo, ensinando-lhe seus caminhos e apelando a eles, tanto por amor a Deus quanto por amor a eles mesmos, que escutem e sigam a sua mensagem. Se é verdade que "Nem só de pão viverá o homem, mas de toda palavra que procede da boca de Deus" (Dt 8.3, citado por Jesus em Mt 4.4), a mesma coisa deve ser dita a respeito da Igreja. O povo de Deus vive e viceja somente por meio de crer na sua Palavra e obedecê-la.

É por isso que o Antigo Testamento está repleto das exortações de Deus, dirigidas ao povo, pedindo obediência. A queda de Adão devia-se à sua estultícia ao escutar a voz da serpente em vez de obedecer à voz do Criador. Quando Deus estabeleceu sua aliança com Abraão, justificou-o por ter crido na promessa divina e ratificou sua bênção porque ele o "obedeceu" (Gn 15.1-6; 22.15-18). Quando Deus confirmou a aliança com Israel, em cumprimento das promessas a Abraão, a Isaque e a Jacó, e se comprometeu a fazer dos descendentes desses sua possessão especial entre todos os povos, a condição que impôs foi "se obedecerem à minha voz" (Êx 2.24; 19.3-6). Quando, portanto, a aliança foi ratificada mediante o sacrifício e foi transmitida ao povo que escutava, "todas as palavras e ordenanças do SENHOR", os ouvintes responderam em uníssono: "Faremos tudo o que o SENHOR ordenou" (Êx 24.3). Por causa da história trágica da desobediência nos quarenta anos de peregrinações no deserto ("cedo se esqueceram" e "não obedeceram à voz do SENHOR", Sl 106.13,25), a aliança foi renovada e a lei repetida, visando o benefício da nova geração, antes de entrar na terra prometida. E um dos refrãos de Deuteronômio é "Ouve, ó Israel". Sua mensagem é resumida nestas palavras: "E agora, ó Israel, ouça os decretos e as leis que lhes estou ensinando a cumprir, para que vivam e tomem posse da terra..." e "para que lhes vá bem".[18]

Depois de os israelitas terem colonizado a terra e de a monarquia ter começado, o mesmo tema da bênção divina sobre a fé e a obediência deles, do juízo divino sobre sua incredulidade e desobediência, foi continuado tanto na literatura profética quanto na sapiencial. Bastará uma pequena amostra para demonstrar esse fato. Salmos 81.8,11: "Ouça, meu povo, as minhas advertências; se tãosomente você me escutasse, ó Israel! Mas o meu povo não quis ouvir-me; Israel não quis obedecer-me".

No livro de Provérbios, a sabedoria é personificada e é representada clamando em voz alta na rua e na praça:

---

[18] P. ex., Dt 4.1,30; 5.1; 6.1-3; 11.26-8; 12.28; 15.5; 28.1.

A vocês, homens, eu clamo; a todos levanto a minha voz. Vocês, inexperientes, adquiram a prudência; e vocês, tolos, tenham bom senso [...] Prefiram a minha instrução à prata, e o conhecimento ao ouro puro, pois a sabedoria é mais preciosa do que rubis; nada do que vocês possam desejar compara-se a ela [...] Ouçam-me agora, meus filhos. Como são felizes os que guardam os meus caminhos! [...] Como é feliz o homem que me ouve, vigiando diariamente a minha porta, esperando junto às portas da minha casa. Pois todo aquele que me encontra, encontra a vida e recebe o favor do SENHOR. Mas aquele que de mim se afasta, a si mesmo se agride; todos os que me odeiam amam a morte.[19]

Em tons semelhantes, os profetas, aos quais veio a Palavra do Senhor, conclamavam Israel a escutá-la. Sirva como exemplo Isaías, que chocava os ouvintes ao assemelhar a cidade santa de Jerusalém com Sodoma e Gomorra: "Governantes de Sodoma, ouçam a palavra do SENHOR! Vocês, povo de Gomorra, escutem a instrução de nosso Deus! [...] Se vocês estiverem dispostos a obedecer, comerão os melhores frutos desta terra; mas, se restirem e se rebelarem, serão devorados pela espada. Pois o SENHOR é quem fala!". E, ainda, posteriormente: "Se tão-somente você tivesse prestado atenção às minhas ordens, sua paz seria como um rio, sua retidão, como as ondas do mar". No caso, porém: "Não há paz alguma para os ímpios".[20]

Ainda mais explícito é o profeta Jeremias, aliado próximo do bom rei Josias, em cujo reino o livro da Lei foi redescoberto no Templo. O profeta e o rei juntos conclamaram ao arrependimento nacional e à nova dedicação. Mas a reação positiva do povo era superficial e de curta duração. O queixume divino, falado através dos lábios de Jeremias, era bem direto:

Deixei-lhes, entretanto, esta ordem: Obedeçam-me, e eu serei o seu Deus e vocês serão o meu povo. Vocês andarão em

---

[19] Pv 8.1-36, cf. 1.20-33.
[20] V. Is 1.2,10,19,20; 42.18-25; 43.8; 48.17-19,22.

todo o caminho que eu lhes ordenar, para que tudo lhes vá bem. Mas eles não me ouviram nem me deram atenção. Antes, seguiram o raciocínio rebelde dos seus corações maus. Andaram para trás e não para a frente. Desde a época em que os seus antepassados saíram do Egito até o dia de hoje, eu lhes enviei os meus servos, os profetas, dia após dia. Mas eles não me ouviram nem me deram atenção. Antes, tornaram-se obstinados e foram piores do que os seus antepassados.[21]

Por isso, o juízo divino caiu sobre eles. Jerusalém foi sitiada e tomada, o Templo foi totalmente destruído e os habitantes levados para o cativeiro na Babilônia. O epitáfio nacional escrito pelo Cronista ecoou a linguagem dos profetas:

> O Senhor, o Deus dos seus antepassados, advertiu-os várias vezes por meio de seus mensageiros, pois ele tinha compaixão de seu povo e do lugar de sua habitação. Mas eles zombaram dos mensageiros de Deus, desprezaram as palavras dele e expuseram ao ridículo os seus profetas, até que a ira do Senhor se levantou contra o seu povo, e não houve remédio.[22]

Fica claro nessa breve resenha da história do Antigo Testamento que Deus fazia o bem-estar do seu povo depender consistentemente de escutarem a sua voz, de crer nas suas promessas e de obedecer aos seus mandamentos.

No Novo Testamento, é semelhante, só que os porta-vozes de Deus são mais apóstolos do que profetas. Aqueles, também, declaram ser portadores da Palavra de Deus (p. ex., 1Ts 2.13). Nomeados por Cristo e investidos com a sua autoridade, falam com coragem no seu nome e esperam que as igrejas creiam nas suas intruções e obedeçam aos seus mandamentos (p. ex., 2Ts 3). Portanto, através dos escritos deles, o Jesus exaltado dirige-se à igreja, tanto quanto através daquelas cartas às sete igrejas. Instrui, admoesta, repreende e encoraja-

---

[21] Jr 7.23-26; v. 25.3-7; 32.33; 35.12-16; 44.1-6.
[22] 2Cr 36.15,16.

as, transmite-lhes promessas e advertências e apela para que escutem, creiam, obedeçam e se mantenham firmes até ele vier. Fica claro, do começo ao fim, que a saúde do povo de Deus depende da atenção dada à Palavra de Deus.

Os pregadores de hoje não são profetas nem apóstolos, por não sermos receptadores de nenhuma revelação direta completamente nova. A Palavra do Senhor não vem até nós da mesma maneira que veio até eles; somos realmente nós que nos chegamos até ela. Mesmo assim, se expomos fielmente as Escrituras, é a sua Palavra que está nas nossas mãos e nos nossos lábios, e o Espírito Santo consegue torná-la viva e poderosa no coração dos ouvintes. Além disso, a nossa responsabilidade nos parecerá tanto mais onerosa quando nos lembramos do vínculo indissolúvel que rastreamos entre a Palavra de Deus e o povo de Deus. Uma igreja surda é uma igreja morta; esse é um princípio inalterável. Deus, mediante sua Palavra, vivifica, alimenta, inspira e guia o seu povo. Isso porque, sempre quando a Bíblia é exposta de modo genuíno e sistemático, Deus a emprega para dar ao seu povo a visão sem a qual este pereceria. Primeiro, começam a enxergar o que Deus quer que sejam: a nova sociedade dele no mundo. Em seguida, passam a captar os recursos que ele lhes tem dado em Cristo para cumprirem o seu propósito. É por isso que é só por meio de escutar com humildade e obediência à sua voz que a igreja pode crescer na maturidade, servir ao mundo e glorificar ao seu Senhor.

Ao enfatizar assim a Palavra de Deus como indispensável para o bem-estar da Igreja, não estou me esquecendo dos sacramentos segundo o Evangelho, e muito menos da Ceia do Senhor. Isso porque a designação por Agostinho dos sacramentos como "palavras visíveis" (*verba visibilia*) fornece um indício essencial à sua função e valor. Eles também falam. Tanto a Palavra quanto o sacramento dão testemunho de Cristo. Ambos prometem salvação em Cristo. Ambos nos capacitam a alimentar-nos de Cristo em nosso coração. A diferença principal entre eles é que a mensagem do sacramento é digirida ao olho, e a da Palavra ao ouvido. Portanto, os sacramentos precisam da Palavra a fim de interpretá-los. O ministério da Palavra e do sacramento é um único ministério, pois a Palavra proclama e os sacramentos dramatizam as promessas de Deus. No entanto, a Palavra é primária, visto que, sem ela, o sinal fica obscuro quanto ao significado, até mesmo mudo.

A história fornece evidências amplas da relação indivisível entre a igreja e a Palavra, entre o estado da comunidade cristã e a qualidade da pregação cristã. "Não fica bem claro", pergunta o dr. D. M. Lloyd-Jones, "quando você tem uma vista paronâmica da história da igreja, que os períodos e eras de decadência da igreja sempre têm sido os períodos em que a pregação tinha entrado em declínio?". "O que é", continua ele, "que sempre anuncia a aurora de uma reforma ou de um reavivamento? É a pregação renovada".[23]

A obra abrangente em dois tomos do dr. E. C. Dargan, *History of preaching* [*História da pregação*] desde 70 a 1900 d.C., confirma amplamente esse ponto de vista. Ele escreve:

> O declínio da vida e da atividade espiritual nas igrejas é geralmente acompanhado por um tipo de pregação formal, sem vida e infrutífera, e isso parcialmente como causa e parcialmente como efeito. Em contrapartida, os grandes reavivamentos da história cristã usualmente remontam à obra do púlpito, e, no decurso do seu progresso, têm desenvolvido e tornado possível um alto nível de pregação.[24]

Seria impossível delinear a igreja mundial hoje por generalizações abrangentes, pois a sua condição varia grandemente entre um país e outro, e entre uma cultura e outra. A secularização da Europa (juntamente com aquelas partes do mundo ocidental que mantiveram ligações estreitas com a Europa) tem progredido com firmeza cerca de dois séculos. Nos Estados Unidos, existe uma explosão estonteante da religião, que nem por isso deixa perplexos os observadores simpáticos, que não conseguem facilmente reconciliá-la com as estatísticas alarmantes de crimes, violência, abortos e divórcio

---

[23] *Preaching*, p. 24.
[24] P. 24, vol. 1.

naquela nação. No maior dos poucos países comunistas, e em alguns países de cultura predominantemente islâmica, a igreja é inibida, quando não sofre oposição ativa e perseguição. Em alguns dos países em desenvolvimento na Ásia, na África e na América Latina, no entanto, as taxas de crescimento da igreja são tão rápidas que, se assim continuarem, a liderança internacional da igreja não demorará para estar sobre o controle do Terceiro Mundo, se realmente essa mudança já não ocorreu. Entretanto, esses próprios líderes confessam que, lado a lado com o vigor e entusiasmo da vida das suas igrejas, existe muita superficialidade e instabilidade.

Em semelhante situação variada, na qual a igreja, em média, está perdendo terreno, é possível isolar uma causa específica de fraqueza? Muitos diriam que "não". E certamente, as causas são muitas. Pessoalmente, porém, não hesito em dizer que uma causa (ou até mesmo a causa) principal do declínio da igreja em algumas regiões, e a imaturidade em outras, é aquilo que Amós chamava de "fome e sede de ouvir as palavras do SENHOR" (8.11). O baixo nível da vivência cristã deve-se, mais do que a qualquer outra coisa, ao baixo nível da pregação cristã. Mais freqüentemente do que gostaríamos de reconhecer, os ouvintes nos bancos da igreja refletem o que ouvem do púlpito. Raras vezes, ou talvez nunca, o banco da igreja sobe mais alto do que o púlpito.

No último dia de 1979, a revista *Time* publicou um artigo chamado *American preaching: a dying art?* [*A pregação americana: uma arte prestes a acabar?*]. Seu redator escreveu: "O congelamento da Palavra é um fator importante ao mal-estar evidente em grandes denominações protestantes nesses dias". Para os católicos romanos, porém, o sermão nunca foi muito importante, "pelo contrário, é um tipo de antepasto espiritual antes da Eucaristia". Dois séculos antes, no entanto, "quando Jonathan Edwards pregava, a totalidade da Nova Inglaterra tremia nas bases".

Se, portanto, é para a igreja vicejar de novo, não existe necessidade maior do que uma recuperação da pregação bíblica fiel e poderosa. Deus continua dizendo ao seu povo "Quem dera que hoje vocês ouvissem a minha Palavra" (v. Sl 95.7), e aos pregadores "Quem dera que vocês a proclamassem".

UMA CONVICÇÃO A RESPEITO DO PASTORADO

Existe muita incerteza na igreja moderna no tocante à natureza e às funções do ministério cristão profissional. Logo de início, o prestígio social do qual o clero desfrutava antes nos países ocidentais diminuiu consideravelmente agora. Além disso, porque o estado tem assumido boa parte da obra filantrópica da qual a igreja foi pioneira (p. ex., na medicina, na educação e no bem-estar social), alguns que anteriormente teriam se oferecido para a ordenação estão descobrindo que podem servir igualmente bem na chamada "cidade secular". E além disso, sobretudo como resultado do movimento carismático, a doutrina neotestamentária do Corpo de Cristo foi recuperada, com seu corolário de que cada membro tem um dom e, portanto, um ministério. Sendo assim, alguns estão perguntando: Será que continua sendo necessário um ministério profisssional? O clero não ficou sendo redundante? Essas são algumas das tendências que contribuíram para a perda contemporânea da moral do clero.

Nessa situação, urge reasseverar a doutrina neotestamentária de que Jesus Cristo ainda dá superintendentes à sua igreja. Ele pretende que essa seja uma característica permanente da estrutura da igreja. "Esta afirmação é digna de confiança: Se alguém deseja ser bispo [superintendente], deseja uma nobre função" (1Tm 3.1).

Além disso, ao procurar restabelecer essa verdade, seria útil, ao mesmo tempo, recuperar para esses superintendentes a designação neotestamentária de "pastor". "Ministro" é um termo que engana por ser mais genérico do que específico, e sempre, portanto, requer um adjetivo qualificante para indicar que tipo de ministério está em mente. "Sacerdote", infelizmente, é palavra ambígua. Quem conhece a etimologia das palavras em inglês sabe que *priest* ("sacerdote") é simples contração de *presbyter* ("presbítero") que significa "ancião". Mas *priest* também é usado para traduzir a palavra grega *hiereus*, sacerdote sacrificante, que nunca é usada para ministros cristãos no Novo Testamento. Chamar os clérigos de "sacerdotes" (por mais comum que seja essa prática nos círculos católicos romanos, luteranos e anglicanos) dá a falsa impressão de que o seu ministério se dirige primariamente a Deus, ao passo que o Novo Testamento o retrata primariamente como dirigido para a igreja. Portanto, "pastor" permanece sendo o termo mais exato. A objeção de que a palavra se refere aos que pastoreiam os rebanhos ovinos nos campos, e que as ovelhas e os pastores são irrelevantes nas cidades hiperativas do seculo XX, pode melhor ser refutada por meio de nos lembrar de que o Senhor Jesus se chamava "o Bom Pastor", de que até mesmo os cristãos que habitam nas cidades sempre pensarão nele assim, e que seu ministério pastoral (com suas características de íntimo conhecimento, de sacrifício, de liderança, de proteção e de cuidado) continua sendo o modelo permanente para todos os pastores.

Na Inglaterra antes da Reforma (conforme ainda acontece na Igreja Católica Romana), o conceito sacerdotal do ministério ordenado predominava. O bispo ordenante vestia o candidato de casulo sacerdotal, dizendo: "Receba a vestimenta sacerdotal". Em seguida, dava-lhe uma pátena e um cálice, dizendo: "Receba poder para oferecer sacrifício a Deus e para celebrar a missa tanto para os vivos quanto para os mortos". Essa *porrectio instrumentorum*, ou entrega dos símbolos do ofício, foi alterada de modo significante pelos reformadores ingleses. Seu primeiro livro de ritual em 1550 ordenava que, além da pátena e do casulo, fosse entregue ao ordenando uma Bíblia, dando-lhe autoridade para "pregar a Palavra de Deus e ministrar os santos sacramentos". Em 1552, somente dois anos mais tarde, a entrega da pátena e do cálice foi descontinuada, e o único "instrumento" entregue ao candidato ficou sendo a Bíblia. Esse rito de ordenação anglicana tem permanecido substancialmente inalterado até os dias atuais.

Essa mudança de simbolismo expressou a mudança da maneira de entender o ministério ordenado. Percebia-se, agora, que a sua essência não era sacerdotal, mas pastoral. Era, e continua sendo, um ministério da Palavra. Isso porque a responsabilidade principal do pastor que "cuida" das suas ovelhas é "alimentá-las". Deus repreendeu aos pastores de Israel por alimentarem a si mesmos em vez de alimentarem as ovelhas. O Pastor Divino, ao contrário, faz suas ovelhas "repousar em pastagens verdes" (Ez 34.1-3; Sl 23.1,2). Entrando em detalhes sobre essas figuras de linguagem do Antigo Testamento, Jesus não somente prometeu que suas ovelhas, seguras na sua proteção, "entrariam e sairiam, e encontrariam pastagem" como também deu a Pedro uma nova comissão, com a instrução repetida "Cuide dos meus cordeiros" e "Pastoreie as minhas ovelhas" (Jo 10.9; 21.15,17). Dessa ordem, os apóstolos nunca se esqueceram. "Pastoreiem o rebanho de Deus que está aos seus cuidados", escreveu o próprio Pedro posteriormente (1Pe 5.2), ao passo que Paulo se dirigiu aos líderes da igreja de Éfeso com as seguintes palavras: "Cuidem de vocês mesmos e de todo o rebanho sobre o qual o Espírito Santo os colocou como bispos [ou supervisores], para pastorearem a igreja de Deus, que ele comprou com o seu próprio sangue" (At 20.28). Esses presbíteros (v. 17) certamente entenderiam esse seu privilégio de o Pastor Principal ter delegado a eles o cuidado pastoral das suas próprias ovelhas que ele mesmo comprara com seu sangue vital.

Alimentar o rebanho de Deus é, fica claro, uma expressão metafórica que significa ensinar a igreja. O pastor, portanto, é essencialmente um mestre. Sem dúvida, é proibido rigorosamente por Cristo que o professor ensine de modo autoritário e que procure usurpar a prerrogativa do Espírito da verdade e assim deixar a dócil congregação na sua [i.e., do mestre] dependência (Mt 23.8). Sem dúvida, também, segundo a promessa de Deus na Nova Aliança, de que "todos me conhecerão", o Espírito Santo agora é outorgado a todos os crentes, de modo que todos "têm uma unção que procede do Santo" e, portanto, em última análise não precisam de mestres humanos (Jr 31.34; 1Ts 4.9; 1Jo 2.20-7). Sem dúvida, ainda, todos os membros têm a responsabilidade de deixar a Palavra de Cristo habitar ricamente neles para que ensinem e aconselhem uns aos outros com toda sabedoria" (Cl 3.16). No entanto, todos esses fatos não são incompatíveis com a chamada, formação e comissionamento de especialistas, ou seja, de pastores que se dedicam a um ministério de pregação e de ensino. Isso porque, entre os muitos dons espirituais que o Senhor glorificado outorga à sua igreja, há o de "pastores e mestres" (Ef 4.11). Comentando esse versículo no seu contexto, Calvino escreve nas *Institutas*: "Vemos como Deus, que poderia levar os seus à perfeição em um momento, não queria, contudo, cresçam eles à idade adulta, senão pela educação da igreja; vemos expressar-se o modo [pelo qual essa educação se processa] que foi aos pastores incumbida a pregação da doutrina celeste". Passa a advertir os seus leitores contra a tolice de rejeitar essa provisão divina:

> A muitos [os] impede ou a soberba, ou o desdém, ou a inveja, de sorte que se persuadam bastante poderem de proveito fruir lendo e meditando em particular e, destarte, desprezam as reuniões públicas e consideram supérflua a pregação [...] o que é exatamente como expungir a face de Deus que nos refulgou em seu ensino.[25]

> Pois, nem ou a luz e o calor, ou a comida e a bebida tão necessários são para nutrir-se e suster-se a presente vida, quanto a conservar a Igreja na terra o é o munus apostólico e pastoral.[26]

Aquilo que Calvino ensinava em Genebra, os reformadores ingleses não demorariam para captar também. A eles, nada parecia mais importante do que os pastores pregarem a pura Palavra de Deus e a congregação a ouvisse. Seguem-se as palavras de John Jewel, bispo de Salisbury:

> Não desprezem, irmãos, não desprezem escutar a Palavra de Deus pregada. Se consideram precisiosas sua alma, sejam diligentes em comparecer nos sermões; pois esse é o lugar normal onde o coração dos homens são comovidos e os segredos de Deus revelados.

---

[25] IV 1.5.
[26] Ibid., IV, III.2.
[27] *Works*, vol. II, p. 1034.

Isso porque, por mais fraco que seja o pregador, a Palavra de Deus é tão forte e poderosa como sempre.[27]

Por contraste, nada poderia ser mais danoso para a igreja do que os pregadores infiéis, conforme declarou Thomas Becon de modo franco no prefácio ao seu livro *The demands of Holy Scripture* [*As exigências das Escrituras Sagradas*]:

> Assim como não pode haver nenhuma jóia maior numa coletividade cristã do que um pregador sincero, fiel e constante da Palavra do Senhor, de modo que não possa haver uma pestilência maior entre qualquer povo do que ter reinando sobre eles guias cegos, cães mudos, lobos malvados, mercenários hipócritas, profetas papistas, que não os alimentam com o trigo puro, mas com o absinto das tradições triviais dos homens.[28]

Não conheço ninguém deste, nem do século passado, que tenha expressado com mais vigor esse modo fundamental do pastorado do que Samuel Volbeda, cujas preleções homiléticas no Calvin Theological Seminary [Seminário Teológico Calvino], em Grand Rapids, foram editadas e publicadas depois da sua morte, com o título *The pastoral genius of preaching* [*O caráter pastoral da pregação*]. Tendo definido a pregação como "a proclamação, mediante a palavra falada, da Palavra de Deus escrita, em vez da Palavra falada",[29] passa a afirmar que "aquela Palavra de Deus escrita é pastoral do começo ao fim na sua mensagem, espírito e propósito". Portanto, o pregador verdadeiro nunca será "mero tubo acústico ou trombeta [...] que reproduza, de modo perfeito, porém mecânico, a mensagem da Palavra de Deus escrita"; deve, pelo contrário, um pastor, "que pessoalmente, de coração e mente, esteja em *perfeita harmonia* com as Escrituras pastorais que deve falar".[30] Além disso, o cuidado que o bom pastor tem com suas ovelhas é quádruplo[31] — alimentar e guiar (porque as ovelhas facilmente se desgarram), guardar

---

[28] *Works*, p. 598, vol. III.
[29] P. 24.
[30] Ibid., p. 26.
[31] Ibid., p. 79-85.

(contra lobos predatórios) e curar (atar as feridas das acidentadas). E todas essas quatro atividades são aspectos do ministério da Palavra.

Não deve ser imaginado, no entanto, que essa identificação dos pastores como fundamentalmente mestres seja uma idiossincrasia dos cristãos da reforma ou dos evangélicos em geral. É reconhecida igualmente por muitos cujos tendências são mais católicas. Posso citar, por exemplo, parte de uma exortação de ordenação feita por Michael Ramsey quando era arcebispo de Cantuária. É chamada "Para que o sacerdote?". A primeira resposta que oferece para a sua própria pergunta é:

> Em primeiro lugar, o sacerdote é o professor e o pregador, e nessa condição é o *homem da teologia*. Tem o compromisso de ser um estudante dedicado da teologia; e seu estudo não precisa ser vasto na sua extensão, mas profundo na sua integridade, não a fim de que seja erudito, mas a fim de que seja singelo. São aqueles cujos estudos são superficiais que ficam confusos e que confundem.[32]

Ao escrever assim a respeito de um ministério "pastoral" como um ministério de "ensino", não acho que é necessário eu me envolver no debate a respeito da "ordenação" e a respeito daquilo que faz distinção entre o clero e o laicato (se existir essa distinção). Basta dizer que Deus deseja que cada igreja tenha o benefício da *episkopê* (da supervisão pastoral); que essa supervisão — pelo menos sobre uma congregação com algum tamanho — deva ser exercida por uma equipe (a palavra "presbíteros" quase sempre ocorre no plural no Novo Testamento, p. ex., At 14.23; 20.17; 1Tm 4.14; Tt 1.5); e que semelhante equipe deva incluir ministros de tempo parcial e de tempo integral, assalariados e voluntários, teólogos e leigos — e creio que isso inclui tanto mulheres quanto homens, embora o Novo Testamento indique que seus papéis não sejam idênticos. Existe valor imenso no conceito da equipe, conforme sei pela expe-

---

[32] *The christian priest*, p. 7.

riência, bem como pelas Escrituras, porque assim podemos aproveitar os pontos fortes uns dos outros e suplementar as fraquezas uns dos outros. Além disso, leigos talentosos devem ser encorajados a participar da equipe e a exercer seu ministério numa capacidade voluntária segundo seus dons. Um desses dons é a pregação, e a igreja precisa de muitos pregadores leigos com esse dom. No entanto, o ministério pastoral da pregação e ensino regulares é extremamente exigente. Exige muito tempo e energia no estudo. Portanto, uma equipe pastoral numa igreja razoavelmente grande precisa, no mínimo, de um líder em tempo integral, que se dedique ao ministério da Palavra. Sem isso, a congregação forçosamente fica empobrecida.

A tarefa de alimentar o rebanho ou de ensinar a igreja pode ser levada a efeito pela equipe pastoral em vários contextos. O próprio Bom Pastor pregava às multidões, passava tempo com os indivíduos e treinava os doze. Um ministério pastoral que se modele na vontade de Cristo incluirá, de modo semelhante, a pregação diante da congregação, o aconselhamento aos indivíduos e o treinamento de grupos. Existe, portanto, uma diferença entre a pregação e o ensino? É certo que as duas palavras não são intercambiáveis, e C. H. Dodd popularizou a tese de que no Novo Testamento o *kêrygma* (pregação) era a proclamação da morte e da ressurreição de Jesus, segundo as Escrituras, e num contexto escatológico, com uma exortação ao arrependimento e à crença, ao passo que a *didachê* (ensino) era instrução — ética, na sua maior parte — administrada aos convertidos. Essa distinção é importante, embora provavelmente tenha sido exagerada. Isso porque, no ministério público de Jesus, "ensinando nas sinagogas deles" e "pregando as boas novas do Reino" (Mt 4.23; 9.35) não são nitidamente distinguidos entre si, ao passo que o apóstolo Paulo se descreveu tanto como "pregador" quanto como "mestre" do Evangelho (1Tm 2.7; 2Tm 1.11); e quando Lucas se despede dele no fim de Atos, Paulo "pregava o Reino de Deus e ensinava a respeito do Senhor Jesus Cristo" (28.31). Sua pregação era, certamente, mais evangelística no seu propósito e seu ensino, de natureza mais sistemática, mas não fica claro que havia total distinção entre as duas quanto ao conteúdo; é provável que tenha havido considerável coincidência parcial entre as duas.

Às vezes tem sido dito que no Novo Testamento, pregar (*kêrusso*, "anunciar") é inteiramente evangelístico, ao passo que o tipo moderno de pregação (a uma congregação cristã na igreja) nem ocorre no Novo Testamento, nem sequer se cogita tal coisa. Na prática, porém, não é assim. A prática de reunir o povo de Deus para ouvir a exposição da sua Palavra remonta até o Antigo Testamento, foi continuada nas sinagogas e depois adotada e cristianizada pelos apóstolos. Foi assim que Moisés deu a Lei aos sacerdotes e lhes deu a ordem de reunir o povo e lê-la diante de todos, presumidamente com explicações e aplicações à medida que liam (Dt 31.9-13; v. Ml 2.7-9). Esdras, sacerdote e escriba, "trouxe a Lei diante da assembléia [...] Ele a leu em alta voz". Os sacerdotes levitas também compartilhavam desse ministério: "Leram o livro da Lei de Deus, interpretando-o e explicando-o, a fim de que o povo entendesse o que estava sendo lido" (Ne 8.1-8). Posteriormente, os cultos nas sinagogas incluíam leituras da Lei e dos Profetas, e depois disso, alguém pregava. Foi assim que Jesus, na sinagoga de Nazaré, leu primeiramente Isaías 61, e depois, na sua mensagem subseqüente, declarou ser ele mesmo o cumprimento desse trecho das Escrituras, e falou outras "palavras de graça" que deixaram atônitos os ouvintes (Lc 4.16-22). Semelhantemente, Paulo, em Antioquia da Pisídia, "depois da leitura da Lei e dos Profetas", foi convidado pelos chefes da sinagoga a compartilhar com os presentes "uma mensagem de encorajamento", o que passou a fazer (At 13.14-43).

Não admira, portanto, que quando os crentes deixavam as sinagogas, ou delas eram expulsos, e começaram a montar assembléias próprias distintivamente cristãs, foi conservado o mesmo padrão de leitura bíblica seguida pela exposição bíblica, só que agora, depois de trechos da Lei e dos Profetas, eram acrescentadas leituras das epístolas de um dos apóstolos (p. ex., Cl 4.16; 1Ts 5.27; 2Ts 3.14). Lucas nos oferece uma única olhadela em semelhante assembléia. Foi a ocasião famosa em Trôade quando os cristãos se reuniram "no primeiro dia da semana". Sua adoração incluía tanto o romper do pão quanto também um sermão de Paulo, "que continuou falando até à meia-noite" com conseqüências desastrosas (At 20.7s). Embora seja esse o único culto de adoração no Novo Testamento no qual se historia especificamente que um sermão foi incluído, não existe razão para supor que era excepcional. Pelo contrário, Paulo dá a Timóteo instruções específicas, não somente a respeito de dirigir as orações públicas (1Tm 2.1ss.), mas também a respeito da pregação: "Até à minha chegada, dedique-se à leitura pública da Escritura, à exortação e ao ensino" (1Tm 1.13). A nítida implicação é que, depois da leitura bíblica, deve haver, baseadas nela, tanto a *paraklêsis* (exortação) quanto a *didaskalia* (instrução). Não se quer dizer com isso que não houve, também, nenhum elemento de proclamação evangelística, pois sempre haveria freqüentadores mais periféricos, tais como os "tementes a Deus" que ficavam semiligados à comunidade da sinagoga, além dos catecúmenos que recebiam instrução para o batismo, bem como, às vezes, visitantes pagãos (1Co 14.23). Mesmo assim, a ênfase deve ter recaído em ensinar aos fiéis. É porque o pastor tinha a responsabilidade de alimentar o rebanho que, entre as qualificações para o presbiterato, estão alistadas tanto a lealdade à fé apostólica (a fim de que pudesse "encorajar a outros pela sã doutrina e de refutar os que se opõem a ela") bem como um dom de ensino (Tt 1.9; 1Tm 3.2).

Se os pastores de hoje levassem a sério a ênfase neotestamentária na prioridade da pregação e do ensino, não somente se sentiriam muito realizados com isso, como também, sem dúvida, teria um efeito bastante sadio sobre a igreja. Pelo contrário (é trágico dizer!), muitos são essencialmente administradores, cujos símbolos do ministério são o escritório mais do que o gabinete pastoral, e o telefone mais do que a Bíblia. Pregando em agosto de 1977 durante o culto centenário de ações de gracas do Wycliffe College, Toronto, Donald Coggan, então Arcebispo de Cantuária, lembrou à congregação por que o bispo dá a cada candidato uma Bíblia ao ser ordenado: "... o ordinando não sai à obra [...] primariamente como organizador, financista ou artista de diversões; sai como homem autorizado pelo Senhor da igreja, sendo a ele confiado o depósito da revelação cristã, registrada num esboço majestoso no livro que tem na mão e encarnado na Palavra que se tornou carne". O dr. Coggan expressou, em seguida, a esperança de que no segundo século do Wycliffe College, este enviaria um fluxo contínuo de homens que não somente estudariam a Bíblia por conta própria, que se alimentariam dela e escavariam suas riquezas, mas também "dedicariam à sua exposição e aplicação tudo quanto neles havia".

Se estabelecêssemos "o ministério da Palavra e da oração" como nossa prioridade, conforme fizeram os apóstolos (At 6.4), envolveria, para a maioria entre nós, uma restruturação radical do nosso programa e do nosso cronograma, inclusive uma delegação considerável de outras responsabilidades aos líderes leigos, mas expressaria uma convicção verdadeiramente neotestamentária a respeito da natureza essencial do pastorado.

UMA CONVICÇÃO A RESPEITO DA PREGAÇÃO

Visto que os pastores são pregadores e mestres, que tipo de sermões devem pregar? Os manuais de Homilética tendem a oferecer uma lista longa de opções. Talvez a classificação mais exaustiva de tipos de sermões seja aquela apresentada por W. E. Sangster no seu livro famoso *The craft of the sermon* [*A arte do sermão*]. Distingue entre três tipos principais de sermão e atribui um capítulo a cada, embora acrescente que "é quase infinita a gama de combinações entre eles".[33] O primeiro é definido "segundo a matéria" (p. ex., bíblica, ética, devocional, doutrinária, social ou evangelística); o segundo, "segundo o tipo estrutural" (p. ex., exposição direta, argumento progressivo ou "facetagem") e o terceiro "segundo o método psicológico" (i.e, depende de se o pregador se considera professor, jurista, homem perplexo ou advogado do Diabo).

Outros escritores, que não levaram o assunto tão longe quanto Sangster, têm considerado suficientes as classificações mais simples.

---

[33] P. 92.

Dizem que existem sermões temáticos e sermões textuais. Alguns deles são evangelísticos, apologéticos ou proféticos; outros, devocionais, éticos ou exortativos, ao passo que, no meio de tudo isso, encaixam-se os sermões "exegéticos" ou "expositivos". Pessoalmente não posso concordar nessa relegação (às vezes até me ressinto disso) da condição da pregação expositiva a mera opção entre muitas. Meu argumento é que toda pregação genuína é pregação expositiva. Fica claro que se um sermão "expositivo" fosse definido por uma explicação, versículo por versículo, então, realmente, seria apenas uma das maneiras possíveis de pregação — mas isso seria um abuso do conceito de "expositivo". Em rigor, "exposição" tem um significado muito mais amplo. Refere-se ao conteúdo do sermão (verdade bíblica) mais do que ao seu estilo (comentário contínuo). Fazer exposição das Escrituras é aproveitar aquilo que já está no texto e expô-lo à vista de todos. O expositor destampa o que parece estar fechado, torna claro o que é obscuro, desembaraça o que parece estar cheio de nós e desdobra aquilo que está muito compactado. O inverso da exposição é a "imposição", que é impor ao texto aquilo que não está ali. No entanto, o "texto" em pauta poderia ser um versículo, ou uma frase, ou até mesmo uma única palavra. Poderia ser, da mesma forma, um parágrafo, ou um capítulo, ou um livro inteiro. O tamanho do texto não importa, conquanto seja bíblico. O que importa é o que fazemos com ele. Quer o texto seja longo, quer breve, nossa responsabilidade como expositores é desvendá-lo de tal maneira que sua mensagem seja falada de modo claro, compreensível, exato, relevante, sem acréscimos, sem omissões e sem falsificação. Na pregação expositiva o texto bíblico não é nem uma introdução convencional a um sermão sobre um tema que, de modo geral, é diferente, nem uma cavilha onde se pendure um saco de retalhos de pensamentos miscelâneos, mas, sim, o mestre que determina e controla o que é dito.

Agora quero destacar alguns dos benefícios principais dessa disciplina.

Primeiro: *a exposição nos prescreve limites*. Ela nos restringe ao texto bíblico, já que a pregação expositiva é pregação bíblica. Não estamos expondo uma passagem da literatura secular, nem de um discurso político, nem sequer de um livro religioso, e muito menos nossas opiniões. Pelo contrário, nosso texto é invariavelmente tirado da Palavra de Deus. A primeiríssima qualificação dos expositores é o reconhecimento de sermos guardiães de um "depósito" sagrado da verdade, "confiados" com o Evangelho, e "encarregados dos mistérios de Deus".[34] Conforme Donald Coggan expressou-se no livro sobre a pregação:

> O pregador cristão tem fronteiras estabelecidas para ele. Quando sobe ao púlpito, não é um homem inteiramente livre. Existe um sentido muito real em que se pode dizer dele que o Onipotente lhe impôs limites que não poderá ultrapassar. Não tem liberdade para inventar ou escolher a sua mensagem: foi entregue a ele, e lhe cumpre declarar, expor e recomendar aos ouvintes [...] É coisa maravilhosa submeter-se à "tirania" magnífica do Evangelho![35]

Em segundo lugar, *a exposição exige integridade.* Nem todos se persuadem disso. Diz-se comumente que a Bíblia pode ser levada a dizer tudo quanto a pessoa quer — e isso vale somente para uma pessoa destituída de integridade. Somerset Maugham, no romance *The Moon and Sixpence* [*A Lua e o Sixpence*] descreve como o rev. Robert Strickland escreveu uma biografia do pai que falecera, obra que era mais mito do que história. Na realidade, seu pai, levado a pintar por uma estranha obsessão demoníaca, abandonara a mulher, a família e a carreira. Na biografia, no entanto, foi retratado como marido e pai excelente, homem bondoso, habilidoso e de moralidade. Essa distorção extraordinária da verdade levou Maugham a comentar: "O clérigo moderno adquiriu, no seu estudo da ciência que, segundo acredito, é chamada exegese, uma facilidade espantosa de modificar as coisas por meio de explicações". Acrescentou, com não pouca ironia, que a sutileza de interpretação revelada pelo rev. Robert

---

[34] 1Tm 6.20; 2Tm 1.12-14; 1Ts 2.4; 1Co 4.1,2.
[35] *Stewards,* p. 46, 48.

Strickland "deve certamente levá-lo, no decorrer do tempo, às mais elevadas dignidades da igreja. Já estou vendo suas barrigas de perna musculares encaixadas nas botinas episcopais".[36]

A "exegese" que Somerset Maugham caricaturiza assim realmente é, ou deve ser, uma disciplina do máximo rigor. Às vezes é agraciada com o adjetivo um pouco pomposo de "gramático-histórico", porque significa a interpretação de um texto de acordo com sua origem histórica e também com a sua construção gramatical. Os reformadores do século XVI recebem o crédito, com devido merecimento, de terem recuperado esse método por resgatarem a interpretação bíblica das alegorizações imaginativas dos escritores medievais. Quando aqueles falavam do significado "literal", era por contrastá-lo com o "alegórico"; não estavam negando que algumas passagens das Escrituras são poéticas no seu estilo e figuradas no seu sentido. Enfatizatizavam que o que todo estudante da Bíblia deve procurar é o significado claro, natural e óbvio de cada texto, sem sutilezas. O que o autor original pretendia que suas palavras significassem? Era essa a questão. Além disso, é uma pergunta que pode ser respondida, com paciência e com confiança. Não podemos ser infectados pelo estado de ânimo cínico moderno na crítica literária, que suspeita cada autor de ter propósitos secretos ou significados ocultos que necessitem de decodificação e desmascaramento. Isso está fora de questão. Os autores bíblicos eram homens honestos — não enganadores —, e pretendiam que seus escritos fossem compreendidos, e não "infinitamente interpretáveis".

Os reformadores também falavam muito da "analogia da fé", mediante a qual se referiam à sua crença de que as Escrituras possuem uma unidade que a mente de Deus lhes imprimiu, que elas devem, portanto, ter liberdade para interpretar a si mesmas, sendo que um texto lança luz sobre outro, e que a igreja não tem liberdade de "expor um texto da Escritura de tal maneira que seja repugnante a outro" (*Artigos de religião*, XX). Não negavam a diversidade de formulação que as Escrituras contêm, mas se recusavam a enfa-

[36]P. 8.

tizá-la às custas da unidade das Escrituras — que é o que fazem alguns estudiosos modernos. Por contraste com isso, enxergavam a harmonização (que não é sinônimo de "manipulação") como uma tarefa cristã responsável.

No fim de abril de 1564, um mês antes de morrer, Calvino se despediu dos pastores de Genebra. Quem dera que todos os pregadores pudessem afirmar o que ele pôde dizer a eles!

> Não corrompi uma única passagem das Escrituras, nem a torci pelo que saiba, e embora eu pudesse muito bem ter introduzido significados sutis, se tivesse me esforçado no estudado da sutileza, espezinharia todas as coisas assim, mas sempre me esforcei para ser singelo...[37]

Outro expositor, cerca de 250 anos depois, que fez semelhante declaração, foi Charles Simeon de Cambridge. Em um dos seus célebres jantares com sermão, oferecidos cada quinzena às sextas-feiras à noite no período letivo, exortava seus convidados estudantis nos seguintes termos: "Sejam muito solícitos para verificar de conformidade com o original e com o contexto o significado verdadeiro, fiel e primário de todos os textos".[38] Era exatamente isso o que ele se esforçava pessoalmente para fazer. "O autor tem se esforçado", explicou no seu prefácio à coletânea dos seus esboços de sermões, entitulada *Horae Homileticae*, "sem preconceito nem parcialidade, dar a cada texto seu significado correto, seu contexto natural e seu uso legítimo".[39] E numa carta ao seu publicador, escreveu: "Meu esforço é ressaltar num texto bíblico o que está ali, e não simplesmente jogar para dentro dele o que imagino que talvez esteja ali. Sou muito zeloso quanto a isso: nunca falar mais nem menos do que acredito ser a mente do Espírito na passagem que estou expondo".

---

[37] Jean CADIER, *The man God mastered*, p. 173-5.
[38] Charles SMYTH, *The art of preaching*, p. 176.
[39] P. 12.

Foi essa resolução determinada de se submeter humildemente à autoridade das Escrituras, em vez de pronunciar juízo contra elas, que levou Simeon a desconfiar de todos os esquemas e sistemas da Teologia. Escreveu:

> O autor [...] não é nenhum amigo dos sistematizantes na Teologia. Quanto a ele, esforçou-se para derivar das Escrituras exclusivamente o seu conceito da religião; e é seu desejo aderir a elas com fidelidade escrupulosa; sem nunca torcer qualquer porção da Palavra de Deus a fim de favorecer alguma opinião específica, mas, sim, dar a cada parte aquele sentido que, segundo lhe parece, foi designado pelo seu grande Autor.[40]

O mesmo, segundo a opinião dele, não poderia ser dito pelos calvinistas e arminianos dos seus dias. Pelo contrário, conforme escreveu Simeon com humor singelo: "... não existe um só devoto resoluto de um sistema ou de outro que, se estivesse na companhia do apóstolo Paulo, enquanto este estivesse escrevendo suas várias epístolas, não teria recomendado que alterasse uma ou outra das suas expressões". Quanto ao próprio Simeon, semelhante atitude de superioridade para com o texto inspirado estava totalmente fora de cogitação. Isso porque se sentia inteiramente "contente em sentar-se como *aluno* aos pés dos santos apóstolos" e não sentia "a mínima ambição de ensinar-lhes como poderiam ter falado".[41]

Em terceiro lugar, *a exposição identifica as armadilhas* que devemos evitar a todo custo. Uma vez que a resolução do expositor é ser fiel ao texto bíblico, as duas armadilhas principais podem ser chamadas de esquecimento e de deslealdade. O expositor esquecido perde de vista o texto ao sair pela tangente e seguir a própria imaginação. O expositor desleal parece acompanhar de perto o seu texto, mas o força e o estica até ser bem diferente do significado original e natural.

---

[40]Ibid., p. 4-5; prefácio ao vol. I.
[41]Ibid., p.6.

G. Campbell Morgan, um dos maiores expositores do século XX, enfatizou a necessidade de ter um texto e de o elucidar. Por contraste, escreveu ele, o dr. Benjamin Jowett, professor da Balliol College [Faculdade Balliol], em Oxford, "declarou ser seu hábito escrever seus sermões, e depois escolher um texto como cavilha para nela pendurá-los". "Sinto bastante liberdade para dizer", continuou Morgan, "... que o estudo dos sermões dele revelará a exatidão da sua declaração e demonstrará o perigo desse método...". Ainda mais inescrupuloso foi outro pregador que "anunciava o seu texto e dizia: 'Esse é o meu texto. Agora vou pregar. É possível que meu texto e eu voltemos a nos encontrar, mas possivelmente, não'".[42]

Esse tipo de indiferença desdenhosa para com o texto tem, pelo menos, o mérito de ser reconhecido com franqueza. Muito pior é o fingimento de estar expondo um texto quando, na realidade, a pessoa o está explorando. Os próprios escritores do Novo Testamento nos advertem, em linguagem figurada vívida, contra essa iniqüidade. Os falsos mestres são condenados por se "desviar" da verdade, assim como um arqueiro que não atinge o alvo, por "negociar" (lit. adulterar) a Palavra de Deus, assim como um comerciante que vende por meio de fraude, por "perverter" o Evangelho mediante a alterar de seu conteúdo e por "torcer" as Escrituras numa forma irreconhecível. Por contraste com todos esses crimes, Paulo declarou com grande solenidade que renunciou a todos os meios vergonhosos e desonestos, que recusava totalmente a remexer a Palavra de Deus e que, pelo contrário, confiava na declaração aberta da verdade".[43]

No entanto, a manipulação deliberada das Escrituras pelos que estão resolutos no sentido de forçá-las a dar o significado que desejam tem sido uma vergonha constante para a igreja. Conforme o professor A. Vinet, de Lausanne, expressou o caso em meados do século XIX, "uma passagem das Escrituras tem servido mil vezes como passaporte para idéias que não são bíblicas".[44] Às vezes, tem se trata-

---

[42] *Preaching*, p. 40, 42.
[43] 2Tm 2.18; 2Co 2.17; Gl 1.7; 2Pe 3.16; 1Co 4.2.
[44] *Homiletics or the theory of preaching*, p. 76.

do da procura comparativamente inócua de um texto apropriado, como no caso do dr. W. R. Matthews, pároco da Catedral de St. Paul's em Londres, ao cessarem as hostilidades no fim da Segunda Guerra Mundial, querendo pregar a respeito de avançar da vitória para a reconstrução, pregada com base no texto "somos mais que vencedores" (Rm 8.37), ou quando um pregador não-identificado, desejando pregar sobre a natureza passageira de toda a experiência humana, escolheu a expressão veterotestamentária "aconteceu" [inglês literal: "veio para passar"].[45] Às vezes, porém, algum pregador abusa das Escrituras porque está com uma idéia teológica fixa predileta. Campbell Morgan contou a respeito de um pregador batista que tinha opiniões tão exageradas a respeito do batismo que simplesmente não podia deixar o assunto em paz. Certa manhã, apresentou o seu texto: "Adão, onde está você?". Passou a dizer, então: "São três os temas que seguirão. Primeiro, onde Adão estava; segundo, como podia ser tirado de onde estava; terceiro e último: algumas palavras a respeito do batismo".[46]

Mais tendenciosos ainda eram os chamados "puseyitas" do Movimento de Oxford,* que consideravam o texto Mateus 18.17 conveniente para apoiar o alto conceito que tinham da autoridade da igreja. Diz o texto: "... se ele se recusar a ouvir também à igreja, tratem-no como pagão ou publicano". Pregavam tão freqüentemente a respeito de "Ouçam à igreja" que provocaram o arcebispo Whately a responder com uma homília sobre "Se alguém se recusar a ouvir a igreja, que ele...".[47] Essa prática de arrancar umas poucas palavras do texto, além de as tirar fora do contexto, chegou ao seu

---

[45]Stuart W. McWilliam, *Called to preach*, p. 39.
[46]Edgar De Witt Jones, *American preachers of today*, p. 288.
*Os "puseyitas" derivam seu nome de Edward B. Pusey, um dos líderes do Movimento de Oxford, iniciado no seio da Igreja Anglicana, em 1833. Esse movimento queria que a Igreja Anglicana fosse mais parecida com a Igreja Católica Romana, ou seja, uma instituição calcada na autoridade. (N. do E.)
[47]Citado na Conferência do clero em Islington de 1935 pelo falecido rev. G. T. Manley. V. *Authority and the christian faith* (Thynne, 1935), p. 50.

ponto mais baixo quando um pregador, que nutria total antipatia ao Antigo Testamento, alegadamente baseou sua diatribe nas palavras "enforquem toda a Lei e os Profetas".

Semelhante perversão inescrupulosa dos textos por parte dos pregadores fez R. W. Dale lembrar-se dos ilusionistas, o que o inspirou a falar, nas suas "Preleções Yale" em 1878:

> Sempre penso nos truques desses cavalheiros engenhosos que divertem o público ao esfregarem uma moeda entre as mãos até essa se transformar em canário, e ao tirarem de dentro das mangas do paletó meia dúzia de globos brilhantes de vidro, cheios de água, com quatro ou cinco carpinhas douradas nadando em cada um deles. Pessoalmente, gosto de ouvir um bom pregador, e não tenho a mínima objeção contra me deixar divertir com os truques de um mágico habilidoso; mas prefiro manter separação entre o ilusionismo e a pregação: esses truques no domingo de manhã, esses truques na igreja, esses truques com textos das Escrituras, não são bem do meu gosto.[48]

Somente a firme resolução de sermos expositores esforçados nos capacitará a evitar essas armadilhas.

Em quarto lugar, *a exposição nos dá confiança para pregar*. Se estivéssemos desenvolvendo nossas opiniões, ou as de algum outro ser humano falível, forçosamente o faríamos com desconfiança. Mas se estamos expondo a Palavra de Deus com integridade e respeito, podemos ser muito corajosos. Quem fala, escreveu Pedro, deve fazê-lo "como quem transmite a palavra de Deus" (1Pe 4.11). Isso não por termos a presunção de considerar nossas palavras pronunciamento oracular, mas porque, assim como os judeus antigos, nos "foram confiadas as palavras de Deus" (Rm 4.2), e porque nossa preocupação sobrepujante é lidar com elas com fidelidade tão escrupulosa que as pessoas ouvem a elas mesmas, ou, melhor, que Deus fala por meio delas.

---

[48] *Nine lectures on preaching*, p. 127.

O professor Gustaf Wingren expressa de modo admirável esse fato ao escrever:

> O expositor só deve fornecer uma boca e lábios para a própria passagem, de modo que a Palavra possa progredir [...] Os pregadores realmente grandiosos [...] não passam, na realidade, de servos das Escrituras. Depois de terem falado durante algum tempo [...] a Palavra [...] brilha dentro da própria passagem e é escutada: a voz passa a ser ouvida [...] A própria passagem é a voz, a fala de Deus; o pregador é a boca e os lábios, e a congregação [...] o ouvido no qual a voz soa [...] É somente a fim de que a Palavra *possa* avançar — possa sair para o mundo e forçar seu caminho através dos muros inimigos até os prisioneiros por dentro — é que a pregação é necessária.[49]

Esse é o alicerce teológico do ministério da pregação. Deus é luz, tem agido, tem falado e tem feito com que suas ações e suas palavras tenham sido preservadas por escrito. Por meio dessa Palavra escrita ele continua a falar poderosamente com viva voz. E a igreja precisa escutar atentamente a Palavra de Deus, visto que dela dependem sua saúde e sua maturidade. Portanto, os pastores devem expô-la; é para isso que foram chamados. Sempre quando o fazem com integridade, é ouvida a voz de Deus, e a igreja fica convicta e humilhada, restaurada e revigorada, e transformada em instrumento para o uso e a glória de Deus.

Essas verdades a respeito de Deus e das Escrituras, da igreja, do pastorado e da exposição bíblica são necessárias para reforçar nossas convicções trementes. Assim, as objeções da atualidade não precisarão nos deter. Pelo contrário, nós nos dedicaremos a esse ministério com novo zelo e determinação. Nada conseguirá nos desviar dessa tarefa prioritária.

---

[49] *The living word*, p. 201-3.

CAPÍTULO QUATRO

A pregação como edificação de pontes

Exatamente o que é a pregação? Até aqui, esforcei-me tanto para enfrentar algumas objeções atuais a ela quanto para desenvolver uma defesa teológica dela. No entanto, ainda não fiz a tentativa de defini-la, a não ser para insistir que se é para ser autenticamente cristã, deve ser expositiva. Entretanto, asseverar que "a pregação é exposição" não é uma equação totalmente satisfatória, pois então a pregação não seria nada mais do que a interpretação dos documentos bíblicos e não teria necessariamente preocupação alguma com qualquer aplicação contemporânea.

A própria Bíblia emprega várias figuras para ilustrar o que é um pregador cristão. A mais comum é a do arauto ou pregoeiro municipal (*kêryx*), que recebeu uma mensagem de boas-novas e que foi ordenado a proclamá-la. Portanto, na praça do mercado ou em algum outro logradouro público, ele ergue a sua voz e a torna conhecida. "Nós, porém, pregamos a Cristo, crucificado" e "pregamos [...] Jesus Cristo, o Senhor" são duas das descrições mais diretas que Paulo faz da sua pregação evangelística.[1]

---

[1] 1Co 1.23; 2Co 4.5; v. Is 40.9; 52.7.

Em segundo lugar, o pregador é um semeador (*speirōn*). Assim como na parábola do semeador, contada por Jesus, o pregador sai para o mundo, assim como um agricultor sai para os campos. Ali, espalha a semente preciosa da Palavra de Deus, com a esperança e a oração de que parte dela caia em boa terra e, no devido tempo, produza bons frutos (v. Lc 8.4s).

Em terceiro lugar, o pregador é um embaixador (*presbus*). Foi comissionado para servir como enviado numa terra estrangeira — até mesmo hostil. Ali, tem a responsabilidade de representar seu soberano ou governo, cuja causa ele se orgulha em pleitear.[2]

O pregador também é despenseiro ou mordomo (*oikonomos*). É seu privilégio ter sido encarregado dos domésticos de Deus, e a ele foram confiadas as provisões necessárias para eles. Trata-se dos "mistérios de Deus", que são os segredos de Deus que ele mesmo revelou. Espera-se dele que, acima de tudo, seja fiel em reparti-los entre a família de Deus.[3]

Quanto ao pregador como pastor (*poimēn*), já consideramos. O Supremo Pastor tem alocado o cuidado dos seus rebanhos aos pastores assistentes, que são comissionados para protegê-los dos lobos (falsos mestres) e levá-los à pastagem (sã doutrina).[4]

A sexta metáfora do pregador representa-o "aprovado, como obreiro que não tem do que se envergonhar" (2Tm 2.15). Mas que tipo de obreiro deve ser para ser "aprovado" diante de Deus, sem "se envergonhar"? Deve ser perito em lidar com "a palavra da verdade". A conhecida versão inglesa *Authorized Version* [*Versão Autorizada*] traduz erroneamente o verbo grego *orthotomeo* por "dividir corretamente". Outras versões preferem "manejar bem" a Palavra (RC, RA), ou "manejar corretamente" (NVI), mas ainda assim a tradução fica vaga demais. Isso porque o verbo tem um significado mais exato, que é "cortar em linha reta", e a figura assim transmitida é a do arador ou a de quem faz estradas. A *New English Bible* [*Nova Bíblia Inglesa*] opta

---

[2]V. 2Co 5.20; Ef 6.20.
[3]1Co 4.1,2; cf. 1Tm 3.4,5; Tt 1.7.
[4]V. Ez 34; Jo 21.15s.; At 20.28-31.

pela primeira, e retrata o pregador "cortando um sulco direto" na sua proclamação. A segunda tradução, no entanto, parece mais provável, porque nas suas duas únicas outras ocorrências na Bíblia (Pv 3.6 e 11.5; LXX) a palavra grega "significa claramente 'cortar uma senda em direção reta' ou 'cortar uma estrada através da roça (aflorestada ou com outras dificuldades de travessia) em direção reta' a fim de que o viajante possa ir diretamente à sua destinacão", de acordo com a obra *A Greek-English lexicon of the New Testament and other early Christian literature* [*Léxico grego-inglês do Novo Testamento e de outras literaturas cristãs antigas*], de William F. Arndt e F. Wilburn Gingrich (University of Chicago Pressa & Cambridge University Press, 1957). Esse ensino "reto" da verdade fica em contraste perceptível com os falsos mestres que se "desviavam" dela (v. 18), e enfatiza a necessidade de tamanha lealdade e simplicidade na nossa exposição, que os ouvintes facilmente a compreendam e a sigam.

O que se pode notar de imediato nesses seis quadros é sua ênfase na qualidade da mensagem como "fato consumado". Os pregadores não a devem inventar; foi confiada a eles. Sendo assim, as boas-novas foram dadas para o arauto proclamar, a boa semente para o agricultor semear e bons alimentos para o mordomo distribuir, ao passo que as boas pastagens estão à disposição para que o pastor possa levar para lá o seu rebanho. Semelhantemente, o embaixador não segue sua política, mas a da sua pátria, e o trabalhador abre um caminho para "a palavra da verdade", e não para a sua palavra. É impressionante que em todas essas metáforas neotestamentárias o pregador é um servo, sujeito à autoridade de outra pessoa, e um comunicador da palavra de outra pessoa.

O que esses modelos da tarefa do pregador tornam menos claro é a necessidade de relacionar a mensagem dada com a situação existencial, ou (empregando o jargão moderno) "contextualizar" a Palavra de Deus. Não é, porém, que esse fator esteja totalmente ausente. O arauto não pode ser indiferente aos que escutam o que ele proclama, nem o embaixador às pessoas com as quais pleiteia, nem o mordomo aos domésticos pelos quais é responsável. Assim, também, o pastor procura pastagens apropriadas para as suas ovelhas, o construtor de estradas pensa no bem dos viajantes que passarão pelo caminho que está cortando através da floresta. Talvez a metáfora do semeador seja a mais sugestiva de todas quanto a isso, a despeito de o quadro propriamente dito ser o menos pessoal. No entanto, os tipos diferentes de terra nos quais caem as sementes representam tipos diferentes de pessoas que ouvem a Palavra, e o agricultor consciente se esforça obviamente, não somente em semear as sementes certas, mas também a semeá-las na terra apropriada.

ATRAVESSANDO A BARREIRA CULTURAL

É porque a pregação não é somente exposição, como também comunicação, não somente a exegese de um texto, mas a transmissão de uma mensagem dada por Deus a pessoas vivas que precisam escutá-la, que vou desenvolver uma metáfora diferente para ilustrar a natureza essencial da pregação. Essa metáfora não é bíblica no sentido de ser explicitamente empregada nas Escrituras, mas espero demonstrar que ela nos incumbe de uma tarefa fundamentalmente bíblica. A metáfora é a de construir pontes.

Ora, uma ponte é um meio de comunicação entre dois lugares que, de outra forma, estariam totalmente separados um do outro por um rio ou um desfiladeiro. Possibilita um fluxo de trânsito que seria impossível sem essa ponte. O que, pois, representa o desfiladeiro ou o abismo? O abismo é a brecha profunda entre o mundo bíblico e o mundo moderno. Num ensaio famoso publicado em 1955, o lorde Snow falou das "Duas Culturas" — a ciência e as artes — e lastimou a alienação cada vez maior entre os intelectuais literários e os cientistas. Falou do "abismo da incompreensão mútua" entre eles. Mas, embora o abismo entre as duas culturas contemporâneas seja tão ampla, maior ainda é o abismo entre as duas juntas e o mundo antigo. É por cima desse abismo amplo e profundo de dois mil anos de cultura em mudança (ainda mais no caso do Antigo Testamento) que os comunicadores cristãos precisam lançar pontes. Nossa tarefa é deixar a verdade revelada por Deus fluir das Escrituras para a vida de homens e mulheres dos nossos dias.

Há muitos anos conversei com dois irmãos estudantes, um na Universidade de Oxford e o outro em Edimburgo. Tinham sido criados num lar cristão tradicional, sendo que o pai e a mãe eram cristãos praticantes. Mas agora, tinham renunciado à fé dos seus pais e à sua criação cristã. Um deles era ateu, segundo me disse; o outro preferia se definir como agnóstico. Perguntei o que acontecera. Era porque já não acreditavam que o cristianismo era verdadeiro? "Não", responderam, "não é esse o nosso problema. Não estamos realmente interessados em saber se o cristianismo é verdadeiro. E se você fosse nos convencer disso, não temos a mínima certeza de que o abraçaríamos". "O que é, pois, o seu problema?", perguntei bastante atônito. "O que queremos saber", continuaram, "não é se o cristianismo é *verdadeiro,* mas se é *relevante.* E, francamente, não exergamos nenhuma possibilidade de relevância. O cristianismo nasceu dois mil anos atrás numa cultura palestiniana do século I. O que nos pode dizer uma religião antiga do Oriente Médio, a nós que vivemos no mundo emocionante e caleidoscópico do fim do século XX? Tivemos homens na Lua na década de 1970, teremos homens em Marte nos próximos anos, temos cirurgia de transplante hoje e teremos engenharia genética amanhã. Qual mínima relevância possível pode uma religião palestiniana ter para nós?". Muitas vezes tenho dado graças a Deus por aquela conversa. Nada me fez sentir mais fortemente o abismo que as pessoas percebem entre a Bíblia e elas mesmas, e daí surge o desafio com que os pregadores hoje se confrontam.

Antes, porém, de desenvolver o conceito da pregação como a construção de pontes, acho que preciso qualificá-la de duas maneiras, a fim de evitar mal-entendimento. Primeiro: embora eu tenha falado de um abismo sem ponte, entre os mundos bíblico e moderno, reconheço que tenha havido, na realidade, uma longa sucessão de construtores de pontes; que no decurso da história da igreja, os cristãos tenham procurado relacionar a mensagem bíblica com sua cultura específica; e que cada nova geração tem entrado nas labutas dos seus antecessores. Às vezes, em vez de construírem uma nova ponte, a nova geração está realmente adaptando e reformando uma ponte antiga, acrescentando uma junta aqui e uma viga de metal ali. Apesar disso, o mundo está agora se transformando tão rapidamente que cada geração que surge sente-se desafiada pela amplidão do abismo e pela necessidade de construir uma nova ponte. Não havia dúvida, na mente dos meus dois amigos estudantis, do abismo escancarado que fazia separação entre eles e a mensagem da Bíblia.

Em segundo lugar, reconheço que existam perigos nas exigências clamorosas pela relevância. Se nos tornarmos exclusivamente preocupados por responder às perguntas que as pessoas estão fazendo, poderemos deixar despercebido o fato de freqüentemente postularem as perguntas errôneas e de precisarem de ajuda para postularem as certas. Se aquiescermos, sem críticas, com o modo de o mundo entender a si mesmo, poderemos descobrir que somos mais servos da moda do que servos de Deus. Portanto, a fim de evitar a armadilha de sermos "populistas", ou falsos profetas modernos, o tipo de ponte a ser construída deve ser determinado mais pela revelação bíblica do que pela *zeitgeist* ou espírito dos tempos. A vocação da igreja é desafiar o secularismo, e não sucumbir diante dele. Apesar disso, existe muita necessidade de termos mais compreensão do mundo moderno ao nosso redor e mais sensibilidade para com ele.

Os pregadores, ao se defrontar com esse problema (o abismo de comunicações entre dois mundos), tendem a cometer um ou outro de dois erros.

Se somos conservadores (refiro-me à teologia, e não ao temperamento ou ao partido político) e seguimos a tradição da ortodoxia cristã histórica, moramos no lado bíblico do abismo. É ali que nos sentimos à vontade e em segurança. Cremos na Bíblia, amamos a Bíblia, lemos a Bíblia e estudamos a Bíblia. No entanto, não nos sentimos em casa no outro lado, principalmente se já atingimos — ou ultrapassamos — a meia-idade. Esse outro mundo nos deixa desnorteados e nos ameaça. Tendemos, portanto, a nos isolar dele. Se lemos o livro *Future shock* [*Choque futuro*], de Alvin Toffler, que documenta a rapidez com que a cultura ocidental está se transformando e a perturbação que ela causa às pessoas (uma forma de "choque cultural" — mas causada pela nossa passagem pelo tempo, e não pela distância), entramos num estado de choque do qual, segundo parece, alguns entre nós nunca saímos. Pode-se perceber isso na nossa pregação. Pregamos biblicamente. Ora, isso é óbvio; de que outra maneira poderíamos pregar? Charles Simeon e Charles Spurgeon são nossos heróis. Estamos resolutos a, como eles, expor as Escrituras e a derivar da Palavra de Deus toda a nossa doutrina. Se, porém, eu fizesse um gráfico do abismo entre os dois mundos e depois plotasse no diagrama os sermões que pregamos, teria de desenhar uma linha reta que começa no mundo bíblico e sobe diretamente para os ares numa trajetória reta, mas nunca aterrissa no outro lado. Isso porque a nossa pregação raras vezes, ou nunca, entra em contato com a terra. Deixa de construir uma ponte para alcançar o mundo moderno. Semelhante pregação é bíblica, porém não contemporânea. E se alguém nos pedir prestação de contas por nossa prática de exposição sem aplicação, respondemos em tons piedosos que confiamos no Espírito Santo para aplicar sua Palavra às realidades da vida humana.

Espero que os leitores me perdoem se meu diagrama da pregação conservadora é uma caricatura dolorosa. Na minha defesa, só posso apresentar o fato de que foi meu retrato que apresentei. Isso porque, embora (segundo espero) tenha começado a corrigir a minha conduta nos anos recentes, a verdade é que anteriormente, tanto a minha teoria quanto a minha prática eram fazer minha exposição do texto bíblico e deixar a aplicação, na sua maior parte, por conta do Espírito Santo. Entretanto, esse método não é, de modo algum, tão ineficaz quanto pareça, e isso por duas razões. Primeira: o próprio texto bíblico é espantosamente contemporâneo em si. Em segundo lugar, o Espírito Santo realmente o usa para levar os ouvintes à convicção do pecado, à fé em Cristo e ao crescimento na santidade. Ninguém expressou melhor esse fato do que P. T. Forsyth:

> É para o mundo bíblico da redenção eterna que o pregador deve levar a sua congregação [...] A Bíblia fica igualmente perto de cada geração, e tem autoridade igual para toda e qualquer era, por mais moderna que esta seja. A única pregação que está atualizada para todas as ocasiões é a pregação dessa eternidade, que somente a Bíblia desvenda para nós — é a

eternidade do amor, graça e redenção santas, a moralidade eterna e imutável da graça salvífica para nosso pecado indelével.[5]

Ao mesmo tempo, seria totalmente inadmissível empregarmos a relevância perpétua do Evangelho e o ministério sempre atual do Espírito Santo como desculpa para evitarmos o problema da comunicação. Não devemos seguir o exemplo do reverendo Maynard Gilfil, pároco anglo-católico de Shepperton, que nos é apresentado por George Eliot como "velho cavalheiro excelente, que fumava cachimbos muito compridos e pregava sermões muito breves". Esse pároco, na realidade, "tinha uma pilha grande de sermões breves, um pouco amarelados e gastos nas bordas, dos quais tirava dois cada domingo, e conseguia a mais imperfeita imparcialidade ao selecioná-los, pois os pegava na ordem em que estavam empilhados, sem a mínima referência aos temas".[6] Estão em circulação várias histórias de horror no tocante a sermões inapropriados. Houve, por exemplo, o capelão que visitou as obras de construção na Grande Represa que estava sendo construída no Nilo Superior. Sua congregação consistia em homens que eram obrigados a suportar forte calor, isolamento extremo e as fortes tentações que acossam as pessoas que têm tempo em demasia para a recreação e a falta de instalações para isso. O que, segundo você acha, foi o assunto da sua pregação? "O dever de observar todos os dias dos santos no calendário eclesiástico — como se esses homens fossem um grupo de viúvas e solteironas devotas na sua congregação de origem". Era um "idiota de primeira categoria", comenta W. M. McGregor, que conta essa história.[7] Houve, também, o "professor universitário em Cambridge a respeito de quem E. L. Mascall conta em um dos seus livros" que "começou seu sermão a um grupo de empregadas domésticas dos internatos de Cambridge: 'O argumento ontológico pela existência de Deus tem sido re-

---

[5] *Positive preaching and the modern mind*, p. 22.
[6] *Scenes of clerical life*, ELIOT, p. 43, 121.
[7] *The making of a preacher*, p. 45-6.

legado, sobretudo pela influência teutônica, a uma posição de comparativa inferioridade no arsenal da apologética cristã'".[8] Mas mesmo essa insensibilidade tola foi ultrapassada pelo bispo John Wordsworth de Salisbury (1885-1911) que, no seu sermão num culto de Confirmação* na Escola de Sherborne, "implorou com veemência que os jovens alunos, seja o que mais fizessem, de modo algum se casassem com a irmã de uma esposa falecida".[9]

Deixemos C. H. Spurgeon desmascarar a estultícia de semelhantes irrelevâncias, bem como a preocupação com as minúcias da doutrina:

> Por exemplo: os grandes problemas do infralapsarismo e do supralapsarismo, os debates cortantes a respeito da filiação eterna, a disputa sincera a respeito da dupla processão e os esquemas pré- e pós-milenaristas, por mais importantes que alguns porventura os considerem, são de praticamente pouca importância para aquela viúva piedosa, com sete filhos para serem sustentados com os trabalhos de costura dela, que deseja muito mais ouvir falar da misericórdia amorosa do Deus da providência do que a respeito desses mistérios profundos. Conheço um pastor que é fabuloso para falar sobre os dez dedos do pé da besta, dos quatro rostos dos querubins, o significado místico das peles dos animais marinhos e as aplicações típicas das estacas da arca e das janelas do templo de Salomão; mas dos pecados dos homens de negócios, das tentações dos tempos e das necessidades desta era, ele quase nunca fala uma sílaba.[10]

Em outras palavras, é totalmente irrelevante.

Volto-me, agora, à falha característica na pregação daqueles cuja teologia é "liberal" ou, de modo mais extremo, mais "radical" do que

---

[8] F. Donald COGGAN, *Stewards of grace*, p. 70.

*Na Igreja Anglicana, é a cerimônia na qual o candidato reafirma os votos feitos na ocasião de seu batismo e recebe a imposição de mãos pelo bispo como sinal de que está sendo fortalecido pelo Espírito Santo para a adoração e para o serviço a Deus. (N. do E.)

[9] Cit. pelo bispo W. S. Swayne, *Parson's pleasure*, 1934, p. 79, in: Charles SMYTH, *Cyril Forster Garbett*, p. 470.

[10] *Lectures*, 1.ª série, p. 78-9.

conservador.[11] Acham conveniente morar no lado contemporâneo do grande abismo. São pessoas modernas que pertencem ao mundo moderno. São sensíveis ao estado de espírito atual e entendem o que acontece ao seu redor. Lêem poesia e filosofia modernas. Estão familiarizadas com os escritos dos romancistas vivos e com as descobertas dos cientistas contemporâneos. Freqüentam o teatro, o cinema e a televisão. O *Future shock* de Toffler não consegue chocá-los, por possuírem amortecedores embutidos. Estão mudando com os tempos que mudam. Quando, portanto, *eles* pregam, eu desenharia no meu diagrama outra linha reta, embora, dessa vez, na direção oposta. Todos os seus sermões são aterrados no mundo real, mas de onde provêm (sentimo-nos tentados a acrescentar) somente Deus poderia saber. Certamente não dão a impressão de terem provindo da Bíblia. Pelo contrário, esses pregadores têm deixado a revelação bíblica escapar pelos seus dedos.

Aqueles entre nós que criticam e condenam a teologia liberal por ter ela abandonado o cristianismo histórico nem sempre dão devido valor à motivação deles, nem lhes dão crédito por aquilo que estão querendo fazer. O âmago do seu propósito não é a destruição, mas a reconstrução. Sabem que grandes números dos seus contemporâneos desconsideram com desprezo o cristianismo por acharem insustentáveis as crenças deste, arcaicas as suas formulações e sem sentido o seu vocabulário. Esse fato deixa os melhores entre os liberais muito sentidos, e é isso que fica por detrás da sua teologização. Estão muito desejosos de reafirmar a fé cristã em termos intelegíveis, relevantes e críveis para seus colegas e amigos seculares. A eles, todos honram conquanto que estejam realmente se esforçando com a necessidade de descortinar o evangelho moderno para o mundo moderno. Eu gostaria que nós, os conservadores, compartilhássemos desse incentivo, e não estivéssemos tão entrincheirados nos lugares-comuns antigos, nem tão ofensivamente complacentes no tocante à nossa falta de comunicação. O que existe de lastimável e repreensível entre os liberais é que, ao descartarem as

---

[11]Não gosto dos estereótipos que os rótulos perpetuam, mas não sei como evitá-los.

formulações antigas, também tendem a descartar a verdade formulada, e assim, ao jogar fora a água suja do banho do nenê, também descartam o próprio nenê.

O contraste que acabo de fazer entre os dois agrupamentos principais nas igrejas de hoje parece-me ser uma das maiores tragédias dos nossos tempos. Por um lado, os conservadores são bíblicos, porém não contemporâneos, ao passo que os liberais são contemporâneos, mas não bíblicos. Entretanto, por que precisamos polarizar dessa maneira ingênua? Ambos os partidos têm um empenho legítimo: os conservadores, para preservar a revelação da parte de Deus, e os liberais, para se relacionar de modo relevante com as pessoas reais num mundo real. Por que não poderíamos combinar entre si os empenhos uns dos outros? É impossível os liberais aprenderem dos conservadores a necessidade de preservar os fundamentos do cristianismo histórico e bíblico, e os conservadores aprenderem dos liberais a necessidade de relacionar com o mundo real esses fundamentos de modo radical e relevante?

No entanto, cada grupo permanece no seu lado predileto do abismo cultural. Parece que quase ninguém está construindo pontes. Entretanto, nós, os pregadores, supostamente estamos envolvidos em comunicações. Uma definição chistosa da preleção universitária é: a transferência de informações das anotações do professor para as do estudante, sem passar pela cabeça de um ou de outro; os sermões, no entanto, não devem ser exemplos igualmente lastimáveis da não-comunicação. Devemos orar para que Deus levante uma nova geração de comunicadores cristãos que estejam resolutos no sentido de edificar uma ponte entre os abismos; que se empenhem em relacionar a Palavra imutável de Deus com nosso mundo em mudança contínua; que se recusem a sacrificar a verdade à relevância, nem a relevância à verdade; mas que resolvam ser, pelo contrário e em medida igual, tanto fiéis às Escrituras quanto pertinentes para hoje.

PRECEDENTES BÍBLICOS E HISTÓRICOS

Relacionar a Palavra com o mundo por um fio-terra não é mera opção; é uma característica que nos é imposta pela pregação cristã genuína. É, na realidade, uma obrigação imposta sobre nós pelo tipo de Deus em quem cremos e pelo modo de ele mesmo ter se comunicado conosco: em Cristo e nas Escrituras, na sua Palavra viva e na sua Palavra escrita. Nas Escrituras, declarou sua Palavra por meio de palavras humanas, nos contextos históricos e culturais exatos; não falou em generalidades isentas de cultura. Semelhantemente, sua Palavra eterna se tornou carne em toda a especificidade de um judeu palestiniano do século I. Nos dois casos, estendeu sua mão para onde estavam as pessoas com as quais desejava se comunicar. Falava em linguagem humana; apareceu em carne humana. Portanto, as grandes doutrinas da inspiração e da Encarnação têm estabelecido um precedente divino para a comunicação. Deus condescendeu com a nossa humanidade, mas sem abrir mão da sua divindade. Nossas pontes, também, devem estar ancoradas com firmeza nos dois lados do abismo, e isso por meio de nos recusarmos a comprometer o conteúdo divino da mensagem ou a não levar em conta o contexto humano no qual deve ser falada. Precisamos mergulhar destemidamente nos dois mundos, bíblico e contemporâneo, e escutar com atenção a ambos. Pois é somente então que compreenderemos o que cada um está dizendo, e assim discernir a mensagem do Espírito à geração presente. Precisamos perguntar, na linguagem controvertida de Dietrich Bonhoeffer: "Quem é Cristo para nós hoje?". Já em 1932 dissera: "A questão não é como devemos modelar a mensagem, mas qual realmente *é* a mensagem e seu conteúdo" para a era presente?[12]

Tudo isso importará em mais reflexão em nossa pregação. De modo global, se posso generalizar, não exigimos suficiente da nossa congregação. Quando comparecem na igreja, já tinham ouvido antes nossos sermões. Já os conheciam quando estavam na escola dominical das crianças. É pregação mofada, tediosa e irrelevante. Não consegue "grudar neles" nem os emocionar. É com dificuldade que disfarçam seus bocejos. Comparecem com seus problemas e, ao saírem, levam-nos consigo. O sermão nada falou às necessidades deles.

---

[12]Clyde E. FANT, *Bonhoeffer*: worldly preaching, p. 107.

Não estou defendendo, naturalmente, que tratemos nossa congregação como se fosse um auditório universitário, ou que tornemos nosso sermão em preleção acadêmica. Nem me esqueço da antipatia que Marshall McLuhan sente pelo homem literário, que lê livros em isolamento anti-social, extingue a sua imaginação e se torna escravo da lógica linear. É perfeitamente certo que as conclusões que alguns atingem mediante a lógica, outros as atingem mediante a intuição; que é possível aprender por meio das figuras tanto quanto pelas palavras; e que os seres humanos que Deus criou não são somente "cerebrais" (dotados de poder cerebral), mas também "viscerais" (capazes de entranháveis emoções). Existe, portanto, um espaço legítimo, até mesmo essencial, na pregação para o aspecto intuitivo, imaginativo e emotivo. Mais adiante, direi mais sobre esses. Em contrapartida, também é verdade que todos os seres humanos, inclusive os totalmente analfabetos, foram criados racionais; que Deus dirigiu a eles uma revelação racional, transmitindo à mente deles a sua mensagem, com a expectativa de que, mesmo se desistíssemos da leitura, continuaríamos sendo, até certo grau, pensadores lineares, já que "a fala é tão linear quanto a escrita — e mais ainda, na realidade".[13] Eu mesmo fiquei impressionado com quantos filmes e peças de teatro modernos (p. ex., de Bergmann, Woody Allen, Tom Stoppard e Brian Clark) contêm bem pouca ação, mas dependem, pelo contrário, do diálogo rápido que exige do auditório um alto grau de concentração.

No entanto, é óbvio que devamos pregar de tal maneira que as pessoas possam entender. Henry Paget, bispo de Chester de 1919 a 1932, que, segundo sua própria descrição, "prestava bem melhor para fazer amigos do que para fazer discursos", teria preferido permanecer em East Suffolk, onde anteriormente servira. Ali, pois, nas aldeias dos agricultores, era possível chegar paulatinamente a conhecer a todos e a compreendê-los. "Não sou nenhum pregador", dissera a ele um clérigo de aldeia certo dia, "mas alcanço um

---

[13] J. MILLER, *McLuhan*, p. 113.

pouco mais alto do que eles e consigo trazer o feno suficientemente para baixo para eles alcançá-lo".[14] Em contrapartida, pregar num nível além do entendimento das pessoas é esquecer-se de quem elas são. Conforme comentou Spurgeon certa vez: "Cristo disse: 'Cuide dos meus cordeiros [...] Pastoreie as minhas ovelhas'. Alguns pregadores, no entanto, colocam os alimentos numa posição tão alta que nem os cordeiros, nem as ovelhas conseguem alcançá-los. Parecem ter entendido o texto como: 'Alimente as minhas girafas'".[15]

Embora não devamos superestimar a capacidade intelectual da congregação, não devemos subestimá-la, tampouco. Meu apelo é que a tratemos como pessoas reais com perguntas reais; que nos esforcemos nos nossos sermões com questões reais; e que lancemos pontes até o mundo real no qual vivem e amam, riem e choram, lutam e sofrem, envelhecem e morrem. Precisamos provocá-las a pensar a respeito da vida e de todos os estados de ânimo delas, e desfiá-las a fazer de Jesus Cristo o Senhor de todas as áreas delas, e a demonstrar a relevância contemporânea dele.

Ao desenvolver a ilustração da pregação como uma operação de construir pontes, não estou propondo nada de novo. Os pregadores cristãos em todas as eras têm percebido a necessidade de correlacionar a revelação de Deus com os tempos em que viviam, e têm correspondido ao desafio. Quero citar uns poucos exemplos. Crisóstomo (que morreu em 407 d.C.), talvez o mais eloqüente e franco dos três primeiros séculos do cristianismo, foi resumido por C. S. Horne nas seguintes palavras: "Temos duas qualidades em Crisóstomo, as quais, combinadas entre si, tornam-no incomparável — é *homem da Palavra e homem do mundo*". Além disso: "Como acontece com todos os pregadores eficazes, sua mensagem tinha um elemento *eterno* bem como um elemento *contemporâneo*".[16] De modo um pouco semelhante, S. E. Dwight escreveu a respeito

---

[14]Elma K. PAGET, p. vii, 145.
[15]W. WILLIAMS, *Personal reminiscences of Charles Haddon Spurgeon*, p. 145.
[16]*The romance of preaching*, p. 135, 144-5.

de Jonathan Edwards, que estava no centro do Grande Reavivamento no século XVIII: "Seu conhecimento da Bíblia, evidenciado nos sermões [...] são provavelmente sem rival. Seus conhecimentos do coração humano com suas operações dificilmente têm igual entre qualquer pregador não inspirado".[17]

Um exemplo britânico do século XIX é F. W. Robertson (1816-1853). Era alto e magro de estatura e, quanto à personalidade, sensível, orgulhoso, nervoso e solitário. Depois de apenas seis anos como incumbente de Trinity Chapel em Brighton, sua saúde entrou em colapso; ele morreu aos 37 anos de idade. No entanto, "esse pregador relativamente obscuro de Brighton", disse Hensley Henson numa preleção em celebração ao centenário do nascimento de Robertson, deixou na vida espiritual dos seus compatriotas uma marca "profunda e permanente".[18] Por que assim? Porque "tudo quanto agitava a sociedade, ele o retomava [...] no púlpito".[19] O bispo Henson explicou de três maneiras a sua influência: 1) "a referência deliberada da sua pregação às condições modernas do pensamento e da vida"; 2) "a nota intensamente pessoal que percorre a totalidade da sua pregação"; e 3) "a devoção apaixonada à Pessoa do Senhor Jesus Cristo, que inspira as suas palavras".[20] Das três, a primeira era suprema. Pode ser criticado pelo uso um pouco arbitrário das Escrituras, mas tinha grande coragem em lutar contra os preconceitos reinantes, e mantinha sempre "seu hábito de 'pregar à situação', por meio de ligar seu argumento com os assuntos que no momento ocupavam a mente pública".[21] Conforme disse o bispo Phillips Brooks: "A verdade e a contemporaneidade juntas fazem o pregador completo".[22]

---

[17] *The life of president Edwards*, p. 606, vol. 1.
[18] *Robertson of Brighton*, p. 19.
[19] Ibid., p. 66.
[20] Ibid., p. 92.
[21] Hensley H. HENSON, *Church and parson in England*, p. 60-1.
[22] *Lectures on preaching*, p. 220-1.

No século XX, é talvez Karl Barth que tem falado mais persuasivamente a respeito da necessidade da pregação bíblica relevante. Numa reunião de ministros em 1922 deu uma preleção chamada "A necessidade e a promessa da pregação cristã". Falou de modo pessoal dos seus doze anos no pastorado. Disse que durante esse período

> Procurava achar meu caminho entre o problema da vida humana, por um lado, e o conteúdo da Bíblia, por outro. Como ministro, queria falar ao *povo* na contradição infinita da vida dele, mas falar a mensagem não menos infinita da *Bíblia*, que é tão enigmática quanto a vida. Muitas vezes, essas duas magnitudes, a vida e a Bíblia, têm surgido diante de mim (e continuam surgindo!) como Cila e Caríbde:* se são *estas* o começo e o fim da pregação cristã, quem será, quem poderá ser, ministro e pregar?

Foi esse dilema, continuou explicando, que finalmente o levou a escrever seu comentário, que marcou época, da epístola aos Romanos, e os leitores o entenderão melhor se, do começo ao fim, escutarem à pergunta do ministro: "O que é a pregação?". O ponto de vista do "homem no púlpito" é este: "Diante dele está a Bíblia, cheia de mistério; e também diante dele estão sentados os seus [...] ouvintes, também cheios de mistério [...] *E agora?* pergunta o ministro". Quando tocam os sinos da igreja "... existe nos ares uma *expectativa* de que alguma coisa grande, crucial e até mesmo momentosa está para *acontecer*". De que se trata? É a expectativa da parte da congregação de que ouvirá a Palavra de Deus, ou seja, que receberá respostas às suas perguntas essenciais.[23] Anos mais tarde, "alguém [...] perguntou a Karl Barth: 'O que você faz para preparar o seu sermão de domingo?' Barth respondeu: 'Tomo a Bíblia em uma das mãos e

---

*De acordo com a mitologia grega, Caríbde foi transformada por Zeus em redemoinho marítimo por ter roubado bois que pertenciam a Hércules, e Cile foi transformada num monstro marinho, por ciúmes, pela feiticeira Circe. Unidas para sempre, eram símbolo de inseparabilidade. (N. do E.)

[23] Karl BARTH, *The Word of God and the word of man*, p. 100-4.

o jornal matutino na outra'".²⁴ É curioso que, cerca de cinqüenta anos antes, C. H. Spurgeon escrevera o que chamou de "Meu livrinho de um xelim: *The Bible and the newspaper* [*A Bíblia e o jornal*] ".²⁵

A mesma ênfase foi feita pelo professor Jean-Jacques von Allmen de Neuchatel, na Suíça, que escreveu no seu livro *Preaching and congregation* [*A pregação e a congregação*]a respeito dos "dois polos da pregação", ou seja, a Palavra de Deus e os ouvintes. Nenhum dos dois é de muita utilidade sem o outro. "Repetir do púlpito 'Jesus Cristo nosso Senhor,' 'Jesus Cristo nosso Senhor,' de modo um pouco semelhante aos efésios que proclamavam a grandeza da sua Diana, não é garantia de que realmente pregamos o senhorio de Cristo." Para isso acontecer, deve haver ouvintes que escutam, compreendem, relacionam-se e correspondem. Mas o erro contrário também pode ocorrer: os ouvintes podem reunir-se sem nenhuma Palavra de Deus ser proclamada. Os dois erros, conforme ele sugere, correspondem com heresias cristológicas. A primeira é a pregação docética (que nega a humanidade de Cristo) e a segunda, ariana (que nega a sua divindade). A tarefa do pregador é traduzir fielmente a Palavra de Deus para a linguagem e categorias de pensamento modernas, e torná-la atual em nossos dias. Portanto, para "traduzir a Palavra devemos conhecer dois idiomas; para torná-la atual devemos conhecer dois períodos históricos".²⁶ Conforme declarou o bispo Yngve Brilioth, da Suécia, dois elementos principais na pregação são "o expositivo ou exegético (toma como ponto de partida um texto das Escrituras e o expõe) e o profético (é uma mensagem para os tempos presentes, e torna o texto bíblico em palavra viva para a situação real)".²⁷

Para resumir essa necessidade de manter juntos o bíblico e o contemporâneo, convoco quatro testemunhas finais. James Stalker citou o teólogo alemão Tholuck que disse: "... um sermão deve ter

---

²⁴Arthur Michael RAMSEY & Jean-Joseph SUENENS, *The future of the Christian Church*, p. 13-4.
²⁵*Lectures*, 3.ª série, p. 54.
²⁶P. 20-9.
²⁷*Landmarks in the history of preanching*, p. 3.

o Céu como pai e a Terra como mãe".²⁸ O dr. Martyn Lloyd-Jones escreveu que "a tarefa da pregação é relacionar o ensino das Escrituras com aquilo que está acontecendo em nossos próprios dias".²⁹ E o professor Ian Pitt-Watson escreve: "Cada sermão está esticado como uma corda de arco e flecha entre o texto da Bíblia, por um lado, e os problemas da vida humana contemporânea, por outro lado. Se a corda for fixada frouxamente a uma extremidade ou a outra, o arco fica sendo inútil".³⁰ Em quarto lugar, o bispo Stephen Neill desenvolve ainda outra metáfora. "A pregação é como a tecelagem", escreve. "Existem os dois fatores da trama e da urdidura. Existe o elemento fixo e inalterável, que para nós é a Palavra de Deus, e existe o elemento variável, que capacita o tecelão a mudar e variar o motivo decorativo à vontade. Para nós, aquele elemento variável é o tema em constante mudança das pessoas e das situações".³¹

Chegou a hora de passar da teoria à prática. Supondo que seja reconhecido que a pregação cristã genuína é uma atividade de construção de pontes, legitimizada por amplos precedentes bíblicos e históricos, o que será exigido da nossa parte? Não se trata apenas de renunciar o jargão teológico e passar para a gíria moderna, embora isso seja necessário em algumas situações, mas realmente entrar no mundo de pensamento e sentimento de outras pessoas. A encarnação (trocar um mundo por outro), e não apenas a tradução (trocar um idioma por outro), é o modelo cristão da comunicação. Procurarei desenvolver dois exemplos: o primeiro é pessoal e individual; o segundo, ético e social.

CRISTO, NOSSO CONTEMPORÂNEO

Em primeiro lugar, devemos lidar corajosamente com os temas principais da vida humana, com as perguntas incessantes que homens e mulheres sempre têm levantado, das quais os grandes ro-

---

²⁸ *The preacher and his models*, p. 107
²⁹ *Warfare*, p. 109.
³⁰ *A kind of folly*, p. 57.
³¹ *On the ministry*, p. 57.

mancistas e dramaturgos têm tratado em todas as eras: Qual é o propósito da nossa existência? A vida tem algum significado? De onde vim? Para onde vou? O que significa ser uma pessoa humana, e como os seres humanos diferem dos animais? De onde surge essa sede pela transcendência, essa busca universal por uma Realidade que esteja acima e além de nós, essa necessidade de nos prostrar diante do Infinitamente Grandioso e adorá-lo? O que é a liberdade, e como posso experienciar a libertação pessoal? Por que existe a tensão dolorosa entre aquilo que sou e aquilo que anseio por ser? Existe uma maneira de ficar livre da culpa e de uma consciência da culpa? O que se diz do anseio pelo amor, pela realização sexual, pelo casamento, pela vida familiar e comunitária por um lado e, por outro lado, o senso difundido de alienação e as paixões baixas e destrutivas do ciúme, da malícia, do ódio, da concupiscência e da vingança? É possível realmente assenhorear-se de si mesmo e amar o próximo? Alguma luz é lançada nos mistérios tenebrosas da iniqüidade e do sofrimento? Como conseguiremos coragem para enfrentar a vida, primeiramente, e depois a morte, e, ainda, o que porventura existe além da morte? Que esperança pode nos sustentar em meio ao nosso desespero?

Em cada geração e em cada cultura, homens e mulheres têm feito essas perguntas e debatido essas questões. É a partir dessa matéria que se produz a grande literatura mundial. Nós, cristãos, nada temos para dizer a respeito dessas coisas? É claro que temos! Estamos convictos de que as próprias perguntas refletem e testemunham a natureza paradoxal dos seres humanos que a Bíblia ensina, ou seja, sua dignidade de criaturas semelhantes a Deus e sua depravação como pecadores caídos e culpados. Estamos convictos, também, de que Jesus Cristo ou tem as respostas a essas perguntas ou — como nos casos dos mistérios intratáveis como o sofrimento e o mal — que ele lança mais luz sobre eles do que se pode obter de qualquer outra fonte. Cremos que Jesus Cristo é o cumprimento de cada aspiração verdadeiramente humana. Achar a ele é achar a nós mesmos.

Devemos, portanto, pregar a Cristo acima de tudo. "O entusiasmo por Cristo é a alma da pregação", escreveu James Stalker nas suas preleções em Yale em 1891.³² "Se tão-somente conseguimos ensinar Cristo aos fiéis", escrevera mais de dois séculos antes, "nós lhes ensinamos tudo".³³ Não somente assim, mas Jesus Cristo exerce sobre as pessoas uma atração quase irresistível. É somente enaltecê-lo, e ele atrai as pessoas a si mesmo, conforme disse que faria (Jo 12.32). Não era esse o segredo principal de Whitefield e de Wesley no século XVIII? Em janeiro de 1739, em Bermondsey, no sul de Londres, George Whitefield viu a igreja superalotada, ao passo que, do lado de fora, talvez outras mil pessoas não conseguiam entrar. "Ofereci Jesus Cristo livremente aos pecadores", escreveu a respeito do seu sermão na igreja, "a todos quantos quisessem apropriar-se dele pela fé". E mesmo enquanto pregava, sonhava na possibilidade de sair para o cemitério da igreja e de subir numa lápide tumular e pregar Cristo de novo.

O texto predileto de João Wesley, sobretudo no primeiro ano do seu ministério itinerante, parece ter sido 1Coríntios 1.30, que proclama Jesus Cristo como nossa "sabedoria [...] justiça, santidade e redenção". Declara, portanto, que Jesus Cristo é adequado em tudo para todas as nossas necessidades. Se quisermos achar a sabedoria verdadeira, entrar num relacionamento certo com Deus, tornar-nos semelhante a Cristo em nossa personalidade e, num dia futuro, ser redimidos de modo pleno e definitivo, é para Cristo tão-somente que devemos nos voltar. Isso porque o Cristo crucificado e ressuscitado foi designado por Deus para ser todas as coisas para o seu povo. Wesley se deleitava em proclamar isso. Exemplifiquemos com a seguintes citações tiradas do seu diário, todas referentes a 1739, o ano depois da sua conversão. No dia 14 de junho pregou, em Blackheath, a doze ou quatorze mil pessoas, aproximadamente, "a respeito do [seu] assunto predileto: 'Cristo Jesus, o qual se tornou sabedoria de Deus para nós, isto é, justiça, santidade e redenção'". No dia 17 de julho, no topo de uma colina que dava vistas a Bradford, a oito quilômetros de distância de Bath: "Ali ofereci Cristo a cerca de mil pessoas para sabedoria, justiça, santidade e redenção". No dia 7 de

---

³²James STALKER, *The preacher and his models*, p. 199.
³³Richard BAXTER, *Reformed pastor*, p. 136.

outubro, no relvado da aldeia a alguns quilômetros de Gloucester: "Conclamei a todos os presentes (cerca de três mil pessoas) [...] que aceitassem Cristo como sua única sabedoria, justiça, santificação e redenção. Recebi forças para falar como nunca antes; e continuei falando quase duas horas". Depois, no dia 15 de outubro, num relvado uns quatro quilômetros além de Chepstow, no sul do País de Gales, pregou a "entre trezentas e quatrocentas pessoas singelas a respeito de 'Cristo nossa sabedoria, justiça, santificação e redenção'". Embora todas essas citações provenham do primeiro ano, no início do seu ministério, Wesley nunca se cansou de pregar a Cristo. Vinte e dois anos depois, no dias 22 de junho de 1761, sua mensagem era essencialmente a mesma. Estava no Condado de Durham, no norte da Inglaterra. O sol era quente e Wesley se sentia fisicamente fraco. Além disso, o local não era apropriado, "pois era tão veemente o mau cheiro de pessoas podres que quase me sufocava, e a multidão rugia como as ondas do mar. Mas a voz do Senhor era mais poderosa". Nem a fraqueza, nem o calor, nem o mau cheiro, nem a hostilidade conseguiam silenciá-lo. "Dentro de poucos minutos, a multidão inteira aquietou-se enquanto eu proclamava 'Cristo Jesus, o qual tornou sabedoria de Deus para nós, isto é, justiça, santidade e redenção'".

Nas preleções aos seus alunos e nas conferências dadas aos pastores, Spurgeon voltava continuamente ao mesmo tema glorioso. "O que pregaremos?", pergunta a si mesmo. Então responde:

> De tudo quanto eu desejaria dizer, o resumo é o seguinte; meus irmãos, preguem a Cristo, sempre e perpetuamente. Ele é a totalidade do Evangelho. Sua pessoa, ofícios e obra devem ser nosso único tema grande, que a tudo compreende. O mundo ainda precisa ficar sabendo do seu Salvador, e do meio de alcançá-lo [...] A salvação é um tema em favor do qual eu gostaria de alistar toda língua santa. Estou guloso por testemunhas do Evangelho glorioso do Deus bendito. Quem dera que Cristo crucificado fosse a mensagem universal dos homens de Deus.[34]

[34] *Lectures*, 1.ª série, p. 82-3.

Posteriormente, em uma de suas conferências anuais para pastores, numa preleção chamada "Como enfrentar os males destes tempos", Spurgeon disse: "Mantenham-se cada vez mais firmes no Evangelho. Ofereçam Cristo ao povo, e tão-somente Cristo". E então, depois de entrar em detalhes sobre alguns dos males dos tempos, concluiu: "Temos um só remédio para eles: pregar a Jesus Cristo; e que o façamos cada vez mais. À beira da estrada, num lugarejo, no teatro, em qualquer lugar, em todos os lugares, preguemos a Cristo. Escrevam livros, se quiserem, e façam tudo o mais dentro do seu alcance; mas apesar de qualquer outra coisa que não consigam fazer, preguem a Cristo".[35]

Deve ficar claro nessas citações que Aquele que pregamos não é Cristo num vácuo, nem um Cristo místico sem correlacionamento com o mundo real, nem sequer somente o Jesus da história da antigüidade, mas o Cristo contemporâneo que em tempos passados viveu e morreu, e que hoje vive para atender à necessidade humana em toda a sua variedade atual. Encontrar a Cristo é tocar na realidade e experienciar a transcendência. Ele nos dá um senso do nosso valor próprio e de nossa relevância pessoal, porque nos dá certeza do amor de Deus por nós. Ele nos liberta da culpa porque morreu por nós, das cadeias do nosso egocentrismo mediante o poder da sua ressurreição, e do medo paralisante porque ele reina, e todos os principados e postestades do mal foram subjugados debaixo dos seus pés. Cristo dá sentido ao casamento e ao lar, ao trabalho e ao lazer, à personalidade e à cidadania. Ele nos introduz na sua nova comunidade, que é a nova humanidade que está criando. Desafia-nos a sair para algum segmento do mundo que não o reconhece, para ali nos dedicar a testemunhar dele e a servi-lo. Ele nos promete que a história nem está destituída de significado nem interminável, pois virá um dia em que voltará para a terminar, para destruir a morte e para introduzir o novo universo de justiça e de paz. "Pois em Cristo habita corporalmente toda a plenitude da divindade, e nele, que é o

---

[35] *All-round ministry*, p. 117, 127.

Cabeça de todo poder e autoridade, vocês receberam a plenitude" (Cl 2.9,10). Um dos mais fascinantes de todos os deveres do pregador é explorar tanto o vazio do homem caído quanto a plenitude de Jesus Cristo, a fim de demonstrar, então, como ele pode preencher nosso vazio, iluminar nossas trevas, enriquecer nossa pobreza e levar ao cumprimento nossas aspirações humanas. São insondáveis as riquezas de Cristo (Ef 3.8).

A ÉTICA PARA OS CRISTÃOS

Depois desse exemplo pessoal da construção de pontes, de relacionar a Palavra com o mundo, ou Cristo com o indivíduo, volto-me para a esfera do dever ético. Todos os cristãos, pertencentes a todas as tradições que se pode imaginar, concordam que o Evangelho tem implicações éticas. A justificação leva inevitavelmente à santificação. A doutrina sem o dever é estéril; a fé sem obras é morta. Mas quais são as "obras" que são o fruto da fé? É nessa questão que começa a falta de acordo. Talvez seja útil considerar o assunto como uma série de círculos concêntricos, que começa com a ética pessoal, e que depois se expande até à ética eclesiástica, doméstica e social, e finalmente alcança questões com dimensão política.

Mesmo a ética cristã *individual*, pelo menos em alguns círculos cristãos, tem sido lastimavelmente trivializada. Existe, por exemplo, uma subcultura evangélica que fica obcecada com as questões do tabagismo e do alcoolismo, com as "diversões questionáveis" (conforme eram chamados o baile, o baralho, o teatro e o cinema), juntamente com o estilo das roupas (até qual medida a saia da mulher é considerada curta), do penteado (qual o comprimento máximo dos cabelos do homem) e da cosmética (quanto creme, pó, batom e sombra é permitido ou não). Ora, não estou dizendo que essas questões não têm importância. Por exemplo: a dependência do álcool tem se tornado um problema grave em alguns países, de modo que cada cristão deve chegar a uma decisão responsável quanto a ser abstinente total ou a beber ocasionalmente e com moderação. Já que foi estabelecido cientificamente um vínculo entre fumar em excesso e certas formas de câncer, o dever do cristão para com seu corpo como templo do Espírito Santo está envolvido na sua decisão de fumar ou não. Visto que Jesus ensinava que a disciplina dos olhos é um meio importante para o controle próprio sexual, os cristãos estão obrigados a fazer uma escolha conscienciosa entre quais filmes e peças de teatro verão, ou não, e entre quais romances e revistas lerão, ou não. Além disso, nas questões de roupas, cosméticos, penteados e jóias, ainda outras escolhas precisarão ser feitas entre a modéstia e a vaidade, a singeleza e o esbanjamento, conforme os próprios apóstolos ensinavam. Portanto, essas questões não estão destituídas de importância. Em todas elas, precisamos desenvolver uma perspectiva cristã e chegar a uma decisão cristã. No entanto, alguns cristãos perdem o senso de proporção no tocante a essas questões, as quais, por comparação com as maiores questões morais e sociais dos nossos tempos, só podem ser descritas como minúsculas. São "microética" por contraste com "macroética". Preocupar-se demais com elas é praticar o farisaísmo evangélico ("coar um mosquito e engolir um camelo") que dedica a maior atenção aos assuntos menores, e negligencia "os preceitos mais importantes da lei: a justiça, a misericórdia e a fidelidade" (Mt 23.23,24).

A moralidade individual ou pessoal era ensinada no Antigo Testamento por profetas, sacerdotes, escribas e sábios, que procuravam desenvolver as implicações dos Dez Mandamentos. João Batista era o último representante dessa tradição honrosa antes da chegada de Cristo. Não somente exortava o povo a dar "frutos que mostrem o arrependimento", como também definiu o que isso significaria para pessoas diferentes, e mandou os publicanos não cobrar além do que lhes foi estipulado, e os soldados, a não praticar extorsão, nem acusar ninguém falsamente, e a se contentar com seus salários (Lc 3.8-14). Ensinos semelhantes no tocante à ética pessoal são apresentados nas epístolas do Novo Testamento, às vezes na recomendação geral das virtudes cristãs ("o fruto do Espírito é amor, alegria, paz, paciência, amabilidade, bondade, fidelidade, mansidão e domínio próprio"; Gl 5.22,23), e às vezes numa exigência específica tal como o controle daquele órgão ingovernável, o "mal incontrolável", a língua (Tg 3.1-12).

Para mim, porém, o exemplo mais notável acha-se no segundo capítulo da epístola a Tito. Ali, Tito recebe ordens para dar instruções a grupos diferentes na congregação: os homens idosos devem ser sóbrios, dignos de respeito, sensatos e sadios; as mulheres idosas devem ser reverentes e ensinar às esposas jovens suas responsabilidades diante do esposo e dos filhos; os jovens devem aprender o domínio próprio. Tito, pessoalmente, deve ser um exemplo inculpável; e os escravos devem ser submissos, trabalhadores e honestos. Mais impressionante ainda do que essas especificidades é a fundamentação deles na doutrina cristã. Isso porque o parágrafo começa com a ordem de "falar de acordo com a sã doutrina" e termina com a declaração de que o bom comportamento "tornará atraente, em tudo, o ensino de Deus nosso Salvador". Havia, portanto, duas partes nas responsabilidades pedagógicas de Tito. Devia, por um lado, ensinar "a sã doutrina" (a fé apostólica, que, assim como o corpo humano, é uma totalidade integrada). Por outro lado, devia ensinar "o que está de acordo com ela" (a conduta ética que é apropriada a ela, e a "torne atraente"). É da máxima importância que sigamos os apóstolos em mantermos juntas essas duas partes no nosso ministério de pregação e em nos recusarmos a fazer separação entre elas. Quando proclamamos o Evangelho, devemos passar a desdobrar suas implicações éticas, e quando ensinamos o comportamento cristão, devemos deitar no Evangelho seus alicerces. Os cristãos precisam entender tanto que sua fé em Cristo tem conseqüências práticas quanto que o incentivo principal às boas obras acha-se no Evangelho. A graça salvífica de Deus em Cristo é realmente personificada como nosso professor de moral: "Ela nos ensina a renunciar à impiedade e às paixões mundanas e a viver de maneira sensata, justa e piedosa nesta era presente" (Tt 2.11,12).

Por nosso dever *eclesiástico* (por pomposa e institucional que essa palavra talvez pareça), em contradistinção com nosso dever "individual", estou me referindo às nossas responsabilidades uns para com os outros dentro da nova comunidade que Jesus fundou. Boa parte do ensino ético dos apóstolos refere-se a "como é necessário que as pessoas se comportem na casa de Deus" (1Tm 3.15) e, portanto, ao novo estilo e padrões de conduta que se esperam na nova sociedade de Deus. É aqui que todas as muitas exortações "uns aos outros" no Novo Testamento acham seu contexto. Devemos nos amar uns aos outros, perdoar e tolerar uns aos outros, encorajar e admoestar uns aos outros, "ser mutuamente hospitaleiros, sem murmuração" (1Pe 4.9) e "levar os fardos pesados uns dos outros" (Gl 6.2). Esse é o contexto do catálogo de deveres alistado em Efésios 4 e 5. Devemos abandonar a mentira, a ira, a desonestidade, a conversa indecente, a amargura, a calúnia e a impureza, por serem incompatíveis com a nova comunidade (a família de Deus, o corpo de Cristo e o templo do Espírito Santo) que veio a existir através da cruz. Pois "somos membros de um único corpo" (4.25), e todo o nosso comportamento deve ser consistente com esse fato de pertencermos uns aos outros em Cristo. Práticas tais como a litigação, ou desfrutar da nossa liberdade de modo que ofenda à consciência fraca de outra pessoa, são totalmente contrárias com a noção de sermos irmãos e irmãs em Cristo. "Um irmão vai ao tribunal contra outro irmão." "Assim, esse irmão fraco, por quem Cristo morreu, é destruído por causa do conhecimento que você tem" (1Co 6.6; 8.11). Pode-se escutar a voz de Paulo ao ditar, ultrajado, essas frases a respeito das violações da fraternidade.

Já fica bem evidente que, embora o bom comportamento seja uma conseqüência inevitável das boas-novas, não é automático no sentido de ser desnecessário ensiná-lo. Os apóstolos que proclamavam o Evangelho também ofereciam instrução ética clara e concreta. A lei e o Evangelho, portanto, correlacionavam-se nos ensinos dos apóstolos. Se a lei é o "tutor" para nos levar a Cristo, e nos submete a tamanha disciplina e condenação que nos leva a fazer de Cristo a nossa única esperança da salvação, Cristo agora nos manda de volta à lei para nos ensinar como viver. Até mesmo o propósito da sua morte em favor dos nossos pecados não era somente para que fôssemos perdoados, mas para que, tendo sido perdoados, "as justas exigências da lei fossem plenamente satisfeitas em nós, que não vivemos segundo a carne, mas segundo o Espírito" (Rm 8.3,4). Existem muitos pastores hoje que, por medo de serem taxados de "legalistas", não oferecem à sua congregação nenhum ensino ético. Como nos distanciamos dos apóstolos! O "legalismo" é a tentativa mal-orientada de procurar merecer a salvação mediante a obediência à lei. O "farisaísmo" é a indevida preocupação com o lado externo e as minudências do dever religioso. Ensinar os padrões da conduta moral que adornam o Evangelho não é nem legalismo nem farisaísmo, mas simples cristianismo apostólico.

O terceiro círculo da responsabilidade ética, ao qual agora voltamos nossa atenção, é o *doméstico*. Tanto o apóstolo Paulo quanto o apóstolo Pedro incluem nas suas epístolas uma seção que abrange os deveres recíprocos entre maridos e mulheres, pais e filhos, patrões e os empregados.[36] Fica claro que davam grande valor ao lar cristão e aos relacionamentos harmoniosos que devem caracterizá-lo. Por isso, oferecem instrução direta a respeito. O lar, o casamento, a criação de filhos e trabalhar para nosso sustento permanecem sendo uma parte principal da vida, e são empenhos diários de quase todos os membros das congregações de crentes. Além disso, os padrões cristãos em cada esfera diferem marcantemente daqueles do mundo não-cristão. Sendo assim, ensinamentos eficientes sobre as doutrinas e deveres cristãos a respeito do casamento, de ser pai de família, e do trabalho são urgentemente necessários hoje, e existe uma insuficiência de púlpitos para oferecê-los.

QUESTÕES SOCIAIS E POLÍTICAS

Mais amplas do que nossos deveres individuais, eclesiásticos e domésticos são as questões *sociais* que afetam nosso comportamento na comunidade em geral. Quero começar com os ensinos do Senhor no Sermão da Monte a respeito, de um lado, da não retaliação, e do outro lado, de amar os inimigos (Mt 5.38-48 e Lc 6.37-36). Aqui temos ensinos que nos levam para fora do lar e da igreja, para dentro do mundo em que reina a violência e em que há hostilidade à pessoa e aos padrões de Jesus. A questão da atitude cristã

---

[36]Ef 5.21–6.9; Cl 3.18–4.1; 1Pe 2.18–3.7.

para com o malfeitor e o inimigo não pode ser confinada ao âmbito da ética pessoal, tampouco. Levanta imediatamente questões do Estado e dos seus represenres (legisladores, policiais, juízes). Paulo deixa claro esse fato ao colocar em justaposição deliberada o dever do cristão de não retribuir "a ninguém mal por mal" e o dever do Estado de castigar o malfeitor (Rm 12.14–13.5). E, realmente, deixa o contraste ainda mais notável com seus ensinos tanto sobre a ira quanto sobre a vingança. "Nunca procurem vingar-se", escreve ele. Por que não? Não porque a retribuição seja errada em si mesma, mas porque é prerrogativa de Deus, e não nossa: "'Minha é a vingança; eu retribuirei', diz o Senhor". Semelhantemente, não devemos amaldiçoar os que nos perseguem, mas abençoá-los, e nunca retaliar, mas viver em paz com todos. Por que assim? A ira contra a iniqüidade e o julgamento contra o mal sempre são incompatíveis com a justiça? Não — só que pertencem a Deus. "Dêem lugar à ira de Deus", escreve Paulo (12.19). Isso porque Deus expressa sua ira parcialmente através do Estado, que é "[servo] de Deus, agente da justiça para punir quem pratica o mal" (13.4).

O motivo por que procurei elaborar resumidamente esse ensino paulino é demonstrar que o Sermão do Monte não pode ser confinado de modo simplório ao âmbito da ética individual; levanta questões a respeito da violência e da não-violência na comunidade, que não podemos contornar em nossos pensamentos, nem eliminá-los do púlpito.

Vários outros exemplos também podem ser citados. Um deles é a ética sexual. Certos padrões de moralidade sexual são claramente ensinados na Bíblia, incluindo o de que o casamento heterossexual vitalício é a única condição aceitável e "honrosa", por contraste com "a paixão de desejo desenfreado", a situação em que as relações sexuais podem ser desfrutadas.[37] Além disso, visto que o casamento é uma ordença da criação, e não somente da redenção, esses padrões divinos aplicam-se à totalidade da comunidade humana, e não meramente a

---

[37]Gn 2.24; Mc 10.5-9; 1Ts 4.3-5.

um remanescente religioso minguante. É impossível, portanto, pensar que o ensino fiel da ética sexual bíblica à congregação seja suficiente (embora, por certo, isso seja tão raro que, por si mesmo, já seria um passo valioso para a frente); precisamos nos empenhar também no debate público a respeito do casamento (este não é dispensável hoje em dia?), a respeito do divórcio e do novo casamento dos divorciados (para que tanto espalhafato a respeito?), e a respeito dos casamentos homossexuais (se forem caracterizados, não pela promiscuidade, mas pela fidelidade, não são uma variação aceitável do casamento heterossexual?). Os cristãos devem entrar com vigor nesses debates e empregar com destemor o púlpito. Temos a responsabilidade não somente de expor com clareza e coragem os padrões de Deus, sem meios-termos, e de exortar a congregação a manter e a exibir esses padrões com fidelidade jubilosa, mas também de recomendá-los à comunidade secular. Assim como devemos não somente pregar o Evangelho, mas também argumentar em seu favor, conforme faziam os apóstolos, assim também devemos não somente ensinar a ética bíblica (inclusive a ética sexual), mas também passar a argumentar que essa ética contribui tanto para o bem-estar da sociedade quanto se desviar dela contribui para a destruição da sociedade.

Depois do assunto do sexo, passo para a questão do dinheiro. Jesus falava muito a respeito dos perigos das riquezas, do pecado da cobiça, da estultícia da ambição materialista e do dever da generosidade. Tiago, seu irmão, inclui na sua epístola uma repreensão ferrenha (num estilo que relembra os profetas do Antigo Testamento) aos ricos que armazenam riquezas como avarentos, oprimem seus operários ao reter o salário deles e vivem num luxo egoísta (5.1-6). Ele, João e Paulo, todos eles, também enfatizam a obrigação dos cristãos abastados (que possuem "os bens deste mundo") de compartilhar de tal maneira com os pobres que garantam a estes as necessidades da vida.[38] No entanto, não ouvimos muitos ensinos bíblicos nesse sentido hoje, mesmo da parte dos púlpitos e das igrejas

---

[38]Tg 2.14-18; 1Jo 3.17,18; 2Co 8.1-15.

que mais declaram sua fidelidade rigorosa à autoridade bíblica. Temos medo de ofender uma congregação rica ao pregar sobre os perigos da riqueza e das alegrias da abnegação e da singeleza? Ou preferimos evadir o desafio de semelhantes temas bíblicos ao restringir o escopo da nossa solicitude aos irmãos na fé que são pobres? Sem dúvida, até mesmo esse seria um passo revolucionário, pois existem milhões de cristãos que sofrem privações e até mesmo indigência, cuja lastimável situação deixa nossa riqueza cristã ocidental passar vergonha. Mesmo assim, é inadmissível essa restrição. Isso porque, embora a Bíblia realmente ensine que nossa responsabilidade prioritária é diante dos irmãos e irmãs na comunidade cristã, também nos ordena a fazer "o bem a todos" (Gl 6.10). E fica claro que Jesus nos mandou amar até mesmo os inimigos e expressar em ações esse amor, pois somente assim comprovaremos ser filhos do nosso Pai celestial que ama os maus e os bons indiscriminadamente, e que expressa seu amor mediante as dádivas da chuva e do sol para todos (Mt 5.43-8). Sendo assim, a desigualdade econômica grosseira entre as nações do hemisfério norte e as do sul não é apenas uma preocupação legítima dos cristãos, mas também é preocupação obrigatória. É uma extensão inevitável das doutrinas bíblicas da raça humana, da mordomia dos recursos da Terra, e da injustiça que é inerente nas desigualdades dos privilégios.

Agora acabei entrando no quinto e mais amplo círculo concêntrico da ética cristã, na *política,* ou seja, nas situações da injustiça social que podem ser melhoradas, mas não remediadas, sem ação política. Qual atitude os pregadores devem adotar diante das questões da "macroética"? Elas nos pressionam de todos os lados — a opressão humana e o clamor pela liberdade; a pobreza, a fome, o analfabetismo e as enfermidades; a poluição do meio-ambiente e a conservação dos seus recursos naturais; o aborto, a eutanásia, a pena capital e outras questões da vida e da morte; o trabalho, o lazer e o desemprego; os direitos civis e as liberdades cívicas, a desumanização pela tecnocracia e pela burocracia; o aumento dos crimes e a responsabilidade da sociedade pelo criminoso; o racismo, o nacionalismo, o tribalismo e a comunidade humana; a violência e a revolução; a corrida armamentista, o horror nuclear e a ameaça da guerra mundial. A lista parece quase interminável. São as questões que enchem os jornais e que os universitários pensativos debatem de dia e de noite. Como, portanto, podemos bani-los do púlpito? Se assim fizermos, a fim de nos concentrar exclusivamente nos temas "espirituais", perpetuamos a separação desastrosa entre o sagrado e o secular (e deixamos subentendido que essas são esferas distintas, e que Deus se preocupa somente com o sagrado, e não com o secular); divorciamos a fé cristã da vida cristã; encorajamos uma retirada pietista cristã do mundo real; justificamos a conhecida crítica de Marx, segundo a qual a religião é como ópio e deixa as pessoas drogadas a ponto de concordar com o *status quo*; e confirmamos os não-cristãos na sua suspeita secreta de que o cristianismo é irrelevante. Tudo isso é um preço alto demais para pagar pela nossa irresponsabilidade.

Mas posso escutar os que objetam contra isso reunindo suas forças para o contra-ataque. Dizem: "Você tem a presunção de propor para os pregadores cristãos dos nossos dias fazer alguma coisa que nem os escritores bíblicos, nem Jesus, nem os apóstolos chegaram a fazer em ocasião alguma. Pregavam a salvação. A instrução ética que davam era limitada ao indivíduo, ao lar e à igreja. Não se preocupavam com as questões sociais ou sócio-políticas no mundo externo". "Você tem tanta certeza, meu amigo e crítico?", respondo eu. Pense de novo, peço-lhe, e considere os argumentos a seguir. O Deus vivo da Bíblia é o Deus da Criação tanto quanto da Aliança, e sua solicitude estende-se para além da sua comunidade pactual para a totalidade da comunidade humana. E já que é Deus da justiça e da compaixão, deseja ver essas qualidades florescer na totalidade da comunidade humana. Examine os dois primeiros capítulos de Amós, nos quais está escrito que o juízo divino cairá não somente sobre o próprio povo de Deus, os reinos de Judá e de Israel, por desrespeitarem a sua lei e oprimirem aos fracos, como também sobre as nações pagãs em derredor, sobre a Síria, a Filístia, Tiro, Edom, Amom e Moabe. E por quê? Por causa das suas atrocidades bárbaras na guerra, por terem despovoado os países conquistados e escravizado seus povos e por causa da sua profanação dos ossos de um rei inimigo. Esse trecho (juntamente com oráculos proféticos semelhantes contra as nações) demonstra que Deus é zeloso pela justiça e pelo comportamento humanitário em todas as comunidades.

Aliada com isso temos a doutrina bíblica do homem, masculino e feminino, a coroa da criação divina, que leva a semelhança de Deus, que possui valor e dignidade incomparáveis, e por esse motivo deve ser honrado, respeitado e servido. Oprimir os pobres é ofender seu Criador, conforme dizem as Escrituras, e amaldiçoar os seres humanos é desonrar as pessoas "feitas à semelhança de Deus" (Pv 14.31; Tg 3.9). Esse respeito pelos seres humanos por serem semelhantes a Deus é fundamental, segundo a Bíblia, para nossa atitude para com eles. Leva-nos a nos opôr a tudo quanto desumaniza os seres humanos e a apoiar tudo quanto os torna mais humano. O fato é que nada é mais humanizante do que o Evangelho. Devemos, portanto, proclamá-lo pelo mundo inteiro com toda a energia, eficiência, urgência e zelo possíveis. Mas uma vez que as boas-novas da salvação em Cristo tenham colocado as pessoas no relacionamento certo com Deus e as tenham levado a se colocar em pé com firmeza e a levantar a cabeça com um novo respeito-próprio como seus filhos adotados e amados, não podemos passar a deixá-las sozinhas nas condições desumanas da pobreza, da enfermidade e do analfabetismo nos quais tantos milhões estão condenados a viver. Nem mesmo podemos contemplar as mesmas condições desumanas que oprimem os povos não-cristãos e a reagir a elas com compostura e inatividade pelo motivo de suas vítimas não conhecerem a Cristo. Que discriminação desalmada é essa? Elas não levam, também, a imagem de Deus? Toda a opressão não é ofensiva a Deus? Sendo assim, o que desagrada a Deus deve desagradar a nós. Não podemos ficar de fora, sem fazer nada.

Quanto ao nosso Senhor Jesus Cristo, sua mensagem tinha implicações políticas de maior alcance do que se reconhece comumente. Seus contemporâneos certamente pensavam assim, pois mandaram que ele fosse preso, julgado e condenado por sedição. Os líderes judaicos disseram a Pilatos: "Encontramos esse homem subvertendo a nossa nação. Ele proíbe o pagamento de impostos a

César e diz ser ele mesmo o Cristo, um rei" (Lc 23.1,2), ao passo que a inscrição acima da cruz, que identificava o crime pelo qual foi executado, dizia: "ESTE É O REI DOS JUDEUS" (Lc 23.38). É claro que a acusação judaica era parcialmente mentirosa. Jesus nem subvertia a nação, nem proibia tributos a César. Mas realmente declarava ser rei e, de fato, o único Rei, o Rei da parte de Deus. E os líderes judaicos percebiam algo das implicações da alegação de Jesus de ser rei. Posteriormente, na realidade, os judeus continuaram a mesma campanha contra os apóstolos dele. "Esses homens que têm causado alvoroço por todo o mundo...", queixaram-se os judeus em Tessalônica. Ou seja: são subversivos políticos, porque "Todos eles estão agindo contra os decretos de César, dizendo que existe outro rei, chamado Jesus" (At 17.6,7). Tratava-se de calúnia? Ou a acusação era verdadeira? As duas coisas. É lógico que os apóstolos não estavam incitando à revolta. Mas estavam proclamando a soberania suprema de Jesus, e isso necessariamente envolvia negar ao César aquilo que ele mais cobiçava: a homenagem absoluta dos seus súditos, até mesmo a adoração deles. Significava ainda que o rei Jesus tinha uma comunidade de súditos que dele recebiam diretrizes a respeito dos seus valores, dos seus padrões e do seu estilo de vida; que sabiam ter a responsabilidade de serem sal e luz do mundo; e que estavam dispostos, sempre quando houvesse colisão entre essas duas comunidades e seus dois sistemas de valores, a desafiar a César e a seguir a Cristo, mesmo às custas da própria vida. Tudo era muito alarmante para o estabelecimento político cujo interesse principal era manter intocado o *status quo* social.

Mesmo assim, esses argumentos não convencerão os que levantam objeções contra minha tese. Dirão: mesmo reconhecida a existência de reis rivais e de comunidades alternativas, Jesus e os apóstolos não ditavam a César como este devia conduzir os negócios, nem sugeriram como o código penal do Império Romano devia ser melhorado, nem sequer exigiam a abolição da escravidão. É bem verdade que não agiram assim. Mas, por certo, não vamos argumentar com base nesses dados que eles fechavam os olhos à escravidão (continuando essa exemplificação) e que os políticos cristãos que finalmente consquistaram a abolição, primeiro na Grã-Bretanha e depois nos Estados Unidos, estavam enganados na maneira de compreender o seu dever, e que não tinham mandato da parte de Cristo por aquilo que fizeram? Meus oponentes certamente não perseguirão semelhante linha de argumento. Não; todos nós concordamos certamente que William Wilberforce e seus amigos tinham discernido a mente de Deus e que estavam cumprindo a vontade de Deus ao agirem tão corajosamente, que deduziram corretamente das Escrituras que a escravidão (um ser humano ser possessão de outro) é incompatível com a doutrina cristã do homem e com a "justiça" que o próprio Paulo exigia que os donos dos escravos distribuíssem aos seus escravos (Cl 4.1); e que recebiam encorajamento da parte dos púlpitos cristãos a transformar em prática esses princípios bíblicos. Por isso faziam campanha, com perseverança indomitável, não somente em favor da abolição da escravatura ("essa prática muito detestável e iníqua", conforme Wilberforce a chamava)[39] mas também em favor da emancipação dos escravos.

Por que, então, os cristãos não deduziram isso das Escrituras e não se livraram desse mal séculos antes? Deixando de lado a tragédia dos setores cegos, a diferença principal entre os tempos neotestamentários e o século XIX acha-se na situação social e no poder político dos cristãos. Nos primeiros séculos, os cristãos eram uma minoria minúscula, perseguida e destituída de poder. Para eles, a atividade política estava fora de questão. A situação é a mesma com os cristãos em muitos países hoje cuja cultura prevalecente é marxista, muçulmana, hindu, budista ou secular. Em muitas dessas situações, ou não existe governo democrático, ou, caso exista, não tem nenhum (ou extremamente poucos) cristãos no parlamento. Em semelhante estado de impotência política, os cristãos podem pregar e ensinar, argumentar e persuadir (embora com graus diferentes de liberdade), e procurar expor suas crenças e padrões de vida, e suas famílias cristãs consistentes. Mas não podem adotar nenhuma atuação política direta.

---

[39]Jonh C. POLLOCK, *Wilberforce*, p. 53.

O que, no entanto, devemos dizer a respeito do Ocidente, e de alguns países do Terceiro Mundo, onde os cristãos professos até mesmo estão na maioria e a cultura tem sido substancialmente cristã durante séculos? Decerto, nessa situação nossas responsabilidades cristãs são bem diferentes. Embora dificilmente seja a responsabilidade de uma igreja ou denominação em si ocupar-se na atuação política direta, mesmo assim, os indivíduos cristãos e os grupos cristãos devem fazer isso, e devem receber encorajamento do púlpito nesse sentido. Os cristãos, pois, devem evitar os dois erros opostos do *laissez faire* (não fazer nenhuma contribuição ao bem-estar político da nação) e da imposição (procurar impor um ponto de vista minoritário numa maioria que não o queria, como no caso das leis antialcoolismo na América do Norte durante o período da proibicionismo). Em vez disso, lembremo-nos que a democracia é questão de governar com o consentimento dos governados, que o "consentimento" é questão da opinião pública majoritária e que a opinião pública é uma coisa volátil, que está aberta à influência cristã. Os pessimistas responderão que a natureza humana é depravada (e é mesmo), que a utopia está fora do alcance (e está mesmo), e que, portanto, a atividade sócio-política é perda de tempo (mas não é). É realmente absurdo dizer que é impossível a melhoria social por meio da influência cristã. Isso porque o registro histórico demonstra o contrário. Por onde quer que o Evangelho cristão tem ido e triunfado, tem trazido no seu séquito uma nova solicitude pela educação, uma nova disposição de escutar dissidentes, novos padrões de imparcialidade na administração da justiça, uma nova mordomia do meio-ambiente natural, novas atitudes para com o casamento e o sexo, novo respeito para com as mulheres e as crianças, e uma nova resolução compassiva no sentido de aliviar os pobres, curar os enfermos, reabilitar os presos e cuidar dos idosos e moribundos. Além disso, esses novos valores passam a ser expressados, à medida que a influência cresce, não somente nos empreendimentos filantrópicos, mas também na legislação humanitária. Tudo isso ainda está longe de ser a utopia. Nem é o "evangelho social" do liberalismo antiquado que cometia o engano de equiparar o Reino de Deus com a sociedade cristianizada. Pelo contrário, o Reino de Deus é a sua soberania sobre seu povo redimido por meio de Cristo. Mas esse novo povo, com sua nova vida, sua nova visão e seu novo poder tem o propósito de ser o sal e a luz do mundo. Pode impedir a decadência social e difundir a luz do amor, paz e justiça de Cristo, e assim ajudar a moldar uma sociedade que agrade mais ao Deus da compaixão e da justiça do que a sociedade que substituiu.

Não estou sugerindo que o púlpito seja o lugar onde devem ser formulados programas políticos precisos ou de onde são recomendados. Sugiro, sim, que o pastor tem a responsabilidade de esclarecer os princípios bíblicos que se relacionam com os problemas da sociedade contemporânea, de tal maneira que ajude todos a desenvolver um juízo cristão a respeito deles e que inspire e encoraje os formadores de opiniões e políticas na congregação a ocupar posições de influência na vida pública, a aplicar esses princípios bíblicos à vida profissional. É possível que haja políticos na congregação, ou advogados, professores, médicos, industriais, negociantes, escritores, jornalistas, atores, produtores e roteiristas do rádio e da televisão. O púlpito deve ajudá-los a desenvolver seus pensamentos cristãos e, desse modo, penetrar mais profundamente no seu segmento da comunidade humana, em favor de Cristo.

O que é certo é que o púlpito tem influência política, ainda que nada que tenha a mais remota associação com a política chegue, em hipótese nenhuma, a ser pronunciado ali. Pois nesse caso, o silêncio do pregador endossa as condições sóciopolíticas contemporâneas e, em vez de ajudarem a transformar a sociedade e a torná-la mais agradável a Deus, o púlpito fica sendo um espelho que reflete a sociedade contemporânea, e a igreja se conforma com o mundo. É impossível a neutralidade do púlpito. Podemos conseguir evidências amplas para substanciar esse fato na antologia que Paul Welsby fez de 45 sermões anglicanos pregados nos quatrocentos anos anteriores a 1947, publicados com o título *Sermons and society* [*Sermões e sociedade*]. Começa seu prefácio com estas palavras:

> O objeto dessa antologia é ilustrar a atitude dos pregadores anglicanos, a partir dos tempos da Reforma, para com as con-

dições sociais neste país. No decurso de ler os seus sermões, também podemos enxergar, através dos olhos do pregador, como era a vida na Inglaterra nos tempos em que cada sermão foi pregado.[40]

Alguns pregadores concordavam com o *status quo*, ao passo que outros o condenavam. Alguns desaprovavam as reformas, ao passo que outros as promoviam ativamente. Seus sermões nos contam, portanto, a respeito da sociedade e da igreja, e sobre o impacto que cada uma tinha sobre a outra. Na maior parte desse longo período (é triste relatar), "os ensinos sociais da igreja cessaram de contar, porque a própria igreja cessara de pensar". Foi esse o juízo de R. H. Tawney, que Paul Welsby cita.[41] Foi somente a partir do fim do século XIX, argumenta ele, que a Igreja Anglicana se tornou mais influente em favor da mudança social.

LIDANDO COM QUESTÕES CONTROVERTIDAS

Se, pois, é para incluírmos na nossa pregação temas que têm implicações sociais, morais e políticas, como lidaremos com as questões controvertidas? É indubitável que até mesmo cristãos igualmente bíblicos, com o desejo igual de descobrir a mente de Deus na Palavra de Deus e de se submeterem a ela quando for descoberta, chegam a conclusões diferentes e se acham em desacordo doloroso uns com os outros. Como, pois, devemos lidar com semelhantes temas? Podemos seguir qualquer um de três caminhos.

Primeiro: podemos evitar totalmente esses temas. "A controvérsia não tem nenhum lugar no púlpito", podemos dizer. "Quero poder pregar com autoridade e ecoar a fórmula profética 'Assim diz o Senhor', ou declarar com dogmatismo 'Assim diz a Bíblia.' Mas não posso pregar com autoridade a respeito desses assuntos, parcialmente porque até mesmo entre os cristãos são reconhecidamente

---

[40] P. 9.
[41] *Religion and the rise of capitalism*, de R. H. TAWNEY (Pelican, 1938 [p. 171]), in: WELSBY, *Sermons and society*, p. 16.

controvertidos, e parcialmente porque não possuo o conhecimento ou perícia necessários para fazê-lo. Não tenho, portanto, nenhuma saída, e por isso os evitarei".

Essa atitude é compreensível, porém irresponsável. Os cristãos estão clamando por orientação nessas áreas. Querem ser ajudados a pensar a respeito como cristãos. Vamos abandoná-los para nadar sozinhos nessas águas profundas? Esse é o caminho do covarde.

O segundo caminho é adotar uma posição partidária. Nesse caso, ao pregarmos a respeito da guerra, seremos pacifistas inflexíveis (mensageiros da paz) ou militaristas (defensores do uso da força militar); se pregarmos a respeito das realidades econômicas, ou defenderemos o capitalismo ou proporemos o socialismo; ou se pregarmos a respeito dos relacionamentos entre homens e mulheres, entre marido e mulher, abraçaremos ou o feminismo total ou o chauvinismo machista total. Dessa forma, podemos pregar com dogmatismo e paixão. Visto que temos uma posição bem nítida para recomendar, podemos fazê-lo com toda a eloquência e argumentação que conseguimos arregimentar, sem levar em conta pontos de vista alternativos.

Mas isso é abuso do púlpito, que é para a exposição e aplicação da Palavra de Deus, e não para ventilarmos opiniões particulares, nem para fingirmos que temos a infalibilidade de um profeta bíblico ou apóstolo. Além disso, é fraude, por dar a impressão de que existe uma só posição para os cristãos bíblicos sustentarem, e oculta o fato de que outros cristãos bíblicos pensam de modo diferente. Esse é o caminho do dogmatista e, até mesmo, segundo penso, do tolo.

Podemos descobrir um terceiro caminho? Existe uma maneira de lidar com os temas controvertidos no púlpito de modo corajoso, e não covarde; humilde, e não dogmático; prudente, e não estulto? Acho que sim. Trata-se de ajudar os cristãos a desenvolver uma mentalidade cristã. A "mente cristã" (expressão que foi popularizada por Harry Blamires no seu livro com esse título) não é uma mente que esteja pensando nos temas especificamente cristãos ou até mesmo religiosos, mas, sim, uma mente que está pensando em tudo, por mais "secular" que pareça ser, e que assim age "de modo cristão" ou dentro de um quadro cristão de referência. Não é uma mente abarrotada de respostas fáceis a cada pergunta, todas arquivadas de modo organizado como no banco de memória de um computador; pelo contrário, é uma mente que absorveu verdades bíblicas e pressuposições cristãs de modo tão eficiente que consegue enxergar cada questão segundo a perspectiva cristã e assim alcançar um juízo cristão a respeito. O sr. Blamires lastima a perda quase total de uma mente cristã entre os líderes eclesiásticos de hoje: "A mente cristã sucumbiu diante das tendências seculares com um grau de fraqueza e falta de caráter que não tem seu igual na história do cristianismo [...] Como ser *pensante* o cristão moderno tem sucumbido diante da secularização".[42]

Os pregadores devem facilitar a recuperação da mente cristã perdida. Isso porque, mediante nossa exposição sistemática da Bíblia no decurso dos anos, estaremos dando à congregação um arcabouço da verdade. Nele estarão incluídas convicções básicas tais como a realidade do Deus vivo e da sua personalidade amorosa, a dignidade dos seres humanos por causa da Criação e sua depravação por causa da Queda, a propagação do mal e a primazia do amor, vitória e reino de Jesus Cristo, a centralidade da nova comunidade no propósito histórico de Deus, a transiência do tempo e a certeza do *eschaton* do juízo e da salvação. De modo mais singelo, pode-se dizer que uma mente é cristã quando captou com firmeza o quádruplo esquema bíblico da criação, da queda, da redenção e da consumação, e consegue avaliar os fenômenos da vida à luz dele. Portanto, a totalidade da nossa pregação, semana após semana, deve paulatinamente desdobrar "toda a vontade de Deus", contribuindo assim para o desenvolvimento de mentes cristãs na congregação.

Como, pois, essa tarefa se relaciona com a pregação controversial? Como poderemos ajudar os membros da igreja a pensar de modo cristão a respeito de um tema específico de debate? Parece que temos um dever quádruplo. Primeiro: devemos expor com coragem, clareza e convicção o princípio ou princípios bíblicos envolvidos, e

---

[42] *The Christian mind*, p. 3.

aqueles aspectos do assunto que Deus revelou claramente na sua vontade. Em segundo lugar, devemos procurar resumir de modo equitativo as aplicações alternativas que os crentes bíblicos têm feito, e os argumentos que têm levantado para reforçar suas conclusões. Em terceiro lugar, devemos no sentir livres, se acharmos aconselhável, indicar qual o ponto de vista que mantemos, e por quê. E em quarto lugar, devemos deixar a congregação livre, depois de ela ter entendido os princípios que ensinamos e ter pesado na balança as questões que esboçamos, a tomar decisões próprias.

Minha primeira ilustração provém do Oriente Médio. Em duas ou três ocasiões, tive a oportunidade de viajar através de vários países árabes, e assim, experienciar em primeira mão a tensão entre os árabes e os israelenses, e sentir algo do senso de injustiça que os árabes sofrem por causa da questão dos palestinos. "Como os cristãos árabes devem reagir diante dessa situação?" — as pessoas me perguntam. E o que os seus pastores devem dizer a respeito? Parece-me que não seria possível banir do púlpito aquilo que é o tema principal fora dele, nem adotar uma posição partidária extrema como se a justiça estivesse inteira e exclusivamente com uma das partes — e acredito que haja pastores que adotam esses dois métodos. Talvez seja presunção da minha parte, como pessoa não diretamente envolvida, expressar uma opinião a respeito de uma situação tão delicada, mas depois de debates com alguns líderes cristãos locais, penso poder dizer alguma coisa assim: por um lado, existem certas verdades claras das Escrituras que os pastores devem pregar com confiança, por exemplo, que o Deus da Bíblia é o Deus da justiça e não tolera a injustiça em qualquer indivíduo ou nação; que o ódio e a vingança pessoais são completamente proibidos para os cristãos, que Jesus ordenou aos seus seguidores que amassem seus inimigos e expressassem seu amor de modo construtivo mediante ações e orações; que, portanto, toda igreja cristã árabe que se reúne para o culto deve dedicar tempo a orar especificamente por Israel, e cada grupo cristão em Israel deve orar pelos seus vizinhos árabes; que Jesus espera que seus discípulos suportem o sofrimento injusto com paciência e sem retaliação; que ele os chama para ser pacificadores; e que os cristãos que obedecem a todos esses ensinos de Jesus (sejam árabes, sejam israelitas) teriam que se desligar do fanatismo cego e vindicativo de muitos dos seus compatriotas, e por isso podem ser entendidos erroneamente, acusados de ser antipatrióticos, e aviltados. Nada da doutrina exposta anteriormente pode ser chamado controvertido.

Em contrapartida, permanecem áreas perplexas de controvérsia, a respeito das quais o pastor cristão precisaria ser muito menos dogmático. O que a Bíblia ensina a respeito das nações, a respeito da soberania nacional sobre territórios em geral e, em especial, sobre o direito de ocupar a Terra Prometida? Em alguma circunstânia, é certo procurar obter justiça por meios violentos? Os cristãos na milícia devem chegar a atirar para matar? Qual pacificação cristã construtiva é possível? Nessas áreas, o pastor teria de abrir o debate. Quanto à questão da violência e do pacifismo, por exemplo, teria de reconhecer que no decurso da história da igreja, os cristãos têm lutado em lados opostos; que embora todos os cristãos condenem a guerra como iníqua e concordem que é errado matar civis inocentes, alguns têm ido mais longe e insistido que o caminho da cruz exige a renúncia da violência, ao passo que outros têm desenvolvido a teoria da "guerra justa", no sentido de a guerra, em certas situações (relacionadas especialmente com o seu objetivo, com os meios empregados, com o sofrimento envolvido e com o resultado previsto) ser o menor de dois males. Os membros da igreja teriam de ser encorajados a enfrentar a questão, considerar os argumentos e chegar às próprias conclusões.

Posso citar, talvez, como um segundo exemplo, o debate no Ocidente a respeito do aborto. Se alguém pregasse a respeito, o princípio bíblico claro a ser ensinado com autoridade seria a santidade da vida humana. Ou seja: a razão por que o assassínio é considerado nas Escrituras um crime tão hediondo não é tanto por causa da santidade de toda a vida (a qual, levada ao extremo, é um conceito mais budista do que cristão) quanto por causa da santidade da vida *humana*, "porque à imagem de Deus foi o homem criado" (Gn 9.6). A área de debate diz respeito a quando, no seu desenvolvimento, o feto deve ser considerado um ser humano. A posição católica romana é que a partir do momento da concepção existe um ser humano inteiro, com corpo e também com alma. A opinião protestante é que certamente Deus nos conheceu antes de nascermos, que foi ele que nos formou no ventre materno (Sl 139.13-16) e que o feto, a partir do momento da concepção é, no mínimo, um "ser humano sendo feito". Os teólogos protestantes, portanto, têm enfatizado que o filho a nascer (e não apenas a mãe) tem "direitos" que precisam ser protegidos. Por essa razão, não somente têm considerado com horror "o aborto a pedido", como também têm se oposto a todos os abortos, excetuando-se nos casos raros nos quais uma escolha precisa ser feita entre a vida da mãe e a da criança a nascer. Quanto à existência de outros casos extremos nos quais o término, por vias médicas, da gravidez possa ser moralmente justificado (e.g., quando uma moça solteira engravidou ao ser estuprada) é questão de debate aflitivo e consciencioso. Mas os cristãos acharão mais fácil tomar decisões nos casos de sua mente cristã ter captado com firmeza a santidade da vida dos seres humanos semelhantes a Deus tanto quando "estão sendo feitos" como quando estão plenamente desenvolvidos.

Nossa tarefa como pregadores, portanto, nem é evitar todas as áreas de controvérsia, nem fornecer respostas fáceis às questões complexas a fim de poupar as pessoas do esforço de pensar. Qualquer uma dessas abordagens é tratá-las como crianças que não conseguem pensar por conta própria e condená-las à imaturidade perpétua. Em vez disso, é nossa responsabilidade ensinar-lhes com clareza e convicção as verdades claras das Escrituras, a fim de ajudá-las a desenvolver uma mente cristã, e encorajá-las a pensar, por meio dela, a respeito dos grandes problemas dos nossos dias, e assim crescer na maturidade em Cristo.

O CAMINHO CRISTÃO RUMO À MATURIDADE

O pensamento e tomada de decisões com sã consciência são um aspecto indispensável da maturidade humana, que é a razão do elemento chamado "não-diretivo" nos procedimentos modernos de aconselhamento. Fazer escolhas para outras pessoas é tratá-las como crianças e mantê-las nessa condição; ajudá-las a fazer escolhas próprias é tratá-las como adultos e ajudá-las nesse amadurecimento. Os professores e pregadores cristãos precisam empregar seu máximo esforço para salvaguardar essa liberdade humana, e defendê-la contra as manipulações desumanas do mundo secular, tais como vemos em algumas formas de propaganda e *marketing*, bem como da educação.

Em seu famoso livro *The hidden persuaders* [*Os persuasores ocultos*], com o subtítulo "uma introdução às técnicas da persuasão em massa mediante o inconsciente", o autor e jornalista Vance Packard descreveu os norte-americanos como "o povo mais manipulado fora da Cortina de Ferro"[43] por serem constantemente expostos aos "propagandistas de profundidade mental" ou "persuasores em profundidade". Empregando as conclusões da "pesquisa motivacional" (experiências que se correlacionam com nossas razões subconscientes para fazer escolhas), ele argumenta que os promotores de vendas, os peritos em relações públicas, os levantadores de investimentos, os políticos, os industrialistas e outros estão explorando sistematicamente nossas fraquezas ocultas (e.g., nossa vaidade, nossa ambição, nossos temores e nossos desejos sexuais). O livro é divertido. Mas também nos perturba, porque desvenda as possibilidades de persuadir as pessoas embaixo da superfície da sua mente consciente. "Estão sendo feitos esforços em grande escala", escreve Vance Packard, "freqüentemente com sucesso impressionante, para canalizar nossos hábitos inconscientes, nossas decisões de compra e nossos processos mentais mediante o emprego de entendimentos conseguidos da psiquiatria e das ciências sociais".[44] Quer sejamos considerados "consumidores"[45] quer "cidadãos",[46] os persuasores ocultos estão em operação, procurando "invadir a privacidade da nossa mente".[47]

---

[43] P. 9.
[44] Ibid., p. 11.
[45] Ibid., Parte 1.
[46] Ibid., parte 2.
[47] Ibid., p. 216.

A outra esfera da manipulação é a educação. Muitos têm escrito a respeito. Mas o autor que escolhi para ilustrar esse perigo é Paulo Freire, que nasceu em Recife, no nordeste do Brasil, em 1921. Experimentando pessoalmente as dores cruciantes da fome quando era menino de apenas onze anos de idade, jurou que lutaria contra a fome no mundo. Passou a ser Secretário de Educação e Coordenador Geral do "Plano Nacional de Alfabetização de Adultos", mas depois do golpe militar de 1964 foi primeiramente encarcerado e depois exilado. A partir de então, passou a trabalhar no Chile, em Harvard e em Genebra. Sua preocupação principal era o que chamava "a cultura do silêncio", ou seja, a condição de ignorância e de passividade na qual são submergidas as massas latino-americanas. Por isso, no seu livro *Pedagogy of the opressed* [*Pedagogia do oprimido*] defende sua "conscientização", um processo educacional na qual primeiramente percebem com exatidão a sua realidade social e depois atuam para transformá-la. Ora, Paulo Freire é claramente marxista, e, portanto, existem algumas características do seu livro que acho contrários ao meu gosto e inaceitáveis. Apesar disso, não acho que seu compromisso com o marxismo nos dá motivo algum para rejeitar sua tese educacional principal. Freire contrasta entre si dois conceitos da educação. O primeiro é a "educação narrativa", assim chamada porque envolve "um sujeito que narra (o professor) e os objetos pacientes que escutam (os alunos)". Transforma os alunos em "receptáculos" ou "recipientes" que os professores passam a encher. "A educação, portanto, fica sendo um ato de depositar, no qual os alunos são os depositórios, e o professor, o depositor. Em vez de se comunicar, o professor emite comunicados. Esse é o conceito "depósitos bancários" da educação."[48]

O conceito alternativo, que o próprio Paulo Freire defende, chama de "postular problemas" por contraste com "fazer depósitos".[49]

---

[48] P. 45-6. [Publicado em português com o título *Pedagogia do oprimido* (Rio de Janeiro: Paz e Terra, 1981).]
[49] Ibid., p. 52.

Pressupõe uma situação de diálogo na qual os professores e os alunos juntos confrontam a realidade e ajudam uns aos outros a refletir sobre ela de modo crítico. Resume da seguinte maneira a diferença entre esses dois conceitos:

> Ao passo que a educação "bancária" anestesia e inibe o poder criativo, a educação da postulação de problemas envolve o desvendamento constante da realidade. Aquela procura manter a *submersão* da consciência; esta esforça-se em favor da *emergência* da consciência e da *intervenção crítica* na realidade.[50]

Além disso, é nisso que o homem se distingue mais claramente dos animais. Os animais, segundo argumenta, são "não-históricos" porque nem podem refletir sobre a sua situação, nem "estabelecer objetivos", nem propositalmente "assumir o compromisso" com a transformação da realidade. Por contraste, os seres humanos têm consciência de si mesmos e do mundo, e podem estabelecer objetivos para a mudança.[51] Além disso, "os animais não consideram o mundo; estão imersos nele. Os homens, ao contrário, emergem do mundo, objetivam-no, e ao agirem assim conseguem entendê-lo e transformá-lo com seu trabalho".[52] Sem essa reflexão e ação não seriam plenamente humanos. É, pois, por meio de pensar e agir que cessam de ser meros objetos do domínio e manipulação dos outros, e eles mesmos se tornam sujeitos, tomando a história nas próprias mãos.[53]

Tanto na propaganda quanto na educação, portanto, é possível ou manipular as pessoas ou servir a elas, quer para desumanizá-las, quer para ajudá-las a crescer na maturidade humana. A mesma opção confronta o pregador. É verdade que a pregação é um processo diferente, e até mesmo incomparável, porque envolve lidar com a Palavra ins-

---

[50]Ibid., p. 54.
[51]Ibid., p. 70-3.
[52]Ibid., p. 96.
[53]Ibid. V. p. 87, 101, 135.

pirada e autorizada de Deus. Mesmo assim, nunca devemos brandir a autoridade da Palavra de Deus de tal maneira que destruamos a humanidade das pessoas. Isso porque o próprio Deus, por amor às pessoas que fez à sua própria imagem, se dirige a nós como seres humanos. Respeita a mente e vontade que ele nos tem dado; recusa-se a nos coagir e, pelo contrário, pede nossa resposta bem pensada, amorosa e livre. Não é por isso que os escritores bíblicos encorajam os seus leitores a desenvolver a escuta crítica? Eliú teve razão ao dizer que "o ouvido prova as palavras como a língua prova o alimento", tendo em vista saboreá-lo ou cuspi-lo". Assim com o alimento, assim também as idéias, continua Eliú: "Tratemos de discernir juntos o que é certo e de aprender o que é bom" (Jó 34.1-4). Semelhantemente, no Novo Testamento, foram ordenados "examinem os espíritos para ver se eles procedem de Deus", e realmente "ponham à prova todas as coisas" pois somente assim poderiam "ficar com o que é bom" e "afastar-se de toda forma de mal" (1Jo 4.1; 1Ts 5.19-22). Até mesmo mensagens que alegavam ser inspiradas precisavam ser avaliadas à luz da doutrina apostólica. Dessa maneira, o conhecimento e discernimento cristãos cresceriam paulatinamente, e os cristãos se tornariam "maduros" e "pelo exercício constante" se tornariam "aptos para discernir não somente o bem mas também o mal" (Fp 1.9,10; Hb 5.14).

Nós, que somos chamados para ser pregadores cristãos hoje, devemos fazer o possível para ajudar a congregação a deixar para trás os lemas emprestados e os lugares-comuns mal-considerados e, pelo contrário, desenvolver seus poderes da crítica intelectual e moral, ou seja, sua capacidade de distinguir entre a verdade e o erro, entre o bem e o mal. É natural que devamos encorajar uma atitude de submissão humilde às Escrituras, mas, ao mesmo tempo, deixar claro que não afirmamos nenhuma infalibilidade pelas nossas interpretações das Escrituras. Devemos conclamar nossos ouvintes a "testar" e "avaliar" nossos ensinamentos. Devemos dar as boas-vindas às perguntas, e não nos ressentir delas. Não devemos querer que as pessoas fiquem "encantadas" com nossa pregação, nem hipnoticamente fixadas nas nossas palavras, nem embebidas nelas como esponjas. Desejarmos que as pessoas dependam assim de nós, sem a mínima crítica, merece a denúncia ferrenha de Jesus, por quererem ser chamados "Rabi" pelas pessoas (Mt 23.7,8). O povo de Beréia, por contraste, foi elogiado por ser até mesmo mais "nobre" do que o de Tessalônica, porque combinaram entre si a receptividade entusiasta com a escuta crítica: "... pois receberam a mensagem com grande interesse, examinando todos os dias as Escrituras, para ver se tudo era assim mesmo" (At 17.11).

Esse tipo de mente aberta, porém interrogadora, fica implícito até na metáfora "pastoral". É verdade que as ovelhas são freqüentemente descritas como criaturas "dóceis", e talvez assim sejam, mas são razoavemente discriminadoras no tocante ao que comem, e certamente não são onívoras, sem críticas, como as cabras. Além disso, o modo de o pastor alimentá-las é relevante. Na realidade, nem sequer as alimenta (excetuando-se talvez no caso de um cordeiro enfermo que talvez pegue nos braços e alimente por mamadeira); pelo contrário, ele as leva a boas pastagens para elas se alimentarem sozinhas da relva.

Concluindo, quero resumir as características principais de um ministério de pregação que é concebido como uma atividade de construir pontes entre a Palavra revelada e o mundo contemporâneo. Semelhante pregação será autoritativa na exposição dos princípios bíblicos, mas experimental em aplicá-los às questões complexas dos nossos tempos. Essa combinação entre o autoritativo e o experimental, entre o dogmático e o agnóstico, entre a convicção e a mente aberta, entre ensinar as pessoas e deixá-las livres para tomar decisões próprias é extremamente difícil manter. Mas a mim me parece ser o único modo, por um lado, manusear a Palavra de Deus com integridade (declarar aquilo que fica óbvio, mas não fingir que tudo é tão simples assim quando não o é) e, por outro, conduzir o povo de Deus à maturidade (ao encorajá-lo a desenvolver uma mente cristã, e a usá-la).

CAPÍTULO CINCO

A chamada ao estudo

Se é para construir pontes para o mundo real e procurar relacionar a Palavra de Deus com os temas principais da vida e as questões principais do dia, precisaremos levar a sério tanto o texto bíblico quando o cenário contemporâneo. Não podemos nos dar ao luxo de permanecer em um ou outro lado do abismo cultural. Retirar-nos do mundo para dentro da Bíblia (escapismo) ou da Bíblia para dentro do mundo (conformismo) será fatal para o nosso ministério de pregação. Qualquer um desses erros torna impossível a construção de pontes e inevitável a não-comunicação. Em vez disso, é nossa responsabilidade explorar os territórios em ambos os lados do abismo até nos tornarmos totalmente familiarizados com eles. Somente então discerniremos as relações entre eles e poderemos falar a Palavra divina à situação humana com algum grau de sensibilidade e exatidão.

Semelhante exploração implica estudo. Não existe a mínima dúvida de que os melhores mestres em qualquer campo do conhecimento são os que permanecem na condição de estudantes a vida inteira. Isso é especialmente verdade a respeito do ministério da Palavra. "Ninguém chegará a ser bom ministro da Palavra de Deus a não ser que seja, em primeiro lugar, um estudioso da mesma"

(Calvino).¹ Spurgeon tinha a mesma convicção: "Aquele que cessou de aprender cessou de ensinar. Aquele que já não semeia na sala de estudo, não mais semeará no púlpito".²

Existe frescor e vitalidade a respeito de cada sermão que nasce do estudo; sem o estudo, no entanto, os olhos ficam embaçados; o hálito, mofado; e o tato, rude. "A vida do pregador deve ser uma vida de ampla acumulação", disse o bispo Phillips Brooks nas suas Preleções de Yale em 1877. Continuou:

> Não deve sempre estar tentando fazer sermões, mas sempre procurando a verdade, e a partir da verdade que conquistou, os sermões farão a si mesmos [...] Aqui temos a necessidade de cultura ampla e generosa. Aprenda a estudar por amor à verdade, aprenda a pensar por amor ao proveito e a alegria de pensar. Então os sermões serão como o saltitar de uma fonte, e não como o bombear de uma bomba.³

O evangelista mais famoso entre aqueles que hoje vivem dirige a mesma exortação aos pregadores atuais. Falando a aproximadamente 600 clérigos em Londres, em novembro de 1979, Billy Graham disse que se voltasse à estaca zero no ministério faria duas mudanças. Os ouvintes pareciam assustados. O que ele queria dizer? Primeiro, continuou, estudaria três vezes mais do que fizera. Aceitaria menos convites para pregar. "Preguei demais", disse ele, "e estudei insuficientemente". A segunda mudança é que dedicaria mais tempo à oração. Além disso, ao enfatizar essas coisas, deve ter ecoado deliberadamente a resolução apostólica: "... nos dedicaremos à oração e ao ministério da palavra" (At 6.4). Porque comentei, com apreço, a respeito daquilo que dissera, o dr. Graham me escreveu no dia seguinte e acrescentou: "Lembro-me que o dr. Donald Grey Barnhouse (da Décima Igreja Presbiteriana de Fila-

---

¹Do seu comentário sobre Dt 5.23s.
²*All-round ministry*, p. 236.
³*Lectures*, p. 159-60.

délfia) disse certa vez: 'Se eu tivesse somente três anos para servir ao Senhor, gastaria dois deles estudando e me preparando'".

O ESTUDO DA BÍBLIA

Visto que o pastor cristão é chamado primariamente ao ministério da Palavra, o estudo das Escrituras é uma das suas responsabilidades principais, à qual se compromete na sua ordenação. Isso fica muito claro no Ordinal da Igreja Anglicana de 1662. Na sua exortação aos candidatos, o bispo diz:

> Já que vocês não podem por nenhum outro meio dar conta da prática de uma obra de tamanho vulto, pertencente à salvação do homem, a não ser mediante a doutrina e a exortação tiradas das Sagradas Escrituras, e com uma vida em consonância com as mesmas, considerem quão estudiosos vocês devem ser na leitura e aprendizagem das Escrituras [...] Temos boas esperanças de que vocês pesaram e ponderaram pessoalmente essas coisas muito antes desse momento; e que vocês resolveram com clareza, mediante a graça de Deus, que se dedicarão totalmente a esse Ofício para o qual Deus tem se agradado em chamar vocês: de modo que, tanto quanto depender de vocês, vocês se aplicarão totalmente a essa única coisa e encaminharão nessa direção todos os seus esforços e estudos; e que vocês orarão continuamente a Deus Pai, pela mediação do nosso único Salvador Jesus Cristo, pela ajuda celestial do Espírito Santo; que, pela leitura e exame diários das Escrituras, vocês fiquem sendo cada vez mais maduros e fortes no seu ministério...

Quanto mais alto for nosso conceito da Bíblia, tanto mais cuidadoso e consciencioso deve ser nosso estudo dela. Se esse livro é realmente a Palavra de Deus, que não haja mais exegese esfarrapada e desleixada! Precisamos criar tempo para penetrar no texto até este entregar os seus tesouros. Somente quando nós mesmos tivermos absorvido a sua mensagem, é que poderemos reparti-la confiantemente com o próximo. Quando Samuel escutou a Deus, este falou com ele; depois, quando Samuel falou a Israel, os israelitas o escutaram (1Sm 3.9-4.1). Semelhantemente, antes de Ezequiel ter condições para falar ao povo a Palavra de Deus, ele mesmo tinha de devorá-la e digeri-la. Deus disse a ele: "Filho do homem, coma este rolo; depois vá falar à nação de Israel" (Ez 3.1).

Nosso estudo da Bíblia deve possuir três características, pelo menos.

Primeira: deve ser *abrangente*. O homem "não se qualifica a ser um pregador da Palavra", escreveu John Huxtable, "por fazer visitas semanais ao Bom Livro para descobrir alguma cavilha onde possa dependurar algumas observações avulsas a respeito dos homens e dos negócios".[4] Leituras esporádicas e a esmo nas Escrituras não basta. Nem devemos nos limitar às passagens prediletas, nem nos concentrar no exame microscópico de alguns textos chaves. Selhante conhecimento e o uso seletivo das Escrituras entregam o jogo ao Diabo. Toda heresia se deve a uma ênfase exagerada a alguma verdade, sem permitir que outras verdades a qualifiquem e equilibrem. A indução bíblica é a única maneira segura de começar a teologia; trata-se de proceder, a partir de uma ampla variedade de textos específicos, a conclusões gerais. Mas pressupõe conhecimentos eficientes das particularidades diversas das Escrituras. É dessa maneira que surgem os grandes temas das Escrituras. Somente então é que ficamos prontos para uma abordagem mais dedutiva, à medida que examinarmos cada parte à luz da totalidade.

Estou pessoalmente grato ao dr. Martyn Lloyd-Jones, anteriormente ministro da Westminster Chapel, por me indicar, lá pelos anos de 1960, o "Calendário de leitura da Bíblia", de Robert Murray McCheyne. Este o produziu em 1842 para os membros de St. Peter's Church em Dundee, Escócia, que estava pastoreando naqueles tempos.[5] Capacita a pessoa a ler a Bíblia inteira todos os anos, sendo uma vez o Antigo Testamento, e duas vezes, o Novo Testa-

---

[4] *The preacher's integrity and other lectures*, p. 25.
[5] Ainda pode ser adquirido de Banner of Truth Trust, 3 Murrayfield Road, Edimburgo, Escócia.

mento. Conforme o dr. Martyn Lloyd-Jones escreveu subseqüentemente em *Preaching and preachers* [*Pregação e pregadores*]: "Eu diria que todos os pregadores devem ler a Bíblia na sua inteireza pelo menos uma vez por ano [...] Esse deve ser o mínimo exigido da leitura bíblica do pregador".[6] O lecionário de McCheyne determina quatro capítulos a serem lidos diariamente. Sua intenção naqueles dias vitorianos tranqüilos era que dois fossem lidos nas devoções particulares (de manhã e de tarde) e os outros dois, nas orações familiares (também de manhã e de tarde) todos os dias. Minha prática tem sido preferir ler três capítulos todas as manhãs, dos quais dois são lidos e, se possível, o terceiro estudado, e guardar o quarto para o entardecer. O que ajuda especialmente no esquema de McCheyne é o modo de ele ajustar os capítulos. Não começamos no dia 1.º de janeiro com Gênesis de 1 de 4, para continuar, então, com Gênesis de 5 a 8 em 2 de janeiro e com Gênesis de 9 a 12 em 3 de janeiro. Pelo contrário, começamos no dia do Ano-Novo com os grandes inícios das Escrituras": Gênesis 1 (o nascimento da Criação), Esdras 1 (o renascimento da nação), Mateus 1 (o nascimento de Cristo) e Atos 1 (o nascimento de igreja cristã). Dessa forma, seguimos as linhas paralelas do propósito de Deus que se desdobra. Em um dia, podemos estar lendo a respeito dos patriarcas, de Ester, do ministério de Jesus e das viagens de Paulo; em outro dia, podemos estar seguindo os fortúnios da monarquia, escutando a mensagem de um profeta, estudando o retrato que João pintou de Jesus, tendo um vislumbre do futuro revelado pelo Apocalipse. Nada tem me ajudado mais do que contemplar a paisagem desdobrada das Escrituras e captar seus temas subjacentes e recorrentes.

Se esperamos ajudar nossa congregação a desenvolver uma mente cristã, nós mesmos teremos de desenvolver uma. E a única maneira de assim fazer é embeber nossa mente nas Escrituras. "Dominem bem a Bíblia, irmãos", disse Spurgeon aos seus alunos; "sejam

---

[6] *Preaching and preachers*, p. 172. [Publicado em português com o título *Pregação e pregadores* (São Paulo: Fiel, 1984).]

quais forem as outras obras que vocês não pesquisaram, sintam-se à vontade com os escritos dos profetas e dos apóstolos. 'Que a Palavra de Deus habite ricamente em vocês'".[7] "Entender a Bíblia, essa deve ser nossa ambição; devemos ter familiaridade com ela, assim como a dona de casa tem familiaridade com a agulha, o comerciante com os livros contábeis, o marinheiro com o navio".[8] De novo: "... é bem-aventurado comer da própria alma da Bíblia até, finalmente, [...] seu sangue ser "biblino" e a própria essência da Bíblia fluir de vocês".[9] Ensopar, assim, a mente nas Escrituras era um segredo muito importante dos pregadores poderosos do passado. "Orígines, o maior estudioso da igreja primitiva [...] parece ter mantido a totalidade das Escrituras dissolvidas na sua mente", escreveu o bispo Stephen Neill, ao passo que os sermões de Crisóstomo contêm sete mil citações do Antigo Testamento e onze mil do Novo.[10]

Se nosso estudo da Bíblia precisa ser abrangente, precisa também ser *de mente aberta*. Isto é, devemos desejar genuinamente, por meio da leitura bíblica, escutar e obedecer à Palavra de Deus, sem distorcer seu significado nem evitar o desafio. Com é possível agir assim? Até aqui, ao pensarmos na pregação como um exercício de construção de pontes entre os mundos ou culturas bíblicos e modernos, concentramos nossa atenção na necessidade de relacionar um com o outro. Mas pouca coisa temos dito a respeito do terceiro fator na operação: o próprio construtor de pontes, que talvez pertença a ainda outra cultura. Aliás, a disciplina emocionante, porém exigente, da comunicação cristã diz respeito ao intercâmbio entre essas três culturas. O pregador ou evangelista diz para si mesmo: "Como posso, tendo sido criado em determinada cultura, usar determinado texto bíblico que foi dado numa segunda cultura, e expô-lo diante de um povo que pertence a uma terceira cultura,

---

[7] *Lectures*, 2.ª série, p. 25.
[8] Ibid., 1.ª série, p. 195.
[9] Richard Elsworth DAY, *The shadow of the broad brim*, p. 131.
[10] *On the ministry*, p. 67.

sem perverter a mensagem nem a deixar ininteligível?". Nossa preocupação neste momento não diz tanto respeito à exposição das Escrituras, tanto quanto a nossa leitura pessoal e compreensão dela. Para isso, devemos levar com a máxima seriedade as duas culturas envolvidas, a saber, a do texto bíblico, por um lado, e a nossa, por outro lado, que estamos tentando interpretá-lo. Esse é o grande mérito do que agora é referido como a "nova hermenêutica", que enfatiza essa necessidade.

Logo de início, teremos que nos transportar de volta, pelo emprego tanto dos nossos conhecimentos quanto da nossa imaginação, para o contexto do escritor bíblico, até começarmos a pensar o que ele pensava e sentir o que ele sentia. Nossa responsabilidade não é assimilar as opiniões dele nas nossas, por impor as nossas naquilo que ele escreveu, mas assimilar nossas opiniões nas dele, por nos esforçarmos a penetrar no coração e na mente do autor sagrado. A fim de atingir esse objetivo, precisamos de mais do que entendimento imaginativo da situação dele; precisamos também de autocrítica no tocante à nossa situação. É essencial deixar de lado a ilusão do que nos aproximamos do texto bíblico como investigadores inocentes, objetivos, imparciais e isentos de alguma cultura, pois não somos nada disso. Não, os óculos através dos quais examinamos a Bíblia têm lentes culturais. E a mente com a qual pensamos a respeito da Bíblia, por mais aberta que conservemos essa mente, não está vazia. Pelo contrário, está cheia de preconceitos culturais. Portanto, embora não possamos nos livrar totalmente da nossa herança cultural, devemos ter consciência do nosso preconceito cultural. Devemos também procurar, cada vez mais, garantir que as pressuposições com as quais abordamos a Bíblia não são tiradas de fora dela (e.g., as dos humanistas, dos capitalistas, dos marxistas ou dos secularistas científicos), mas são pressuposições cristãs fornecidas pela própria Bíblia.

Aqui, então, temos dois horizontes culturais: o do autor bíblico e o do leitor da Bíblia. Conforme o dr. Tony Thiselton resume no livro *Two horizons* [*Os dois horizontes*] (1980) — plenamente pesquisado e estreitamente argumentado —, "a compreensão ocorre quando dois conjuntos de horizontes são levados ao mútuo relacionamento, a saber, os do texto e os do intérprete".[11] Como, pois, devem se relacionar entre si? A expressão "o círculo hermenêutico" tem sido usada de várias maneiras, das quais algumas são inaceitáveis porque dão a impressão de que o intérprete controla o significado do texto. Mas, pelo contrário, é o texto que desafia o intérprete. O "círculo hermenêutico" verdadeiro é um tipo de diálogo entre as Escrituras e nós, no qual a Escritura é a parceira majoritária, ou um "jogo dinâmico entre o texto e os intérpretes". Não é difícil entender por que isso é necessário. Quando explanamos a Bíblia, tanto as perguntas que temos em mente, quanto as respostas que esperamos receber, são determinadas pelos nossos antecedentes culturais. "O que receberemos de volta, no entanto, não serão apenas respostas, mas mais perguntas. À medida que nós nos dirigimos às Escrituras, elas se dirigem a nós. Descobrimos que nossas pressuposições culturalmente condicionadas estão sendo desafiadas, e nossas perguntas, corrigidas. Na realidade, somos compelidos a reformular nossas perguntas anteriores e fazer perguntas novas. Assim procede a interação viva". À medida que isso acontece, nosso entendimento de Deus e de sua vontade, a nossa fé e obediência continuamente crescerão e se aprofundarão. É "um tipo de espiral para cima, no qual as Escrituras sempre permanecem centrais e normativas".[12]

Essas são algumas das implicações de uma explanação "com mente aberta" das Escrituras. Precisamos abrir nossa mente suficientemente para arriscar ouvir o que não queremos ouvir. Isso porque fomos ensinados a chegar até à Bíblia buscando consolo. O próprio Paulo não escreve a respeito do "bom ânimo procedente das Escrituras" (Rm 15.4)? Portanto, naturalmente, acalentamos a esperança de que, mediante a leitura bíblica, sejamos consolados; não temos nenhum desejo de ser perturbados. Daí, tendemos a tratá-las com nossas decisões já feitas, desejosos de ouvir nada mais do que os

---

[11] P. 103.
[12] *Willowbank report*, p. 11.

ecos consoladores dos nossos preconceitos. Além disso, não é difícil nos isolar contra os desafios da Palavra de Deus, ou levantar barricadas contra as incursões mal recebidas feitas pelo próprio Deus. As próprias duas culturas a respeito das quais estávamos pensando — a dos autores e a dos leitores bíblicos — podem agir como duas camadas de almofadagem grossa para nos proteger contra o impacto ou, às vezes, o choque, da Palavra que Deus quer nos falar. O primeiro passo em direção a nos abrirmos à sua Palavra, é termos consciência do revestimento protetor que precisará ser removido. Precisamos estar dispostos para o próprio Deus determinar as regras fundamentais, e resolver o que ele mesmo quer nos dizer, por menos que isso nos agrade. Não possuímos liberdade para circunscrevê-lo, nem para sugerir linhas de demarcação dentro das quais estejamos dispostos a negociar. Pelo contrário, precisaremos derrubar as barreiras culturais e nos esforçar para abrir o coração e a mente para escutar tudo quanto Deus tem para dizer.

Em terceiro lugar, o estudo da Bíblia precisa produzir *expectativa*. Duas condições, pelo menos, são hostis à expectativa jubilosa que deve ser nossa atitude ao versar sobre as Escrituras. A primeira é o pessimismo, que em algumas pessoas é despertado pelo próprio debate hermenêutico em si só. A interpretação das Escrituras passou, agora, a parecer tão complicada que tais pessoas se tornam cínicas e perdem a esperança de chegar a conseguir um entendimento genuíno e equilibrado da Palavra de Deus. Mas se a nova hermenêutica realmente tivesse colocado a interpretação bíblica além do alcance de todos, menos dos profissionais, teríamos de condená-la como aberração perigosa. Isso porque as Escrituras visam pessoas comuns, tais como nós. Até mesmo 1Coríntios, com todos os seus ensinos profundos sobre a doutrina, a ética e a ordem eclesiástica, foi endereçada a uma comunidade à qual pertenciam "não muitos sábios". A nova hermenêutica não cancelou a bênção da Reforma Protestante, no entanto, nem voltou a arrancar as Escrituras das mãos do povo leigo. Um pouco de paciência em aprender a captar e a aplicar princípios ainda não familiares deve nos curar do pessimismo prematuro.

A segunda condição que milita contra a expectativa é o bolor espiritual, e este pode ser um problema importante para todos os pastores. Se lermos a totalidade da Bíblia todos os anos, depois de uns poucos anos passamos a achar que a conhecemos razoavelmente. A tentação é ficarmos acomodados e tratarmos nossa leitura diária sem nenhuma expectativa muito viva de que Deus vai nos falar por meio dela. Pelo contrário, devemos ter confiança, segundo as palavras famosas de John Robinson, pastor da Igreja Separatista na Holanda, de onde embarcaram os pais peregrinos no *Mayflower* em 1620, que Deus tem ainda "mais verdade e luz para saírem raiando da sua santa Palavra". Precisamos, portanto, nos "apresentar [...] ao SENHOR" todos os dias, assim como os anjos (Jó 1.6; 2.1), e pedir que Deus "desperte nosso ouvido para escutar" (Is 50.4) como o seu Servo, e pedir, como Samuel, que Deus fale, porque o seu servo está escutando (1Sm 3.10). Precisamos "clamar por entendimento e por discernimento gritar bem alto", e "procurar a sabedoria como se procura a prata e buscá-la como quem busca um tesouro escondido", pois então entenderemos e "acharemos o conhecimento de Deus" (Pv 2.3-5). Semelhante procura persevera mesmo diante do que parece ser um repúdio. Agarra-se em Deus da mesma maneira que Jacó, e se recusa a soltá-lo a não ser que ele nos abençoe, e não antes (Gn 32.26). É esse espírito de expectativa animada e resoluta que Deus honra. Ele promete que encherá os famintos de coisas boas; somente os satisfeitos consigo mesmos são despedidos por ele de mãos vazias (Lc 1.53). Portanto, não devemos nos entregar à caduquice espiritual, como se fosse normal ou até mesmo tolerável, mas devemos orar, pedindo o refrigério do Espírito Santo a fim de que, se nosso apetite ficar embotado, ele o aguçará, e se nosso coração ficar frio, ele reacenderá dentro de nós o fogo da expectativa.

Nesse estudo abrangente, de mente aberta e com expectativa, embora a própria Bíblia sempre seja nosso livro-texto, é lógico que aproveitaremos as muitas ajudas que hoje nos são disponíveis. Os livros são ferramentas fundamentais do pregador. Até que ponto a nossa leitura teológica ficará bem ampla dependerá do tempo que tivermos disponível, e em que concentraremos nossos estudos dependerá dos nossos interesses individuais. De qualquer forma, já que tão grande enxurrada de livros teológicos sai fluindo das máquinas de impressão das editoras, todos precisamos ser severamente seletivos, o que significa que devemos examinar as resenhas dos livros e pedir, uns aos outros, sugestões a respeito de quais seriam os livros mais importantes. Seria aconselhável ler livros antigos — e não somente os novos — sobretudo os clássicos cristãos que expõem as passagens e doutrinas bíblicas, e os quais, tendo sido aprovados nos exames feitos durante longo tempo, freqüentemente são mais valiosos do que os escritos modernos transitórios. Ao mesmo tempo, precisaremos ficar em dia com os debates teológicos modernos, pelo menos de modo geral, se não nos pormenores, e por meio de artigos que os resumem nas revistas teológicas, se não for mediante a leitura dos livros propriamente ditos. Isso porque semelhantes debates não permanecem durante muito tempo nas torres de marfim acadêmicas, mas rapidamente recebem publicidade no rádio e na televisão, e não demora muito para penetrarem nos livros-texto escolares. Nossa congregação, portanto, esperará que não somente tenhamos consciência da controvérsia atual, mas também que possamos ajudá-la a assumir um ponto de vista bem-pensado a respeito.

A história é outra dimensão vital do estudo teológico. Poucas verdades ou heresias são novas; a maioria delas são idéias antigas requentadas. Alguns conhecimentos da teologia histórica nos oferecem uma perspectiva bem-ajustada a partir de onde podemos contemplar as últimas modas doutrinárias.

A biografia, também, produz equilíbrio, sabedoria e encorajamento, à medida que ficarmos sabendo como Deus tem lidado com outros cristãos em outros tempos e lugares. E em toda essa leitura, nosso objetivo não é tanto o acúmulo dos conhecimentos quanto o estímulo para pensar de modo cristão.

À medida que os livros se tornam cada vez mais caros, os habitantes das cidades no Ocidente ficam cada vez mais gratos pelo acesso a boas bibliotecas públicas. Além disso, cada igreja local deve conseguir organizar uma biblioteca pequena de empréstimo e de consulta, e os pastores podem emprestar livros uns aos outros, bem como aos membros das suas igrejas.

Quanto à "biblioteca bem planejada", que John Wilkins, bispo de Chester no século XVII, recomendou que os clérigos montassem,[13] vamos provavelmente nos concentrar em livros essenciais de consulta (referência), especialmente os dicionários e os comentários, que precisaremos consultar repetidas vezes.

Freqüentemente, aponho-me desejando que as reuniões dos clérigos locais, quer denominacionais, quer interdenominacionais, pudessem ser mais eficazes na estimulação dos pensamentos. Quando nos encontramos temos, sem dúvida, a obrigação de tratar de alguns negócios, mas também poderíamos encorajar uns aos outros no estudo. A segunda metade do século XVIII era o período grandioso para a fundação de sociedades para o clero inglês, sobretudo para os evangélicos. A primeira foi a "Associação do Clero", de Samuel Walker, em Truro (c. 1750), cujo propósito era "fortalecer uns dos outros na obra do Senhor". Nos anos que se seguiram, cerca de dez outras sociedades surgiram em partes diferentes do país. "Por que não podemos nos reunir para orar, enquanto outros se reúnem para jogar boliche?", perguntou Thomas Robinson de Leicester. "Por que não podemos realizar assembléias deliberativas, enquanto outros dos nossos irmãos têm suas assembléias para dançar e beber? Por que não procuramos edificar uns aos outros, enquanto eles não se importam se corrompem uns aos outros?" Dessas sociedades, a mais famosa e influente era a Sociedade Eclética, fundada em 1783 por John Newton, anteriormente capitão marítimo e comerciante de escravos, mas que passou a ser reitor de St. Mary Woolnoth na Cidade de Londres, juntamente com seus amigos. Reuniam-se segunda-feira sim, segunda-feira não. "Começamos tomando chá", escreveu Newton (o bule do chá é conservado na Casa Misionária da Igreja, em Londres); "depois uma oração breve introduz uma conversa de cerca de três horas a

---

[13] *Ecclesiastes,* p. 31.

respeito de um assunto proposto, e é raro perdermos o ritmo". Acrescentou que o grupo merecia ser chamado a Sociedade Real, visto que "confio que todos os membros pertencem à família real, e o próprio Rei se condescende em encontrar-se conosco".[14]

O MUNDO MODERNO

Os estudos bíblicos e teológicos não produzem, por si só, boa pregação. São indispensáveis. Mas sem serem suplementados por estudos contemporâneos, podem nos manter desastrosamente isolados num só lado do abismo cultural. David Read enfrentou esse perigo quando, como Capelão da Universidade de Edimburgo, proferiu suas Preleções Warrack de 1951. "'Quem me dera asas de pombo! Para bem longe eu migraria' é por demais freqüentemente a antífona apropriada antes do sermão", disse ele. Isso porque, repetidamente, nossa pregação soa remota, separada da sociedade, "intocada pelas suas agonias, imaculada nos seus ideais irrelevantes".[15] Passou a repetir a descrição que um ministro jovem fez daquilo que considerava "a planta de construção ideal para uma igreja com a casa pastoral". A planta é a seguinte:

> A característica de maior destaque era um longo corredor reto, tendo, numa das extremidades, uma porta que dava acesso à sala de leitura da casa pastoral e, na outra extremidade, uma

---

[14]Michael HENNELL, *Jonh Venn and the Clapham sect*, p. 84. As notas de Josiah Pratt sobre os debates da Sociedade Ecléctica entre 1798 e 1814, editadas pelo seu filho John H. Pratt, foram publicadas pela primeira vez em 1856 e relançadas pela Banner of Truth Trust em 1978. A Sociedade Ecléctica original cessou suas atividades em meados do século XIX. Em abril de 1955, tendo reconhecido na nossa geração (assim Newton enxergou na geração dele) da "mútua intercomunhão religiosa [...] e da investigação da verdade espiritual", saiu um convite da All Souls Church, Langham Place, para 22 clérigos evangélicos jovens tirarem juntos um dia de folga para fundar de novo a Sociedade Ecléctica. A partir daqueles começos modestos foi crescendo espontaneamente até ter atingido, já em 1966, uma afiliação de mais de mil membros em dezessete grupos regionais. Agora está limitada aos clérigos e leigos evangélicos de menos de quarenta anos de idade e, portanto, é menor, mas continua sendo influente.

porta de entrada ao púlpito da igreja [...] a grande estrada para a Palavra do Senhor, o caminho reto da mente do pregador até o coração dos ouvintes.

Nada de interrupções ou distrações. Mas, continuou David Read:

... aquela sala de leitura, teologicamente almofadada e isolada, é uma câmara de morte, e é morta a palavra que é levada pelo corredor [...] e não a Palavra viva, falada, assim como deve ser, de coração para coração e de vida para vida.[16]

Depois, acrescenta sua maneira de entender como nascem os sermões:

Permanece sendo axiomático na pregação cristã que a estrada que leva do gabinete pastoral até o púlpito passa por uma casa pastoral vivente, exigente e cheia de interrupções; sai para a rua barulhenta; entra e sai das casas e hospitais, das fazendas e das fábricas, dos ônibus, dos trens e dos cinemas [...] sobe pelo meio de fileiras de pessoas desnorteadas até o púlpito em que você é chamado para pregar [...] Para a Palavra viva, não existe nenhuma Avenida do Contorno do gabinete pastoral até o púlpito.[17]

Precisamos, portanto, estudar nos dois lados do abismo. Conforme Austin Phelps expressou o caso no fim do século XIX, um pregador plenamente formado é, em primeiro lugar, um ser humano que se sente à vontade entre seres humanos, e depois, um estudioso que se sente à vontade nas bibliotecas: "Nenhuma outra profissão se iguala à do púlpito no seu poder de absorver e de usar o mundo da vida real no presente, e o mundo do passado, conforme aparece nos livros". A série inteira das preleções de Phelps, com o título *Men and books* [*Os homens e os livros*], dedicava-se a esse tema, e à necessidade de os pregadores explorarem esses dois recursos.[18]

---

[15] *The communication of the Gospel*, p. 47.
[16] Ibid., p. 62-3.
[17] Ibid., p. 63.
[18] Prefácio e p. 3.

Fico contente com essa ênfase que ressalta que o estudo do mundo moderno começa com as pessoas, e não com os livros. Os melhores pregadores sempre são pastores diligentes, que conhecem as pessoas do seu bairro e da sua congregação, e que compreendem o cenário humano com toda a sua dor e prazer, glória e tragédia. E o modo mais rápido de conquistar semelhante entendimento é fechar a boca (tarefa difícil para os pregadores compulsivos) e abrir os olhos e os ouvidos. Tem sido dito, de modo sábio, que Deus nos deu dois ouvidos e dois olhos, mas somente uma boca, de modo que sua intenção óbvia é que olhemos e escutemos duas vezes mais do que falamos.

> Uma coruja idosa e sábia morava numa árvore.
> Quanto mais via, tanto menos falava;
> Quanto menos falava, tanto mais escutava;
> Não podemos todos ser como aquela ave?

Precisamos, portanto, fazer perguntas às pessoas e levá-las a falar. Devemos saber mais a respeito da Bíblia do que elas, mas é provável que saibam mais a respeito do mundo real do que nós. Devemos, portanto, encorajá-las a nos contar a respeito da vida delas no lar e com a família, do seu emprego, da sua formação profissional e das atividades que ocupam suas horas de lazer. Precisamos também penetrar para além das suas ações, até aos seus pensamentos. Qual é a motivação dinâmica da sua vida? Como sua fé em Cristo as motiva? Quais problemas têm que as impedem de crer ou as inibem de aplicar a fé à própria vida? Quanto mais diversos sejam os antecedentes das pessoas, tanto mais teremos que aprender. É importante escutar representantes de gerações diferentes, bem como de culturas diferentes, sobretudo da geração mais jovem. O pastor casado e com filhos adolescentes não pode oferecer nenhuma desculpa por não possuir um fio-terra ligado à realidade.

Escutar com humildade é indispensável para a pregação relevante. Além disso, transforma a pregação em empreendimento cooperativo à medida que nossos conhecimentos da Bíblia e os conhecimentos do mundo possuídos por outras pessoas formam uma combinação para construir pontes.

Tomo por certo que, além da escuta cuidadosa, leremos um jornal diário ou uma revista semanal (descobri que a leitura cuidadosa de um semanário é muito mais proveitosa do que um exame rápido de um diário), veremos um pouco de televisão e perscrutaremos as resenhas dos livros seculares a fim de descobrir quais livros contemporâneos mais influentes vamos ler. Parece claro que também acharemos necessário ver alguns dos filmes e peças de teatro mais notáveis, já que ambos refletem de modo mais fidedigno, mais do que qualquer outro meio, a sociedade contemporânea.

Por imaginar que alguns dos meus leitores teriam recebido, assim como eu, sua criação espiritual numa subcultura cristã que desaprovava o cinema e o teatro, talvez seja correto eu prever, a essas alturas, alguma possível crítica. Em primeiro lugar, um leitor pode perguntar se não existem algumas peças de teatro, filmes e livros que seria aconselhável evitarmos, para não nos expormos a tentação desnecessária? Sim, realmente existem. Embora não tenhamos a liberdade de impor leis sobre o próximo, certamente devemos nos manter longe de qualquer coisa que tenha a probabilidade de perturbar nosso equilíbrio moral ou espiritual. O que Jesus ensinou a respeito do olho, pé ou mão que nos faz tropeçar, continua sendo aplicável. Sendo assim, seria sensato informar-nos com cuidado a respeito dos romances e peças de teatro recomendados, a fim de sermos seletivos naquilo que vemos e lemos. No caso de peças de teatro e de filmes duvidosos, e daqueles cuja influência é especialmente insidiosa porque seu espírito de anticristo é mais sutil do que declarado, achei útil não ir sozinho, mas com um grupo de amigos, pois então é mais fácil manter nossa isenção crítica de ânimo e não nos deixar ser envolvidos na respectiva atmosfera.

Em segundo lugar, o que se diz a respeito do "irmão mais fraco" (ou irmã) a respeito de quem Paulo escreveu tanto em Romanos e em Coríntios? Ainda que nós nos sentíssemos suficientemente fortes para arriscar a contaminação, nosso exemplo não poderá desviar cristãos fracos? Realmente, essa é outra questão importante. As Escrituras têm muita coisa a dizer sobre nossa responsabilidade pelos outros e a respeito do poder no nosso exemplo, para o bem ou para o mal. Uma das condenações e advertências mais ferrenhas e solenes que nosso Senhor pronunciou foi reservada para qualquer pessoa que levasse os pequeninos (i.é, crianças, quer literal, quer espiritualmente) a tropeçar. Seria melhor que tal pessoa fosse afogada, disse ele. Mesmo assim, precisamos reconhecer que a "fraqueza" dos irmãos e irmãs mais fracos não se refere tanto à sua vontade quanto à sua consciência. Uma consciência fraca é uma consciência excessivamente escrupulosa. E embora não deva ser violada, mesmo quando está enganada, realmente precisa ser educada. Se, portanto, tivermos "irmãos mais fracos" na nossa congregação, que ficariam ofendidos por freqüentarmos o teatro ou o cinema, não teremos ninguém para culpar senão a nós mesmos: depende de nós educarmos ou "fortalecermos" a consciência deles!

Em terceiro lugar, alguns discordam do convite para estudar novelas, peças de teatro e cinema moderno, porque os consideram um meio-termo com a moda. Consideram que a busca da "relevância" na pregação seja uma sujeição ao mundanismo. Os que cedem diante de tais coisas são repudiados como os que agradam aos homens, cujo objetivo principal é mais ficar na moda do que ser piedosos. Nesse caso, também, precisamos prestar atenção a essa crítica. A cobiça pela popularidade realmente é imperiosa, e muitos entre nós são fariseus do século XXI que amam mais "a glória dos homens do que a glória de Deus" (Jo 10.43). Um dos críticos mais cortantes dessa tendência foi W. R. Inge, cônego da Catedral St. Paul's de 1911 a 1934. Convidado a apresentar uma preleção em 1911 sobre "A cooperação da igreja com o espírito destes tempos", declarou no seu diário que esse tema "me enfurece". Continuou: "Existem muitos espíritos desta era, sendo a maioria deles malignos" e "se você se casar com o espírito da sua geração, será viúvo na geração seguinte".[19] Trata-se de uma advertência sábia. Mas não condena o estudo das tendências contemporâneas. Pois o que estou propondo não é a cooperação com o espírito da era, e muito me-

---

[19] *Diary of a dean*, p. 12.

nos o casamento com ele, mas, sim, compreendê-lo com o propósito de confrontá-lo com uma palavra relevante da parte de Deus.

GRUPOS DE LEITURA E RECURSOS

Que tipo de estudo, pois, aumentará nosso modo de entender o mundo moderno? Quero dar testemunho do estímulo imenso que eu mesmo recebi do grupo de leitura que ajudei a criar em 1974. Consiste em cerca de uma dúzia de jovens formados e profissionais liberais, e abrange médicos, advogados, professores, um arquiteto, um gerente de recursos humanos e alguns estudantes pós-graduados. Quando estou em Londres, reunimo-nos mensalmente, e no fim de cada reunião resolvemos o que leremos antes da próxima. Na vez seguinte, passamos juntos um período inteiro desde o entardecer até tarde à noite, compartilhamos nossas reações diante do livro, debatemos sua mensagem e implicações, e procuramos desenvolver uma atitude cristã diante dele. Alguns dos livros selecionados foram escritos sob ótica cristã, como *Violence* [*Violência*]e *The meaning of the city* [*O significado de cidade*], de Jacques Ellul; *O negócio é ser pequeno*, de E. F. Schumacher; *Clockwork image* [*Imagem regulada*], de Donald McKay; *The politics of Jesus* [*As políticas de Jesus*], de John Howard Yoder; *Unyoung, uncoloured, unpoor*, de Colin Morris, e *Enough is enough*, de John V. Taylor. Outros que estudamos apresentam alguma ideologia rival ao cristianismo evangélico que representamos. Já lemos o *Alcorão*, procuramos compreender o apelo contemporâneo do misticismo oriental, estudamos outros "ismos" com a ajuda de *The universe next door* [*Universo ao lado*], de James Sire, ficamos fascinados pelo modo "indígena" de conhecimento defendido por Carlos Castaneda, sentimos o atrativo do marxismo por meio de *Christians and marxists* [*Os cristãos e os marxistas*] (o mútuo desafio à revolução), de José Miguez Bonino, e examinamos o catolicismo romano liberal de Hans Küng, delineado com tamanha erudição na obra *On being a christian* [*Sobre ser cristão*] (1977).

Entretanto, temos procurado concentrar a atenção nos livros seculares mais do que nos religiosos, visto que o propósito principal do nosso grupo é nos ajudar a compreender a mente secular do Ocidente pós-cristão, a fim de combatê-la com uma mente cristã. Procurei, portanto, encorajar o grupo a assumir a responsabilidade pela escolha de cada mês, e certamente selecionaram alguns títulos a respeito dos quais nunca teria ouvido falar, tais como *Zen e a arte da manutenção de motocicletas: uma investigação sobre valores,* de R. M. Pirsig. Tiramos proveito de várias análises da cultura moderna, tais como *The making of a counterculture* [*A fabricação de uma contracultura*], de Theodore Roszak; *The greening of America* [*A revitalização da América*]*,* de Charles Reich, e *O choque do futuro,* de Alvin Toffler. Procuramos debater com filósofos modernos populares tais como Herbert Marcuse (o herói cultuado pelos estudantes na década de 1960) e Erich Fromm. Fizemos um grande esforço para entender as questões envolvidas nos debates a respeito do feminismo, do aborto e da eutanásia, e passamos certa tarde sensacional examinando as evidências em favor dos OVNIs. Também procuramos lidar com os romancistas populares (cada membro do grupo lia uma obra diferente) tais como Camus, Kafka, William Golding, Hermann Hesse e John Fowles.

Em várias ocasiões, fomos ver um filme ou uma peça de teatro em vez de lermos um livro. *Guerras das Estrelas* e *Contatos imediatos do terceiro grau* nos levou ao reino da ficção científica. *Whose life is it anyway?* [*De quem é a vida afinal de contas?*] e *Sentenced to life* [*Sentenciado a viver*] trouxe ao nosso conhecimento a campanha pela eutanásia voluntária e aos seus oponentes. *Autumn Sonata* [*Sonata de outono*], de Bergman, produziu um impacto profundo sobre nós. Quando terminou, ficamos em silêncio, como que colados aos assentos, pois fomos dominados pelos efeitos trágicos que a falta de amor tem sobre gerações sucessivas da mesma família. Tivemos de andar até à igreja e orar juntos, a fim de aliviar as emoções acumuladas. Ficamos profundamente emocionados em *Kramer* versus *Kramer* pelo cabo-de-guerra pela custódia da criança que o divórcio produz. Depois, aquele tragicomediante, Woody Allen, nos seus filmes recentes — que combina o humor com a humanidade, que procura o amor, mas vai rolando, desamparado, entre um relacionamento sexual e outro, sem encontrar o amor —, tem reforçado para nós a verdade cristã de que não existe amor autêntico sem um compromisso responsável.

A experiência do grupo de leitura — dos livros que lemos, dos filmes e peças de teatro que vimos, e dos debates que provocaram — não somente aumentaram nosso entendimento do mundo moderno, como também despertaram nossa compaixão pelos seres humanos na sua condição de perdidos e no seu desespero, confirmaram a nossa fé cristã e reacenderam nosso senso de missão cristã. Recomendo a todos meus colegas clérigos um grupo desse tipo, pelo grande valor que possui. Dificilmente pode existir uma congregação, por mínima que seja, em qualquer cultura, que não possa fornecer algumas poucas pessoas pensativas para se encontrarem com o pastor e debaterem o engajamento da igreja com o mundo, da mente cristã com a mente secular, de Jesus Cristo com os seus rivais. O grupo de Londres tem me dado o estímulo necessário para ler pelo menos alguns dos livros que eu deveria estar lendo, e me tem fornecido alguns jovens de mente aguçada e de coração caloroso como contexto agradável no qual se possa debater algumas das questões levantadas. Ajudaram a me arrastar para dentro do mundo moderno e plantaram meus pés no solo da realidade contemporânea; sou muito grato a eles.

Além do grupo de leitura que se reúne com regularidade, tenho derivado grandes benefícios de vários grupos especiais de recursos. O conselho da All Souls Church, presidido por Michael Baughen, pastor-titular, decidiu em 1980 que devíamos realizar uma série de sermões trimestrais com o título "Questões que afetam a Nação atualmente", e me convidou a pregá-los. Os temas escolhidos foram "O sonho multirracial", "O trabalho e o desemprego", "Relacionamentos industriais", "A guerra armamentista", e "A nova ordem econômica internacional". Apesar de aceitar o convite (ou desafio), percebi imediatamente que os assuntos estavam fora do meu alcance. Sem dúvida, acalentava determinadas convicções bíblicas relacionadas com essas questões, mas tinha poucos conhecimentos dos fatos dos relacionamentos interraciais, dos armamentos e das ciências econômicas, e nenhuma experiência pessoal da indústria ou do desemprego. Como, portanto, poderia ter a presunção de lidar com semelhantes questões de modo íntegro? Tratava-se de uma situação em que claramente precisava de ajuda.

Primeiramente, precisava de alguma literatura bem-informada e atualizada que me fornecesse fatos e números, e que também estimulasse meus pensamentos. Deixe-me, a esta altura, defender a inclusão de algumas informações concretas não-bíblicas em nossos sermões. Sem isso, a mensagem bíblica é proclamada ao léu. Podemos, por exemplo, fazer uma exposição da doutrina cristã do trabalho, baseada na Bíblia, mas nossa exposição se torna muito mais relevante se podemos colocá-la dentro do contexto do crescente desemprego. Podemos pregar a respeito de como Cristo ordenou seus discípulos a serem pacificadores, mas sua chamada soa muito mais urgente quando sabemos qual o tamanho pavoroso dos arsenais das superpotências. Podemos, ainda, ensinar com base nas Escrituras que Deus cuida dos pobres, defende os fracos, exige a justiça e convoca seu povo a ser generoso em compartilhar, mas essa mensagem se torna muito mais pungente se acrescentamos que 800 milhões de pessoas no mundo são indigentes e que 10 mil morrem de fome ou de enfermidades correlatas todos os dias. Semelhantemente, podemos resumir a base bíblica para as missões mundiais e pregar com toda a força do nosso coração ao conclamarmos a congregação a orar, a contribuir e a servir, mas nosso apelo se torna muito mais irresistível quando acrescentamos que aproximadamente 3 bilhões de pessoas não têm oportunidade adequada de ouvir o Evangelho e corresponder a ele.*

Em segundo lugar, senti a necessidade, antes de cada sermão trimestral, de estudar com um grupo de especialistas convidados para o propósito, que se dispusessem a passar umas poucas horas comigo. Cada grupo representava pontos de vistas diferentes, às vezes conflitantes. Antes do sermão a respeito dos relacionamentos

---

*Dados de 1982. (N. do E.)

industriais, por exemplo, o grupo incluiu um oficial sindicalista de tempo integral, que havia sido líder operário local e secretário regional, e que então cuidava de seis mil operários; um funcionário do sindicato postal e que era presidente da sua divisão local; um homem que trabalhava numa cervejaria havia quinze anos como gerente e como diretor de vendas, e que então estava estudando para o ministério ordenado; um consultante e corretor de seguros de saúde que tinha atendido tanto à diretoria quanto aos sindicalizados; e um preletor de ciências econômicas que se especializara no impacto da inflação sobre o processo da barganha, juntamente com um doutorando que "nunca na vida fez um só dia de serviço pago".

Em seguida, antes do tema ainda mais controvertido da corrida armamentista, o grupo incluiu um pacifista dedicado pertencente à tradição anabatista, um servidor público com doutorado em estudos bélicos, um comandante naval que estava fazendo um curso de meados de carreira no National Defence College [Academia de Defesa Nacional] e um oficial superior de educação no Exército em uma das regiões da Inglaterra. O terceiro exemplo que gostaria de mencionar relaciona-se com o grupo que me aconselhava para o sermão sobre o trabalho e o desemprego. Compunha-se de um empregador, de um controlador de pessoal (que tinha a tarefa desagradável de dar as más notícias aos funcionários que se tornaram supérfluos), um jovem preletor e pesquisador nas ciências econômicas, o capelão de uma rede de lojas, um funcionário de uma companhia de seguros e duas pessoas com experiência de desemprego. Um deles era um homem que trabalhara como jornalista, assessor de imprensa e relações públicas, e que foi considerado supérfluo aos 35 anos de idade. A outra era uma funcionária hospitalar, formada em Química e diplomada em Administração Social, que se dedicara com paixão aos pacientes de câncer e de incapacitação que atendia, mas, a despeito de garantias em contrário, foi despedida, e cumpriu apenas quinze dias de aviso prévio. A partir de então, candidatara-se a 43 empregos, para os quais recebeu seis entrevistas, apenas, e continuava desempregada.

Antes de cada grupo se reunir, era essencial que eu mesmo fizesse meus deveres de casa preparatórios, a fim de poder identificar algumas questões fundamentais e formular as perguntas que queria lhes apresentar. O debate era invariavelmente animado, e em várias ocasiões me vi escutando, sem participação, as discussões que se desenvolviam entre diferentes opiniões. Ficar assim na escuta revelou ser extremamente estimulador e iluminador. Realmente, a experiência inteira foi criativa, à medida que nos esforçamos a relacionar entre si os princípios bíblicos e os contextos contemporâneos.

Agora quero procurar enfrentar diretamente a reação crítica que minha sugestão de grupos de recurso tem a probabilidade de provocar entre alguns clérigos. Aqui temos um pastor sobrecarregado, na parte residencial da cidade, ou numa área industrial, cujos recursos já estão esticados ao máximo. Diz que não tem a mínima possibilidade de pensar em aumentar sua carga de trabalho. Além disso, sua congregação composta por apenas 25 pessoas, das quais nenhuma é especialista em qualquer matéria. Numa situação desse tipo, um grupo de recurso seria inviável: a ele falta tempo para semelhante coisa, e a elas, a perícia.

Respondendo, certamente reconheço que congregações urbanas e suburbanas grandes têm condições muito melhores para recrutar grupos de recursos. No entanto, estou muito relutante em reconhecer que até mesmo a igreja pequena do centro da cidade e seu pastor sobrecarregado não conseguem fazer nada nesse sentido. Se um sermão cuidadosamente considerado sobre uma questão da atualidade é impossível trimestralmente, é realmente impossível anualmente? E se uma congregação não possui cristãos maduros especialistas no seu próprio campo, será que não existem alguns deles à disposição que pertencem a outras igrejas, mas que estariam dispostos a contribuir com sua perícia a um grupo ocasional de debate, e que até mesmo considerariam uma surpresa gratificante serem convidados para isso?

De qualquer maneira, estou convicto de que deva haver mais cooperação entre o clero e os leigos no processo de fazer sermões, e que isso é exigido pelo retrato neotestamentário do Corpo de Cristo com seus múltiplos dons.

Conforme disse Michael Ramsey, então arcebispo de Cantuária, numa preleção em Nova York:

O sacerdote (i.é, o presbítero ou pastor) é aquele que aprende a teologia e a ensina. Seu estudo é profundo e constante [...] Seu ensinamento sobre a teologia não é feito do alto para baixo, porque, embora ensine aos leigos o que não sabem sem a sua ajuda, deve estar aprendendo deles, o tempo todo, a respeito das questões às quais a teologia é aplicada. Nessa parceria entre o sacerdote e os leigos, a autoridade do sacerdote de ensinar em nome de Cristo é autoridade genuína, mas será exercida com a humildade de Cristo e no espírito daquele que aprende.[20]

Pessoalmente, iria além do dr. Ramsey na tentativa para desenvolver "essa parceria entre o sacerdote e os leigos" e para expressar "a humildade de Cristo". Não se trata somente de os leigos fazerem as perguntas e nós lhes respondermos. Nós, também, precisamos fazer a eles perguntas para eles nos responderem. O mais importante é que, ao nos fazer perguntas mutuamente, nós, da perspectiva bíblica, e eles, da perspectiva contemporânea, possamos discernir juntos quais respostas devem ser dadas, já que é para a Palavra ser contextualizada no mundo.

HÁBITOS DE ESTUDOS

Entrei em detalhes no tocante à necessidade de focalizar nossos estudos nos dois lados do abismo profundo. Precisamos estudar tanto o texto antigo quanto o cenário moderno, tanto as Escrituras quando a cultura, tanto a Palavra quanto o mundo. Portanto, lado a lado com nossa reflexão sistemática, abrangente, aberta e expectante sobre a Bíblia, escutaremos, olharemos, leremos e veremos peças de teatro, filmes e televisão, e convidaremos grupos para nos ajudar, no nosso esforço para entender a sociedade humana na qual e para a qual fomos chamados para expor a Palavra de Deus. É uma tarefa gigantesca. Exige uma vida inteira de estudo. Como pode ser realizada?

---

[20] Arthur Michael RAMSEY & Leon-Joseph SUENENS, *The future of the Christian Church*, p. 35.

Nossos antepassados o conseguiam principalmente por deixar de lado os deveres que os distraíam. Tomemos como exemplo Joseph Parker, o primeiro pastor do City Temple em Londres. Começava seus estudos às 7h30 todas as manhãs. Além disso, recusava-se a se envolver na vida pública ou nos negócios. "Tenho vivido em favor do meu trabalho", explicou ele. "É só isso. Se tivesse conversado durante a semana inteira, não poderia ter pregado no domingo. É só isso. Se tivesse freqüentado reuniões de comitês, me envolvido na política e empreendido o cuidado geral do Império, minhas forças teriam sido esgotadas. É só isso. Não há mistério".[21] Campbell Morgan, que não recebeu nenhuma educação de seminário e não obteve nenhum grau universitário, estava no seu gabinete de estudos antes das seis horas todas as manhãs.[22]

Alexander MacLaren, o pregador batista eloqüente em Manchester, falecido em 1903, também recusou muitos compromissos sociais e convites a fim de se concentrar nos seus estudos e preparativos. Mas acrescentou outra explicação para sua alta erudição. Foi que se contentava em gastar os primeiros anos dos seu pastorado numa situação de isolamento na zona rural. "Dou graças a Deus", disse ele, "que fiquei preso ali num lugarzinho quieto para começar o meu ministério".[23] Naquela relativa reclusão conseguiu armazenar materiais para os anos futuros que seriam passados na forte luz da ribalta em Manchester.

Parece, porém, que nós vivemos num mundo bem diferente. É verdade que no seminário teológico em que estudei, os alunos ainda estavam sendo ensinados que o pastor diligente passa as manhãs com seus livros e as tardes nas visitas. Alguns, segundo sei, ainda conseguem agir assim. Mas quanto a mim, descobri desde o início que esse era um ideal impossível de ser alcançado. Fiz esforços valentes nesse sentido, mas fracassei. As manhãs? Ora! no domingo

---

[21] *Walking with the giante*, p. 56.
[22] Ibid., p. 133.
[23] Ibid., p. 37.

de manhã ficava no culto público na igreja; na segunda-feira de manhã havia reunião da junta paroquial; a terça-feira era o meu dia de folga; já às quartas-feiras acumularam-se cartas urgentes a serem escritas; nas quintas de manhã ensinava na Escola Matutina da igreja; nas sextas de manhã certamente haveria um enterro; e as manhãs do sábado eram forçosamente reservadas para o preparo propriamente dito do sermão. Dessa forma, a totalidade da semana passava sem uma única manhã ficar livre para as leituras que deveria estar fazendo. Achava-me, portanto, obrigado a rebaixar as minhas expectativas e estabelecer alvos mais realistas para serem atingidos. Cheguei a acreditar no valor cumulativo de períodos mais breves de estudo. Nesse sentido, duvido que qualquer pastor esteja tão ocupado que não consiga separar uma hora por dia para a leitura, além dos estudos bíblicos pessoais e seu período de oração. Muitos também acham possível observar um único período semanal de quatro horas de duração — de manhã, de tarde ou de noite — para estudo mais prolongado. Só precisamos ser disciplinados para deixar vago o período semanal na nossa agenda e recusar que outro compromisso assuma esse espaço, a não ser por uma emergência.

Além disso, descobri o proveito imenso de um dia de quietude pelo menos uma vez por mês. Aprendi isso do reverendo L. F. E. Wilkinson numa preleção que apresentou na Conferência Clerical de Islington em 1951. É a única coisa da conferência inteira que permaneceu na minha lembrança. Mas alcançou-me como uma mensagem da parte de Deus. Fui eleito para o cargo de reitor [pastor-titular] da All Souls Church aos 29 anos de idade, quando, então, era muito jovem e inexperiente para semelhante responsabilidade. Comecei a viver só para o momento imediato. Todos os deveres se empilharam sobre mim e me soterraram. Sentia-me esmagado pelo pesado fardo administrativo. Comecei a ter os pesadelos típicos dos pastores: subindo os degraus para o púlpito, dava-me conta de que, de repente, me esquecera de preparar o sermão. Foi então que ouvi a preleção de L. F. E. Wilkinson: "Tire um dia de meditação sossegada uma vez por mês", disse ele — ou palavras com o mesmo sentido. "Vá embora para os campos, se puder, onde você pode ter certeza que não será perturbado. Dê um passo para trás a fim de olhar para o futuro e considerar qual direção está seguindo. Permita ser enlevado até à mente e à perspectiva de Deus. Procure ver as coisas do modo que Deus as vê. Relaxe!" Assim fiz. Voltei para casa e imediatamente marquei um dia por mês no meu livro de apontamentos, com a letra "Q" para representar QUIETUDE. E à medida que começava a desfrutar desses dias, o fardo intolerável foi sendo removido, e nunca mais voltou. A verdade é que esses dias revelavam ser tão valiosos que já faz muitos anos que estou procurando conseguir um dia por semana em vez de somente um por mês. Reservo-os para os assuntos que precisam de tempo ininterrupto e sem pressa — algum planejamento a longo prazo, algum problema que exige meditação e oração, algumas cartas difíceis que devem ser esboçadas de antemão, algum preparo, leitura e escrita. Não é exagero afirmar que esses dias de quietude têm trazido bênção à minha vida e ao meu ministério.

Agora, quero passar para a questão das nossas férias anuais. Os pregadores famosos do século XIX, pelo que consigo discernir, tiravam dois meses para suas férias de verão, e durante esse período prolongado esboçavam todos os sermões para o ano, e faziam boa parte da preparação inicial deles. Alexander Whyte, de Edimburgo, por exemplo, tirava "não menos do que dois meses" do verão fora da cidade, e, "em anos posteriores, até três [...] e períodos mais breves no Natal e na Páscoa". Entretanto, estava trabalhando, e não se descontraindo. Esses períodos estavam "intensamente ocupados com a leitura, a meditação e, às vezes, com a escrita".[24] Hoje em dia, as férias do pastor estão consideravelmente mais breves. Mas nesse período deve conseguir ler vários livros. Até mesmo um homem casado com uma aljava cheia de crianças deve conseguir achar algum período de tempo todos os dias para a leitura e o estudo em silêncio.

O dr. Lloyd-Jones relata em *Preaching and preachers* [*Pregação e pregadores*] que não somente levava consigo nas férias o volume mais recente das "Preleções Bampton" ou das "Preleções Hibbert",

---

[24]G. F. BARBOUR, *The life of Alexander Whyte*, p. 286.

como também fechou um tipo de barganha com a esposa e os filhos. "Eles me deixavam as manhãs livres sozinho, a fim de eu fazer essa leitura importante; depois, tendo feito isso, ficava à disposição para fazer toda e qualquer coisa que propusessem".[25] A Junta Paroquial da All Souls Church concordou, faz muitos anos, que os pastores sejam encorajados a tirar uma licença anual de uma semana, além das férias, ou para freqüentar um curso de educação ou uma conferência de alguns dias, ou simplesmente para uma semana de leitura séria e genuína. Todas as igrejas devem oferecer condições aos seus pastores, e assim reconhecer a necessidade indispensável deles de ter tempo para estudar, não é mesmo?

O que sugeri nos parágrafos anteriores me parece o mínimo aceitável de tempo para estudo, que até mesmo os pastores mais ocupados podem conseguir. Muitos deles conseguirão mais. Mas o mínimo seria este: todos os dias, pelo menos uma hora; todas as semanas, uma manhã, tarde, ou noite; todos os meses, um dia inteiro; todos os anos, uma semana. Definido assim, esse período de tempo parece bem breve. E, de fato, é breve demais. Entretanto, todos os que o experimentam ficaram surpresos ao descobrir quanta leitura pode ser feita dentro de tal plano disciplinado. Somam-se quase 600 horas no ano.

Sejam quais forem os hábitos que desenvolvermos, é obviamente importante colher os frutos. "O pregador precisa ser semelhante a um esquilo: deve aprender a catar e a armazenar matérias para os dias futuros do inverno".[26] Todo leitor de livros desenvolve sua prática de marcar, sublinhar ou anotar. À medida que a pessoa passa pela meia-idade e vai chegando à velhice, e se reduzem os poderes da memória, tornam-se essenciais alguns meios de ajudar e cutucar a memória. Sempre achei útil, enquanto o tema de um livro importante está fresquinho na minha mente, fazer uma breve sinopse do seu argumento. Depois de terminar cada livro procuro, também, não iniciar outro antes de ter escrito por extenso, ou pedido

---

[25] P. 182-3.
[26] Ibid., p. 137.

que minha secretária digite, algumas das citações mais notáveis. Por muitos anos esses resumos e citações têm sido conservados em cartões que medem 8 x 13 cm, que podem ser armazenados num arquivo e — tendo dois orifícios — encaixados num fichário. Todos nós conhecemos a definição norte-americana de um sistema de arquivamento como "um dispositivo para perder as coisas em ordem alfabética". Por isso, mantenho dois arquivos, dos quais um vai de Gênesis a Apocalipse, e o outro, de A a Z, e colocar cada cartão onde imagino que o acharei mais provavelmente depois, ou, pelo menos, que terei menos probabilidade de perdê-lo. Esse sistema tem me servido bem. É tanto singelo quanto flexível. Consigo, segundo vejo, encaixar as anotações para um sermão mediano em quatro cartões, e então posso acrescentar outros cartões que contenham perguntas ou ilustrações apropriadas. Se eu recomeçasse meu ministério da estaca zero, adotaria o mesmo sistema. A única mudança que faria seria aumentar os cartões de 8 x 13 para 10 x 15 cm, como concessão para minha vista que se deteriora.

EMPECILHOS AO ESTUDO

Alguns leitores talvez discordem até mesmo das sugestões mínimas que fiz como arcabouço para o estudo. "Estou por demais sobrecarregado de trabalho", alguém pode dizer. "Seu programa é demasiadamente irrealista para a minha situação. Você se refere a uma equipe pastoral, a uma secretária e a grupos de recursos. Mas você não se dá conta de como você é privilegiado. Não tenho nenhum desses luxos. Estou inteiramente sozinho." Pois bem, não posso negar que fui extremamente privilegiado, e assim continuo. Realmente, não posso elogiar demais os benefícios de trabalhar numa equipe. Mesmo assim, preciso negar que a sobrecarga do trabalho e a falta de assistentes podem ser transformadas em desculpa por não ter tempo para estudar. Quase sempre, o que subjaz a esse argumento é uma imagem falsa ou "clericalista" da igreja. Se o pastor segura nas mãos todas as rédeas eclesiásticas, e não tem nenhum conceito de uma responsabilidade compartilhada que envolva líderes leigos, então é lógico que não tem tempo para estudar. Mas se captou a imagem neotestamentária da igreja como o Corpo de Cristo, do qual cada membro recebeu um dom para alguma forma de ministério, estará continuamente procurando perceber os dons que Deus tem dado, a fim de encorajar as pessoas a reconhecê-los, desenvolvê-los e exercê-los. "Cada um exerça o dom que recebeu para servir aos outros, administrando fielmente a graça de Deus em suas múltiplas formas" (1Pe 4.10). Até mesmo "delegação" é palavra errada para isso, visto que sugere que o trabalho é direito exclusivo do pastor, mas que, com um pouco de condescendência, este se condigna a deixar outras pessoas fazer alguma parte do trabalho dele. "Parceria" é o conceito mais bíblico, que deixa os clérigos e os leigos regozijarem-se na variedade de dons que Deus tem dado e ajudar uns aos outros a empregar seus dons, e cumprir sua vocação para a edificação do Corpo de Cristo.

A igreja precisa reaprender, em cada geração, a lição de Atos 6. Nada havia de errado com o zelo que os apóstolos tinham por Deus e pela igreja. Estavam ocupados dinamicamente num ministério compassivo, semelhante ao de Cristo, às viúvas indigentes. Mas não era o ministério ao qual eles, como apóstolos, tinham sido chamados. Sua vocação era "o ministério da Palavra e a oração"; o cuidado social das viúvas seria a responsabilidade de outras pessoas. Por isso, foram feitos os ajustes necessários. Hoje, naturalmente, os pastores não são apóstolos. No entanto, parte do ministério de ensino dos apóstolos realmente pertence aos pastores, e é trágico ver muitos deles cometer o mesmíssimo engano que os apóstolos cometeram. Os pastores são extremamente conscienciosos. Na realidade, correspondem a toda necessidade que se possa imaginar, e se sentem culpados se, em qualquer ocasião, não estão à fácil disposição de quem quer que seja. Não podemos achar defeito na sua dedicação, no seu entusiasmo, nem no seu compromisso. E realmente, o pastor é *mesmo* chamado para servir às pessoas, da mesma forma que o próprio Cristo fazia. Mas tinham se esquecido de que havia períodos nos quais o mesmo Jesus despedia as multidões a fim de se retirar às montanhas para orar. Além disso, têm se deixado desviar de outra tarefa prioritária para a qual Cristo os chamou, que é o ministério da Palavra. Suas energias e zelo estão sendo canalizados em outras direções. Ao mesmo tempo, usualmente sem se dar conta disso, estão inibindo os líderes leigos talentosos por meio de lhes negar a oportunidade de servir. O clero sobrecarregado de tarefas e o laicato frustrado formam entre si uma combinação perigosa; não é assim que o Corpo de Cristo cresce para a maturidade.

Ao escrever assim a respeito da liderança leiga, não somente me refiro às responsabilidades sociais e administrativas, as quais, aliás, os leigos e leigas usualmente empreendem com mais competência do que o clero, mas também aos cuidados pastorais da congregação, como presbíteros ou diáconos, leitores ou pregadores leigos, ou líderes de grupos de fraternidade ou das igrejas nas casas. Assim como desde o início Paulo nomeava "presbíteros" (no plural) em todas as igrejas (At 14.23; v. 20.17; Fp 1.1) e mandou Timóteo fazer o mesmo em todas as cidades de Creta (Tt 1.5), também hoje todas as igrejas devem ser pastoreadas não por um único pastor, mas por uma equipe pastoral. Em muitos casos, especialmente quando a inflação está fustigando a igreja, a equipe talvez consista, em grande medida, de leigos, juntamente, talvez, com um ou dois clérigos que exercem o chamado "ministério de fazedor de tendas", ou seja, que se sustentam trabalhando fora. Mas a equipe está aí, unida no esforço de cuidar da igreja.

Ao mesmo tempo, qualquer congregação com um tamanho mínimo precisa ter na sua equipe pelo menos um pastor assalariado de tempo integral. Parece claro que o Novo Testamento prevê essa situação. Paulo não somente insiste "O que está sendo instruído na palavra partilhe todas as coisas boas com quem o instrui" (Gl 6.6; v. 1Tm 5.17,18), mas insiste no direito de os evangelistas e pastores receberem seu sustento, embora ele mesmo tivesse aberto mão desse direito (1Co 9.1-18). A razão para o pastor de tempo integral ser sustentado é que, desincumbido da necessidade de ganhar o próprio sustento, pode se dedicar exclusivamente ao cuidado pastoral dos membros, e, sobretudo, ao "ministério da Palavra e da oração". Tal ministério (que envolve aconselhamento individual e em grupo, a intercessão e o estudo, o preparo e a pregação) é extremamente exigente.

Não pode ser realizado satisfatoriamente por pastores de tempo parcial apenas, embora sejam essenciais para a equipe. Esse fato já era claro nos tempos do Antigo Testamento. Nesse sentido, o rei Ezequias "ordenou ao povo de Jerusalém que desse aos sacerdotes e aos levitas a porção que lhes era devida a fim de que pudessem dedicar-se à Lei do SENHOR" (2Cr 31.4). O mesmo princípio continuou nos dias do Novo Testamento: "Nenhum soldado se deixa envolver pelos negócios da vida civil, já que deseja agradar aquele que o alistou" (2Tm 2.4). Esses "envolvimentos" impedem o pastor de dedicar tempo adequado aos estudos. Uma igreja sem um pastor de tempo integral, mesmo havendo uma equipe pastoral com tempo parcial, forçosamente fica empobrecida. Precisamos de mais pastores de tempo integral, "aqueles cujo trabalho é a pregação e o ensino" (1Tm 5.17).

Tomando por certo, portanto, que o pastor recebe esse sustento integral, o que mais poderia impedi-lo de estudar? Somente uma coisa (digo isso com franqueza): a preguiça. Não foi Ralph Waldo Emerson que disse que "o homem é tão preguiçoso quanto ousa ser"? E é verdade. E nós, pastores, podemos ser muito ousados nessa área, porque não temos empregador para supervisar nossos trabalhos nem para nos repreender por negligenciá-los. Além disso, não temos determinadas tarefas para realizar, nem horários fixos nos quais devemos estar trabalhando. Somos nossos patrões e organizamos nosso cronograma. Portanto, é possível desperdiçar os dias, até que nossos lapsos de perda de tempo degenerem numa vida de indisciplina grosseira. Além disso, esse fato se torna dolorosamente evidente no ministério. Conforme Cyril Garbett observou em particular a um amigo, quando era bispo de Southwark (1919-1932): "Sempre percebo quando os clérigos abandonaram qualquer tentativa séria de ler ou pensar: torna-se óbvio quando alcançam cerca de 45 anos de idade. Se é anglo-católico, torna-se intolerante; se é evangélico, torna-se sentimentalista".[27]

Alexander Whyte falou algumas palavras severas a respeito desse assunto. Ministrou 47 anos (1860-1907) na St. George's Church (In-

---

[27] Charles SMYTH, *Cyril Forster Garbet*, p. 167.

dependente) em Edimburgo. Em 1898 foi moderador da Assembléia Geral da Igreja da Escócia, e em 1909, aos 73 anos, aceitou o cargo de Presidente de New College, Edimburgo, além das suas outras responsabilidades. Disciplinava-se a si mesmo rigorosamente, e abominava a preguiça em outras pessoas. "Por mim, mandaria expulsar formalmente do seminário todos os alunos preguiçosos", disse ele em 1904, "e também todos os ministros preguiçosos da Assembléia [...] queria que a preguiça fosse considerada o único pecado imperdoável em todos os alunos e em todos os ministros".[28] Além disso, no seu discuro de despedida no fim da Assembléia Geral em 1898, da qual foi moderador, disse:

> Teríamos bastante tempo para toda a obra se poupássemos e entesourássemos corretamente o tempo [...] Trabalhamos tantas horas por dia, e com tanto esforço, quanto trabalham as pessoas que nos sustentam? Desde tão cedo de manhã, até tão tarde de noite, e com tanta aplicação todos os dias? Oh, não! Não podemos olhar com honestidade uns para os outros e dizer que houve falta de tempo. Pelo contrário, é falta de intenção séria. É falta de determinação. É falta de método. É falta de motivação. É falta de consciência. É falta de sinceridade de coração. É falta toda e qualquer coisa que seja, menos de tempo.[29]

Precisamos, portanto, como eu mesmo descubri, nos arrepender sempre e renovar nossa resolução no sentido de disciplinar nossa vida e nosso cronograma. Somente uma visão constantemente renovada de Cristo e da sua comissão pode nos resgatar da preguiça e manter nossas prioridades corretamente ajustadas. Nesse caso, criaremos tempo para ler e pensar e, como fruto dos estudos conscienciosos, nossa pregação será renovada, fiel e relevante, mas também suficientemente simples para as pessoas entenderem.

---

[28]G. F. BARBOUR, *The life of Alexander Whyte*, p. 282.
[29]Ibid., p. 284-5.

CAPÍTULO SEIS

Preparando sermões

Era uma vez um clérigo anglicano preguiçoso. Há muito abandonara o trabalho de preparar seus sermões. Bastante inteligente e excelente orador por natureza, sua congregação consistia em pessoas simples. Assim, seus sermões despreparados eram razoavelmente bem aceitos. No entanto, para poder conviver com a própria consciência, fez um voto: sempre pregaria extemporaneamente e confiaria no Espírito Santo. Tudo corria bem até que, certo dia, poucos minutos antes de começar o culto matinal, quem entrou na igreja e se sentou em um dos bancos? O bispo! Estava desfrutando de um domingo de folga. O pastor ficou constrangido. Durante anos, conseguira blefar sua congregação inculta, mas estava bem menos seguro quanto à capacidade de ludibriar o bispo. Foi, então, dar as boas-vindas ao visitante inesperado e, num esforço para diminuir as possíveis críticas da parte deste, contou-lhe sobre o voto solene que fizera no sentido de sempre pregar sermões extemporâneos. O bispo parecia compreender, e o culto começou. No meio do sermão, entretanto, o bispo se levantou e saiu, deixando o pregador muito consternado. E depois do culto, achou na mesa da sala pastoral um recado que o bispo rabiscara rapidamente: "Absolvo você do seu voto!".

Havia, ainda, um jovem pastor presbiteriano americano, cujo pecado dominante não era a preguiça, mas a presunção. Freqüentemente, jactava-se em público que o único tempo que precisava para preparar seu sermão de domingo eram os poucos momentos necessários para andar até a igreja, a casa vizinha. Talvez você possa imaginar o que os presbíteros fizeram: compraram para a igreja uma casa pastoral a oito quilômetros de distância!

Ainda não terminei minha pequena parábola ecumênica. Também havia um pregador batista que não tinha pecados evidentes como os do colega anglicano e do presbiteriano. Seu problema — se podemos chamá-lo assim — era a superespiritualidade. Tampouco preparava seus sermões, mas isso não tinha ligação com a preguiça ou o orgulho. Pelo contrário, devia-se à piedade genuína. Assim como seu irmão anglicano, confiava no Espírito Santo mas, diferentemente do colega, apelava às Escrituras para apoiá-lo, em vez de apoiar-se ao voto feito por ele mesmo. "Vocês não leram as palavras de Jesus em Mateus 10.19 e 20?" — perguntava aos amigos em tom de surpresa genuína, quando se aventuravam a corrigi-lo: "'Não se preocupem quanto ao que dizer, ou como dizer', mandou Jesus, 'pois não serão vocês que estarão falando, mas o Espírito do Pai de vocês falará por intermédio de vocês'". O que esse irmão ingênuo deixou de fazer, porém, foi ler as palavras do Senhor em seu contexto. Na realidade, o texto começa assim "Mas quando os prenderem...", e se refere, não à igreja, mas ao tribunal. "Por minha causa vocês serão levados à presença de governadores e reis", disse Jesus. Dava a entender que em semelhante situação, talvez não tivéssemos oportunidade de preparar a defesa. Então, o Espírito Santo nos dará as palavras exatas para falarmos. A promessa de Jesus tem trazido grande consolo aos presos que não têm advogado de defesa; ela não oferece consolo para pregadores demasiadamente preguiçosos, orgulhosos ou piedosos em relação à preparação de sermões.

Penso que devemos concordar com Spurgeon: "Chegar habitualmente ao púlpito sem preparo é presunção imperdoável".[1] O que pen-

---

[1] *Lectures,* 2.ª série, p. 4.

saríamos de um advogado que entrasse no tribunal para defender seu cliente, mas sem ter estudado sua causa? J. H. Jowett cita o pronunciamento de um distinto juiz inglês: "As causas são conquistadas nas câmaras de estudo". Ou seja: "No que diz respeito ao advogado, sua arena crítica não é o tribunal público, mas o seu gabinete de estudos". O mesmo princípio se aplica ao pregador: "Se a sala de estudos for uma sala de estar, o púlpito será irrelevante".[2]

Os grandes pregadores, que têm influenciado sua geração, testemunham a necessidade de preparação constante. Quem os escuta talvez não imagine isso. Isso porque, à medida que o sermão é pregado, tudo parece enganosamente simples. A exploração do texto, sua ilustração e aplicação, o esboço singelo, a formação das frases e a escolha das palavras — o que poderia ser mais fácil? No entanto, por trás dele existe toda a disciplina e o esforço de uma vida. Quero oferecer um só exemplo. Depois da morte do dr. Leslie Weatherhead no Ano Novo de 1976, Roy Trevivian escreveu um obituário que foi publicado no *Church of England Newspaper* [*Jornal da Igreja da Inglaterra*] em 9 de janeiro de 1977, que incluía as seguintes palavras:

> Qual era o segredo de sua influência extraordinária junto às pessoas? Pobres e ricos, poderosos e indigentes, conhecidos e desconhecidos — todos vinham a ele, e todos recebiam sua atenção total. E qual era o segredo do encanto que conseguia lançar sobre uma grande congregação que sofria sintomas de arrependimento quando terminava o sermão? Certamente, eu lhe fiz esta pergunta umas vinte vezes, e ele sempre respondia: "Preparo".

Como nos prepararemos? Essa é uma questão muito subjetiva. Não existe um modo único de preparar sermões. Cada pregador precisa elaborar o seu método, de acordo com seu temperamento e situação; é errado imitar os outros de modo acrítico. Mesmo assim, podemos aprender uns com os outros. Conforme disse Erasmo em certa ocasião, em tons um pouco jocosos: "Se os elefantes

---

[2] *The preacher*: his life and work, p. 113-4.

podem ser treinados a dançar, os leões a brincar, e os leopardos a caçar, certamente os pregadores podem ser ensinados a pregar".[3] Parecem existir, na realidade, seis estapas por através das quais, de uma maneira ou de outra, a maioria entre nós acha necessário passar.

1) Escolha o seu texto

Tomo por certo que teremos um texto. Isso porque não somos especuladores, mas expositores. Como, porém, escolheremos o texto para um sermão específico? Muitos pregadores fazem essa pergunta, sentados à escrivaninha, chupando e até mesmo mastigando um lápis, olhando vagamente para uma folha de papel na sua frente. No entanto, a dor de cabeça nessa seleção deve-se, não à falta de textos, mas ao seu excesso. Se estudamos regularmente a Bíblia, e mantemos anotações dos nossos estudos, nossa memória de torna semelhante a uma despensa bem-suprida de alimentos, e os textos bíblicos formam filas, pedindo para ser pregados. Como faremos a seleção? Segundo parece, existem quatro fatores principais que influenciarão nossa escolha.

O primeiro é *litúrgico*. Grandes denominaçõess da cristandade (principalmente católicos romanos, ortodoxos, luteranos e anglicanos) continuam a observar as estações do ano litúrgico, que estão estabelecidos num calendário, e que recebem, domingo após domingo, as leituras apropriadas. Em 1967, o Grupo Litúrgico Britânico Interdenominacional produziu um ensaio com o título *The calendar and lectionary:* a reconsideration [*O calendário e o lecionário: um novo exame*].[4] No ano seguinte, a Comissão Litúrgica da Igreja da Inglaterra produziu *The calendar and lessons for the Church's year* [*O calendário e as lições para o ano litúrgico*].[5] Essa obra defendia

---

[3]Do tratado *Sobre a pregação,* in: Roland BAINTON, *Erasmus of Christendom,* p. 323.
[4]Imprensa da Universidade de Oxford.
[5]SPCK, 1969.

"uma apresentação mais racional do ano eclesiástico, visando o interesse pastoral pelos congregados".[6] Quero simplificar suas recomendações de um modo que talvez também seja atraente para os membros de igrejas não-litúrgicas. A maioria dos cristãos observa pelo menos três festas cristãs por ano — o Natal (o nascimento de Cristo), a Páscoa (sua ressurreição), e o Pentecoste (o dom do Espírito). Considerando cada uma delas pontos principais, existe uma preparação natural que leva a elas, e seqüências naturais que as seguem. Portanto, o ano litúrgico divide-se em três períodos.

O primeiro, que vai de outubro a dezembro, chama-se advento. Na Europa, a festa da colheita acontece normalmente no fim de setembro ou no início de outubro (na América do Norte, em novembro); é um período conveniente para pensar a respeito da Criação, passar pela Queda, e seguir a história e a expectativa do Antigo Testamento até o nascimento de Jesus e sua *epifania* ou "manifestação" aos gentios.

O segundo período vai do Natal até o Pentecoste, e assim abrange os meses de janeiro a maio. É a estação natural para repassar os atos poderosos de Deus em Cristo, seu nascimento e vida, seu caráter e exemplo, suas palavras e obras, sua paixão e morte, sua ressurreição e ascensão, que culminaram no derramamento do Espírito Santo.

O terceiro período deve ser denominado "domingos após o Pentecoste" e não "domingos após a Trindade". De maio até setembro, temos a oportunidade de pensar na vida cristã como vida no Espírito, e na igreja cristã como a comunhão no Espírito. É o período apropriado para dedicar nossos pensamentos às responsabilidades cristãs éticas, sociais, e missionárias, e à esperança cristã: nossa expectativa da volta triunfante de Jesus Cristo.

Dessa maneira, o calendário da igreja recapitula, todos os anos, a história da revelação bíblica: o Antigo Testamento, desde a Criação até o Natal, no período de outubro a dezembro, os evangelhos

---

[6] *The calendar and lessons for the Church year*, p. 7.

retratatam a vida de Cristo, de janeiro a maio, e Atos dos Apóstolos, as epístolas e o Apocalipse no período pós-pentecostes, de maio a setembro. É, também, inevitavelmente uma estrutura trinitária ao repassarmos como Deus se revelou progressivamente como Criador e Pai, como o Filho de Deus se fez carne, e na pessoa e obra do Espírito Santo.

Visto que as leituras bíblicas determinadas (do Antigo Testamento, das epístolas, dos evangelhos, e outras) são apropriadas para a respectiva estação no calendário da igreja, o pregador pode às vezes, ou até mesmo freqüentemente, escolher seu texto dentre essas leituras. Por outro lado, o apego servil às lições prescritas pode chegar a ser escravidão desnecessária. É melhor considerá-las indícios sugestivos do tema do dia.

Tampouco devemos nos sentir escravos do calendário litúrgico. Pois nesse caso, nos sentiríamos inibidos, por exemplo, de pregar a respeito da encarnação a não ser no Natal, nem a respeito da ressurreição, a não ser na Páscoa. Colin Morris perguntou, com razão: "O Pentecoste no outono? A Ascensão no frio inverno? Por que não? Essas grandes verdades não são universalmente relevantes? Certamente não devem ser sujeitadas à tirania do calendário".[7]

Nem por isso o valor do calendário deixa de ser óbvio. James Stewart, catedrático emérito de Língua, Literatura e Teologia do Novo Testamento em New College, Edimburgo, que se aposentou em 1966 mas permanece como um dos pregadores contemporâneos mais populares, recomendou "a devida observância do Ano Cristão" com as seguintes palavras:

> As grandes balizas do Ano Cristão — o Advento, o Natal, a Quaresma, a Sexta-Feira Santa, a Páscoa, o Domingo de Pentecoste, o Domingo da Santíssima Trindade — determinam nosso itinerário, e sugerem nossos temas básicos. Elas nos obrigam a nos manter perto das doutrinas fundamentais da fé. Nos con-

---

[7] *The Word and the words*, p. 143.

clamam a voltar das vias marginais onde talvez queiramos nos deter, para andarmos na estrada principal da redenção. Garantem que, na pregação, voltaremos constantemente aos atos poderosos de Deus para cuja proclamação a igreja existe.[8]

O segundo fator que nos ajuda a determinar nosso texto é o que chamarei *externo* — refiro-me a algum evento na vida da nação (e.g., eleição, morte de uma personagem pública ou um escândalo nacional), alguma questão de debate público (e.g., corrida armamentista, aborto, pena de morte, desemprego, homossexualismo, ou divórcio) ou alguma outra catástrofe (acidente aéreo ou descarrilamento de trem). Quando os cristãos comparecem à igreja, nem podem nem devem excluir de sua mente questões desse tipo que recebem ampla cobertura da mídia. Pelo contrário, eles trazem consigo essas ansiedades para o culto, e estão perguntando: "Há alguma palavra da parte do Senhor?" e "Como os cristãos devem reagir diante de tais coisas?". Os pregadores precisam ser sensíveis diante das grandes perguntas públicas que pairam na mente das pessoas.

Em terceiro lugar, há o fator *pastoral,* ou seja: alguma necessidade que foi descoberta na jornada espiritual da congregação. Freqüentemente se diz, e com toda a razão, que os melhores pregadores sempre são bons pastores, por saberem as necessidades e problemas, dúvidas, temores e esperanças dos membros da igreja. Um pastor conscencioso nunca poderá pregar "sem levar em conta as necessidades de seus ouvintes". Douglas Cleverley Ford comenta: "Seria o mesmo que um médico receitar pomada para eczema no pescoço quando o paciente tem calos nos dedos do pé".[9] A avaliação das necessidades da congregação em determinado momento, e a decisão de como pregar diante da situação, são feitas de modo mais vantajoso pelo conjunto da equipe pastoral. Mesmo que uma igreja local tiver um único pastor assalariado e de tempo integral,

---

[8] *Heralds,* p. 110-1.
[9] *Ministry,* p. 210.

espera-se que ele tenha o apoio de ministros e presbíteros, voluntários ou em tempo parcial, que partilharão com ele a supervisão pastoral. Sem dúdiva, passarão juntos períodos regulares para orar, debater e planejar, e um dos itens de sua agenda deve ser o ministério de pregação. Pelo menos três vezes por ano, Michael Baughen, pastor titular de All Souls desde 1975, reúne sua equipe com esse propósito específico. Às vezes, avisa a congregação de antemão, solicitando suas orações, e às vezes convida os membros, especialmente os líderes do grupo de comunhão, a oferecer sugestões e pedidos para temas de sermões ou séries de sermões. Às vezes, também, alguns líderes leigos da família da igreja se reúnem conosco enquanto debatemos nosso cronograma de pregação durante os próximos meses. Isso nos dá a oportunidade de planejar cursos para abranger as principais doutrinas e deveres cristãos, para expor livros inteiros da Bíblia, e perguntar a nós mesmos se existem áreas que deixamos desapercebidas. A pregação planejada assim ajuda os membros da igreja a captar a riqueza da unidade-na-diversidade da revelação bíblica; um dos perigos de usar um texto isolado cada domingo é que dá a impressão de que a Bíblia é uma simples antologia de fragmentos desconectos, sem nenhum tema em comum e nenhuma mensagem global.

Talvez seja construtivo alistar as séries principais que adotamos na Igreja de All Souls durante esses últimos seis anos. Os cursos de doutrina incluem o caráter de Deus, a vida de Cristo, a cruz, os aparecimentos depois da ressurreição, a família de Deus, e a Bíblia. Séries mais práticas têm se relacionado tanto com as questões éticas (e.g., o discipulado, os Dez Mandamentos, o Sermão do Monte, a Imitação de Cristo, e uma série de catorze lições sobre as implicações do amor) e as questões temáticas (e.g., a orientação divina, o ministério das mulheres, o sofrimento, e os dons espirituais). Houve, também, uma série de quatorze lições a respeito da oração.

Durante o mesmo período, procuramos fazer a exposição de algumas passagens bíblicas mais longas. No Antigo Testamento tivemos séries sobre os primeiros capítulos do Gênesis, a vida dos patriarcas, alguns salmos, partes de Isaías e o livro de Daniel. No Novo Testamento, estudamos algumas epístolas mais curtas (Efésios, Filipenses, 1Pedro e 1 e 2Tessalonicenses) e duas epístolas mais longas: 2Coríntios e Romanos (esta última em 43 sermões, que ocuparam duas sessões — de novembro a março e de maio a julho). Nossa série mais longa também foi, talvez, a mais apreciada — o estudo da totalidade do evangelho de Marcos em 62 sermões, nos quais o texto foi dividido em sete seções, no decurso de setembro de 1978 até abril de 1981.

Além dessas vistas panorâmicas, parágrafo por parágrafo, às vezes achamos mais proveitoso avançar lentamente, versículo por versículo, usando passagens mais curtas. Empregando esse método, estudamos Atos 20.19-38 (o discurso de Paulo diante dos presbíteros de Éfeso), Efésios 1 (um povo para a glória de Deus), Efésios 4 e 5 (os padrões morais cristãos), Hebreus 11 (os heróis da fé), e um capítulo menos conhecido, Hebreus 13. Esse foi dividido da seguinte maneira:

1. Continue o amor fraternal (v. 1);
2. A hospitalidade para com os estrangeiros (v. 2);
3. Lembrem-se dos que estão na prisão (v. 3);
4. Seja tido em honra o casamento (v. 4);
5. O contentamento (v. 5, 6);
6. Lembrem-se dos seus líderes (v. 7, 17-19);
8. Perigo! (v. 9);
9. Sofrer com Cristo (v. 10-17);
10. Residentes temporários (v. 14);
11. Sacrifícios que agradam a Deus (v. 15, 16);
12. Equipados para a ação (v. 20, 21);

Todas essas séries foram fruto de resoluções nas conferências da equipe pastoral, que atenderam às necessidades pastorais da família da igreja, conforme eram percebidas.

O quarto fator para orientar a escolha de um texto é *pessoal*. Sem dúvida, os melhores sermões que pregamos à congregação são os que primeiramente pregamos a nós mesmos. Ou, colocando a mesma verdade de forma um pouco diferente, quando o próprio Deus fala conosco por intermédio de um texto das Escrituras, tornando-o luminoso para nós; então ele continua a brilhar com glória divina quando procuramos abri-lo diante dos outros. Campbell Morgan nos conta que certo dia estava na sala pastoral do dr. Joseph Parker no City Temple quando entrou um homem e disse a este: "Quero lhe agradecer por aquele sermão. Ele me fez bem". O dr. Parker olhou para ele e respondeu: "Cavalheiro, preguei-o porque fez bem a mim".[10] Isso não quer dizer que cada sermão precisa nascer da experiência pessoal. Alguns entre nós precisam pregar a respeito do casamento sem estar casados, ou sobre o divórcio, sem deixar de estar casados, e todos nós precisamos pregar sobre a morte antes de termos morrido. Mesmo assim, os sermões que surgem da profunda convicção pessoal têm uma rica qualidade autocomprobatória. É o que James Stalker chama "a marca do sangue da experiência". Ele acrescenta que "a verdade é dupla e triplamente verdadeira quando provém de um homem que fala como quem a aprendeu por meio de seu trabalho e sofrimentos".[11]

É por essa razão que a maioria dos pregadores acha necessário ter à disposição em todo momento um caderno ou (como era chamado no século XVII) um "livro de lugares-comuns". Não sei se a experiência que você tem é semelhante à minha. Minha mente está quase sempre envolta numa neblina razoavelmente densa, de modo que não vejo as coisas com a mínima clareza. Ocasionalmente, porém, a neblina se dissipa, a luz raia, e vejo com clareza límpida. É necessário agarrar-me a esses momentos fugazes da iluminação a fim de aproveitá-los. Precisamos aprender a nos render a eles, antes de a neblina descer de novo sobre nós. Semelhantes momentos surgem em ocasiões inconvenientes, tais como na alta madrugada,

---

[10] *Preaching*, p. 50.
[11] *The preacher and his models*, p. 166.

ou enquanto alguém está pregando ou ensinando, enquanto lemos um livro, ou até mesmo durante uma conversa. Por mais inconveniente que seja a ocasião, não podemos nos dar o luxo de perdê-la. A fim de tirar dela o máximo proveito, talvez precisemos escrever com a máxima rapidez.

Aqui, portanto, temos quatro fatores — o litúrgico, o externo, o pastoral e o pessoal — que nos ajudarão a escolher um texto bíblico para o sermão. Agora estamos prontos para a segunda etapa da preparação.

2) Medite sobre ele

Se nosso texto fizer parte de uma exposição consecutiva ou, por alguma outra razão, tiver sido determinado com semanas ou meses de antecedência, seremos beneficiados pelo longo período de "incubação subconsciente",[12] ou "maturação" (nome dado pelos americanos). Certamente, o texto do domingo deve, no mais tardar, ser escolhido antes da segunda-feira anterior, a fim de que alguma coisa do processo de incubação possa se realizar. Quanto mais prolongado esse período, melhor. Robert Louis Stevenson disse, certa vez, a respeito de si mesmo: "Fico sentado durante um longo tempo, em silêncio, com meus ovos".[13] Dietrich Bonhoeffer mantinha a prática regular de escolher seu texto em tempo hábil. A partir de então, o considerava todos os dias, e "procurava mergulhar nas suas profundezas, a fim de realmente escutar o que ele diz".[14]

Mais cedo ou mais tarde, chega a hora para preparativos mais concentrados. O que o pregador deve fazer agora? Ler o texto, relê-lo, relê-lo de novo e fazer toda a leitura outra vez. Revirá-lo muitas vezes em sua mente, assim como Maria, mãe de Jesus, que ficou admirada com as coisas que os pastores disseram, "e sobre elas refle-

---

[12]Leslie J. TIZARD, *Preaching:* the art of communication, p. 71.
[13]Stephen LEACOCK, *Sunshine sketches of a little town*, p. 205.
[14]Mary BOSANQUET, *The life and death of Dietrich Bonhoeffer*, p. 110.

tia em seu coração" (Lc 2.18,19). Entre no texto, como a abelha faz com a flor da primavera, ou como o beija-flor que faz com o hibisco para lhe extrair o néctar. Morda-o, como o cachorro faz com o osso. Chupe-o, como a criança chupa a laranja. Rumine-o, como faz a vaca. A esses exemplos, Spurgeon acrescenta mais dois: o verme e o banho. "É algo maravilhoso orar até entrar no espírito e tutano do texto; penetrando nele por meio da nutrição religiosa fornecida por ele, assim como o verme abre caminho, furando, até chegar à parte comestível da noz".[15] E também: "Irmãos amados, procuremos *ficar ensopados com o Evangelho*. Sempre descubro que posso pregar melhor quando consigo ficar deitado de molho no meu texto. Gosto de selecionar um texto, descobrir o seu significado e contexto, e assim por diante; e depois, tendo-me banhado nele, regozijo-me ao me deitar nele e deixá-lo penetrar em meus poros".[16]

Essas metáforas intensas, no entanto, talvez não indiquem com clareza suficiente o que, exatamente, o pregador faz enquanto medita sobre o texto. Vou colocar o caso da seguinte maneira. Faça ao seu texto algumas perguntas, duas em especial. Primeira: *o que significa?* Talvez melhor: o que *significava* quando foi falado ou escrito pela primeira vez, pois E. D. Hirsch enfatiza, com razão, que "o texto significa o que seu autor quis dizer".[17] Já vimos ser inevitável a disciplina de nos transportar em pensamento ao contexto histórico e geográfico do texto, ao seu meio-ambiente cultural, às suas palavras e figuras de linguagem, e assim, à mente e propósito do autor. O que ele queria dizer? O que pretendia afirmar, condenar, prometer ou ordenar?

A segunda pergunta para fazermos é: *O que o texto diz?* Ou seja: qual é a sua mensagem contemporânea? Como ela nos fala hoje? Trata-se de uma pergunta diferente. Envolve a disciplina

---

[15] *Lectures*, 1.ª série, p. 42.
[16] *All-round ministry*, p. 124.
[17] *Validity in interpretation*, p. 1.

adicional da "construção de pontes", de relacionar a Palavra antiga com o mundo moderno, e traduzi-la para a terminologia da cultura atual.

É essencial manter essas duas perguntas separadas e juntas. Descobrir o *significado* do texto é de interesse puramente acadêmico a não ser que passemos a discernir a *mensagem* para hoje, ou (conforme alguns teólogos preferem dizer), a "relevância". Mas procurar a mensagem contemporânea sem primeiramente descobrir seu significado original é tentar fazer um atalho proibido. Desonra a Deus (desrespeita o modo que escolheu de revelar-se em contextos históricos e culturais específicos), abusa da Palavra (tratando-a como almanaque ou livro de magias) e engana o povo (confundindo-o quanto ao modo de interpretar as Escrituras).

Quando aplicamos ao texto as duas perguntas, sobre o seu significado e sua mensagem, é bem possível que precisemos procurar ajuda num léxico, concordância ou comentário. Eles podem impedir que interpretemos erroneamente a passagem, e podem iluminá-lo e estimular o pensamento a seu respeito. Mas eles nunca poderão ser mais que ajudas. Não poderão substituir o nosso encontro direto e pessoal com o texto, à medida que o examinamos rigorosamente por conta própria, e deixamos que ele nos examine minuciosamente. Além disso, depois de uns poucos anos de estudo da Bíblia, nunca chegaremos a um texto como totalmente estranhos, pelo contrário, o abordaremos à luz da meditação anterior.

Durante todo o tempo devemos orar, clamando humildemente a Deus por iluminação da parte do Espírito da verdade. Repetiremos a petição de Moisés: "Peço-te que me mostres a tua glória" (Êx 33.18) e a de Samuel: "Fala, SENHOR, pois o teu servo está ouvindo" (1Sm 3.9, 10). A meditação cristã é diferente dos demais tipos, por ser a combinação de estudo e de oração. Alguns pregadores são estudiosos muito diligentes. Suas escrivaninhas estão empilhadas com obras teológicas, e dedicam sua atenção à elucidação do texto. Mas dificilmente, ou quase nunca, oram pedindo iluminação. Outros estão muito diligentes na oração, mas quase nunca se ocupam com o estudo sério. Não devemos separar o que Deus uniu. Falando pessoalmente, sempre achei útil fazer de joelhos o tanto quanto possível do preparo do sermão, com a Bíblia aberta diante de mim, orando juntamente com o estudo. Isso não é por eu ser bibliólatra; mas porque adoro o Deus da Bíblia e desejo me humilhar diante dele e de sua revelação e, mesmo enquanto estou ocupando minha mente com o estudo do texto, oro com sinceridade para que sejam iluminados os olhos do meu coração (Ef 1.18).

Sobre essa combinação de oração e pensamento, Daniel fornece um excelente exemplo veterotestamentário: "Compreendi pelas Escrituras, conforme a palavra do Senhor dada ao profeta Jeremias, que a desolação de Jerusalém iria durar setenta anos", disse ele. "Por isso me voltei para o Senhor Deus com orações e súplicas, em jejum, em pano de saco e coberto de cinza". Em seguida, enquanto ainda orava, chegou até ele Gabriel e lhe disse: "Daniel, agora vim para dar-lhe percepção e entendimento...". (9.1-3,20-23). Numa visão subseqüente, uma figura humana lhe apareceu, tocou nele e lhe disse: "Não tenha medo, Daniel. Desde o primeiro dia em que você decidiu buscar entendimento e humilhar-se diante do seu Deus, suas palavras foram ouvidas...". (10.1-14). O equivalente no Novo Testamento é o que Paulo disse a Timóteo: "Reflita no que estou dizendo, pois o Senhor lhe dará entendimento em tudo" (2Tm 2.7). Nos dois casos havia, por um lado, a leitura de livros, pensamento sério, e esforço mental para entender, ao passo que, do outro lado, havia a humilhação de si mesmo em oração e confissão. Foi somente em resposta ao estudo e à petição juntos que foi concedido o entendimento desejado. Conforme escreveu R. W. Dale, citando um escritor inglês antigo: "Trabalho sem oração é ateísmo; e oração sem trabalho é presunção".[18]

É óbvio que durante esse período de estudo em espírito de oração, que chamamos "meditação", estamos rabiscando, ainda que a esmo, os pensamentos que se cristalizarão em nossa mente. "Quan-

---

[18] *Nine lectures on preaching*, p. 91.

to tempo dura essa etapa?" me perguntam freqüentemente. "Tanto tempo quanto necessário" é a única resposta que posso oferecer. Nada pode substituir o tempo que você passa com o texto. Tome tanto tempo quanto necessário. Beba o néctar da flor até o fim. Chupe a laranja até secá-la.

Até este ponto, tomei por certo que o estudo do texto será particular e individual. Existe, também, lugar para o preparo coletivo do sermão, e o bispo Lesslie Newbigin descreveu para mim sua experiência na Diocese de Madras (Sul da Índia):[19]"Uma vez por mês, os clérigos de um grupo de pastorados reuniam-se durante metade de um dia, ou um dia inteiro". Começavam com "o estudo totalmente exegético das passagens bíblicas determinadas para o respectivo domingo". Isso era feito, tanto na sessão plenária, quanto em grupos, sendo que quatro ou cinco grupos eram convidados para preparar um esboço de sermão para cada um dos domingos do mês que se seguiria. "Em seguida, os esboços eram encaminhados ao plenário para receber comentários, críticas, e discussão". Geralmente, os textos dos sermões seriam escolhidos do lecionário publicado pela Igreja do Sul da Índia. "Em algumas ocasiões, entretanto, quando algo importante acontecia na vida da igreja ou da nação [...] pedíamos aos grupos que avaliassem a reação cristã apropriada diante da situação, e quais passagens das Escrituras seriam úteis para o culto do domingo em pauta". O comentário final do bispo Newbigin foi que, embora "no fim cada um tivesse que ir para casa e preparar os próprios sermões", mesmo assim, "essas atividades serviam de garantia que haveria mais carne neles do que teria acontecido de outra forma".

3) Isole o pensamento dominante

Ao continuar a meditar, orar, estudar e anotar uma miscelânea de idéias, devemos procurar o pensamento predominante do texto. E

---

[19]Esse relato é tirado de uma comunicação pessoal com data de 7 de dezembro de 1979.

realmente, devemos perseverar na meditação até esse pensamento surgir e se clarificar. Mas por que agir assim?

Primeiro: porque cada texto tem um tema principal. Se, conforme argumentamos no capítulo três, Deus fala por intermédio do que ele já disse, é essencial perguntarmos a nós mesmos: "O que ele está dizendo? Onde está a sua ênfase?" Não estou negando que possa haver vários modos legítimos de lidar com o texto, e várias lições diferentes podem ser aprendidas dele; o que estou afirmando é que cada texto tem um assunto principal. Precisamos ter integridade suficiente para discernir isso e resistir à tentação de dar ao texto um jeito ou ênfase bem particular.

Por exemplo, certamente seria permissível ensinar, a partir da Parábola do Bom Samaritano, que o verdadeiro amor sempre se expressa em serviço sacrificial e construtivo. No entanto, o impacto principal da história contada por Jesus é o fato chocante que o forasteiro samaritano desprezado fez o que os dois judeus religiosos não estavam dispostos a fazer. Seria, portanto, impossível expor com exatidão essa parábola sem ressaltar a questão racial e a crítica subentendida de que toda religião, por mais ortodoxa que seja, não deixa de ser espúria por estar destituída de amor. Semelhantemente, seria possível ensinar várias verdades com base em Romanos 5.8: "Mas Deus demonstra seu amor por nós pelo fato de Cristo ter morrido em nosso favor quando ainda éramos pecadores". Poderíamos pregar sobre o pecado do homem, ou a morte de Cristo, ou o amor de Deus, pois todos as três coisas são mencionadas no versículo. No entanto, o pensamento dominante é que a morte de Cristo a favor dos pecadores é "a comprovação que o próprio Deus oferece do seu amor a nós" (*New English Bible*). Portanto, um sermão sobre Romanos 5.8 necessariamente versaria sobre "como Deus comprova o seu amor", e correlacionaria também a prova objetiva em Cristo (a cruz, v. 8) com a experiência subjetiva mediante o Espírito Santo (em nosso coração, v. 5).

Além disso, existe outra razão: uma das principais diferenças entre o sermão e a preleção é que o sermão visa transmitir uma única mensagem. Espera-se dos estudantes que façam anotações copiosas durante as preleções, que as revisem depois. Tomando por certo esse fato, o preletor sendo livre para discursar, para abranger uma área ampla, e até mesmo para fazer digressões. E realmente, as digressões excêntricas do professor distraído constituem em um dos prazeres principais de escutá-lo; de outra forma, poderíamos igualmente coletar a matéria diretamente de seus livros. O sermão, porém, é bem diferente. É verdade que em algumas congregações há quem tome notas, ao passo que em outras, ficam à disposição resumos das mensagens. Tais coisas são valiosas para ajudar a memória. No entanto, esses dispositivos são excepcionais. Além disso, podem ser empecilhos se as pessoas param de prestar atenção ao sermão porque pretendem, em ocasião posterior, estudar as notas ou ouvir o sermão gravado. Isso porque o sermão, como palavra viva de Deus para o povo, precisa ter seu impacto sobre eles ali mesmo, naquele momento. Os ouvintes não se lembrarão dos pormenores; nem deveríamos esperar que assim fizessem. Eles devem, no entanto, lembrar-se do pensamento principal, porque todos os pormenores do sermão foram colocados na devida ordem com a finalidade de ajudar os ouvintes a captar sua mensagem e sentir seu poder.

Os mestres da arte do sermão parecem ser unânimes quanto a essa questão. Nos tempos antigos, o pensamento dominante era chamado "proposição", e os pregadores se esforçavam para esclarecê-lo. "Creio que cada sermão", disse Charles Simeon, "deve, como o telescópio, ter um só objeto em seu campo de visão".[20] Segue a descrição do seu próprio método no prefácio do livro *Horae homileticae*:

> Talvez não deixasse de ser útil indicar *de que maneira são formados esses discursos*. Tão logo que o assunto seja escolhido, a primeira pergunta é: *Qual é o escopo e o significado principal do texto?* (ROGO A CADA MINISTRO JOVEM QUE SE LEMBRE ESPECIALMENTE DISSO.)[21]

---

[20]William CARUS, *Memoirs of the Rev. Charles Simeon*, p. 717.
[21]*Horae,* p. vi, vii. Os grifos e maiúsculas são do próprio Simeon.

Depois de descoberto o significado principal do texto, Simeon disse, o passo seguinte é expressá-lo numa "proposição categórica"; este procedimento é "*o grande segredo* da composição para o púlpito".[22] Num artigo anônimo no *Christian Observer*, de dezembro de 1821, Simeon enfatizava a importância prática desse método para fixar a verdade na memória das pessoas:

> Reduza seu texto a uma proposição simples, e estenda-a como o enredo; depois, faça uso do próprio texto; ilustre a idéia principal com os vários termos nos quais ela é contida. Fixe a palavra na mente de seus ouvintes. O parafuso é o mais forte de todos os poderes mecânicos [de fixação] [...] depois de ter sido girado umas poucas vezes, quase nenhuma força consegue arrancá-lo.[23]

Richard Baxter também escreveu: "Fixe a verdade na mente deles".[24]

J. H. Jowett foi mais longe:

> Tenho a convicção de que nenhum sermão está pronto para ser pregado [...] antes de podermos expressar seu tema numa frase curta e rica, tão clara como o cristal. Vejo que chegar até à frase é o esforço mais pesado, mais exigente e mais frutífero nos meus estudos... Acho que nenhum sermão deva ser pregado, nem sequer escrito, até ter emergido aquela frase, tão clara e lúcida quanto a noite de lua sem nuvens.[25]

Semelhantemente, o professor Ian Pitt-Watson declarou: "Cada sermão deve ser único em relação a seu tema. 'Este é o primeiro e grande mandamento!'".[26]

---

[22]Ibid., vol. 21.
[23]Hugh Evan HOPKINS, *Charles Simeon of Cambridge*, p. 59.
[24]*Reformed pastor*, p. 160.
[25]*The preacher:* his life and work, p. 133.
[26]*A kind of folly*, p. 65.

Depois de o texto ter revelado seu segredo, e depois de ter ficado claro o tema principal do sermão, o culto todo deve ser planejado em seu redor. Embora, por certo, a adoração inicial possa expressar arrependimento e louvor em termos mais gerais, e embora as intercessões devam abranger muitas petições pelo mundo, pela igreja, e pelos necessitados, mesmo nessas seções do culto é construtivo começar a atrair a mente e o coração da congregação em direção ao tema e prepará-la para acolhê-lo. Certamente as duas leituras bíblicas devem ser relevantes, juntamente com o hino que expressa nossa oração antes do sermão, e o hino que expressa nossa receptividade depois dele. Não devemos ter medo da simplicidade e da repetição. Essa é mais uma lição que podemos aprender da experiência dos negros nos EUA. O dr. Henry Mitchell traça um paralelo interessante entre o *negro spiritual* e "o ritmo lento que caracteriza o estilo de pregação dos negros":

> O sermão na cultura negra é o gêmeo homilético do cântico espiritual. No caso da cultura cantada, o cântico inteiro pode ser formado sobre uma pequena quantidade de palavras. Refrões baseados em pouquíssimas palavras: "Lembra-te de mim, ó Senhor, lembra-te de mim". Ao passo que um hino da cultura branca tem estrofes longas, cheias de palavras, cantadas rapidamente, um *negro spiritual* pode simplesmente dizer, lentamente: "Senhor, quero ser cristão de coração". O ritmo lento da pregação, bem como a repetição, é o padrão natural da fala e do canto dos negros, e nenhum dos dois tende a depender de numerosas palavras numa só expressão verbal breve.[27]

Não devemos, portanto, no preparo de sermões, preterir a disciplina de esperar com paciência até que o pensamento principal se revele. Precisamos estar dispostos a orar e pensar até penetrarmos profundamente no texto, ou até para debaixo dele, até abrirmos mão

---

[27] *Black preaching*, p. 175.

de tentar dominá-lo ou manipulá-lo, e nos tornarmos, ao contrário, servos humildes e obedientes do texto. Nesse caso, não haverá perigo de torcer o texto inescrupulosamente. A Palavra de Deus dominará nossa mente, colocará fogo em nosso coração, controlará o desenvolvimento de nossa exposição, e deixará uma impressão permanente na congregação.

4) Organize a sua matéria para servir ao pensamento dominante

Até aqui, no processo de preparar o sermão, colhemos do nosso texto muitas idéias diferentes, que rabiscamos a esmo numa folha de papel, e nos esforçamos para isolar o pensamento predominante. Agora, precisamos martelar a matéria para que ela assuma uma forma, principalmente a forma que melhor servirá ao pensamento principal. O propósito dessa etapa não é produzir uma obra-prima literária ("Os sermões magníficos são das mais perigosas das armadilhas do diabo", escreveu Charles Smyth)[28], mas, sim, fazer que o sentido principal do texto tenha o máximo impacto. O processo de burilar e formar seus contornos tem aspectos negativos e positivos.

De modo negativo, precisamos ser implacáveis em descartar o irrelevante. É mais fácil dizer isso que colocá-lo em prática. Durante nossas horas de meditação, é possível que vários pensamentos abençoados e idéias cintilantes nos tenham ocorrido, e que tenham sido devidamente anotados. A grande tentação é achar um jeito de encaixar todos eles no sermão. Resista a essa tentação! Matérias irrelevantes enfraquecerão o efeito do sermão. Revelarão ser úteis em outras ocasiões. Precisamos ter firmeza na mente para guardá-las para o tempo certo.

De modo positivo, precisamos subordinar nossa matéria ao tema de tal maneira que este fique iluminado e reforçado. Para proceder

---

[28] *The art of preaching*, p. 27.

assim, precisaremos da ajuda de uma estrutura, de palavras, e de ilustrações. Algo precisa ser dito a respeito dessa ajuda.

Primeiro: a *estrutura*. A maioria dos comunicadores concorda sobre a necessidade de uma disposição ordenada. É verdade que vivemos numa cultura cada vez mais visual. É verdade, também, que a maioria das pessoas nas nações desenvolvidas estão mais acostumadas a ser bombardeadas por imagens na tela da sua TV que a escutar lógica linear. Daí o valor, conforme escreve Davi Gillett, do método de ensino chamado "bolha". "Use um só ponto como sujeito, e se aproxime dele a partir de ângulos diferentes, de modo que reforce e deixe mais claro o quadro que se forma na mente da pessoa".[29]

Apesar de tudo isso, quer nossa abordagem seja visual ou lógica, precisamos mesmo organizar nossos pensamentos segundo alguma estrutura, se é que desejamos ser entendidos. Tomando por empréstimo a figura de linguagem do caos descrita em Gênesis 1.2, W. E. Sangster afirmou que "o sermão pode estar sem forma mas — tamanha é a graça de Deus — não totalmente vazio". No entanto, acrescentou, "isso é quase um milagre. Nenhum sermão é realmente forte se também sua estrutura não é forte".[30] Da mesma forma que ossos sem carne formam um esqueleto, também carne sem ossos forma uma água-viva. Nem esqueletos ossudos nem águas-vivas produzem bons sermões.

Confrontamo-nos com dois perigos principais quando desenvolvemos a estrutura do sermão. O primeiro é quando o esqueleto se torna inoportuno, como as costelas de uma pessoa muito magra. Elas se colocam na nossa frente; não conseguimos tirar os olhos delas. O mesmo acontece com o esboço de sermão muito rebuscado. Distrai a atenção do conteúdo por fixar demasiadamente sua forma. Isso pode acontecer porque são excessivamente enge-

---

[29] David GILLETT, *How do congregations learn*, p. 12.
[30] *The craft of sermon illustration*, p. 90.

nhosos (as aliterações duplas ou até mesmo triplas que alguns pregadores conseguem produzir para seus títulos são as maiores culpadas) ou demasiadamente complicados (como Richard Baxter que, segundo Simeon, certa vez chegou a dizer "'em sexagésimo quinto lugar" como se algum ouvinte se lembrasse dos 64 pontos anteriores")[31]. Os esboços que fazem esse tipo de propaganda de si mesmos sempre distraem a atenção. Os que cometem esse engano se esqueceram de que o propósito do esqueleto é apoiar o corpo e, agindo assim, se mantém fora da vista na maioria das vezes.

O segundo perigo ao qual nos expomos quando estruturamos os nossos sermões é a artificialidade. Alguns pregadores impõem ao texto um esboço que não lhe é apropriado, nem o ilumina, mas, pelo contrário, deixa turvas as águas límpidas da verdade e confunde os ouvintes. A regra de ouro para o esboço do sermão é que cada texto deve ter a licença de fornecer a própria estrutura. O expositor calejado desdobra seu texto, ou, melhor, permite que ele se desdobre diante dos olhos, como uma rosa que se abre ao sol matutino e revela sua beleza antes encoberta. Um dos maiores peritos nisso era o dr. Alexander McLaren, pregador batista do século XIX de Manchester. William Robertson Nicoll, descrevendo-o, disse que tinha "a mente rápida e clara", e a "capacidade extraordinária de analisar um texto. Tocava nele com um martelo de prata, e o texto imediatamente se separava em divisões naturais e mnemônicas".[32] Spurgeon empregava a mesma metáfora. Certa vez, falou com seus alunos a respeito da dificuldade que tinha com alguns textos. Disse: "Você procura subdividi-los; martela-os com toda a sua força e vigor, mas seu trabalho é inútil". Depois, "... finalmente, você acha um texto que se desfaz diante do primeiro golpe, e que reluz enquanto se despedaça, e você percebe jóias da mais rara radiância cintilando lá de dentro".[33] Todos os pregadores passam por essa

---

[31] *The art of preaching*, p. 177.
[32] *Princes of the Church*, p. 245, 249.
[33] *Lectures*, 1.ª série, p. 88-9.

experiência, pelo menos de tempos em tempos. Precisamos orar para que o Senhor distribua entre nós hoje mais alguns martelos de prata.

Uma consideração sobre a estrutura dos sermões levanta, inevitavelmente, a questão do sermão popular com três pontos principais, e este, por sua vez, geralmente provoca uma careta. Esta não é uma invenção moderna, ela tem uma longa história. Charles Smyth dá detalhes sobre a estrutura rígida do "esquema de sermão" medieval que, especialmente na Inglaterra, exigia um texto temático que se dividisse em três partes — se possível, "três palavras significativas".[34] Fazer do sermão com três subtemas nossa prática invariável, seria nos confinar à camisa de força. Além disso, viola muitos textos que transmitem uma só lição, ou duas, ou, ainda, podem ser naturalmente divisíveis em quatro ou ainda cinco. Todavia é interessante notar o número de ocorrências em que a divisão tríplice é a mais natural. Freqüentemente, tenho perguntado a mim mesmo se isso acontece porque os cristãos são trinitários — que facilmente encontram alusões ao Pai, ao Filho, e ao Espírito Santo —, ou porque há um Deus acima, a favor, e dentro de nós. Achei interessante, portanto, descobrir que esse pensamento ocorreu a Robert de Basevorn, cuja obra *Forma praedicandi* foi publicada em 1322. "Essa regra pode ser julgada", escreveu ele, "pelo desejo de reverência à Trindade."[35]

Existem muitas maneiras de estruturar um sermão. W. E. Sangster destacava cinco possibilidades principais às quais denominava "exposição", "argumento", "facetação", "categorização" e "analogia".[36] Halford Luccock era mais ambicioso em sua classificação, e alistou dez tipos. Também lhes deu nomes sugestivos, tais como o "sermão da escada" (que "leva de tema em tema como os degraus de uma escada"), o "sermão da jóia" (que "consiste em revirar uma

---

[34] *The art of preaching*, p. 19-54.
[35] Ibid., p. 22.
[36] *The craft of sermon illustration*, p. 53-94.

idéia, como uma pessoa reviraria uma jóia em seus dedos, deixando facetas diferentes captarem a luz"), e o "sermão do rojão" (assim chamado, "não porque sobe com muitos fagulhos e uma explosão sensacional", mas porque "começa no chão, sobe às alturas, divide-se em pedaços e desce de volta à terra").[37] Textos e temas diferentes exigem tratamento diferenciado. Precisamos cultivar a diversidade e procurar nos livrar dos estereótipos.

Passo, agora, da estrutura para as *palavras*. Se pregarmos apenas uma vez por semana durante quarenta anos, pronunciaremos cerca de nove milhões de palavras. Elas palavras são importantes. Pense no tempo e esforço que dedicamos a compor um recado para mandar por telegrama: por ser o número de palavras severamente limitado, repassamos o recado repetidas vezes, mudando uma palavra aqui, acrescentando ou excluindo outra palavra ali, até termos certeza de que seremos entendidos e que não haverá engano quanto ao sentido. O Pregador "procurou também encontrar as palavras certas, e o que ele escreveu era reto e verdadeiro". Semelhantes "palavras dos sábios", especialmente quando combinam a graça com a verdade, são "como aguilhões" para cutucar a consciência e estimular a mente, e também "como pregos bem fixados" porque se alojam na memória e não são facilmente deslocados (Ec 12.10,11). Vale a pena, portanto, dedicar atenção às palavras. Não porque leremos os sermões, nem porque os memorizaremos e os recitaremos, mas, sim, porque a disciplina da clareza de pensamento exige a escrita ("A escrita produz o homem preciso" disse Bacon), e porque se nosso preparo se estendeu, pelo menos em algumas partes do sermão, às palavras que queremos usar, é extraordinário quão facilmente estas voltam à mente, mesmo quando é somente um esboço que levamos ao púlpito. Portanto, que tipo de palavras devemos usar?

Em primeiro lugar, as palavras do pregador precisam ser tão simples e claras quanto possível. A tradução mais famosa de 1Corínti-

---

[37] P. 134-47.

os 13.1, embora fosse um erro de impressão, transmitia uma verdade: "Ainda que eu falasse as línguas dos homens e dos anjos e não tivesse *claridade,* seria como o metal que soa ou como o sino que tine". Às vezes acontece mesmo que a busca da palavra certa leve a uma palavra incomum, pelo menos evitaremos a verbosidade. Muitos profissionais caem nessa arapuca. Ainda existem políticos que se assemelham à descrição que Disraeli fez de Gladstone, em 1878, como "um retórico sofisticado, inebriado com a exuberância da própria prolixidade". Os advogados parecem deleitar-se na redação de documentos que somente os iniciados em Direito podem interpretar. Os médicos às vezes se tornam culpados de empregar jargões totalmente desnecessários. O dr. K. D. Bardham, de Rotherham, Yorkshire do Sul, ofereceu um exemplo tirado de um relatório de serviços sociais:

> Essa anciã (sic) idosa tem problemas múltiplos das juntas que limitam a locomoção. A ausência de intercâmbio verbal agrava seu desligamento da realidade e reforça o isolacionismo. É incapaz de relacionar-se com eventos atuais. A consideração psicogeriátrica no contexto da distorção conceitual, e a paranóia, também são parâmetros das dimensão total dos problemas dela.

O dr. Barham oferece sua versão: "Essa senhora de 83 anos tem artrite, não consegue se locomover, e está solitária, confusa e amedrontada".[38] A carta dele foi resposta a um artigo de Christopher Reed no tocante à disseminação da "psicoloquacidade" na classe média americana. Não passam de jargões que reduzem o entendimento genuinamente psicológico do comportamento humano a conceitos vazios.

Não é necessário, contudo, que os britânicos olhem para além do Atlântico para achar exemplos do abuso da linguagem. Existe bastante disso na Inglaterra, não menos entre os funcionários pú-

---

[38] *Guardian weekly,* 29 de janeiro de 1978.

blicos, e ninguém tem melhor registro que *Sir* Ernest Gowers em seus livros famosos sobre *Plain Words* [*Termos Inequívocos*]. O propósito deles, explica, é "ajudar os oficiais no uso do inglês escrito como ferramenta profissional",[39] mas o que ele escreve é quase igualmente aplicável ao inglês escrito. Não existe estilo, sustenta, à parte do uso das palavras, e apóia sua tese citando Matthew Arnold e o cônego Swift. "Tenha algo para dizer, e diga-o tão claramente quanto puder. Esse é o único segredo do estilo".[40] "Palavras apropriadas nos lugares apropriados formam a definição verdadeira de estilo".[41] Por isso, insiste que escolhamos cuidadosamente as palavras, evitando as supérfluas, e que optemos pelas familiares e exatas. Nossa falha básica é que a fala é complicada. "Em vez de ser simples, concisa e direta, é pretensiosa, profusa e cheia de rodeios". Chama-a *gobbledygook*[42] — que significa "jargão oficial pomposo" — palavra inventada, segundo parece, por Maury Maverick no *New York Times Magazine*, em maio de 1944. Infelizmente, a igreja não está isenta dessa enfermidade. O falecido *Sir* Kenneth Grubb citou a declaração do dr. Gordon Rupp, de que o movimento ecumênico foi "o primeiro assassino do inglês normativo", e passou a oferecer exemplos da estranha preferência eclesiástica por palavras latinas ao invés de anglo-saxônicas:

> Reunião torna-se confrontação; conversa, consulta; aspecto, dimensão; demonstração, constelação. Esses homens desprezam os verbos transitivos e a voz ativa. Repudiam substantivos fortes como sujeitos, e adjetivos fracos tomam o lugar de epítetos exatos. Nada acontece porque o vento está no Oriente, mas somente "dentro do arcabouço da circulação ocidental". Dessa forma, as boas novas evaporam em linguagem ruim...[43]

---

[39] *The complete plain words*, p. 1.
[40] Matthew Arnold, in: Sir Ernest GOWERS, *The complete plain words*, p. 3.
[41] Swift, in: Sir Ernest GOWERS, *The complete plain words*, p. 119.
[42] Sir Ernest GOWERS, *The complete plain words*, p. 47.
[43] *A layman looks at the Church*, p. 153, 155.

Por contraste com esses exemplos de linguagem difusa e complexa, os pregadores precisam se esforçar a favor da simplicidade e da clareza. Isso envolverá usar, não somente palavras diretas, mas também frases curtas, com poucas (ou talvez nenhuma) locuções subordinadas. Somos obrigados a fazer assim quanto falamos ao lado de um intérprete, e é boa prática falarmos habitualmente dessa maneira. "Pregue", disse o bispo J. C. Ryle em determinada ocasião, "como se você fosse asmático".

Além de serem simples, as palavras do pregador devem ser vívidas. Isto é: devem produzir figuras e ilustrações mentais. Daqui a pouco, terei mais alguma coisa para dizer a respeito das ilustrações. Enquanto isso, precisamos reconhecer que as histórias não são o único tipo de ilustração que existe; até mesmo palavras ou expressões idiomáticas, se forem figuras de linguagem, podem iluminar o que procuramos dizer. "A diferença entre a palavra certa e a palavra quase certa", comentou Mark Twain, "é a diferença entre o relâmpago e o vaga-lume".

No entanto, quando empregamos a linguagem metafórica, corremos o risco de misturar as metáforas e, assim, confundir as pessoas com a salada de figuras de linguagem apresentadas à imaginação. Stephen Leacock oferece um exemplo admirável, que serve como advertência salutar a todos os pregadores. É uma sátira do reverendo Rupert Drone, cônego rural de Mariposa, ao norte de Toronto:

> Não acho que, de início, alguém se preocupasse muito com a dívida da igreja (escreve ele). As cifras do cônego Drone demonstravam que era só questão de tempo até elas se extinguirem; seria necessário somente um pouco de esforço, uma leve apertada nos lombos da congregação, e poderiam carregar nos ombros a dívida inteira e pisoteá-la sob os pés. Bastava firmarem as mãos no arado e não demoraria para dirigi-lo às águas profundas. Então, poderiam ferrar as velas e cada um sentar-se debaixo da sua oliveira.[44]

---

[44] *Sunshine sketches of a little town*, p. 109.

Se nossas palavras devem ser simples e vívidas, também precisam ser honestas. Devemos acautelar-nos dos exageros, e ser econômicos no emprego de superlativos. O suprimento demasiadamente liberal deles desvaloriza o efeito dessa linguagem. Além disso, o próprio Jesus nos deu claras instruções no sentido de deixarmos o "sim" ser sim, e o "não", não, sem necessidade de linguagem contundente para reforçar as nossas declarações (Tg 5.12, que alude aos ensinos do Senhor registrados em Mt 5.33-37).

Um autor recente que enfatizou esse fato é C. S. Lewis. O "verbicídio" (o assassinato das palavras) pode, segundo ele, ser cometido de muitas maneiras. Mas uma das mais comuns é mediante a "inflação", e.g., dizer "terrivelmente" quando queremos dizer "muito", ou "tremendo" quando queremos dizer "grande".[45] Vale a pena citar por extenso os conselhos que deu a uma criança americana numa carta datada de 26 de junho de 1956:

O que realmente importa é:

1. Sempre procure empregar linguagem que deixa bem claro o que você pretende dizer, e tenha certeza de que a sua frase não poderia significar outra coisa.

2. Sempre prefira a palavra simples e direta à palavra longa e vaga. Não *implemente* promessas, *cumpra*-as.

3. Jamais empregue substantivos abstratos quando os concretos serviriam. Se você quer dizer "mais pessoas morreram", não diga "aumentou a mortalidade".

4. Não empregue adjetivos que meramente nos contam como você quer que sintamos no tocante à sua descrição. Com isso, quero dizer que, em vez de contar que algo era "terrível", descreva-o de tal maneira que ficaremos aterrorizados. Não diga que era "delicioso", mas *nos* leve a dizermos "delicioso" por meio da descrição. Veja bem: todas essas palavras (horrorizante, maravilhoso, repugnante,

---

[45] *Studies in words*, p. 6-7.

primoroso) apenas dizem aos leitores: "Por favor, façam a minha tarefa em meu lugar".

5. Não empregue palavras grandiosas demais para o assunto. Não diga "infinitamente" quando você quer dizer "muito"; senão, você não terá outra palavra disponível quando quiser falar a respeito de alguma coisa *realmente* infinita.[46]

Talvez essas citações bastem para nos convencer da importância da estruturação das palavras para o pregador. Quando estamos nos esforçando para comunicar alguma mensagem aos ouvintes, procurarmos palavras simples que eles compreenderão, palavras vívidas que os ajudarão a visualizar o que dizemos, e palavras honestas que contarão a plena verdade sem exagero. Malcolm Muggeridge tem sido descrito como o "gênio das palavras". No entanto, confessa no primeiro volume de sua autobiografia que, enquanto trabalhava como jornalista do *Manchester Guardian,* não demorou para tornar-se falastrão, chistoso e até mesmo hipócrita.

> Para mim, agora, é doloroso refletir, com que facilidade entrei no hábito de empregar essa não-linguagem; essas não-frases bobas que transmitem não-pensamentos, que propunham não-temores e ofereciam não-esperanças. As palavras são tão belas como o amor, e tão facilmente traídas. Estou mais arrependido pelas minhas palavras falsas — perdidas para sempre, na sua maior parte — pela misericórdia de Deus, nos grandes depósitos de lixo da mídia — do que por algumas ações errôneas.[47]

Agora, esse arrependido tem ambições diferentes. O epitáfio que ele mesmo pediu é: "Empregava bem as palavras".

Depois de ter considerado a estrutura e as palavras do sermão, passo para as *ilustrações*. Faço assim com bastante desconfiança, pois sei que não sou bom no uso delas. Meus amigos sempre estão caçoando de mim a esse respeito, e estou tentando melhorar.

---

[46] W. H. LEWIS, *Letters of C. S. Lewis,* p. 271.
[47] *Chronicles: the green stick,* p. 171.

Não posso deixar de concordar que o pregador cristão não tem a mínima desculpa para negligenciar as ilustrações, pois existe o pleno precedente divino para encorajá-lo. Cyril Garbet, foi arcebispo de York, contava o caso de quando um clérigo escreveu para o bispo Mandell Creighton de Londres, e pediu que lhe recomendasse um livro de ilustrações de sermões, "recebeu uma resposta que consistia em apenas duas palavras num cartão postal: 'A Bíblia'".[48] O bispo tinha razão. A Bíblia fervilha de ilustrações, especialmente de comparações. Pense no Antigo Testamento. "Assim como um pai se compadece dos seus filhos, assim o SENHOR se compadece dos que o temem." "Os ímpios são como palha que o vento levará." "Serei como o orvalho para Israel; ele florescerá como o lírio. Como o cedro do Líbano aprofundará as suas raízes." "Subirão com asas como as águias." "'Não é a minha palavra como o fogo', diz o SENHOR, 'e como um martelo que despedaça a rocha?'."[49] Ou vejamos o Novo Testamento. "Vocês são sal da terra. Vocês são luz do mundo." "Pois o Filho do homem no seu dia será como o relâmpago cujo brilho vai de uma extremidade a outra do céu." "Ai de vocês, mestres da lei e fariseus, hipócritas! Vocês são como sepulcros caiados: bonitos por fora, mas por dentro estão cheios de ossos e de todo tipo de imundície." "Tornamo-nos bondosos entre vocês, como uma mãe que cuida dos próprios filhos." "Que é a sua vida? Vocês são como a neblina que aparece por um pouco de tempo e depois se dissipa."[50] Essa é mera seleção aleatória; a lista poderia ser muitas vezes maior.

Acima de tudo, há as parábolas de Jesus. As mais conhecidas, tais como o filho pródigo e o bom samaritano, fazem parte do modo de a pessoa mediana entender o cristianismo. "Com muitas parábolas semelhantes Jesus lhes anunciava a palavra, tanto quanto podiam receber. Não lhes dizia nada sem usar alguma parábola.

---

[48]*Cyril Forster Garbett*, p. 172.
[49]Sl 103.13; Sl 1.4; Os 14.5; Is 40.31; Jr 23.29.
[50]Mt 5.13,14; Lc 17.24; Mt 23.27; 1Ts 2.7; Is 4.14.

Quando, porém, estavam a sós com os seus discípulos, ele lhes explicava tudo." (Mc 4.33,34) W. E. Sangster não estava exagerando o argumento a favor do uso de ilustrações quando escreveu que, tendo diante de nós o exemplo de Jesus, "somente uma combinação de vaidade e blasfêmia poderia convencer alguém de que a questão não merecia a sua atenção".[51] Além disso, não são apenas as parábolas de Jesus que demonstram a importância de ilustrar a verdade, ou de torná-la visível, mas é o próprio Jesus que faz isso. Isso porque Jesus é a Palavra de Deus que se tornou carne, a imagem visível do Deus invisível, de modo que quem o via, via o Pai.

Portanto, não é surpreendente que o uso de ilustrações na pregação tenha um histórico longo e honroso na história da igreja. Os grandes pregadores dos séculos IV e V, tais como Crisóstomo, Agostinho e Ambrósio, faziam uso delas. Uma das características principais da pregação medieval, escreve Charles Smyth, era "o uso de *exempla*, que nós chamaríamos 'ilustrações'".[52] Essa tradição foi desenvolvida ainda mais no século XIII por Francisco de Assis, Domingos, e seus frades. Naqueles tempos, eram produzidas e distribuídas coletâneas de *exempla* para pregadores (Smyth alista mais de quinze), precursoras dos "tesouros de ilustrações de sermões" de nossos dias. Elas incluíam histórias bíblicas, histórias da literatura clássica, exemplos históricos, lendas de santos, fábulas de animais, e lições da natureza. Foi por causa de tais *exempla* terem sido usados como veículo de falsa doutrina como substitutos da exposição bíblica séria que João Wycliffe e seus "pregadores pobres" resolveram concentrar sua atenção no texto das Escrituras, e assim prepararam o caminho para a ênfase que os reformadores davam à pregação da Bíblia. Charles Smyth termina essa parte do seu panorama histórico com o que denomina "O triunfo de Tillotson". John Tillotson foi arcebispo de Cantuária entre 1691 e 1694. Embora tivesse sido criado como puritano,

---

[51] *The craft of sermon illustration,* p. 211.
[52] V. o capítulo chamado "The exemplum", in: Charles SMYTH, *The art of preaching,* p. 55-98.

seus sermões posteriores eram mais ensaios sobre a bondade moral que proclamações evangélicas. Com frases breves e linguagem simples desenvolveu "o apelo à razão e ao bom senso, o argumento cuidadoso e compreensivo, sólido, sem pressa, sem adornos".[53] Parece, no entanto, que estava reagindo contra as especulações, os pedantismos, e os *exempla* primorosos da Idade Média, do que contra os puritanos. Isso porque, embora algumas alegorizações puritanas fossem muito imaginativas, a popularidade da grande alegoria de Bunyan, *O peregrino,* testemunha sua forte influência espiritual e, na realidade, muitos pregadores puritanos retratavam a vida cristã como uma viagem perigosa que envolvia a luta e o combate. Seus sermões eram "repletos de figuras de linguagem"; e, de fato, "poucos sermões ficavam sem essas alusões à peregrinação espiritual e à guerra espiritual, e muitos as tinham em abundância".[54]

Ao precedente bíblico e à tradição histórica acrescentamos, agora, a psicologia humana como parte do alicerce no qual repousa a prática da ilustração. Nós, seres humanos, achamos muito difícil lidar com conceitos abstratos; precisamos transformá-los em símbolos (assim como na matemática) ou em quadros ilustrativos. Isso porque o poder da imaginação é uma das melhores e mais distintivas dádivas de Deus à raça humana.

> Se alguém me perguntasse [escreveu o professor Macneile Dixon] qual é a força mais poderosa na formação da história, você provavelmente me julgasse desequilibrado se eu respondesse, conforme teria que responder: a metáfora, a expressão figurada. É pela imaginação que os homens têm vivido; a imaginação governa a totalidade da vida. A mente humana não é, conforme os filósofos queriam que você pensasse, um salão de debates, mas uma galeria de pinturas. Em suas paredes estão penduradas nossas comparações, nossos conceitos. A tirania do conceito,

---

[53] Charles SMYTH, *The art of preaching,* p. 146.
[54] William HALLER, *The rise of puritanism,* p. 140, 142.

como, por exemplo, o conceito do universo como uma máquina [...] é um [símbolo] do qual a mente humana nunca escapa [...] A metáfora é a essência da religião e da poesia [...] Nem a ciência escapa desse emaranhado.[55]

H. W. Beecher aplicou esse princípio à nossa tarefa como pregadores. Sua quinta preleção em Yale tem uma seção intitulada "O poder da imaginação". Ele escreveu

> O primeiro elemento do qual sua pregação dependerá em grande medida para ter poder e sucesso é — vocês talvez se surpreenderão ao ficar sabendo — é a *imaginação,* que considero o mais importante de todos os elementos que contribuem para fazer o pregador.

Por "imaginação", explicou, referia-se "ao poder da mente mediante o qual ela concebe as coisas invisíveis, e consegue apresentá-las como se fossem visíveis a outras pessoas".[56]

Paulo se referia à sua pregação da cruz aos gálatas como a exposição pública diante dos seus olhos, de Jesus Cristo como quem tinha sido crucificado (Gl 3.1). Pois bem, a crucificação acontecera uns vinte anos antes, e nenhum dos leitores gálatas de Paulo estivera presente para testemunhá-la. No entanto, por meio da proclamação vívida, Paulo conseguira transportar esse evento do passado para o presente, do relato em segunda mão para uma imagem visual dramática. Tal é o propósito da ilustração, seja qual for o seu tipo. Visa estimular a imaginação das pessoas e ajudá-las a perceber as coisas com clareza mental. As ilustrações transformam o abstrato em concreto, o antigo em moderno, o desconhecido em familiar, o geral em particular, o vago em exato, o irreal em real, e o invisível em visível. Segundo um provérbio oriental citado por J. C. Ryle:

---

[55] Do cap. 3 de The human situation (1937), in: Thomas H. KEIR, *The word in worship*, p. 65-6.

[56] *Lectures on preaching:* personal elements in preaching, p. 127, 134.

"O homem eloqüente é quem transforma os ouvidos de seus ouvintes em olhos, e os leva a ver o que está sendo falado".[57]

A fim de ver, precisamos de luz. E a palavra "ilustrar" significa iluminar, lançar luz ou brilho sobre um objeto que era escuro. É por essa razão que as ilustrações dos sermões às vezes são comparadas às janelas de uma casa. A terceira série de *Lectures to my students,* de Spurgeon, que é chamada "A arte da ilustração" e é inteiramente dedicada a esse tema; nela há uma declaração do "curioso Thomas Fuller", historiador anglicano do século XVII: "... as razões são as colunas do edifício de um sermão, mas as comparações são as janelas que oferecem a melhor luz". Spurgeon declara "feliz e sugestiva" essa comparação, e continua:

> A razão principal para a construção de janelas numa casa é, conforme diz Fuller, *para deixar entrar a luz*. As parábolas, comparações e metáforas têm esse efeito; e por isso, as usamos para *ilustrar* o assunto ou, em outras palavras, *abrilhantá-lo com luz*, pois essa é a definição literal que o dr. Johnson faz da palavra *ilustrar.*

Um edifício sem janelas seria "uma prisão em vez de ser uma casa [...] e da mesma forma um discurso sem parábola é comum, enfadonho, e envolve uma canseira lastimável da carne". Afinal, continua ele, "até mesmo as criancinhas abrem os olhos e os ouvidos, e um sorriso abrilhanta seus rostos quando contamos um história... Podemos arriscar a opinião de que elas muitas vezes desejariam que o sermão fosse só de ilustrações, assim como o menino queria que o bolo fosse feito só de frutinhas".[58] Mas, é lógico, um bolo não pode ser feito só de frutinhas, como uma casa não pode ser feita só de janelas. Precisamos achar o meio-caminho entre essa situação e a ausência total de janelas e frutinhas. Depois da publica-

---

[57] *Light from old times,* p. 408.
[58] Charles H. Spurgeon, *Lectures do my students,* 3.ª série, p. 1-3.

ção do meu livrinho *Men made mew* [*Homens recriados*] (1966), uma tentativa de exposição daqueles capítulos cruciais, Romanos de 5 a 8, um amigo me escreveu uma daquelas epístolas francas que somente amigos ousam escrever. "Seu livro", disse ele, "é como uma casa sem janelas, ou uma sobremesa sem frutinhas!" Não posso deixar de imaginar se ele tinha acabado de ler Spurgeon.

Da necessidade de ilustrações, volto-me para seus perigos. Esses são principalmente dois. O primeiro é que elas podem se destacar demasiadamente, e se colocar nas luzes da ribalta, em vez de lançar luz sobre alguma coisa obscura. W. E. Sangster certamente tinha justo motivo quando, ao ser criticado por usar ilustrações em demasia, respondeu: "Minha congregação precisa de postes de luz, John, para iluminar o seu caminho".[59] Para muitos, é essa a função severamente prática das ilustrações; não devem ser "semelhantes a abajures bonitos de sala de visita, que chamam atenção a si mesmos", pelo contrário, "semelhantes aos postes de luz nas ruas, que não se deixam notar, mas que lançam luz abundante sobre o caminho".[60] Todos nós conhecemos o tipo de ilustração que se impõe demais. É tão notável que é lembrada, isolada de seu contexto, muito depois de esquecida a verdade que visava ilustrar.

O segundo perigo que as ilustrações levam consigo aplica-se especialmente às analogias que são aplicadas imprópria ou inapropriadamente. Em todas as analogias devemos deixar claro qual o aspecto de semelhança está sendo sugerido. Por exemplo, quando Jesus ordenou que nos tornássemos como criancinhas, não queria dizer que nos tornássemos infantis em todos os aspectos. Não estava recomendando a imaturidade, o mal-comportamento, a irresponsabilidade, a inocência ou a ignorância de uma criança, mas somente sua "humildade". Isto é: dependemos da graça tanto quanto a criança depende dos pais. Existem, pois, outras passagens bíblicas

---

[59] Paul SANGSTER, *Doctor Sangster,* p. 275.
[60] J. H. JOWETT, *The preacher:* his live and work, p. 141.

nas quais somos proibidos, em vez de encorajados, a nos tornar criancinhas.[61] Portanto, é sempre perigoso, e freqüentemente enganador, "argumentar a partir de uma analogia", ou seja: dar a impressão falsa de que, porque dois objetos ou eventos são análogos em um aspecto, devem, portanto, ser análogos em todos os aspectos.

Como exemplo do uso inapropriado de uma analogia, menciono outro amigo meu que certa vez começou um sermão anunciando, com pausas deliberadas de imensa solenidade: "O Deus onipotente, nas Escrituras Sagradas, se assemelha [...] a uma galinha". Sua asseveração foi acolhida como um constrangimento divertido. Em certo sentido, é lógico, tinha toda a razão. O salmista se deleitava em refugiar-se nas "asas" de Deus, e Boaz descreveu Rute, a convertida moabita, como quem se refugiou debaixo das "asas" do Deus de Israel.[62] Além disso, nosso Senhor autoriza claramente essa metáfora. Ao chorar por Jerusalém, Jesus declarou que freqüentemente ansiara para ajuntar os seus habitantes "como a galinha reúne os seus pintinhos debaixo das suas asas" (Mt 23.37). É um belo quadro, que retrata com clareza os cuidados amorosos, ternos, e protetores de Deus, e uma figura doméstica familiar a todos quantos tenham visitado um sítio ou jardim onde se cria galinhas. É vívido, também, pois imediatamente sentimos o cheiro do sítio, escutamos o cacarejo da galinha-mãe, e vemos os pintinhos correndo até ela.

Por que, pois, houve o senso imediato de anomalia quando meu amigo inciou seu sermão? Parcialmente porque introduziu sua ilustração com linguagem um pouco pomposa ("Deus onipotente" e "Sagradas Escrituras"), e num estilo pretencioso (as pausas dramáticas), por isso, levou seus ouvintes a esperar uma conclusão nobre, ao passo que, pelo contrário, a palavra "galinha" surgiu como algo cômico. A segunda razão pelo senso do lúdico era que não especificou em que baseava sua analogia. A verdade é que as Escrituras não assemelham o Deus onipotente a uma galinha. O que elas fa-

---

[61]V. Jr 1.6; 1Co 3.1,2; 14.20; Hb 5.11-14.
[62]Sl 36.7; Rt 2.12.

zem é assemelhar seus cuidados protetores às asas de uma galinha, ou, mais exatamente (porque a figura de linguagem é dinâmica, e não estática), fala tanto da graça de Deus em termos de seu desejo de reunir debaixo das suas asas, quanto da nossa fé responsiva em termos de nos refugiar debaixo delas. Se, portanto, meu amigo tivesse se mantido mais próximo da Bíblia, e tivesse dito alguma coisa tal como "Deus no seu terno amor por nós deseja nos cobrir com sua proteção salvífica, assim como uma galinha reúne seus pintinhos debaixo das suas asas", teria havido compreensão e apreciação imediatas, sem qualquer senso de anomalia.

As ilustrações são de muitos tipos. Algumas delas talvez não passem de uma ou duas palavras, ou de uma locução, que não deixam de transmitir uma imagem visual dramática, por serem figuras de linguagem marcantes. Podemos falar de Deus "rompendo nossas defesas" (de modo que pensamos nas pessoas levantando barricadas contra os seus ataques), ou do Espírito Santo "abrindo à força" nossa mente fechada para receber uma verdade nova (de modo que possamos ouvir o ranger da tampa ao ceder relutantemente diante da pressão da alavanca ou martelo). Alguns pregadores têm grande perícia em contar de novo, em linguagem contemporânea, histórias e parábolas bíblicas, ao passo que outros são especialistas em inventar parábolas novas e modernas. As ilustrações mais eficazes, no entanto, são provavelmente historietas, colhidas da história ou de biografias, das atualidades ou da própria experiência. Elas ajudam a colocar as verdades bíblicas no mais amplo contexto possível: histórico, global, e pessoal. Todos os pregadores, portanto, estão sempre à busca de ilustrações, com os olhos e os ouvidos atentos. Não se trata de ler livros e escutar às pessoas somente com a intenção de coletar material para sermões. No entanto, conforme Sangster expressou o caso: "A totalidade da natureza e da vida [...] está rica em ilustrações. Ao velejar pela vida com um olhar de arrato, quantas coisas excelentes entram na rede!"[63] E seria aconselhável notarmos em cartões ou em fichários

---

[63]W. SANGSTER, *The craft of sermon illustration*, p. 239.

as idéias que nos surgem em mente e algumas das melhores citações de cada livro que lemos.

Nessa questão de empregar ilustrações de sermões, precisamos descobrir o equilíbrio entre o excesso e a falta de ilustrações. Theodore Parker Ferris ofereceu uns bons conselhos a respeito. Disse: "Uma imagem vale por dez mil palavras. O sermão totalmente destituído de imagens e ilustrações, provavelmente alcançará somente aqueles cuja disciplina intelectual lhes possibilite apreciar abstrações". Por outro lado, "o sermão com ilustrações em demasia é como uma mulher com excesso de jóias. As jóias, que originalmente tinham o propósito de ressaltar a pessoa, a escondem". Também aqui praticou o que pregava.[64]

Tendo procurado dispor a matéria (estrutura, palavras e ilustrações) de tal maneira que servissem ao pensamento principal do texto, estamos prontos para a etapa seguinte.

5) Acrescente a introdução e a conclusão

Parece essencial preparar, em primeiro lugar, o corpo do sermão. Se começássemos pela introdução ou conclusão predeterminada, quase forçosamente torceríamos o texto para se enquadrar nela. Em vez disso, começamos pelo corpo do texto. Somente então poderemos completar o corpo e lhe fornecer cabeça e cauda, ou seja: introdução e conclusão. Os escritores antigos que tratavam da retórica e da homilética chamavam-nos "exórdio" e "peroração".

É essencial uma introdução, que não deve ser nem longa nem breve demais. A introdução comprida deprecia o sermão e o destitui de impacto. Hoje em dia, porém, o erro mais comum é abreviar exageradamente a introdução, ou até deixá-la totalmente de lado, a fim de mergulhar diretamente no assunto. Não é aconselhável fazer assim. "As pessoas sentem aversão natural contra o que é abrupto, e se deleitam na abordagem um pouco mais gradual. Um prédio rara-

---

[64] *Go tell the people*, p. 93.

mente agrada na aparência se não tiver um pórtico ou algum tipo de entrada convidativa. Uma peça primorosa de música sempre terá um prelúdio".[65] Não é essa também a maneira utilizada por Deus? "A própria natureza nos ensina a arte dos preparativos e das graduações" mediante a suave chegada do anoitecer e também da aurora.[66]

Uma boa introdução serve a dois propósitos. Primeiro: desperta o interesse, estimula a curiosidade, e aguça o apetite para querer mais. Em segundo lugar, realmente "introduz" o tema ao levar os ouvintes para dentro dele. É comparativamente mais fácil construir uma introdução que cumpra alguma dessas duas funções. O interesse pode facilmente ser despertado por meio de uma piada ou uma história interessante, mas, se essas não levarem naturalmente ao assunto, o interesse conquistado será facilmente perdido. É possível que qualquer um apresente um assunto de tal maneira que perca a atenção das pessoas antes mesmo de conquistá-la. O modo correto, porém difícil, é apresentar o tema e despertar interesse ao mesmo tempo, e assim dispor a mente e o coração das pessoas para com a mensagem.

O modo tradicional de introduzir um sermão é apresentar o texto bíblico. É óbvio o valor desse início. Declara desde o começo que aceitamos a responsabilidade do pregador de expor a Palavra de Deus, em vez de ventilarmos nossas opiniões. Mesmo assim, essa abertura repugna a muitas pessoas; consideram-na demasiadamente tradicional, eclesiástica e enfadonha. Portanto, em algumas ocasiões, pelo menos, seria aconselhável começar de modo situacional, em vez de bíblico, com o tema, e não com o texto, pois assim começamos no lugar onde as pessoas estão, e não no lugar aonde esperamos levá-las. Lembro-me, por exemplo, de ter dirigido um seminário para pastores sobre a pregação, na cidade de Guatemala, pouco depois de o terremoto terrível de 1976, que devastou o país,

---

[65] J. A. BROADUS, *On the preparation and delivery of sermons*, p. 101.
[66] A. VINET, *Homiletics or the theory of preaching*, p. 269.

deixando 23 mil pessoas mortas e mais de um milhão, desabrigadas. Perguntei quantos deles tinham pregado a respeito do terremoto no domingo seguinte, e fiquei contente ao saber que alguns o tinham feito. Nós os teríamos encorajado a iniciar o seu sermão naquela ocasião com: "Meu texto nesta manhã é..."? Não teria sido mais natural começar de modo semelhante ao seguinte: "Reunimo-nos aqui com grande tristeza nesta manhã. Muitos entre nós perdemos um parente ou um amigo. Outros perderam a casa e bens. Por que Deus permite semelhantes desgraças? Essa é a pergunta que paira no coração e mente de todos. Como podemos continuar crendo num Deus de amor?" Se o texto for anunciado e lido somente nesse momento, e se fosse relacionado diretamente com o problema da providência divina e/ou com a certeza do amor de Deus, a atenção da congregação não seria perdida.

As conclusões são mais difíceis que as introduções. Alguns pregadores parecem ser totalmente incapazes de concluir qualquer coisa, muito menos seus sermões. Voam em círculos, como um avião sem instrumentos num dia nublado, incapacitados de aterrissar. Seus sermões "não passam de uma tragédia de desnorteamento".[67] Outros chegam ao fim muito abruptamente. Seus sermões são como peças de teatro sem *finale*, como música que não tem crescendo nem ápice.

A conclusão não deve ser mera recapitulação. A recapitulação é valiosa. A memória das pessoas precisa ser estimulada. Os apóstolos não tinham receio da repetição judiciosa. Paulo disse: "Escrever-lhes de novo as mesmas coisas não é cansativo para mim e é uma segurança para vocês". Pedro era da mesma opinião: "Sempre terei o cuidado de lembrar-lhes estas coisas, se bem que vocês já as sabem... Considero importante, enquanto estiver no tabernáculo deste corpo, despertar a memória de vocês...".[68] Um pregador mais recente descreveu seu método de sermão nestes termos: "Primeiro, digo o que

---

[67] Paul B. BULL, *Lectures on preaching and sermons*, p. 131.
[68] Fp 3.1; 2Pe 1.12,13; cf. 3.1,2.

vou contar. Depois, conto o que tenho para dizer. Terceiro: Digo o que contei". Dessa forma, a mesma mensagem é transmitida três vezes à congregação, o que está muito bom, especialmente se ele conseguir disfarçar um pouco as repetições valendo-se de sinônimos para dizer coisas idênticas com palavras diferentes. Como poderemos alojar uma verdade na mente das pessoas a não ser (conforme Lutero freqüentemente dizia) por meio de "incuti-la em sua cabeça de modo contínuo"?

Uma conclusão verdadeira, no entanto, vai além da recapitulação à aplicação. Não é que toda a aplicação deva ser deixada para o fim, pois o texto deve necessariamente ser aplicado à medida que progredimos. Nem por isso deixa de ser erro revelar cedo demais a conclusão à qual vamos chegar. Ser o fizermos, perdemos o senso de expectativa da congregação. É melhor guardar algo de reserva. Nesse caso, poderemos deixar até o fim aquela persuasão que, mediante o poder do Espírito Santo, prevalecerá sobre as pessoas para agirem à altura.

Esse era um elemento essencial no modo clássico de entender o falar em público. Cícero dissera em *O orador* que "um homem eloqüente deve falar de tal maneira que ensine (*docere*), agrade (*delectare*) e persuada (*flectere* ou *movere*)". Agostinho citou esse ditado de Cícero e o aplicava à responsabilidade dos pregadores cristãos de ensinar a mente, deleitar ou inspirar as emoções e impulsionar a vontade. Continuou: "Pois ensinar é uma necessidade, agradar é doçura, e persuadir é vitória".[69] A teoria moderna da comunicação concorda. "Quando aprendemos a expressar nossos propósitos em termos de respostas favoráveis específicas dos que prestam atenção à mensagem, demos o primeiro passo em direção à comunicação eficiente e eficaz".[70] Nossa expectativa, portanto, quando o sermão

---

[69] *On christian doctrine,* IV.12, in: Philip SCHAFF, The nicene and post-nicene fathers, p. 583, vol. III.
[70] David K. BERLO, *The process of communications*, p. 12.

chega ao fim, não é meramente que as pessoas entendam o ensino, que se lembrem dele e que nele tenham prazer, mas que façam algo a respeito. "Se não houve conclamação, não houve sermão".[71]

Os autores bíblicos deixavam bem claro que esse era o propósito dos seus ensinos. Ezequiel foi nomeado "atalaia da casa de Israel" a fim de avisar os israelitas a respeito dos juízos divinos e chamá-los ao arrependimento. A grande dor do seu ministério profético era que o povo se recusava a corresponder às suas palavras. Deus disse ao profeta:

> De fato, para eles você é nada mais que um cantor que entoa cânticos de amor com uma bela voz e que sabe tocar um instrumento, pois eles ouvem as suas palavras, mas não as põem em prática" (Ez 33.30-33).

Escutar sermões e concertos deve, no entanto, ser experiências muito diferentes, pois a música visa o prazer, ao passo que as Escrituras devem ser obedecidas. Os apóstolos do Novo Testamento deixam claro que a "verdade" traz consigo exigências morais: é para ser "cumprida" e não meramente ouvida, para ser obedecida, e não meramente crida.[72] Jesus, pois, lhes dissera: "Agora que vocês sabem estas coisas, serão bem-aventurados se as praticarem" (Jo 13.17). Tiago expressou a mesma necessidade quando conclamou seus leitores a serem "praticantes da palavra, e não apenas ouvintes" (Tg 1.22-25).

Os grandes pregadores na história da igreja têm compartilhado essa convicção. Os puritanos eram um exemplo notável. "A característica final da pregação segundo a vontade de Deus era que cada sermão devia ter seu 'uso' ou aplicação", que se relacionasse especificamente com "a conversão das almas e o treinamento na santidade".[73] Fui informado (embora não consiga achar essa expressão em

---

[71] John A. BROADUS, *On the preparation and delivary of sermons*, p. 210.
[72] V. Jo 3.18-21; Rm 1.18-23; 2Ts 2.10-12; 1Jo 1.6,8; 2Jo 4; 3Jo 3,4.
[73] Irvonwy MORGAN, *Godly preachers of the Elizabethan Church*, p. 28.

nenhuma parte de seus escritos) que falavam da necessidade de "pregar até alcançar o coração". Certamente eles não podem ser acusados de deixar a cabeça de fora, pois pregavam sermões pesadamente doutrinários. Mas queriam que sua mensagem penetrasse no coração (o centro de tomada de decisões na personalidade humana) por meio da cabeça. Semelhantemente, João Wesley nos fornece, em seu *Diário*, evidências suficientes no sentido de ele ter distinguido entre o "trabalho com a cabeça" e o "trabalho com o coração", e que esperava que sua pregação penetrasse no coração. "Não observei ninguém ferido, nem nada mais do que uma atenção calma e pouco animada". "Não consigo abrir caminho para o coração do povo de Perth". E: "Fiz uma aplicação deliberada ao coração de todos os que estavam presentes".[74]

Campbell Morgan preferia falar da vontade: "O pregador não está meramente pedindo que uma congregação discuta certa situação, e considere uma proposição, ou dedique atenção a uma teoria. Nossa intenção é invadir à força a cidadela da vontade, e capturá-la para Jesus Cristo... Não importa se estamos evangelizando ou ensinando. O apelo é a parte mais importante".[75]

Ora, as cidadelas não podem ser invadidas sem o uso da violência. Nem, também, o coração e a vontade humanas. "Se é para quebrantar o coração endurecido, não será por meio de afagos, mas de golpes ".[76] No mesmo estilo, o dr. Paul White, que trabalhou como médico das selvas na Tanzânia, nos conta, em sua autobiografia, quais são os segredos do sucesso de um escritor ou pregador. "Fisgue-os, segure-os, não os solte, adapte-se a eles e os atinja! No último item reside a força do argumento".[77]

---

[74] V. os registros em 13/5/1769, 21/5/1774 e 13/6/1779.
[75] Edgar de Witt JONES, *American preachers of today*, p. 289 e Alexander GAMMIE, *Preachers I have heard*, p. 198.
[76] Richard BAXTER, *Reformed pastor*, p. 160.
[77] *Jungle doctor*, p. 129.

É exatamente nessa questão que muitos entre nós somos fracos. Não nos sentiríamos à vontade no emprego das metáforas "invadir à força", "ferir", e "atingir". São violentas e belicosas para nosso estado de ânimo. Dizemos que não temos nem o direito, nem o desejo, de nos intrometer na privacidade religiosa das pessoas. Além disso, temos medo do emocionalismo. Como conseqüência, usamos o púlpito para a leitura de pequenos ensaios inócuos, e raras vezes (ou talvez nunca) insistimos numa questão que exige decisão. R. W. Dale tinha uma seção, na primeira das suas preleções de Yale, chamada "Sermões sem alvo". Descreveu como, enquanto estava de férias no verão, escutou um pregador cuja exegese era sadia e erudita, cujo pensamento era engenhoso e original, e cujas ilustrações eram admiráveis. "Mas não parecia ocorrer ao pregador que havia alguém escutando... Não consegui discernir qual verdade ele queria tornar mais clara para nós ou qual dever negligenciado queria que cumpríssemos...". Dale lhe disse depois, que faria o máximo benefício para ele "fazer vinte ou trint discursos nos comícios" — discursos políticos a respeito de questões calorosamente debatidas.

> "Conquistar o voto e colocar fogo no zelo" de nossas congregações, cavalheiros, é nossa atividade verdadeira. Se é para termos sucesso, deve haver atividade intelectual vigorosa, mas esta deve ser dirigida pela intenção específica de produzir um resultado específico... Pregaremos em vão a não ser que tenhamos um propósito ao pregar. O arcebispo Whately disse a respeito de certo pregador que "nada visava como alvo, e alcançava o nada".[78]

Se Dale assemelhava o pregador a um político num salão de debates à procura de voto, outros o têm assemelhado a um advogado num tribunal, pleiteando uma causa diante do juiz ou do júri, e esperando com confiança um veredito favorável. Ainda outra ilus-

---

[78] *Nine lectures on preaching:* the 1876 Yale Lectures, p. 22-4.

tração é a do pescador que está resolvido a "pescar homens" (Lc 5.10) com sua pregação. Recusa-se a ser como o pescador que, ao lhe ser perguntado a respeito, confessou que não pescara peixe nenhum, embora pensasse ter "influenciado" vários deles. John Wilkins, bispo de Chester no século XVII, expressou de modo admirável esse aspecto:

> O propósto principal de um orador é *persuadir*... E, portanto, o pregador que em seus discursos somente transmite noções gerais, e não leva adiante nenhum argumento específico com o intuito de levar seus ouvintes à *crença* ou *prática* de alguma *verdade* ou *dever*, é como um pescador insensato que estende sua rede diante dos marés vazias, onde não pode esperar nenhum sucesso para seus esforços.[79]

Talvez a metáfora mais notável, no entanto, que tenha sido usada por vários autores para ilustrar o propósito sério que devemos ter na aplicação dos sermões, seja a de armas de fogo, principalmente na caça ou no tiro ao alvo. O comentário do bispo J. C. Ryle sobre os sermões de George Whitefield foi que não eram "como o tiro de canhão no amanhecer e no anoitecer em Portsmouth, um tipo de tiro formal [...] que a ninguém perturbe". Pelo contrário: "eram cheios de vida e de fogo. Não havia maneira de fugir deles... Havia nele uma santa violência que, com firmeza, conquistava a atenção dos ouvintes".[80]

A pessoa que desenvolveu essa analogia de modo mais pitoresco foi Henry Ward Beecher, nas primeiríssimas Preleções de Yale (1872). Assemelhava suas primeiras tentativas de pregação com suas aventuras com espingarda na juventude:

> Saía sozinho à caça, e tinha muito sucesso em dar tiros com minha espingarda; e as aves se divertiam tanto quanto eu, pois

---

[79] *Ecclesiastes*, p. 25.
[80] *The Christian leaders of the last century*, p. 53.

nunca acertei nem machuquei nenhuma delas. Fui disparando tiros com minha espingarda assim como vejo centenas de homens descarregando seus sermões. Carregava minha espingarda, e bum! — saía fumaça, havia barulho, mas nenhum alvo era derrubado; e assim acontecia sempre.[81]

Mas, conforme dissera numa preleção posterior: "O sermão não é como fogos de artifício para ser soltado por causa do barulho que faz. É como a espingarda do caçador, que deve esperar a caça cair todas as vezes que atira. A pólvora é desperdiçada se nada foi abatido".[82]

Seis anos mais tarde, as Preleções de Yale foram apresentadas por R. W. Dale de Birmingham (1829-1895) e incluíram o seguinte:

> O sr. Beecher disse que na primorosa parte doutrinária de Jonathan Edwards, o grande pregador estava apenas posicionando seus canhões; mas que com as suas "aplicações" abria fogo contra o inimigo. Receio que haja inúmeras pessoas entre nós que dedicam tanto tempo a colocar os canhões "na posição certa" que estamos obrigados a terminar sem dar um só tiro.[83]

Conforme James Black resumiu o caso: "Sua tarefa envolve bastante artilharia com alvo certo", e acrescentou: "Cavalheiros, bastante fogo, mas não de artifício!".[84]

Talvez alguns dos meus leitores considerem inapropriada, e até mesmo ofensiva, essa metáfora de tiros de canhões, por ser violenta e destrutiva a linguagem figurada. No entanto, a analogia visa ilustrar o propósito do pregador (acertar um alvo), e não seu meio de consegui-lo (causar uma morte violenta). A metáfora da pesca, usada por Jesus, tinha um propósito semelhante. Quer assemelhemos nosso

---

[81] *Lectures on preaching*: personal elements in preaching, p. 23-5.
[82] Ibid., p. 236.
[83] *Nine lectures on preaching*, p. 146.
[84] *The ministry of preaching*, p. 62.

ministério à pesca ou à caça, a mesma lição fundamental está em mente: devemos esperar com confiança os resultados: conquistar ou cativar as pessoas para Cristo.

Spurgeon, como era esperarado, retocou ainda mais a metáfora, e a vivificou com seu humor e sabedoria:

> Não vale a pena atirar para o céu com o seu fuzil, quando seu objetivo é entrar no coração dos homens. Fazer floreios com a sua espada é coisa que já foi feita tão freqüentemente que você não precisa repeti-la. Seu alvo é alcançar diretamente o coração e a consciência. Atire no âmago do inimigo. Espere pelos efeitos [...] sobre a consciência e o coração. Alguns pregadores me fazem lembrar os afamados malabaristas chineses, dos quais existia propaganda em todas as partes, não há muito tempo. Um deles ficava em pé, ao passo que o outro jogava facas contra ele. Uma faca penetrava na tábua pouco acima da cabeça, e outra, perto da orelha, ao passo que, sob suas axilas e entre seus dedos, encontravam-se numerosas armas mortíferas. É arte maravilhosa conseguir acertar a largura de um fio de cabelo, e nunca atingir o alvo! Quantos entre nós temos excelente perícia em deixar de atingir o alvo![85]

Chegou o momento de passar das metáforas para a realidade. O que, exatamente, esperamos conseguir mediante nossos sermões? "Sei o que desejo dizer para a minha congregação", disse-me certa vez um clérigo episcopal na Flórida, "mas não sei o que quero fazer com isso". No entanto, devemos definir nosso objetivo; de outra forma, a conclusão de todo sermão será algo desnecessário e constrangedor. Um modo de resumir as opções é oferecido nos quatro usos da Escritura, ou seja: é útil "para ensinar a verdade e refutar o erro, ou para a reforma do comportamento e a disciplina no viver correto" (2Tm 3.16, NEB). Mas isso é generalizado demais. Mais

---

[85] *An all-round ministry*, p. 117-8.

específico era o alvo de Charles Simeon; queria que sua obra *Horae homileticae* (2 536 esboços de sermões em 21 volumes) fosse julgada: "Tendem de modo uniforme humilhar o pecador, exaltar o Salvador e promover a santidade?".[86]

A aplicação exata do sermão depende, no entanto, de duas variáveis, que são: o caráter do texto e a composição da congregação. Quanto ao nosso texto, já meditamos sobre ele até o mesmo revelar seu pensamento ou tema dominante. Este, portanto, deve ser transmitido de tal maneira que os ouvintes sintam o impacto e, que a partir de então, resolvam pô-lo em prática. O texto conclama ao arrependimento ou estimula a fé? Evoca a adoração, exige a obediência, conclama a testemunhar, ou desafia a servir? O próprio texto determina o tipo específico de resposta que desejamos.

Quanto à congregação, já enfatizamos a necessidade de conhecer os membros, bem como sua condição espiritual. Richard Bernard em *The faithfull shepherd* [*O pastor fiel*] (1607), nota que "nenhum emplastro cura quando apenas os conhecemos [...] mas só a aplicação dele especificamente à ferida faz bem", alistou algumas das aplicações que o pregador deve ter em mente:

> Informar os ignorantes, confirmar os que têm entendimento, recuperar os viciados, encorajar os virtuosos, convencer os que estão errados, fortalecer os fracos, trazer de volta os desviados, solucionar as questões dos duvidosos, alimentar com leite e com carne forte continuamente, a tempo e fora de tempo.[87]

A única maneira de fazer isso é empregar a imaginação que Deus nos deu. Estávamos estudando o texto. Agora, procuramos ter um quadro da congregação, e relacioná-lo com o texto. Temos a queri-

---

[86] *Horae homileticae*, p. xxi, vol. I.
[87] P. 11, 72. V. tb. o cap. 7 da obra *The art of prophecying* (1631), de João Perkins, intitulado "Of the wayes how to use and apply doctrines" ["Dos modos de usar e aplicar as doutrinas"]. Perkins alista categorias diferentes de pessoas e versa sobre como nossa mensagem se relaciona com elas (p. 664-8).

da e idosa Lucy, que recentemente perdeu o marido e que está experimentando o choque do luto e da solidão: o que o texto tem para dizer a ela? Ou para Florença, a solteirona idosa, que nunca aceitou ter ficado sozinha? Ou para Alan, que está sentindo o peso de novas responsabilidades após a promoção? Ou para João e Maria, que acabaram de se casar e que estão estabelecendo seu lar? Ou para os estudantes que estão enfrentando as provas finais e estão com dúvidas quanto à sua carreira? Ou a Tomé, que está cheio de dúvidas, ou a Agripa, que está "quase persuadido", ou a Paulo, que acaba de se converter a Cristo? É bom deixar a mente passear por entre os membros da família da igreja e perguntar, com oração, qual mensagem Deus tem para cada um, por meio do texto.

Eis a conclusão do discurso evangelístico de George Whitefield sobre *The Kingdom of God* [*O Reino de Deus*]:

> Sei que muitos de vocês vêm aqui por curiosidade: embora tenham vindo somente para ver a congregação, Cristo os aceitará, se vocês vierem a Jesus Cristo. Temos aqui soldados que amaldiçoam e xingam? Querem vir a Cristo, alistar-se sob a bandeira do amado Redentor? Vocês são todos bem-vindos a Cristo. Temos menininhos ou menininhas aqui? Venham a Cristo, e ele estabelecerá em vocês o seu Reino [...] Vocês que estão velhos, de cabeças grisalhas, venham a Jesus Cristo, e serão reis e sacerdotes do seu Deus [...] Alguns entre vocês são ambiciosos por honrarias, querem uma coroa, um cetro? Venham a Cristo, e o Senhor Jesus Cristo lhes dará um Reino que ninguém tirará de vocês.[88]

Citando um exemplo moderno, que dessa vez é mais ético que evangelístico, um jovem foi convidado a pregar sobre o sétimo mandamento: "Não adulterarás". Seu sermão foi bíblico, corajoso, direto e prático, e foi encerrado com as quatro aplicações que se seguem:

---

[88]Edwin Charles DARGAN, *A history of preaching*, p. 314-5, vol. 2.

aos jovens solteiros (mantenham-se puros para seu futuro cônjuge, e aprendam a ser implacáveis com quaisquer tentações ao pecado), às pessoas num relacionamento adúltero (rompam-no com resolução firme, a despeito da dor), aos casados (esforcem-se para o casamento ser bem-sucedido e sirvam de exemplo para os muitos jovens que provêm de lares desfeitos e que não têm nenhum modelo para seguir), e à igreja local (tenham a coragem de confrontar e disciplinar os culpados, em obediência aos ensinos de Jesus em Mateus 18.15-17).[89]

Precisamos, também, ter consciência de que as pessoas ouvem sermões usando "filtros" diferentes. Algumas serão receptivas diante da mensagem. Outros resistirão a ela por considerarem-na uma ameaça à sua cosmovisão, cultura, união familiar, auto-estima, modo pecaminoso de viver ou nível econômico. Sensíveis a esses bloqueios, é bem possível que precisemos, na conclusão, de um apelo à "persuasão", uma descrição comum da pregação dos apóstolos. Podermos tentar persuadir mediante os argumentos (prever as objeções das pessoas e responder a elas), ou mediante a admoestação (advertindo-as a respeito das consequências da desobediência), ou mediante a convicção indireta (despertando nelas, de início, um julgamento moral, e depois virando-o contra elas mesmas, como Natã fez com Davi), ou pelo apelo (aplicando a suave pressão do amor de Deus).

Depois, terminado o sermão, é bom convidar a congregação a orar. Embora a tradição anglicana coloque a congregação em pé enquanto é pronunciada uma expressão de louvor a Deus, isso é inapropriado depois de muitos sermões, e é melhor orar. Às vezes, oramos em voz alta e extemporaneamente, buscando expressar a receptividade da congregação à Palavra de Deus. Em outras ocasiões, pode ser mais aconselhável convocar a congregação à oração

---

[89]Essa foi a conclusão de um sermão pregado na All Souls Church por Roger Simpson.

silenciosa. Isso porque o Espírito Santo pode estar inspirando modos diferente de receptividade em diferentes corações, e uma única oração poderia não abranger tudo isso. Portanto, por que não deixar cada um em silêncio diante de Deus, de modo que o Espírito Santo leve cada pessoa a formular sua resposta e resolução pessoal?

Tendo acrescentado ao sermão a sua introdução e a sua conclusão, chegamos à etapa final da preparação.

6) Escreva sua mensagem e ore por ela

Surge, agora, a pergunta: escrever o sermão por extenso, ou não? Posto que Deus nos fez diferentes, e nos deu personalidade e talentos distintos, não pode haver regra fixa para todos. Nem por isso deixa de haver consenso no sentido de evitar os dois extremos: a improvisão total e a escravidão ao texto escrito. É rara a boa pregação extemporânea. Poucas pessoas pensam com tanta clareza e falam de modo tão conciso que possam se expressar lucidamente em pé sem preparo escrito prévio. A grande maioria degeneraria, como Hensley Henson temia ter feito se tivesse tentado tal coisa: "O tipo tão familiar no mundo religioso, e tão profundamente repugnante à minha consciência e abominável aos meus sentimentos, que é chamado, sem injustiça, *falastrão*".[90] Quem realmente tentou isso, e fracassou de modo lamentável, foi a personagem de um romance de George Eliot: o rev. Amos Barton, o novo vigário da aldeia de Shepperton. Um agricultor local, chamado sr. Hackit, era extremamente desfavorável a esses esforços:

> Nosso vigário [...] pode pregar um sermão tão bom que precisa ser ouvido quando o anota por escrito. Quando, porém, procura pregar sem livro, vai se desgarrando e não fica perto do texto; e de vez em quanto vai se debatendo como uma ovelha que levou um tombo, e não consegue se colocar em pé de novo.[91]

---

[90] *Retrospect of an unimportant life,* p. 312-3, vol. 33.
[91] *Scenes of clerical life,* p. 48.

Sem dúvida, teria maior sucesso se tivesse prestado atenção ao conselho que Charles Simeon dava aos alunos, no sentido de não pregar extemporaneamente até terem pregado 300-400 sermões escritos, ou terem três ou quatro anos de experiência na pregação.[92]

O extremo oposto é ler um manuscrito palavra por palavra. Embora isso não atraia em nada nos nossos tempos, precisamos reconhecer que a bênção notável de Deus tenha repousado em alguns que assim fizeram, notadamente Jonathan Edwards. Sua saúde era fraca, sua voz, desfalecida, e seus gestos, raros. Quanto à sua pregação: "*Escrevia* seus sermões; e isso numa letra tão fina e ilegível, que só podiam ser lidos ao serem colocados muito próximos dos olhos. 'Levava suas notas consigo para o púlpito, e lia a maior parte das que escrevera; nem por isso ficava totalmente confinado a elas.'".[93]

No entanto, para nós hoje, se a pregação extemporânea está destituída de precisão, ler um texto escrito está destituído de contato imediato. Nossa geração exige o relacionamento do pregador com a congregação — face a face e olho no olho. Aprovam-no os pregadores Dick Sheppard, o vigário pacifista de St. Martin-in-the Fields de 1914 a 1926, que "sempre conversava com a pessoa" e "nunca meramente borrifava o sistema solar com palavras".[94]

Parece existir uma só maneira de combinar a precisão da linguagem com o contato imediato da pregação, e esta é escrever o sermão, mas recusar lê-lo do púlpito. Primeiro: nos obriga a pensar de modo correto. Os pregadores muito falantes conseguem esconder pensamentos desmazelados com linguagem astuta; é muito mais difícil registrar no papel semelhante maquiagem sem ela ser percebida. Na realidade, é impossível fazer isso sem perder a integridade. Em segundo lugar, escrever ajuda a evitar cair nos velhos chavões;

---

[92] *The art of preaching*, p. 178.
[93] S. E. DWIGHT, *The life of president Edwards*, p. 605, vol. 1.
[94] *The best of Dick Sheppard*, org. por H. E. LUCCOCK, 1951, p. xix, in: Horton DAVIES, *Varieties of English preaching 1900-1960*, p. 103-4.

instiga o desenvolvimento de novas maneiras de expressar verdades antigas.

Seria aconselhável, portanto, escrever o sermão por extenso. Mas o que faremos com o manuscrito? Não é recomendada a prática de memorizá-lo e depois deixá-lo em casa, de modo que, quando estivermos no púlpito, possamos lê-lo na tela da mente. É enorme o trabalho envolvido em semelhante tarefa; é considerável o risco de esquecermos o texto, e a energia mental necessária é tão grande que o pregador precisa concentrar-se no texto memorizado em vez de dedicar sua atenção à mensagem e à congregação.

O segundo método é levar o manuscrito ao púlpito, mas não lê-lo. Alguém que fazia assim era Joseph Pilmore (1734-1825), que foi primeiramente comissionado como pregador leigo itinerante por João Wesley e posteriormente ordenado na Igreja Anglicana dos EUA pelo bispo Seabury, e que manteve seu fervor evangélico quando era reitor da Christ Church, em Nova York, e da Igreja St. Paul, na Filadélfia. Um membro de sua congregação escreveu a seu respeito:

> Escrevia seus sermões, e [...] seu manuscrito sempre estava diante dele. Não somente começava lendo, lia cuidadosamente, e com pouca animação; mas gradativamente se aquecia, e dava para ver seus olhos brilhando, e os músculos do seu rosto se movimentarem e se expandirem, até que, finalmente, toda a sua alma ficava acesa, e ele se precipitava adiante, extemporaneamente, quase com o ímpeto de uma catarata. E o único uso que fazia do seu manuscrito nesses casos seria enrolá-lo na mão e literalmente sacudi-lo contra o auditório.[95]

A terceira opção, a melhor, é reduzir o manuscrito a anotações, e levá-las conosco para o púlpito. É certamente extraordinário como, se preparamos com cuidado o sermão, escrevendo-o por extenso e

---

[95] E. Clowes CHORLEY, *Men and movements in the American*, p. 34-5.

orarmos por ele, boa parte dele volta muito fácil à mente quando estamos pregando, ao passo que, ao mesmo tempo, temos certa liberdade para nos afastar de nossas anotações ou para oferecer explicações adicionais. O professor James Stewart, um pregador maravilhosamente fluente, me contou que este era seu método. "Sempre me esforçava para escrever por extenso o sermão matutino, no mínimo", escreveu, e "no sábado de manhã fazia um resumo de uma ou duas páginas, que depois me acompanhava à igreja no domingo".[96]

Depois da escrita, surge a oração. É claro que oramos antes de começar a fazer os preparativos, e procuramos continuar em atitude de oração no decurso de toda a preparacão. Mas agora, estando o sermão acabado e escrito, precisamos orar por ele. O melhor horário para isso é a meia-hora antes de partir para a igreja no domingo.

É de joelhos diante do Senhor que podemos tornar nossa a mensagem, possuí-la ou repossuí-la até que ela tome posse de nós. Depois, quando a pregarmos, ela não virá nem de nossas anotações, nem da memória, mas das profundezas de nossa convicção pessoal, como expressão vocal autêntica do coração. Portanto, segundo escreveu Baxter, "o ministro deve cuidar da condição do seu coração antes de comparecer diante da congregação".[97] "Tenha seu sermão no coração", exortava Cotton Mather, não no sentido de "aprendê-lo de cor", mas "deixe o que você preparou tocar de modo apropriado seu coração".[98] Todo pregador sabe a diferença entre um sermão pesado que avança pela pista de decolagem como um jumbo sobrecarregado que não alça vôo, e um sermão que tem "o que o pássaro tem: senso de direção e asas".[99] Que tipo de sermão será o nosso se habitualmente decidimos orar sobre ele de antemão. Precisamos orar até o texto vir renovado a nós, a glória raiar da parte

---

[96]De uma comunicação particular com data de 30 de setembro de 1978.
[97]*Reformed pastor,* p. 158.
[98]*Student and preacher:* or directions for a candidate of the ministry, p. 192.
[99]Stephen LEACOCK, *Sunshine sketches of a little town,* p. 12.

dele, o fogo arder em nosso coração, e começarmos a experimentar o poder explosivo da Palavra de Deus em nós.

Os profetas e sábios falaram disso nos dias mais antigos. Jeremias disse: "Mas, se eu digo: 'Não o mencionarei nem mais falarei em seu nome', é como se um fogo ardesse em meu coração, um fogo dentro de mim. Estou exausto tentando contê-lo; já não posso mais!" Eliú, o "consolador" mais jovem de Jó, que se zangara porque os três primeiros que falaram não tinham descoberto nenhuma resposta para o sofrimento de Jó, teve uma experiência semelhante: "Pois não me faltam palavras, e dentro de mim o espírito me impulsiona. Por dentro estou como vinho arrolhado, como odres novos, prestes a romper. Tenho que falar; isso me aliviará...". Havia, também, o salmista, que ficava oprimido pelos ímpios ao seu redor: "Meu coração ardia-me no peito e, enquanto eu meditava, o fogo aumentava".[100] A mensagem de Deus dentro de nós deve também ser como fogo ardente ou vinho em fermentação. A pressão começa a se acumular dentro de nós, até sentirmos que já não conseguimos contê-la. É então que estamos prontos para pregar.

O processo inteiro do preparo do sermão, do início ao fim, foi resumido de modo admirável pelo pregador negro americano que disse: "Primeiro, leio o sermão até ficar saturado, depois, medito até que ele se torne inteligível [para mim], depois oro até ficar ávido [para pregá-lo], e em seguida eu o deixo fluir [de mim]".

Pós-escrito

Já que o processo de preparar sermões é tão primoroso, candidatos ao ministério e pregadores jovens me perguntam às vezes: "Quanto tempo leva para preparar um sermão?" Essa pergunta sempre me deixa aturdido, por ser impossível oferecer uma resposta simples. Provavelmente a melhor resposta seja "a totalidade da sua vida", porque todo sermão é, de certa forma, a distilação de tudo quanto a

---

[100]Jr 20.9; Jó 32.18-20; Sl 39.3.

pessoa aprendeu até então; é a reflexão do tipo de pessoa que ela se tornou no decurso dos anos. A razão pela qual é difícil calcular o número literal de horas reside na complexidade de definir com exatidão quando começou o processo. Devemos incluir o tempo gasto na leitura paralela? Além disso, depois de termos estudado e nos preparado durante alguns anos, nunca chegamos a um versículo ou trecho bíblico que não lemos ou meditado antes; chegamos a ele com uma quantidade acumulada de idéias. Se, porém, alguém fizer questão de saber quanto tempo leva a partir do momento em que o texto é escolhido até ao momento em que o sermão acaba de ser escrito por extenso, creio que os iniciantes precisarão entre dez e doze horas ("doze horas de trabalho num sermão é uma boa regra geral", disse Bonhoeffer),[101] e que os pregadores experimentados não terão a probabilidade de reduzi-lo a menos que a metade. Uma regra prática útil é que precisamos pelo menos de uma hora de preparo para cinco minutos de pregação.

---

[101] Clyde E. FANT, *Bonhoeffer:* worldly preaching, p. 148.

CAPÍTULO SETE

Sinceridade e zelo

SINCERIDADE

Nada é mais repugnante para a juventude contemporânea do que a hipocrisia, e nada é mais atraente do que a sinceridade. Nesse aspecto, especialmente, os jovens refletem a mente de Cristo, que reservava as palavras mais cortantes para os hipócritas. Os jovens odeiam os fingimentos e os subterfúgios dos adultos. Eles conseguem detectar, a uma distância considerável, o mínimo odor da hipocrisia religiosa. Sentem suspeitas especiais de nós, pregadores, e das nossas maiores pretensões; nos investigam minuciosamente para ver quais inconsistências conseguem descobrir, da mesma forma que os cães farejam à procura de um rato escondido. Não se trata de que os jovens sejam invariavelmente honestos e coerentes; qual ser humano caído pode sê-lo? Nem por isso eles deixam de ter razão em esperar da nossa parte altos padrões de integridade. Os pregadores não são preletores que podem discursar sobre temas relacionados com suas experiências, preocupações e crenças; são pessoas que têm um compromisso com a própria mensagem pregada. Portanto, os pregadores devem ser, dentre todas as pessoas, as mais sinceras.

A sinceridade do pregador tem dois aspectos: ele realmente prega o que acredita, e pratica o que prega quando está fora do púlpito. Na realidade, essas duas coisas devem andar inevitavelmente juntas, conforme disse Richard Baxter: "Quem fala o que acredita, certamente agirá à altura do que fala".[1]

A primeira aplicação desse princípio ao pregador, e a mais elementar, é que a pessoa que proclama o Evangelho deve pessoalmente tê-lo aceitado, e quem prega Cristo deve conhecê-lo. O que diríamos, portanto, da anomalia de um pregador não convertido, ou de um evangelista não evangelizado? Spurgeon o retrata com seu vigor característico:

> Um pastor sem a graça de Deus é um cego eleito para a cátedra de óptica, que versa sobre a luz e a visão [...] apesar de ele mesmo estar totalmente no escuro! É um mudo que foi elevado à cátedra de música; um surdo que fala com fluência a respeito de sinfonias e harmonias! É uma toupeira que pensa poder educar filhotes de águia; uma lapa eleita para presidir os anjos.[2]

A linguagem pitoresca nos leva ao riso, mas a anomalia grotesca que descreve é séria. Mesmo assim, pessoas nesse estado ainda se encontram no púlpito de algumas igrejas.

Não há um caso mais notável que o do rev. William Haslam. Ordenado ao ministério pela Igreja da Inglaterra, em 1842, serviu numa paróquia em North Cornwell. Clérigo tractariano, tinha forte antipatia pelos dissidentes, e era perito em antiquariato e arquitetura. Mas não se sentia satisfeito, por não ter no íntimo nenhuma fonte de águas vivas. Mais tarde, em 1851, nove anos depois de sua ordenação, enquanto pregava sobre o texto do evangelho do dia: "O que vocês pensam de Cristo?", o Espírito Santo (atendendo, sem dúvida, às orações de muitas pessoas) abriu-lhe os olhos, para

---

[1] *The reformed pastor,* p. 162. [Publicado em português com o título *O pastor aprovado* (São Paulo: PES, 1989).]

[2] *Lectures to my students,* 1.ª série, p. 4. [Publicado em português com o título *Lições aos meus alunos* (São Paulo: PES, 1989).]

enxergar o Cristo de quem falava, e o coração, para crer nele. A mudança que lhe sobreveio foi tão óbvia que um pregador local, que visitava a igreja, se pôs em pé e gritou: "O pastor se converteu! Aleluia!", e de imediato sua voz se perdeu em meio aos louvores das 300 ou 400 pessoas que estavam na congregação. Quanto ao próprio Haslam, "participou da explosão de louvor e, para torná-la mais ordeira [...] anunciou a Doxologia [...] e a congregação a cantou com coração e voz, repetidas vezes". A notícia se espalhou como rastilho de pólvora: "o pastor se converteu por meio da sua própria pregação, e no seu próprio púlpito!". Sua conversão foi o início de um grande avivamento na paróquia, que durou quase três anos, com um senso vívido da presença de Deus, havendo conversões quase todos os dias, e em anos posteriores Deus o chamou para o ministério muito incomum de levar muitos de seus colegas clérigos ao relacionamento pessoal com Jesus Cristo.[3]

Os membros da igreja têm o direito de esperar que o Espírito Santo tenha feito mais na vida de seus pastores que levá-los à conversão. Eles procuram também, naturalmente, o fruto do Espírito Santo, ou seja: o amadurecimento do caráter cristão. Paulo ordenou que Timóteo e Tito fossem modelos do comportamento cristão. Pedro, semelhantemente, instruiu os presbíteros a não se assenhorearem do rebanho, mas a serem exemplos para este.[4] A ênfase é clara: a comunicação é feita por intermédio de símbolos, e não somente por meio do discurso. Isso porque "o homem não pode pregar somente, mas também deve viver. E sua vida, com seus mínimos detalhes, nega a pregação, ou a reveste de veracidade".[5] Não conseguimos esconder o que somos. Na realidade, o que somos fala tão claramente como o que dizemos. Quando essas duas vozes se harmonizam, confirma-se o impacto da mensagem. Mas quando se contradizem, até mesmo o testemunho positivo de uma delas é cancelado pela outra. Esse era o caso do homem descrito por

---

[3] *From death into life*, p. 48-9.
[4] 1Tm 4.12; Tt 2.7; 1Pe 5.3.
[5] J. H. BAVINCK, *An introduction to the science of mission*, p. 93.

Spurgeon como bom pregador, mas mau cristão: "Pregava tão bem e vivia tão mal, que quando estava no púlpito todos diziam que não deveria sair de lá; e quando estava fora dele, todos declaravam que não deveria voltar a ocupá-lo".[6]

Temos aqui um problema prático. Os pastores são conclamados a ser exemplo da maturidade cristã. A congregação tende a nos considerar assim, colocando-nos num pedestal, fantasiando a nosso respeito, até mesmo chegando a ponto de nos idolatrar. Sabemos, porém, que a reputação que nos atribuem é parcialmente falsa, porque, embora a graça de Deus tenha operado em nós, e continue operando, não somos os melhores exemplos de virtude. O que devemos fazer? A própria sinceridade com que consideramos o assunto não exige que destruamos o mito criado e divulguemos a verdade a respeito de nós mesmos? Que grau de auto-revelação é apropriado ao púlpito? Minha resposta a essas perguntas importantes é que, de novo, devemos evitar reações extremadas. Por um lado, transformar o púlpito em confessionário seria inapropriado, indigno e inútil. Por outro, fingir perfeição seria desonestidade de nossa parte e desanimador para a congregação. Portanto, certamente devemos reconhecer a verdade de que somos seres humanos com nossas fraquezas e nossa condição caída, vulneráveis à tentação e ao sofrimento, lutando com as nossas dúvidas, com o medo e o pecado, necessitados continuamente da graça de Deus que perdoa e liberta. Dessa maneira o pregador pode continuar a ser exemplo — mas exemplo de humildade e verdade.

O pregador como pessoa

Com tudo isso, se torna evidente que a pregação nunca poderá ser rebaixada a mera aprendizagem de umas poucas técnicas de retórica. Ela compreende todo um ramo da teologia, e por trás dela existe um modo de vida. A prática da pregação não pode ser divorciada da pessoa do pregador.

---

[6]*Lectures to my students,* 1.ª série, p. 12-3.

Daí a ênfase neotestamentária na autodisciplina do pastor. "Cuidem de vocês mesmos" foi a admoestação que Paulo dirigiu aos presbíteros da igreja de Éfeso, antes de acrescentar "e de todo o rebanho sobre o qual o Espírito Santo os colocou como bispos" (At 20.28). Ele escreveu de modo semelhante a Timóteo: "Atente bem para a sua própria vida e para a doutrina" (1Tm 4.16). É vital a ordem adotada. Nós, pastores, temos responsabilidades dadas por Deus, em relação à congregação que atendemos e à doutrina que ensinamos, porque ambas nos foram confiadas. No entanto, nossa responsabilidade prioritária é para conosco mesmos — conservar nossa jornada pessoal com Deus e a lealdade que lhe é devida. Ninguém pode ser bom pastor ou mestre sem ser, em primeiro lugar, bom servo de Jesus Cristo. Hábitos disciplinados de visitação e aconselhamento pastoral, por um lado, e do estudo teológico e do preparo de sermões, por outro lado, tornam-se atividades estéreis se não tiverem o apoio de hábitos disciplinados de devoção pessoal, especialmente em relação à meditação bíblica e à oração. Cada pastor sabe quão exigente é o próprio ministério. Podemos encontrar desentendimentos e até mesmo oposição; certamente nos cansaremos física e mentalmente; poderemos também sofrer solidão e desânimo. Até mesmo as personalidades mais fortes entram em colapso sob o peso dessas pressões, a não ser que o poder de Deus seja revelado em nossa fraqueza, e a vida de Jesus em nosso corpo mortal, de modo que "interiormente estamos sendo renovados dia após dia" (2Co 4.7-11,16).

O vínculo indissolúvel entre o pregador e a pregação é refletido em muitas definições do conceito de pregação. Uma das mais conhecidas foi criada por Phillips Brooks — pastor durante 22 anos da Igreja da Trindade em Boston (1869-1891), e palestrante da classe Lyman Beecher, em 1877, na Escola de Teologia de Yale —, e que durante os dois últimos anos de sua vida (1891-1893) foi bispo de Massachusetts. Sua primeira preleção se chamava "Os dois elementos na pregação", e nela declarou o seguinte:

> A pregação é a comunicação da verdade feita por um homem a outros homens. Ela contém dois elementos essenciais: a verda-

de e a personalidade. Não é possível passar sem nenhuma delas, e ainda ser pregação... A pregação é a transmissão da verdade por meio da personalidade... A verdade é por si mesma o elemento fixo e estável; a personalidade é o elemento variável e crescente.[7]

É possível que Phillips Brooks estivesse conscientemente ecoando as palavras de Henry Ward Beecher, que proferiu as primeiras preleções em Yale, em 1872, em memória de seu pai. "O pregador", disse, "é, e certo grau, a reprodução da verdade em forma pessoal. A verdade deve existir nele como experiência viva, entusiasmo glorioso e realidade intensa".[8]

Ênfase semelhante pode ser percebida na definição da pregação oferecida por Bernard Lord Manning (1892-1941), leigo congregacional: "a manifestação da Palavra Encarnada, a partir da Palavra escrita, por intermédio da palavra falada". Também dizia que a pregação é "o ato soleníssimo de adoração, no qual o assunto transmitido — o Evangelho do Filho de Deus — eclipsa, e até mesmo transfigura, o pregador por meio de quem é declarado".[9] É certamente inconcebível que o pregador não se comova com o que prega. É a mensagem que faz o pregador, controla os seus pensamentos e inspira seus atos. Daí a definição exuberante de James Black:

> Para nós, a pregação é o transbordamento da nossa religião. Recebemos as boas-novas, e ansiamos por contá-las a outros. Nossa religião é como a alegria que não se consegue reprimir nem conter dentro de nós. Como uma taça que transborda, esparrama-se borbulhando [...] A pregação não é um dever em nenhum sentido, mas júbilo puro e inevitável. É uma paixão espontânea, da mesma forma que o amor penetra no coração de um jovem.[10]

Todas essas definições enfatizam a existência da ligação indispensável entre o pregador e o ato da pregação.

---

[7]Philips BROOKS, *Lectures on preaching:* the 1877 Yale Lectures, p. 5, 28.
[8]*Lectures on preaching:* personal elements in preaching, p. 16.
[9]*A layman in the ministry*, p. 138.
[10]*The mystery of preaching*, p. 6.

A tese da sinceridade

Para a maioria das pessoas, a sinceridade é uma virtude em si mesma; dificilmente precisa ser recomendada. Apesar disso, a facilidade com que todos nós abdicamos da honestidade rigorosa e mantemos alguma medida de fingimento ou hipocrisia sugere que faríamos bem em nos armar de argumentos. Não é difícil achá-los; o Novo Testamento apresenta pelo menos três.

Primeiro: ele nos adverte contra os perigos inerentes em sermos mestres. Sem dúvida, o ensino é um dom espiritual, e ministrá-lo é um grande privilégio. Ao mesmo tempo, é um ministério repleto de perigos. Isso porque os professores não podem alegar ignorância do próprio currículo. Conforme Paulo escreveu a respeito de certos rabinos: "se está convencido de que é guia de cegos, luz para os que estão em trevas, instrutor de insensatos, mestre de crianças, porque tem na lei a expressão do conhecimento e da verdade; então você, que ensina os outros, não ensina a si mesmo?" (Rm 2.17-21). A razão pela qual a hipocrisia é especialmente desagradável nos mestres é seu caráter indesculpável. Daí a severidade do juízo de Jesus contra os fariseus: "pois não praticam o que pregam" (Mt 23.1-3). Daí, também, o conselho surpreendente de Tiago: "Meus irmãos, não sejam muitos de vocês mestres". Por que não? "Pois vocês sabem que nós, os que ensinamos, seremos julgados com maior rigor" (Tg 3.1).

Em segundo lugar, a hipocrisia é um grande escândalo. Sem dúvida alguma, muitas pessoas têm sido alienadas de Cristo pelo comportamento hipócrita de alguns que alegam ser seguidores dele. Paulo sabia disso, e estava resoluto no sentido de não ser pedra de tropeço para a fé de outras pessoas: "Não damos motivo de escândalo a ninguém, em circunstância alguma, para que o nosso ministério não caia em descrédito. Pelo contrário, como servos de Deus, recomendamo-nos de todas as formas" (2Co 6.3,4). Passou, então, a alistar sua perseverança e seu caráter como evidência da realidade de sua fé. Não havia dicotomia entre sua mensagem e seu comportamento.

Com outros pregadores, o caso é diferente. Fazemos grandes afirmações em nome de Cristo e da salvação provida por ele enquanto estamos no púlpito, mas quando o deixamos, nós o negamos e não apresentamos mais evidências de sermos salvos do que qualquer outra pessoa. Nesse caso, à nossa mensagem falta credibilidade. As pessoas não aceitarão a mensagem cristã se nossa vida a contradisser, da mesma forma como não tomariam um antigripal mediante a recomendação de um representante de laboratório que tosse e espirra a cada frase.[11] Prejudicamos grandemente nossa obra, diz Baxter, se durante uma ou duas horas no domingo a edificamos, e depois, durante o restante da semana, a desmontamos com as próprias mãos:

> É um erro palpável nos ministros que produzem tamanha desproporção entre sua pregação e seu modo de viver, que estudam com esforço para pregar com exatidão, e pouco ou nada estudam para aprender a viver com exatidão. Para eles, a semana inteira é tempo insuficiente para estudar o modo certo de falar durante duas horas; por outro lado, uma hora parece um período prolongado demais para estudar como devem viver durante a semana inteira... Devemos estudar com o mesmo esforço para viver bem e para pregar bem.[12]

William Golding é um novelista contemporâneo que ilustrou vividamente o poder negativo da hipocrisia. No livro *Free Fall* [*Queda livre*] conta a história de Sammy Mountjoy, menino ilegítimo criado num bairro pobre, que se tornou pintor famoso. Durante os anos escolares, teve sua atenção fortemente dividida entre dois professores e os dois mundos que representavam. Por um lado, havia a srta. Rowena Pringle, cristã que lhe ensinava as Escrituras, e por outro, o sr. Nick Shales, um ateu que ensinava ciências. O mundo dela girava em torno da "sarça ardente", do mistério sobrenatural; o dele era o universo racionalmente explicável. Instintivamente, Sammy se sentia atraído à sarça ardente. Infelizmente, porém, a defensora da cosmovisão cristã era uma solteirona frustrada,

---

[11] Cf. C. H. Spurgeon, *Lectures to my students,* 2.ª série, p. 45.
[12] *The reformed pastor,* p. 162.

que se ressentia contra Sammy porque ele fora adotado pelo clérigo com que ela esperava se casar. Ela se vingava, tratando o menino com crueldade. Sammy perguntava a si mesmo:

> Como ela podia crucificar um menino pequeno [...] e depois contar a história da outra crucificação com a voz revelando todos os sinais de tristeza pela crueldade e iniqüidade humanas. Posso compreender o quanto ela odiava, mas não como mantinha semelhantes termos de aparente intimidade com o céu.[13]

Essa contradição manteve Sammy longe de Cristo.

> A srta. Pringle invalidava o próprio ensino. Ela não conseguia convencer, não pelo que, mas pelo que ela era. Nick me persuadia a aderir ao seu universo científico pelo seu comportamento, e não pelo que dizia. Fiquei suspenso, por instantes, entre duas descrições do universo; e depois, a onda passou por cima da sarça ardente e corri em direção ao meu amigo. Naquele momento, uma porta se fechou atrás de mim. Bati-a bem forte na cara de Moisés e de Jeová.[14]

O terceiro argumento a favor da sinceridade diz respeito à influência exercida por uma pessoa genuína. Esse fato ficou evidente no caso de Paulo. Nada tinha para esconder. Tendo decisivamente "renunciado aos procedimentos secretos e vergonhosos", sua política era fazer uma "clara exposição da verdade", e assim "recomendamo-nos à consciência de todos os homens diante de Deus" (2Co 4.2). Rejeitava a fraude e o engano. Exercia seu ministério de modo transparente, e podia apelar tanto a Deus quanto aos homens para serem suas testemunhas (e.g., 1Ts 2.1-12). Sua convicção pessoal, sua consistência de conduta e rejeição de todos os subterfúgios forneciam um embasamento sólido para a totalidade de seu ministério. Nada havia em sua vida, nem em seu modo de viver, que pudesse

---

[13] *Free fall*, p. 210.
[14] Ibid., p. 217.

prejudicar seus ouvintes, ou que lhes tivesse servido como desculpa para não crer. Acreditavam nele porque era confiável. Seu discurso e sua prática eram totalmente coerentes.

Um poder estranhamente fascinante é exercido por quem é totalmente sincero. Crentes assim atraem os incrédulos, como no caso de David Hume, o filósofo deísta britânico do século XVIII que rejeitava o cristianismo histórico. Certa vez, um amigo o encontrou andando apressadamente por uma rua de Londres, e lhe perguntou aonde ia. Hume respondeu que ia ouvir a pregação de George Whitefield. "Mas certamente", perguntou seu amigo, atônito, "você não acredita no que Whitefield prega, acredita?" "Não, eu não", respondeu Hume, "mas ele, sim".[15]

Estou convencido de que, em nossos dias, a sinceridade não perdeu seu poder de atrair e de impressionar. Em 1954 Billy Graham alcançou as manchetes na Grã-Bretanha pela primeira vez, com sua Campanha na Grande Londres. Aproximadamente doze mil pessoas iam à Haringay Arena todas as noites durante três meses. Na maioria das noites, eu mesmo estive ali e, ao olhar para aquela multidão imensa, não podia deixar de compará-la com nossas igrejas vazias. "Por que essas pessoas vêm escutar Billy Graham", perguntava a mim mesmo, "e não vêm nos escutar?" Ora, estou certo que muitas respostas razoáveis pudessem ter sido formuladas a essa pergunta. Mas a resposta que eu sempre me dava, pessoalmente, era a seguinte: "Existe nesse jovem evangelista americano uma autenticidade inegável. Até mesmo seus críticos mais ferrenhos reconhecem que ele é sincero. Creio realmente que este seja o primeiro pregador genuíno que muitas destas pessoas viram ou escutaram". Hoje, 25 anos mais tarde, não tive motivo para mudar de opinião.

A sinceridade tem se tornado a qualidade ainda mais importante na era da televisão. John Poulton escreveu a esse respeito em seu livro ponderado *A today sort of evangelism* [*O tipo de evangelismo atual*]:

---

[15] James BLACK, *The mystery of preaching*, p. 23.

A pregação mais eficaz provém dos que incorporam as coisas que dizem. Elas *são* a sua mensagem [...] os cristãos [...] devem assemelhar-se a seu discurso. São as *pessoas,* e não as palavras ou idéias, que se comunicam... A televisão nos tem treinado a reparar nas hesitações, nas respostas demasiadamente rápidas... A televisão tem feito muitos estragos à reputação dos políticos. Tem revelado as fantasias, o estilo de pleitear causas, a indignidade artificial... A autenticidade (por outro lado) transmite-se do mais profundo do íntimo das pessoas [...] A insinceridade momentânea pode lançar dúvida sobre tudo quanto contribuiu para a comunicação até àquelas alturas [...] O que comunica agora é uma autenticidade basicamente pessoal.[16]

A hipocrisia, portanto, sempre repulsa, mas a integridade ou a autenticidade sempre atraem.

Uma das evidências principais da autenticidade é a disposição de sofrer pelo que cremos. Paulo falava de suas aflições como suas credenciais.[17] O pregador insincero dá pouca ênfase ao Evangelho da livre graça, "para não ser perseguido por causa da cruz de Cristo" (Gl 5.11; 6.12). O servo genuíno de Deus, por outro lado, é recomendado pela perseverança diante da oposição (2Co 6.4,5). Seus sofrimentos também podem ser internos. Isso porque o pregador é especialmente vulnerável à dúvida e à depressão. É freqüentemente pro meio da luta sombria e solitária que ele emerge para a luz da fé serena. Seus ouvintes conseguem discernir esse fato, e prestarão mais atenção a ele. Colin Morris expressou bem essa situação:

> Não é do púlpito, mas da cruz, que são faladas palavras cheias de poder. Para serem eficazes, os sermões devem ser vistos, e não somente ouvidos. Não basta eloqüência, perícia homilética e conhecimentos bíblicos. Angústia, dor, engajamento, suor e sangue pontuam as verdades declaradas que os homens escutarão.[18]

---

[16] *A today sort of evangelism*, p. 60-1, 79.
[17] V. 2Co 11.21-33; 1Ts 2.1-4; 2Tm 3.10-12.
[18] *The Word and the words*, p. 34-5.

A sinceridade pessoal é provavelmente o maior contexto no qual possamos mencionar as questões práticas da produção da voz e dos gestos, que provocam ansiedade entre a maioria dos pregadores jovens e inexperientes. É compreensível que fiquem apreensivos no tocante a seu modo de falar ("qual a impressão do meu ouvinte?") e à sua apresentação ("como fica a minha aparência?"). Conseqüentemente, alguns resolvem se descobrir. Ficam em pé diante do espelho, adotam várias poses e observam seus gestos; também escutam a si mesmos em gravações. E realmente, hoje em dia, a vista e o som foram combinados entre si no vídeo, que já está sendo usado com regularidade pelos seminaristas americanos que estão aprendendo a pregar, e em alguns outros países. Ora, não quero excluir totalmente o emprego desses dispositivos, pois não duvido de sua utilidade. E certamente as fitas de áudio e vídeo são preferíveis ao espelho, pois, diante do espelho, a pessoa está forçosamente representando um papel, ao passo que uma fita permite a avaliação objetiva de um sermão que, enquanto estava sendo pregado, era inteiramente livre de encenações. Mesmo assim, ainda quero lhe advertir quanto aos perigos. Se você olhar para si mesmo no espelho, ou escutar-se numa fita, ou se fizer as dois coisas simultaneamente no vídeo, temo que você vá continuar a olhar para si mesmo e escutar a si mesmo quando estiver no púlpito. Nesse caso, você estará condenado à escravidão paralisante da preocupação consigo mesmo, justamente no momento em que, no púlpito, é essencial esquecer de si mesmo por meio da consciência crescente do Deus a favor de quem você fala, e das pessoas às quais quem você fala. Sei que os atores fazem uso de espelhos e fitas, mas os pregadores não são atores, e o púlpito não é um palco. Acautele-se, portanto! Talvez seja mais proveitoso pedir que um amigo seja franco com você no tocante à sua voz e os maneirismos, especialmente se precisam de correção. Um provérbio indiano diz: "Quem tem um bom amigo não precisa de espelho". Então, você pode ser você mesmo e esquecer de si mesmo.

Posso testificar do grande valor de ter um ou mais "críticos leigos". Quando comecei a pregar em fins de 1945, pedi que dois amigos meus, estudantes de medicina, agissem como críticos. (Os profissionais da medicina são excelentes pelo fato de serem treinados na arte da observação!) Embora me lembre de ficar arrasado com algumas das cartas que me escreviam, suas críticas eram sempre salutares. Ambos são agora médicos eminentes.[19] O pregador que integra um grupo de liderança deve sempre pedir a avaliação de seus colegas. Realmente, a avaliação em grupo, quer pela equipe pastoral, quer por um grupo previamente convocado, que inclua leigos, tem revelado ser de valor imenso para os pregadores. A avaliação ultrapassará a questão do uso da fala e dos gestos, dos maneirismos, chegando até o conteúdo do sermão, incluindo o uso das Escrituras, o pensamento e o alvo principais, estrutura, palavras e ilustrações, e a introdução e a conclusão.

Spurgeon tem duas preleções na sua *Segunda Série* sobre "Postura, ação e gestos" na pregação de sermões, ilustradas por caricaturas de clérigos gesticulando de modo grotesco. Essas preleções contêm muitos conselhos sensatos e divertidos, mas o autor obviamente se preocupa em não deixar seus alunos demasiadamente conscientes de si mesmos. Preferiria que fossem desajeitados e até mesmo excêntricos do que começarem a "fazer posturas e apresentações".[20]

> Espero que tenhamos renunciado aos truques dos oradores profissionais (escreve), o esforço para produzir efeitos, o ponto alto cuidadosamente preparado, a pausa predeterminada, o andar pomposo teatral, a declamação afetada de palavras, e mais não sei o quê mais, que podemos ver em certos teólogos pomposos que ainda existem sobre a face da terra. Que eles se tornem animais em extinção dentro em breve, e que um modo vivo,

---

[19] Um deles é Tony Waterson, catedrático de virologia na Real Escola Pós-graduada de Medicina, Hammersmith. É modesto o suficiente para dizer que, refletindo bem, seus comentários eram "provavelmente apressados, mal-considerados e imaturos", e que diziam respeito às tecnicalidades de estrutura e apresentação mais do que das questões realmente importantes de se Deus estava ungindo a mensagem, se Jesus estava sendo exaltado, e se a congregação estava sendo abençoada. Mas acho que ele subestima a ajuda e o desafio que me ofereceu.

[20] *Lectures to my students*, 2.ª série, p. 132.

singelo e natural de falar do Evangelho seja aprendido por todos nós; pois estou persuadido que semelhante estilo seja aquele que Deus abençoará com mais probabilidade.[21]

"Cavalheiros", disse aos seus alunos em outra preleção, "volto à minha regra — usem a voz naturalmente. Não sejam macacos, mas homens; não sejam papagaios, mas homens de originalidade em todas as coisas... Se eu imaginasse que vocês se esquecessem um dia desta regra, eu a repetiria até cansá-los: seja natural, seja natural, seja natural para sempre".[22]

Semelhante naturalidade é a irmã gêmea da sinceridade. Ambas nos proíbem imitar outras pessoas. Ambas insistem que sejamos nós mesmos.

ZELO

O zelo vai um passo além da sinceridade. Ser sincero é *confirmar* o que dizemos e *fazer* o que dizemos; ser zeloso é, além disso, *sentir* o que dizemos. Zelo é um sentimento profundo e indispensável para pregadores. "Nenhum homem pode ser um grande pregador sem grande sentimento", escreveu James W. Alexander de Princeton.[23] Pois "é questão de observação universal que um locutor que deseja despertar sentimentos profundos deve ele mesmo senti-los profundamente".[24]

Não é que a necessidade do zelo seja restrita à comunicação cristã, e ou mesmo à fala. Toda tentativa séria de comunicar exige que coloquemos nela nosso sentimento. Assim acontece especialmente com a música. Como exemplo, quero me referir ao poema clássico de José Hernandez do século XIX: *El gaucho* [*O gaúcho*], o nome dado aos descendentes dos colonos espanhóis originais na Argentina, que ganha a vida criando gado e cavalos. É uma balada longa, que conta a

---

[21] Ibid., p. 29.
[22] Ibid., 1.ª série, p. 131.
[23] *Thoughts on preaching*, p. 20.
[24] John A. BROADUS, *On the preparation and delivery of sermons*, p. 218.

história de um gaúcho chamado Martín Fierro, das suas variadas experiências, e das injustiças que sofreu. No penúltimo capítulo, oferece conselhos fraternais aos seus filhos. Devem confiar em Deus, desconfiar dos homens, trabalhar com esforço e evitar as brigas e as bebidas. Depois, passa à música que fazem com a guitarra e os cânticos:

> Se quiserem ser cantores, sintam-no primeiro —
> E não precisarão vigiar seu estilo;
> Nunca afinem suas cordas, meus rapazes,
> Só para ouvir a si mesmos, e para fazer barulhos,
> Mas mantenham o hábito de, ao cantar,
> Que seja sempre sobre coisas que valham a pena.[25]

Parece óbvio que o cântico que vale a pena e o discurso que vale a pena darão, igualmente, expressão a sentimentos profundos. No entanto, tem sido uma queixa regular em muitas tradições cristãs que o púlpito oferece pregação sem sentimento. "Temos pregação barulhenta e veemente, suave e graciosa, mas bem pouca zelosa".[26] Mark Twain ofereceu um relato vívido do culto na manhã de domingo: "O ministro anunciou seu texto e foi falando monotonamente ao seguir um argumento tão comum, que não demorou muito para os ouvintes começarem a ficar com sono — apesar de se tratar de um argumento que tratava de fogo e enxofre sem fim, e que reduzia os eleitos predestinados a um grupo tão pequeno que quase não valia a pena ser salvo". O jovem Tom Sawyer o achou tão enfadonho (a despeito da solenidade do assunto) que tirou do bolso um grande besouro preto, e as aventuras deste com Tom, e com um cachorro *poodle* sem dono, criaram uma distração hilariante. Por fim, porém, o sermão e o culto chegaram ao término. "Foi um verdadeiro alívio para a congregação inteira quando a provação acabou e a bênção final foi concedida".[7]

---

[25] *The gaucho*, p. 241.
[26] J. W. ALEXANDER, *Thoughts on preaching*, p. 6.
[27] P. 50-1

É verdade que a quantidade de sentimentos que possuímos ou expressamos deve-se, em grande medida, a nosso temperamento natural. Alguns têm uma disposição de ânimo mais vivaz, e outros são mais letárgicos. Mesmo assim, lidar com questões de vida e morte eternas como se não estivéssemos considerando nada mais sério que o estado do tempo, e fazer isso de modo desanimado e apático, é ser indesculpavelmente frívolo. "Não devemos falar diante da nossa congregação", disse Spurgeon a seus alunos, "como se estivéssemos semi-adormecidos. Nossa pregação não deve ser de roncos articulados".[28] Uma coisa, pois, é certa: se nós mesmos ficamos sonolentos com a mensagem, dificilmente se pode esperar que os ouvintes fiquem acordados.

Não deve ser necessário desenvolver a apologética do zelo. Receio, porém, que assim seja. O zelo é a qualidade dos cristãos que se importam. Em primeiro lugar, importam-se com Deus, com a sua glória, e com o seu Cristo. Quando Paulo ficou "indignado" em Atenas porque via a cidade cheia de ídolos, essa indignação com a idolatria ateniense foi provocada por seu zelo pela honra do único Deus vivo e verdadeiro (At 17.16). Ele se importava com a glória de Deus. E quando disse aos filipenses que viviam "como inimigos da cruz de Cristo", somente podia dizê-lo "com lágrimas" (3.18). Pensar que havia pessoas que contradiziam o propósito da morte de Cristo, por confiar na própria justiça, em vez de confiar na justiça de Cristo, e por viver na satisfação dos seus próprios em vez de seguir a santidade, levava-o a chorar. Ele se se importava com a glória de Cristo. E nós também deveríamos nos importar.

Devemos, também, nos importar com as pessoas e com sua condição de perdição. Jesus chorou sobre a cidade impenitente de Jerusalém porque seus habitantes resistiam a seu amor e desconheciam seu verdadeiro bem-estar (Mt 23.37; Lc 19.41,42). No ministério evangelístico do apóstolo Paulo, também, a pregação e o choro andavam de mãos dadas. Durante três anos em Éfeso ele

---

[28] *Lectures to my students*, 2.ª série, p. 46.

"jamais cessou de advertir a cada um [...] noite e dia, com lágrimas" (At 20.31; cf. v. 19 e 37). Não devemos imaginar, porém, que o choro chegou ao fim depois de terminado o Novo Testamento. Sem dúvida, a tradição anglo-saxônica desaprovaria, veementemente, qualquer tipo de demonstração externa de emoção. Mas o que isso diz a respeito da nossa capacidade de nos importar? Os evangelistas cristãos autênticos, levando as boas novas da salvação, e receando que alguns as rejeitem e assim sejam condenados ao inferno, nunca estava longe das lágrimas. George Whitefield exemplificava bem esse fato. As pessoas sempre tinham consciência de que ele as amava, escreve seu biógrafo, John Pollock.

> Suas lágrimas — e raras vezes conseguia pregar um sermão sem chorar — eram totalmente sem afetação. "Vocês me criticam por chorar", dizia ele, "mas como posso evitá-lo quando vocês não querem chorar por si mesmos, embora sua alma imortal esteja à beira da destruição e, pelo que eu possa saber, vocês estejam escutando seu último sermão e talvez nunca tenham outra oportunidade de receber a oferta de Cristo?[29]

Dwight L. Moody é um exemplo ainda mais moderno. Conta-se que o dr. R. W. Dale, que durante 36 anos foi pastor da Igreja Congregacional de Carr's Lane em Birmingham, tendia inicialmente a considerar o sr. Moody com desfavor. Mas então "foi escutá-lo, e sua opinião foi alterada. A partir de então, sempre o considerava com profundo respeito, e considerava que tinha o direito de pregar o Evangelho 'porque nunca podia falar de uma alma perdida sem lágrimas nos olhos'".[30]

Constantemente vejo-me desejando que nós, pregadores do século XX, pudéssemos voltar a aprender a chorar. Mas ou nossas fontes de lágrimas se secaram, ou nossos canais lacrimais ficaram entupidos. Tudo parece conspirar para nos impossibilitar de chorarmos

---

[29] John C. POLLOCK, *George Whitefield and the Great Awakening*, p. 263.
[30] David SMITH, *Expositor's Greek Testament* (2Jo 12).

pelos pecadores perdidos que enxameiam a estrada larga que leva à destruição. Alguns pregadores se ocupam tanto com a celebração jubilosa da salvação que nunca pensam em chorar por quem a rejeita. Outros têm sido enganados pela mentira diabólica do universalismo. Dizem que todos acabarão sendo salvos no fim, e que ninguém será perdido. Seus olhos estão secos porque foram fechados diante da terrível realidade da morte eterna e das trevas exteriores, das quais tanto Jesus quanto seus apóstolos falavam. Outros, ainda, são fiéis ao advertir seus pecados a respeito do inferno, mas o fazem com tanta facilidade, ou até mesmo com um prazer doentio, que são quase mais terríveis que a cegueira dos que desconhecem ou negam sua realidade. A essas atitudes intoleráveis, o choro de Jesus e de Paulo, de Whitefield e de Moody, fornece uma alternativa saudável.

Os puritanos também tinham essa perspectiva, especialmente Richard Baxter. O que Broadus denomina, de modo apropriado, "tremendo zelo que provoca terremotos",[31] devia-se ao senso de urgência diante da morte e da eternidade que se aproximavam. Expressou-o no seu poema "O amor respira graças e louvor":

> Isso me conclamou a sair à obra enquanto era dia;
> E avisar as pobres almas a se converter sem demora:
> Resolvendo sem demora a tua Palavra pregar,
> Com Ambrósio logo aprendi e ensinei.
> Pensando, ainda, ter pouco tempo para viver,
> Meu coração fervoroso lutou para ganhar a alma dos homens.
> Preguei, sem nenhuma certeza de voltar a pregar,
> Como moribundo aos homens que morriam!
> Como os pregadores devem querer o arrependimento humano
> Quando vêem quão perto a igreja fica do túmulo?
> E vêem que enquanto pregamos e ouvimos, morremos,
> Arrebatados pelo tempo veloz à vasta eternidade![32]

---

[31] Edwin Charles DARGAN, p. 174, vol. 2.
[32] *Poetic fragments*, p. 39-40.

Mais eloqüentes, ainda, são aquelas passagens em *The reformed pastor* [*O pastor reformado*] (1656) nas quais Richard Baxter tanto lamentava sua falta de zelo quando exortava seus colegas pastores a se mexer. Escreveu a respeito de si mesmo nos seguintes termos:

> Estranho como posso pregar [...] de modo leviano e frio, como posso deixar os homens sozinhos em seus pecados, e que não vou até eles para lhes implorar, por amor ao Senhor, que se arrependam, não importa como reajam, nem quantos esforços ou trabalhos me custa. Raras vezes desço do púlpito sem minha consciência me acusar por não ter sido mais sério nem mais fervoroso. Acusa-me, não tanto pela falta de ornamentações humanas ou de elegância, nem por deixar sair uma palavra imprópria; mas ela me pergunta: "Como você podia falar da vida e da morte com um coração assim? Você não devia chorar por causa de tais pessoas, e suas lágrimas não deviam interromper suas palavras? Você não devia clamar alto e lhes mostrar suas transgressões, e rogar-lhes e implorar-lhes que decidam entre a vida e a morte?.[33]

Ao criticar assim suas falhas nessa área, Baxter estava bem qualificado a exortar seus colegas no pastorado a ter mais zelo:

> Quão poucos ministros pregam com todas as suas forças? [...] É lastimável que falem de modo tão sonolento ou quieto, que os pecadores adormecidos não conseguem escutar. O golpe é tão leve que as pessoas de coração endurecido não conseguem senti-lo [...] Que doutrinas excelentes alguns ministros têm à mão, e as deixam morrer nas suas mãos por falta de aplicação exata e viva [...] Ó senhores, com quanta clareza, exatidão e zelo devemos pregar uma mensagem de natureza semelhante à nossa, quando a vida ou morte eterna dos homens está nela envolvida [...] Como é possível falar com frieza em prol de Deus e da salvação dos seres humanos? [...] A obra da pregação pela salvação dos homens

---

[33] *The reformed pastor*, p. 110.

deve ser realizada com todas as nossas forças — de modo que as pessoas possam nos *sentir* pregando quando nos escutam.[34]

Por enquanto, concentrei minha atenção em como os sentimentos profundos são apropriados para os assuntos importantes. Como podemos entregar uma mensagem solene de modo leviano, ou nos referir ao destino eterno dos homens e mulheres como se estivéssemos conversando sobre suas férias do verão? Não! — o tema e o tom, a matéria e a maneira — devem ser idênticos, senão, a anomalia provocará grave ofensa. A congregação aprende a seriedade do Evangelho pela seriedade com que seus pastores o expõem. Mas esse fato leva a um aspecto diferente do assunto, ou seja: o zelo do modo é uma das maneiras mais acertadas de despertar e manter a atenção das pessoas.

O nono discurso na primeira série de Spurgeon de *Lectures to my students* tem o título chamativo "Atenção!", versa sobre "como obter e manter a atenção de nossos ouvintes", e contém a combinação de bom senso e de bom humor que associamos com esse homem de estatura gigantesca. Seu primeiro conselho dificilmente poderia ser mais prático: "Depois da graça de Deus, a melhor coisa para o pregador é o oxigênio. Ore para que as janelas do céu sejam abertas, mas comece pela aberturar das janelas da sua casa de reuniões... Uma lufada de ar fresco passando pela casa pode ser para a congregação a melhor coisa, fora o próprio Evangelho; pelo menos deixará as pessoas numa disposição mental apropriada para acolher a verdade".[35] Em seguida, após o oxigênio, "a primeira regra de ouro" que estabelece é: "sempre diga alguma coisa que valha a pena ouvir",[36] e que seja, ainda, algo que as pessoas reconheçam ser importante para si mesmas. Os enlutados não adormecem enquanto está sendo lido o testamento, se estiverem na expectativa de serem beneficiados pelo mesmo, nem os réus adormecem enquanto o

---

[34]Ibid., p. 106.
[35]*Lectures to my students,* 1.ª série, p. 138-9.
[36]Ibid., p. 140.

juiz está para pronunciar a sentença, e a vida ou liberdade deles está em jogo. "O interesse pessoal vivifica a atenção. Pregue com firmeza sobre temas práticos, sobre questões pessoais, prementes e presentes, e você conseguirá ouvintes zelosos".[37]

O próximo conselho de Spurgeon é: "interesse-se pessoalmente, e você terá o interesse dos outros". Há uma citação de William Romaine, o líder evangélico do século XVIII, no sentido de ser infinitamente mais importante conhecer o *coração* da pregação que a sua *arte*; com isso queria dizer colocar nela a totalidade do coração e da alma. "Tenha algo para dizer, e diga-o com zelo, e a congregação estará a seus pés".[38] Por contraste:

> ... não haverá proveito para ninguém se você mesmo adormecer enquanto estiver pregando. Isso é possível? Oh, sim! Acontece todos os domingos. Muitos ministros estão mais do que quase-adormecidos durante o sermão inteiro; na realidade, nunca estiveram acordados em nenhum momento, e provavelmente nunca despertarão, a não ser que um canhão desse um tiro perto de seus ouvidos: frases insossas, expressões surradas, e monótonos enfadonhos são a dieta principal dos seus discursos, e [o ministro] ainda estranha que a congregação fique tão sonolenta: confesso que eu não me admiro disso.[39]

Mente e coração

A pregação sonolenta parece tão lúdica, e é tamanha contradição em terminologia, que precisamos pesquisar suas origens. Por que, por exemplo, a tradição do púlpito na Igreja Episcopal, principalmente na Inglaterra, é exibir-se tão razoável, suave e docemente, sem nunca demonstrar a mínima emoção? Acho que é porque o anglicanismo sempre deu valor à erudição e acalentado o ideal do ministro culto, e passado, então, a supor que qualquer tipo de demonstração de emoções é incompatível com eles.

[37]Ibid., p. 149.
[38]Ibid., p. 146.
[39]Ibid., p. 148.

Escolho como meu exemplo o pr. James Woodforde, que deleitou gerações de leitores ingleses com os cinco volumes do seu *Diary of a country parson 1758-1802* [*Diário de um trabalhador do campo (1758-1802)*]. Ele ministrou durante quase trinta anos na aldeia de Weston, em Norfolk. A tônica de sua vida era a "tranqüilidade". Gostava de esportes, de animais, da vida campestre e, acima de tudo, de boa comida e boa bebida. Perscrutando seus cinco volumes, aprendi muita coisa a respeito de seus pratos e vinhos prediletos, mas absolutamente nada a respeito dos seus textos prediletos. Há uns quarenta anos, no entanto, o professor Norman Sykes conseguiu acesso a quarenta sermões inéditos de Woodforde, e assim ganhou uma perspectiva mais ampla que as "entradas lacônicas" no diário. Ele descobriu que James Woodforde pregava sobre a Bíblia, e que a racionalidade era a marca registrada de sua exposição. Em um dos sermões, advertiu seu rebanho "contra o bicho-papão contemporâneo do 'entusiasmo'", contra "o frenesi religioso, que tem levado as pessoas às maiores e mais loucas extravagâncias". É verdade que também advertiu contra o perigo oposto de "langor e insensibilidade de espírito culpáveis nas questões da religião". Nem por isso deixa de ficar claro que o pr. Woodforde tinha mais medo do "entusiasmo" que da ortodoxia estéril.[40]

Esse era certamente o temor que prevalecia entre os líderes eclesiásticos do século XVIII, que faziam generalizações abrangentes a respeito dos excessos do "metodismo", que se recusara a entrar em entendimento com o avivamento evangélico, e que ficou aliviado porque os metodistas saíram da Igreja da Inglaterra. Para eles, "entusiasmo" era uma palavra imunda, e é típico daqueles dias que um sino de igreja pudesse ser inscrito (segundo se relata) com a doxologia paradoxal: "Glória a Deus e perdição aos entusiastas". Daí a comoção criada por Charles Simeon quando, em 1782, se tornou pastor daquela igreja, e começou a pregar seus sermões expositivos com muita emoção. Hugh Evan Hopkins, seu biógrafo mais recente, escreveu:

---

[40] V. dois artigos sobre Woodforde de Norman Sykes em *Theology, 38*, 227, maio 1939.

Abner Brown se lembra de ter ficado sentado ao lado de um universitário e de sua família na Igreja da Trindade, e de ter ouvido a filha pequena do casal, curiosa por causa dos movimentos estranhos do homem exibido no púlpito, sussurrou à mãe: "Mamãe, por que o homem está com tanta paixão?...". De acordo com o que o cura Carus escreveu na obra *Memoirs* [*Lembranças*]: "Ele não se preocupava em refrear o fervor intenso dos seus sentimentos; sua alma inteira se envolvia no seu assunto, e falava e agia exatamente como sentia".[41]

Perto do fim da vida de Simenon, a gota limitava suas atividades; ele escreveu a Thomas Thomason: "Comparo-me a uma garrafa de cerveja inferior; fechada com uma rolha, que é aberta somente duas vezes por semana, faço um barulho bom; mas seu eu fosse aberto todos os dias, não demoraria me tornar como a água de uma poça".[42]

O ministério influente na Igreja da Santíssima Trindade, em Cambridge, durou 54 anos, e nos oferece um modelo de reconciliação entre a emoção e a razão na pregação. Certamente ele era emotivo, testemunhou a seus ouvintes, mas ninguém o podia acusar do tipo de "entusiasmo" que denigre o intelecto ou despreza a teologia. Pelo contrário, o exame dos seus sermões reunidos na obra *Horae homileticae* [*Hora da homilética*] revela sua consideração laboriosa na análise, na exegese e na aplicação. De fato, seus esboços hoje parecem um pouco enfadonhos, e às vezes se pergunta a respeito de que ele nutria uma paixão tão grande.

Apesar disso, a combinação da mente e do coração, do racional e do emocional, estava obviamente presente na pregação de Simeon, e para essa combinação existem precedentes amplos no Novo Testamento. Já aludi às lágrimas de Paulo. Mas o que dizer de seu intelecto poderoso que tem mantido os estudiosos ocupados com os seus pensamentos a partir de então? O mesmo apóstolo que

---

[41] *Charles Simeon of Cambridge*, p. 65.
[42] Ibid., p. 162; William Carus (org.), *Memoirs of the Rev. Charles Simeon*, p. 445.

raciocinava com as pessoas à base das Escrituras, e procurava convencê-las pelo poder do argumento e do Espírito Santo, também chorava por elas, assim como seu Mestre antes dele. Considere como a exposição e a exortação se harmonizam entre si nas suas cartas. Por exemplo: no fim de 2Coríntios 5, Paulo oferece uma das explicações neotestamentárias principais sobre a reconciliação. Nela, trata dos temas tremendos, de que Deus estava em Cristo reconciliando o mundo consigo mesmo, não levando em conta contra os pecadores os pecados deles; mas por amor a nós, chegou a se tornar pecado — Cristo, que não conhecia nenhum pecado —, a fim de que nele fôssemos feitos justiça de Deus. Aqui temos asseverações intensamente compactadas a respeito de Cristo e da sua cruz, e a respeito do pecado, da reconciliação e da justiça, que os comentaristas ainda estão se esforçando para desembrulhar e explicar. Mesmo assim, Paulo não acha suficiente a declaração teológica profunda. Vai além do fato da reconciliação, até a ministério e mensagem da reconciliação, além do que Deus fez em Cristo, até o que ele agora faz em nós, além da afirmação dos apóstolos de Cristo de que "Deus estava em Cristo reconciliando" até o apelo dos embaixadores de Cristo: "reconciliem-se com Deus". Se, por um lado, ele não parou com a exposição, mas passou adiante em direção ao apelo, não emitiu o apelo, tampouco, até primeiramente ter dado feito a exposição. Em seu ministério, a afirmação e o apelo eram inseparáveis entre si.

A igreja contemporânea precisa aprender com urgência a lição de Paulo e seguir seu exemplo. Sem dúvida, alguns pregadores não têm nenhum medo do entusiasmo. Na pregação evangelística fazem apelos intermináveis por decisões ou conversões. Seus sermões às vezes não passam de um apelo contínuo e prolongado. No entanto, seus ouvintes ficam desnorteados, porque não captaram (e nem sequer foram ajudados a captar) a natureza do apelo, tampouco seu fundamento. Pedir uma decisão, sem ensinar doutrina, é um ultraje contra os seres humanos, por ser pouco mais que manipulação sem consciência.

Outros pregadores cometem o engano oposto. Sua exposição das doutrinas centrais do Evangelho é impecável. São fiéis às Escrituras, lúcidos na explicação, felizes na linguagem, e contemporâneos na explicação. Seria difícil colocar defeito no conteúdo. Apesar disso, de alguma forma, parecem ser frios e alheios. Nunca se escuta a mínima nota de urgência em sua voz, e nenhum vestígio de lágrima chega a ser visto em seus olhos. Nunca sonhariam em se inclinar por cima do púlpito e rogar aos pecadores, em nome de Cristo, que se arrependam, que venham a ele e se reconciliem com Deus. Assemelham-se ao pregador a respeito de quem escreveu Spurgeon: "É serviço pesado escutar um sermão, e sentir-se, durante o tempo todo, como se você estivesse sentado lá fora numa tempestade de neve, ou morando numa casa de gelo, limpa e fria, ordeira, mas mortal...".[43] Não admira que ele implorasse, pelo contrário, que houvesse "muito fogo celestial", e declarasse que "até mesmo o fanatismo deve ser preferido à indiferença".[44] "Queremos mais da fala que provém do coração inflamado", clamava, "assim como a lava que provém de uma erupção vulcânica".[45]

O que é necessário hoje é a mesma síntese entre a razão e a emoção, a exposição e a exortação, que Paulo alcançou. Escrevendo a respeito de Isaac Barrow, o catedrático de grego em Cambridge, a quem descreve como "viajantes, filólogo, matemático e teólogo", J. W. Alexander passa, então, a chamá-lo "o arrazoador eloqüente" e acrescenta que "é pródigo em argumentos sublimes, inflamados pela paixão".[46] Anteriormente, em seu livro, Alexander fizera um apelo pela "pregação teológica". O que interessa às pessoas, diz ele, é o "argumento que se tornou incandescente", pois o "argumento admite grande veemência e fogo".[47]

Um pregador britânico do século XX que pleiteava em favor da mesma combinação era o dr. George Campbell Morgan, ministro da Westminster Chapel, Londres, e 1904 a 1917, e de novo de

---

[43]SPURGEON, *An all-round ministry,* p. 175.
[44]Ibid., p. 173.
[45]Ibid., p. 224.
[46]*Thoughts on preaching,* p. 266.
[47]Ibid., p. 25.

1933 a 1943. No Cheshunt College, Cambridge, que formava homens para o ministério da Igreja Congregacional, e do qual fora presidente de 1911 a 1914, dava preleções sobre a pregação. Os três pontos essenciais de um sermão, dizia, são "a verdade, a clareza, e a paixão".[48] Quanto à "paixão" contava uma história do grande ator inglês, Macready. A este, certo pregador perguntou como podia atrair tamanhas multidões por meio da ficção, ao passo que quem pregava a verdade não atraía ninguém. "Isso é bem simples", respondeu o ator. "Posso lhe contar a diferença entre nós. Apresento minha ficção como se fosse a verdade; e você apresenta a verdade como se fosse ficção".[49] Então, Campbell Morgan acrescentou seu comentário. Referindo-se ao pregador com a Bíblia, disse: "Não posso pessoalmente compreender como aquele homem não fica às vezes arrebatado para fora de si mesmo pelo fogo, força, e fervor da sua obra".[50]

O dr. Martyn Lloyd-Jones, o sucessor de Campbell Morgan no púlpito de Westminster Chapel, partilhou sua convicção de que a verdade e a paixão são ingredientes essenciais da pregação cristã. Em seu comovente livro, *Preaching and preacher* [*Pregação e pregadores*],[51] pergunta: "Em que consiste a pregação?", e passa a oferecer sua definição:

> É lógica pegando fogo! É raciocínio eloqüente! Serão essas coisas contraditórias? Naturalmente que não. A razão relativa a essa verdade deve ser poderosamente eloqüente como se percebe nos casos do apóstolo Paulo e de outros. É teologia em chamas. E a teologia que não pega fogo, insisto, é uma teologia defeituosa; ou, pelo menos, a compreensão de quem a prega é defeituosa. Pregação é quando a teologia extravasa de um homem que está em chamas.[52]

---

[48] *Preaching*, p. 14-5.
[49] Ibid., p. 36.
[50] Ibid., p. 37.
[51] 1971.
[52] P. 70.

Além disso, desenvolve esse tema em *The Christian warfare* [*O combate cristão*], sua exposição de Efésios 6.10-13, com referência à obra do Espírito Santo:

> Não apaguem o fogo, não apaguem o Espírito... O cristianismo envolve o calor, envolve fulgor... "Sim, naturalmente", você diz, "mas se você tiver erudição genuína, não ficará animado; você será exaltado. Você lerá um tratado grandioso calmamente e sem paixão". Fora com semelhante sugestão! Isso é apagar o Espírito! O apóstolo Paulo quebra algumas das regras gramaticais; interrompe o próprio argumento. É por causa do fogo! Nós somos tão decorosos, tão controlados, fazemos tudo com tamanha decência e ordem que não existe nenhuma vida, nenhum calor, nenhum poder! Mas isso não é cristianismo neotestamentário... Sua fé derrete e comove seu coração? Ela remove o gelo que existe em você, o frio e a rigidez no seu coração? A essência do cristianismo do Novo Testamento é esse calor que resulta invariavelmente da presença do Espírito...[53]

Acho que o dr. Lloyd-Jones definiu uma questão crucial. O fogo da pregação depende do fogo do pregador, e este, por sua vez, provém do Espírito Santo. Nossos sermões nunca pegarão fogo a não ser que o fogo do Espírito Santo arda em nosso coração, e nós mesmos sejamos "fervorosos no espírito" (Rm 12.11). Conta-se uma história a respeito de William E. Sangster do Westminster Central Hall que não aparece em *Dr. Sangster*, o esboço biográfico escrito por seu filho Paulo, mas que acredito e espero que seja verdadeira. Certa vez, quando era membro de um comitê de seleção de candidatos para o ministério da igreja metodista, apresentou-se um jovem um pouco nervoso. Ao receber a oportunidade para falar, o candidato explicou que era um pouco acanhado, e que não era o tipo de pessoa que incendiaria o rio Tâmisa, ou seja, criaria uma comoção na cidade. "Meu caro jovem", respondeu sabiamente o dr. Sangster, "não me interessa saber se você incendiará o Tâmi-

---

[53] *The Christian warfare*, p. 273-4.

sa. O que quero saber é o seguinte: se eu pegasse você pelo cangote e o jogasse no Tâmisa, sairia vapor?" Em outras palavras, o próprio jovem estava em chamas?

Como podemos refazer o casamento de elementos que nunca deveriam se ter divorciado, tais como a verdade e a eloqüência, a razão e a paixão, a luz e o fogo? Alguns pregadores servem teologia excelente do púlpito, mas parece que ela saiu do congelador. Não há calor, nem brilho, nem fogo. Outros púlpitos pegam fogo, com certeza, e ameaçam incendiar a igreja, mas bem pouca teologia o acompanha. É a combinação quase irresistível: a teologia com o fogo, a verdade apaixonada, o raciocínio eloqüente. Mas como? Qual é o segredo dessa mistura harmoniosa? Duas respostas podem ser oferecidas. Primeiro: o Espírito Santo é o Espírito de ambos. Jesus o chamava "o Espírito da verdade", e apareceu no Dia do Pentecoste em "línguas de fogo". Posto que os dois não estão separados no Espírito, eles não se separarão, tampouco, no cristão cheio do Espírito. Uma vez que lhe dermos plena liberdade, tanto no preparo quanto na pregação de sermões, a luz e o fogo, a verdade e a paixão, passarão, de novo, a se unir.

O segundo segredo foi aprendido pelos dois discípulos com quem Jesus caminhou até Emaús. Depois de ele ter desaparecido, um perguntava ao outro: "Não estavam queimando os nossos corações dentro de nós, enquanto ele nos falava no caminho e nos expunha as Escrituras?" (Lc 24.32). Não pode haver a mínima dúvida de que o ardor que sentiam no coração era uma experiência emocional. Ficaram profundamente comovidos. O fogo irrompera neles. Quando começou? Começou quando Jesus falou com eles e lhes desvendou as Escrituras. Foi quando vislumbraram novos panoramas da verdade que o fogo começou a arder. O que deixa o coração em chamas é a verdade — a verdade cristocêntrica e bíblica.

Humor no púlpito

A necessidade reconhecida de haver zelo na pregação conduz, inevitavelmente, à pergunta: É apropriado que o pregador faça a congregação rir? À primeira vista, a seriedade e as risadas parecem ser incompatíveis, e concordamos com Richard Baxter quando escreveu: "Como prioridade total, deixe a congregação perceber que você está sendo bem sério [...] Você não poderá quebrantar o coração dos homens por meio de brincadeiras feitas com eles.".[54]

Porém, a questão não é solucionada com tanta facilidade. Há "... tempo de chorar e tempo de rir" (Ec 3.4). Já vimos que o choro não deve ser necessariamente banido do púlpito; portanto, talvez a risada não deva ser banida dele também.

O lugar para começar nossa pesquisa é o modo de Jesus ensinar, pois parece ponto pacífico que o humor era uma das armas no arsenal do Mestre dos mestres. O dr. Elton Trueblood, catedrático de Filosofia no Earlham College, o distinto quacre americano, escreveu o livro *The humour of Christ* [*O humor de Cristo*] em 1965. Ele nos conta que o germe da idéia foi plantado em sua mente enquanto lia em voz alta Mateus 7 (a respeito de ciscos e vigas nos olhos das pessoas) durante um culto doméstico, e sua filhinha de quatro anos de idade começou a rir. E assim, ele alistou 30 passagens cheias de humor nos evangelhos sinóticos e desafia "o retrato convencional do Cristo que nunca ria",[55] sombrio, enfadonho e melancólico. Ao mesmo tempo, o professor Trueblood se empenhou em demonstrar que a forma mais comum de humor usada por Jesus era a *ironia* ("desmascarar diante do público um erro ou uma tolice"), e não o *sarcasmo* (que é cruel e fere suas vítimas).

> É muito importante entender que o propósito óbvio do humor de Cristo é esclarecer e aumentar o entendimento, e não ferir. Talvez seja inevitável algum desgosto, especialmente quando [...] o orgulho humano é ridicularizado, mas, nitida-

---

[54] *The reformed pastor*, p. 145.
[55] P. 10. Lentulo, nomeado cônsul romano em 14 a.C., supostamente apresentou diante do senado uma descrição que incluiu a declaração: "Não se tem lembrança de que alguém o tenha visto rir". Mas isso não remonta até antes de 1680 d.C., e certamente não é autêntico.

mente, o objetivo é fazer algo bem diferente de ferir [...] A verdade, e a verdade somente, é o alvo [...] Desmascarar o erro a fim de que a verdade possa surgir.[56]

Outro estudioso que demonstrou claramente o elemento humorístico no ensino de Jesus foi T. R. Glover no *best-seller The Jesus of history* [*O Jesus da história*].[57] Uma boa exemplificação é a caricatura feita por Jesus dos escribas e fariseus que eram conscienciosos sobre os detalhes dos seus deveres, ao passo que negligenciavam totalmente "os preceitos mais importantes da Lei". Sua falta de proporcionalidade foi representada como pessoas que, ao beber água, "coam um mosquito e engolem um camelo" (Mt 23.23,24). Glover nos faz rir ao descrever um homem tentando engolir um camelo:

> Quantos dentre nós já fizeram um quadro mental do processo, e da série de sensações, enquanto o longo pescoço cabeludo descia pela garganta do fariseu — toda aquela amplidão, aquela anatomia solta — a corcunda — duas corcundas — ambas deslizavam para baixo — e ele nada notou — e as pernas — inteiras, equipadas com joelhos e grandes pés almofadados. O fariseu engoliu um camelo, e nada percebeu.[58]

Mesmo se Jesus tivesse apenas usado a expressão, sem ter procurado fazer nenhuma descrição, certamente deve ter deixado seus ouvintes com crises de risos.

Devido ao precedente estabelecido por Jesus, não nos surpreende que o emprego do humor na pregação e no ensino tenha tido uma tradição longa e honrada. Ela floresceu especialmente durante a Reforma do século XVI, pois tanto Martinho Lutero, na Europa continental, quanto Hugh Latimer, na Inglaterra, empregavam plenamente seus poderes descritivos naturais. Produziam charges com palavras, que ainda hoje têm a capacidade de nos fazer rir.

---

[56]Ibid., p. 49-53.
[57]1917.
[58]*The Jesus of history*, p. 44

O humor, portanto, é legítimo. Nem por isso devemos deixar de racionar o uso e de ser judiciosos em relação aos temas que selecionamos para o riso. É inapropriado que os seres humanos finitos e caídos riam a respeito de Deus — Pai, Filho ou Espírito Santo. É igualmente impróprio aos pecadores rir a respeito da cruz ou da ressurreição de Jesus, o processo de obtenção da salvação, nem a respeito das realidades solenes das últimas coisas: a morte, o juízo, o céu e o inferno. Esses temas não são divertidos e seriam desprezados se procurássemos fazer piada deles. Além disso, as pessoas podem não nos levar a sério. Nosso ministério, então, será tão ineficaz como o de Ló que instava seus genros a escapar de Sodoma porque Deus estava para destruir a cidade, "mas eles pensaram que ele estava brincando" (Gn 19.14). Phillips Brooks estava plenamente certo, durante suas preleções em Yale, ao expressar seu desprezo pelo "palhaço clerical" que "mete as mãos nas coisas mais sagradas, e contamina tudo em que toca".[59] Um bufão irresponsável assim, disse, nunca percebeu o fato de que "o humor é algo bem diferente da frivolidade".[60]

Qual, pois, é o valor do humor se empregado nos lugares certos e a respeito das coisas certas? Primeiro: quebra a tensão. A maioria das pessoas acha difícil manter a concentração mental ou suportar durante um período prolongado o acúmulo de pressão emocional. Precisam se descontrair durante alguns momentos, e um dos meios mais simples, rápidos e saudáveis de contar uma piada é fazê-las rir.

Em segundo lugar, a risada tem o poder extraordinário de romper a defesa das pessoas. Um homem chega à igreja num estado mental obstinado e rebelde. Está resoluto no sentido de não corresponder a nenhum apelo missionário ou mudar de opinião a respeito de determinada questão. Podemos ver isso em seu rosto. Seus lábios pressionados e a testa cerrada são símbolos de sua resistência indomável. Então, de repente, ri, sem querer, e sua resistência desaba. James Emmau Kwegyir Aggrey (1871-1927) conhecia o poder do humor.

---

[59] Phillips BROOKS, *Lectures on preaching*, p. 55.
[60] Ibid., p. 57.

Nasceu na Costa de Ouro (hoje Gana), foi educado nos EUA, tornou-se o primeiro Vice-Presidente do Achimota College, e se empenhava em prol da harmonia racial. Quando ajudou a fazer uma avaliação do estado da educação da África Oriental, Ocidental e do Sul, as pessoas receavam que sua franqueza provocasse antagonismo. Mas não precisavam ter se preocupado. "Abro bem as bocas deles com uma risada", disse ele, "e depois os obrigo a engolir a verdade".[61] Ou, como Christopher Morley descreveu a situação de modo jeitoso: "Depois do 'risomoto' houve o murmúrio de uma brisa suave".[62]

O terceiro e maior benefício do humor é que ele nos humilha ao furar a bolha do exibicionismo humano. Não conheço nenhum desenvolvimento melhor do tema que o primeiro capítulo da obra de Ronald Knox: *Essays in Satire*.[63] Knox, denominado por Horton Davies "O Monsenhor Animado, fonte de graça e gracejos",[64] procurava, na introdução, distinguir entre ser espirituoso, humorista, satírico e irônico.

> A esfera do humor é, de modo predominante, o homem e as suas atividades, considerados em circunstâncias tão absurdas, tão inesperadamente absurdas, que prejudicam a dignidade do homem [...] O fato de alguém levar um tombo num dia frio é divertido, por ter abandonado inesperadamente o andar reto que é a glória do homem por ser bípede [...] Não há nada de divertido quando um cavalo leva um tombo [...] Somente o Homem tem dignidade; somente o homem, portanto, pode ser divertido [...] Em todo humor existe uma perda de dignidade em algum ponto, a virtude saiu de alguém. Isso porque não existe humor inerente nos objetos inanimados; sempre quando houver uma piada, será o homem, o semi-anjo e semifera, que está por trás dela.[65]

---

[61] *Men who served Africa*, p. 154.
[62] Stephen LEACOCK, *Sunshine sketches of a little town*, p. 192.
[63] 1928.
[64] *Varieties of English preaching*, p. 116.
[65] *Essays in Satire*, p. 13-5.

Portanto, rir dos pontos fracos de uma pessoa é um elogio indireto. Reconhece a dignidade inata dos seres humanos. Não pode levar a sério os desvios deles do comportamento autenticamente humano: seu orgulho, fingimento e mesquinhez. Essas coisas são divertidas por serem absurdas. Além disso, o humor pode ser dirigido contra nós mesmos; rimos do modo como reagimos às situações, de nossos lapsos divertidos da condição humana.

Porém, "A sátira", Ronald Knox continuou, "... nasceu para flagelar as tolices persistentes e recorrentes da criatura humana... A risada é o explosivo que deveria ser embrulhado no cartucho da sátira e assim, visando infalivelmente seu alvo determinado, provoca sua ferida salutar".[66]

Resumindo o tema de Knox, a risada — principalmente a variedade satírica — ao divertir-se às custas de nossas excentricidades humanas, dá testemunho de nossa condição caída e nos envergonha até nos arrependermos. Por isso, nós, pregadores, devemos usar a sátira com mais perícia, e mais freqüentemente, sempre garantindo que ao rir dos outros, também estamos rindo de nós mesmos, dentro da solidariedade do exibicionismo e da tolice humanas. Mark Twain, em *The mysterious stranger* [*O visitante misterioso*][67] retrata o próprio Satanás nos lembrando que a raça humana, em sua pobreza "possui inquestionavelmente uma só arma realmente eficaz — a risada". Como, por exemplo, pode ser destruído algum "charlatão colossal"? Somente o riso pode reduzi-lo a farrapos e átomos numa só explosão. "Contra o ataque do riso nada pode ficar em pé."[68]

Um dos nossos contemporâneos que usa essa arma de modo bem eficaz é Malcolm Muggeridge. Como ex-redator de, segundo ele, "uma revista declaradamente humorística chamada *Punch* [*Soco*], tem bons motivos para meditar sobre o significado do riso que "depois da iluminação mística é o dom e bênção mais preciosos que vem até nós

---

[66] Ibid., p. 26-7.
[67] 1916.
[68] *The portable Mark Twain*, p. 736.

na Terra". Mais que isso, ele afirmava que o riso era "a outra face do misticismo", por que o místico estende as mãos para cima em direção a Deus, ao passo que o humorista reconhece a incapacidade humana de achá-lo. Ele percebe esse paradoxo ilustrado nas grandes catedrais da Europa Medieval que têm tanto um campanário que sobe até o céu" quanto "a gárgula que faz caretas em direção à Terra". Essas coisas não são mal-emparelhadas, mas complementares: "o campanário se esforça para alcançar a glória da eternidade no céu" e "a gárgula ri dos trejeitos dos homens mortais". Juntos, nos ajudam a definir o humor como "uma expressão, em termos do grotesco, da disparidade inexorável entre a aspiração e a realização humanas".[69] Alguns leitores de Malcolm Muggeridge acham desagradáveis suas críticas cáusticas de outras pessoas, mas precisamos nos lembrar de que ele não poupa a si mesmo. O campanário e a gárgula exemplificam sua vida, pois confessa o abismo que percebe entre a visão celestial e suas realizações terrestres. Busca ser leal à realidade do Cristo que percebeu, mas acrescenta com melancolia: "Odeio pensar em quantos milhões de quilômetros essa minha carcaça ridícula tem sido carregada por este mundo afora por um motivo ou outro".[70]

Assim, o humor certamente não deve ser proibido no púlpito. Pelo contrário, se estivermos rindo da condição humana e, portanto, de nós mesmos, o humor nos ajuda a ver as coisas na devida proporção. Freqüentemente, por meio do riso, obtemos vislumbres da altura de onde caímos e das profundezas nas quais nos atolamos, o que nos leva ao desejo suplicante de sermos "resgatados,

---

[69] As citações são tiradas de um relatório do discurso de abertura em 1979 que Malcolm Muggeridge apresentou em Gordon College, Wenham, Massachusetts, embora, numa carta pessoal com data de 24 de setembro de 1979, me tenha dito que empregara a figura da "gárgula e do campanário" em muitas ocasiões, nos escritos e nas preleções. Disse-me: "Se não me engana a memória essa noção me impressionou pela primeira vez em Salisbury, quando notei aquele campanário primoroso subindo ao céu com louca audácia, e depois, os rostinhos de gárgulas fazendo caretas tão malévolas para a Terra embaixo".

[70] *Chronicles of wasted time*, parte 1 "The green stick", p. 98.

curados, restaurados, perdoados". O humor, portanto, pode ser uma preparação genuína para o Evangelho. Pelo fato de que ele pode contribuir ao despertamento do coração humano, do senso de vergonha pelo que somos, e do anseio por aquilo que poderíamos ser, devemos nos animar a obrigá-lo a servir a causa do Evangelho.

A duração dos sermões

Freqüentemente as pessoas têm perguntado a minha opinião sobre a duração do sermão. É uma pergunta impossível de ser respondida, por existirem tantas variáveis que não podem ser pesadas. Depende da ocasião e do tema, do talento do pregador e da maturidade da congregação. Parece correto, no entanto, levantar essa questão no presente capítulo a respeito da sinceridade e do zelo, porque, pelo menos em princípio, acho que cada sermão deve durar o tempo necessário para transmitir o que existe em sua alma. Basicamente, não é a duração do sermão que deixa a congregação ansiosa pelo seu fim, mas o tédio do sermão em que o próprio pregador parece não se interessar muito. "A melhor maneira de tornar breve um sermão", disse H. W. Beecher, "é torná-lo mais interessante".[71]

O apóstolo Paulo permanece como advertência permanente para os pregadores que falam muito, pelo acontecido ao jovem Êutico, que primeiro adormeceu, caiu da janela, e morreu. Naquela ocasião, o sermão de Paulo tinha duas partes, das quais a primeira durou do pôr-do-sol até à meia-noite, e a segunda da meio-noite até ao raiar do sol (At 20.7-12). E nem este foi um recorde. Segundo o *Livro Guiness de recordes*[72] o sermão mais longo da história durou 23 horas. Foi pregado entre os dias 18 e 22 de setembro pelo rev. Donald Thomas de Brooklyn, Nova York. Deixando de lado a competição sem sentido, existem muitos exemplos de sermões que duraram várias horas. João Wesley anotou em seu diário, referente ao dia 19 de outubro de 1739, que pregou no Salão do Condado

---

[71]*Lectures to my students,* p. 257.
[72]*Guiness book of records,* 1980, p. 228.

com "tamanha liberdade na palavra" que raras vezes experienciara. Acrescentou: "Fiquei tão radiante que não senti vontade de parar, de modo que continuamos durante três horas. O primeiro sermão pregado por Jonathan Edwards na Princeton Chapel, depois de ter sido nomeado presidente da instituição em 1758, foi sobre "A imutabilidade de Cristo". "A pregação durou duas horas; mas diz-se que o auditório escutou com atenção tão profunda e tanto interesse que não tinha consciência do correr do tempo, e todos ficaram surpresos por ter terminado tão rápido."[73] Richard Channing Moore (1762-1841), que posteriormente foi bispo da Virgínia e bispo-presidente da Igreja Episcopal dos EUA, atraía grandes congregações quando era pastor de St. Andrew's, Staten Island.

> No fim do culto da tarde do domingo, um membro da congregação colocou-se em pé e disse: "Dr. Moore, a congregação não está disposta a voltar para casa; por favor, nos ofereça outro sermão". Ele atendeu ao pedido. Os ouvintes continuavam famintos pela Palavra da vida. Seguiu-se um terceiro sermão, e no fim deste, o pregador disse: "Meus amados, vocês devem agora se dispersar — pois, embora me deleite em proclamar as boas novas da salvação, minhas forças estão exauridas, e nada mais consigo falar".[74]

Cito esses três exemplos — as três horas de João Wesley, as duas horas de Jonathan Edwards, e os três sermões consecutivos de Richard Channing Moore — porque pertencem ao mesmo século e porque eram respostas à fome espiritual incomum de congregações específicas. Embora, na Era Vitoriana, a pregação durasse normalmente 49 minutos, freqüentemente o culto durava a hora inteira que a ampulheta marcava até se esvaziar. Entretanto, atualmente, somente as congregações mais maduras poderiam suportar, e quanto mais acolher bem, sermões tão longos. Além disso, mesmo naqueles

---

[73]S. E. DWIGHT, *The life of president Edwards*, p. 577.
[74]E. Clowes CHORLEY, *Men and movements in the American Episcopal Church: the Yale lectures*, p. 39.

dias algumas congregações se tornavam irrequietas. Spurgeon conta a respeito de um agricultor que lhe trouxer uma amarga queixa contra um jovem cuja pregação durava muito demais:

> "Senhor, ele deveria ter parado às quatro horas, mas continuou até às quatro e meia, e todas as minhas vacas esperavam por mim para serem ordenhadas! Ele teria gostado disso se fosse um vaca? Havia muito bom senso naquela pergunta (comentou Spurgeon). A Sociedade Protetora dos Animais deveria ter processado aquele jovem pecador. Como os agricultores podem escutar o sermão com proveito quando têm vacas-no-cérebro?".[75]

É lastimável, porém, que, em reação contra a prática vitoriana, muitos pregadores tenham reduzido os sermões a apenas dez minutos de duração. Nenhuma congregação se tornará espiritualmente saudável com uma dieta assim. "Sermonetes geram cristonetes" — ditado creditado a dois contemporâneos: Campbell Morgan da Westminster Chapel e Stuart Holden de St. Paul's, Portman Square. P. T. Forsyth comentou, de modo semelhante: "Embora a brevidade seja a alma do humor, o pregador não é um humorista... Um cristianismo de sermões curtos é um cristianismo de fibra curta".[76] Estou grato porque isso está sendo reconhecido cada vez mais. Num artigo em *The Times* em 6 de agosto 1977, o bispo R. P. C. Hanson da Universidade de Manchester queixou-se a respeito da "ausência de profundidade e de seriedade" na igreja, e a atribuía, em grande medida, à brevidade dos sermões. "O próprio anjo Gabriel", escreveu o Bispo, "não poderia converter alguém em dez minutos". Os sermões do bispo William Connor Magee eram descritos como "a aplicação da prática de lucidez de pensamento sobre as questões religiosas", mas "nenhum sermão com apenas dez minutos de duração poderia ser denominada aplicação de coisa alguma: essa falta de atenção à pregação da Palavra é sinal da superficialidade na religião".

---

[75] *Lectures to my students,* 1.ª série, p. 144-5.
[76] P. T. FORSYTH, *Positive preaching,* p. 109-10.

Nenhuma regra sólida e imutável pode ser imposta no tocante à duração dos sermões, a não ser, talvez, que dez minutos são breves demais, e 40 minutos, prolongados demais. Diz-se, com sabedoria, que todo sermão deve "parecer ter 20 minutos", ainda que realmente seja de maior duração. Ao chegar numa igreja diferente, seria aconselhável o pregador começar a oferecer à congregação o que os membros estão acostumados a receber. Porém, à medida que a Palavra de Deus vivifica seu apetite, pedirão mais.

Este foi um capítulo um pouco subjetivo, mas necessário, pois a pregação nunca poderá ser isolada do pregador. Em última análise, é ele que determina o que diz e a maneira de dizê-lo. O pregador pode vislumbrar a glória da pregação e captar sua teologia. Pode estudar com esforço e se preparar bem. Pode enxergar a necessidade de relacionar a Palavra com o mundo, e desejar genuinamente ser um construtor de pontes. Mesmo assim, pode lhe faltar o ingrediente vital (e nada compensa a sua falta) de realidade espiritual pessoal. A sinceridade e o zelo não são qualidades que podem ser afixadas em nós do lado de fora, como os enfeites que amarramos em árvores de natal; são fruto do Espírito. Simplesmente descrevem a pessoa que acredita no que diz, e o sente.

Conforme E. M. Bounds escreveu no começo do século XX: "O homem, o homem inteiro, acha-se por trás do sermão. A pregação não é a apresentação momentânea. É o transbordamento de uma vida. Leva vinte anos para fazer um sermão, porque leva vinte anos para fazer o homem".[77] James Black expressou a questão de modo semelhante: "A melhor pregação é sempre *o transbordamento natural* da mente madura e a expressão da experiência crescente. O bom sermão nunca é excogitado; é a expressão da realidade".[78]

---

[77] P. 11. V. tb. o tratado dos tempos *What's wrong with preaching today?*, de Al Martin.
[78] *The mystery of preaching*, p. 37.

Gosto da palavra "transbordamento" usada acima. Expressa de modo sucinto que a pregação verdadeira nunca é uma atividade superficial; sobe, brotando da profundeza. O próprio Jesus enfatizava muito esse princípio. Sem essa fonte perene da vida do Espírito Santo dentre de nós, disse ele, o rio de água viva nunca poderá fluir de dentro de nós. E, ainda, é da abundância do coração que a boca fala. (V. Jo 4.14; 7.37-37; Mt 12.34.)

CAPÍTULO OITO

Coragem e humildade

CORAGEM

Pregadores corajosos são a necessidade urgente nos púlpitos do mundo atual. Pregadores semelhantes aos apóstolos da igreja primitiva, que eram "cheios do Espírito Santo e anunciavam corajosamente a Palavra de Deus" (At 4.31; cf. v. 13). Os que procuram agradar aos homens e são oportunistas bajuladores jamais serão bons pregadores. Somos chamados à tarefa sagrada da exposição bíblica e comissionados para proclamar o que Deus disse, não o que os seres humanos querem escutar. Muitos eclesiásticos modernos sofrem de uma enfermidade chamada "coceira nos ouvidos", que os induz a, "segundo os seus próprios desejos, juntar mestres para si mesmos" (2Tm 4.3). Nós, porém, não temos o direito de lhes causar essa coceira nem de lhes satisfazer os gostos. Pelo contrário, devemos ser como Paulo, que resistiu exatamente a essa tentação e duas vezes insistiu: "Não hesitei em pregar-lhes qualquer coisa que fosse proveitosa", e, na realidade, "toda a vontade de Deus" (At 20.20,27).

Precisamos ter cuidado para não selecionar nossos textos e temas — mesmo de modo inconsciente — segundo nossos preconceitos nem de acordo com nosso estilo pessoal. O remédio do evangelho foi receitado pelo Médico dos médicos. Não podemos nem diluí-lo, nem acrescentar igredientes para o tornar mais agradável ao paladar, temos de administrá-lo puro. Não devemos ter medo de que as pessoas não o tomem. Sem dúvida, alguns irão embora, mas a maioria corresponderá. "As pessoas são afastadas da igreja", comentou George Buttrick, "não tanto pela verdade severa que não as deixa à vontade, mas pelas coisas fracas sem conteúdo que as levam a desprezar a igreja".[1]

"A coragem", disse Phillips Brooks nas suas Preleções Yale em 1877,

> é o pré-requisito de qualquer ministério verdadeiro [...] Se você tem medo dos homens e é escravo das opiniões deles, vá fazer outra coisa. Faça sapatos para lhes calçar bem os pés. Vá até pintar quadros que você sabe que são ruins mas agradam ao mau gosto deles. Mas não continue pregando a vida toda sermões que dizem não o que Deus o mandou dizer, mas o que lhe pagam para dizer. Seja corajoso. Seja independente.[2]

A verdade é que "quem teme o homem cai em armadilhas" (Pv 29.25), e muitos pregadores têm caído nelas. Uma vez presos, já não somos mais livres, ficamos servos obsequiosos da opinião pública.

A tradição da pregação corajosa

O pregador cristão hoje que busca a graça de Deus para ser fiel pode extrair muita inspiração de uma longa tradição de antecessores, desde os tempos do Antigo Testamento. Embora possamos remontar ao próprio Moisés como o primeiro profeta que ouvia, cria, praticava e ensinava a Palavra de Deus, a despeito da oposição e conseqüente solidão, a tradição da profecia hebraica pertence ao período da monarquia e pode-se dizer que iniciou-se com Elias. É verdade

---

[1] *Jesus came preaching:* Christian preaching in the New Age, p. 133.
[2] *Lectures on preaching*, p. 59.

que os cálculos desse profeta estavam tristemente errados quando se queixou de que todo o povo de Israel rejeitara a aliança de Deus e disse: "Sou o único que sobrou". Isso porque o remanescente fiel era muito maior do que Elias imaginara, na realidade, sete mil, "cujos joelhos não se inclinaram diante de Baal" (1Rs 19.9-18). Nem por isso podemos deixar de lhe admirar a coragem com que se opunha à imposição dos responsáveis pela nação, militando em favor da verdade religiosa e da justiça social. Desafiou os profetas de Baal a um tira-teima público e condenou o rei e a rainha por terem assassinado Nabote e se apossado da vinha deste. Em ambos os protestos, ficara sozinho. Foi um notável precedente dos confrontos entre profetas e reis, entre a palavra divina e autoridade da realeza, confrontos estes que passaram a ser característica comum do testemunho profético. Natã ousou repreender o rei Davi pelo adultério com Bate-Seba, seguido do assassinato do marido desta. Amós fulminou a iniqüidade até no santuário do rei em Betel e predisse um fim horrível para Amazias, o capelão real, por ter tentado silenciar o profeta (7.10-17).

Jeremias foi outra voz solitária. Desde o início de seu ministério profético, Deus lhe preveniu a respeito da oposição que sua mensagem de condenação nacional provocaria e prometeu fazer dele "uma cidade fortificada, uma coluna de ferro e um muro de bronze, contra toda a terra: contra os reis de Judá, seus oficiais, seus sacerdotes e o povo da terra". Todos esses lutariam contra ele, mas não prevaleceriam (1.17-19). Embora não devamos justificar os surtos de autocomiseração e desespero de Jeremias, nem seus eventuais anseios por vingança pessoal, sua atitude corajosa e solitária não deixa de merecer nosso profundo respeito. Era um patriota verdadeiro, que sabia que apenas o arrependimento sincero poderia salvar a nação. No entanto, foi chamado para anunciar o juízo divino que se realizaria por meio dos babilônios e, como conseqüência, foi acusado de odiar sua própria pátria e até de desertar ao inimigo.

O testemunho profético do Antigo Testamento culminou na "voz que clama no deserto", João Batista, a quem Jesus definiu como profeta verdadeiro, o maior entre os homens até então, homem controlado pela Palavra de Deus. Segundo Jesus, João Batista não era nenhum caniço agitado pela opinião pública, nem nenhum cortesão que vivia no luxo e cedia diante dos desejos da carne (Mt 11.7-11). Era o novo Elias, em cujo ministério ambas as tradições — religiosa e social — reapareceram quando proclamou a chegada do reino de Deus e quando denunciou o adultério do rei. Sua coragem custou-lhe a vida. Na realidade, foi o último de uma longa linhagem de profetas-mártires, aos quais Israel rejeitou e matou (v. 2Cr 36.15,16; Mt 23.29-36; At 7.52). Além de, claro, a nação ainda ter matado seu Messias e feito oposição aos seus apóstolos (v. 1Ts 2.15).

O próprio Jesus adiquiriu sua fama por falar destemidamente e sem meias-palavras. Perto de sua morte, os fariseus lhe enviaram uma delegação que reconheceu: "Mestre, sabemos que és íntegro e que ensinas o caminho de Deus conforme a verdade, porque não te prendes à aparência dos homens" (Mt 22.16). Não é de admirar, portanto, que sua popularidade na Galiléia tenha durado apenas um ano, ou pouco mais, e que a hostilidade das autoridades tenha aumentado a ponto de resolverem acabar com a vida dele. Ao mesmo tempo, Jesus advertia seus seguidores de que o discípulo não é maior do que o mestre e, se o mestre é perseguido, os discípulos também são. E foi o que ocorreu. Lucas relata em Atos que Pedro e João foram detidos e encarcerados primeiro, em seguida, Estêvão e Tiago foram martirizados e posteriormente Paulo sofreu todo tipo de indignidade nas mãos dos inimigos do evangelho. A perseguição era conseqüência direta da parrésia (liberdade e intrepidez da fala), da franqueza, com que esses cristãos pioneiros testificavam de Jesus. Era essa a qualidade que Paulo desejava acima de todas no seu ministério. Da prisão, escreveu para pedir a seus amigos que orassem por ele a fim de que recebesse a mensagem para falar "destemidamente" ao proclamar o evangelho (Ef 6.19,20). Sua prisão, longe de silenciá-lo, oferecera-lhe novas oportunidades para testemunhar com coragem. Lucas o deixa em Roma, em prisão domiciliar, e ainda pregando e ensinando "abertamente (lit. "com toda a ousadia", parrésia) e sem impedimento algum" (At 28.30,31).

A tradição de testemunho corajoso seguido de sofrimento dos profetas do Antigo Testamento e dos apóstolos no Novo, e do próprio Senhor tanto destes quanto daqueles, é notável e constante. Constitui o padrão contínuo no decurso da história da igreja. Podem citar-se alguns exemplos a título de ilustração, a fim de inspirar-nos com a disposição de segui-los e de curar-nos da ambição perversa de ser "pregadores benquistos". Começo com Crisóstomo, no fim do século IV, que pregava com grande coragem e eloqüência, primeiro em Antioquia, depois, durante seis anos, como bispo em Constantinopla, de onde foi deposto e exilado por ter ofendido a imperatriz. Crisóstomo denunciava com coragem os vícios da cidade e "repreendia sem temor nem favor todas as classes e categorias de homens.³ Como exemplo, vejamos sua 16.ª homilia sobre o evangelho segundo Mateus, na qual expunha a proibição que Jesus fizera do falso juramento (Mt 5.33-37). Mostra-se decidido a fazer que a congregação encare com a devida seriedade a instrução do Senhor e a ela obedeça:

> Se eu vir vocês persistindo, vou proibir-lhes desse dia em diante de pôr os pés nesse santo recinto e de participar dos mistérios sagrados; da mesma forma que tratamos os fornicadores e os adúlteros, e os acusados de assassinato [...] Não quero ter nenhum rico, nenhum poderoso, bufando contra mim, nem erguendo as sobrancelhas; tudo isso para mim não passam de fábulas, de sombras, sonhos.

Cada um, enfatizava Crisóstomo, teria de comparecer diante de Deus e prestar contas de si mesmo.⁴

Vamos agora pular quase mil anos, até João Wycliffe, o precursor da Reforma inglesa. Não era tarefa fácil para ele opor-se praticamente sozinho ao estabelecimento eclesiástico com suas críticas di-

---

³Edwin Charles DARGAN, *A history of preaching*, p. 90, vol. 1.
⁴*The works of St Chrysostom,* in: Philip SCHAFF, org., *The nicene and post-nicene fathers*, p. 123, vol. 10.

retas. Atacava o mundanismo dos clérigos e os assemelhava aos escribas e aos fariseus, bem como denunciava as corrupções do papado e o erro da transubstanciação. Várias vezes foi levado aos tribunais, mas seus amigos o defendiam, e escapava da condenação. Muitos de seus seguidores, os lolardos, no entanto, foram queimados vivos por heresia.

Com Martinho Lutero, a plena luz da Reforma raiou sobre toda a Europa. Quer ao atacar a venda de indulgências, quer ao desafiar a autoridade do papa, quer defendendo a Palavra de Deus, sua coragem foi fenomenal. Basta abrir ao acaso qualquer de suas obras para encontrar exemplos de franqueza sem meias-palavras em quase todas as páginas. Conforme expressou em seu comentário do Sermão da Montanha: "Sou pregador. Preciso ter dentes na boca. Preciso morder, salgar e lhes entregar a verdade".[5] Ainda:

> Quem quiser cumprir seu dever de pregar e desempenhar com fidelidade seu papel, deve preservar a liberdade de contar a verdade sem temor, independentemente de outras pessoas. Precisa censurar quem precisa ser censurado: grande ou pequeno, rico ou pobre, poderoso ou fraco, amigo ou inimigo. A cobiça se recusa a fazer isso por medo de, se ofender os maiorais ou os bons amigos, não conseguir ganhar seu sustento. A cobiça, portanto, guarda o apito no bolso e se cala [...][6]

Nenhum pregador cristão, entretanto, demonstrou mais coragem que o reformador escocês João Knox. Seus contemporâneos o descreviam como pequeno e frágil, mas com uma disposição ardente e um modo veemente de falar. Depois de seu retorno à Escócia em 1559, após o exílio em Genebra, sua pregação bíblica deu novo ânimo aos escoceses que ansiavam por ser libertos dos franceses católicos e por uma igreja nacional reformada. Conforme disse Randolph, o enviado inglês, num relatório à rainha Elizabete: "A

---

[5]*Luther's works*, p. 124, vol. 21.
[6]Ibid., p. 201-2, vol. 21.

voz de um único homem consegue, em apenas uma hora, pôr mais vida em nós do que quinhentas trombetas soando continuamente em nossos ouvidos".[7] Quando a rainha Maria da Escócia estava pensando num possível casamento com dom Carlos, filho e herdeiro do rei Filipe da Espanha, que levaria à Escócia o poderio do papa (tanto político quanto religioso) bem como a Inquisição espanhola, Knox pregou publicamente combatendo a idéia. Essa união, clamava ele, "expulsaria Jesus Cristo deste reino". A rainha ficou profundamente ofendida, mandou chamá-lo, protestou, irrompeu em lágrimas e jurou que ia vingar-se. Knox respondeu:

> Fora do púlpito, senhora, acho que poucos têm motivo para ficar ofendidos comigo, mas nele, senhora, não sou dono de mim mesmo, devo obedecer àquele que me manda falar explicitamente e não bajular a ninguém sequer na face da terra.

Knox morreu em 1572 e foi sepultado com luto nacional no cemitério de St. Giles', Edimburgo. O regente (conde de Morton) disse diante da sepultura: "Aqui jaz alguém que nunca teve medo de homem algum".[8]

Durante os três séculos que se seguiram, os pregadores mantiveram o testemunho corajoso e continuaram sofrendo por isso. No século XX, muitos casos podem ser citados, não apenas sob a oposição nazista, marxista, muçulmana e hindu ao evangelho, mas também no próprio ocidente que se diz cristão. Aqui também tem havido pregadores corajosoos que se recusaram a maquiar sua mensagem para torná-la mais popular. Vou-me limitar a um só exemplo, o reverendo Martin Luther King, pai do líder negro norte-americano dos direitos civis posteriormente assassinado. No seu livro *My life with Martin Luther King Jr.* [*Minha vida com Martin Luther King Jr.*], Coretta Scott King descreve o pai de seu falecido marido com estas palavras: "Nesse tempo (1964) já tinha sido pas-

---

[7]Elizabeth WHITLEY, *Plain Mr. Knox*, p. 147.
[8]Ibid., p. 199, 235.

tor da Igreja Batista Ebenezer na avendida Auburn, em Atlanta, durante 33 anos. É um homem grande, física e espiritualmente. Coloca-se alto e amplo no seu púlpito, sem medo de homem algum, branco ou negro, pregando a Palavra à sua congregação e transmitindo-lhe seu transbordante amor".[9]

Agradar ou perturbar

A tradição da pregação impopular, tanto nas Escrituras quanto na história da igreja, tão contrária à inclinação natural de pregar para agradar aos ouvintes em vez de perturbá-los, é tão marcante que nos sentimos levados a procurar informações sobre sua origem. Não é preciso ir longe. A única explicação possível é que os pregadores, assim como os profetas, acreditam ser portadores de uma palavra da parte de Deus e, portanto, não têm permissão para se desviar dela. Nos dias do Antigo Testamento, até os videntes como Balaão, independentemente de qual tivesse sido sua relação com Israel, sabiam que não eram homens livres. Sua liberdade era limitada pela revelação. Ainda que o rei moabita Balaque o tivesse alugado para maldizer a Israel, Balaão persistiu em abençoar essa nação. Explicou a Balaque, que estava exasperado: "Mas, seria eu capaz de dizer alguma coisa? Direi somente o que Deus puser em minha boca" (Nm 22.38). Se Balaão podia expressar dessa forma sua falta de pronunciamento independente e sua obrigação de se submeter à Palavra Deus, quanto mais os profetas de Israel? A cada um deles, Deus deu a mesma comissão que dera a Jeremias: "Agora ponho em sua boca as minhas palavras [...] Vá dizer-lhes tudo o que eu ordenar", com seu corolário negativo: "... não omita uma só palavra" (Jr 1.9,17; 26.2).

Comparada a essa reconhecida obrigação de receber e transmitir a Palavra de Deus a outra tradição, a da falsa profecia, é completamente desprezível. Os falsos profetas de Israel rejeitavam a disciplina de se submeterem à revelação, e à perda de liberdade que isso implicava. Julgavam-se livres para especular, sonhar seus próprios sonhos e ela-

[9] P. 18.

borar suas próprias mensagens. Deus disse: "Falam de visões inventadas por eles mesmos, e que não vêm da boca do SENHOR". E mais: "O profeta que tem um sonho, conte o sonho, e o que tem a minha palavra, fale a minha palavra com fidelidade. Pois o que tem a palha a ver com o trigo?" (Jr 23.16, 28; cf. Ez 13.2, 3).

A tragédia era que seus sonhos e visões eram "vãs esperanças", a ilusão da paz no lugar da realidade do juízo. Sem dúvida, era isso que o povo queria ouvir. "Os profetas profetizam mentiras [...] e o meu povo gosta dessas coisas" (Jr 5.31). "Eles dizem aos videntes: 'Não tenham mais visões!' e aos profetas: 'Não nos revelem o que é certo! Falem-nos coisas agradáveis, profetizem ilusões. Deixem esse caminho, abandonem essa vereda, e parem de confrontar-nos com o Santo de Israel!'" (Is 30.9-11; v. Mq 2.6-11). Israel preferia, portanto, o consolo das mentiras à perturbação da verdade. E, lastimavelmente, os profetas estavam dispostos a atender a essa vontade. "Vivem dizendo àqueles que desprezam a palavra do SENHOR: 'Vocês terão paz.' E a todos os que seguem a obstinação dos seus corações dizem: 'Vocês não sofrerão desgraça alguma'". (Jr 23.17; v. 5.12,13; Lm 2.14). Comerciavam com "coisas agradáveis" e seu refrão era "paz, paz", mesmo quando não havia paz. Por conseguinte, "tratavam da ferida do povo de Deus como se não fosse grave" (Jr 6.14; 8.11). Como médicos charlatães, faziam um simples curativo quando era necessário cirurgia radical. Ou, mudando a figura de linguagem, de médicos para construtores: Quando o povo construía um muro frágil, esses profetas passavam-lhe cal. Isto é: davam apoio religioso oficial e respeitabilidade a tudo quanto o povo quisesse fazer, por mais contrário que fosse à vontade de Deus. Todavia, os seres humanos não conseguem edificar nenhum muro que os proteja da ira de Deus, nem o cal profético consegue esconder as rachaduras do muro. Com os ventos e as chuvas do juízo divino, o muro desabará (Ez 13.10-16; 22.28). As duas metáforas transmitem a mesma mensagem. Os pecadores impenitentes estão em grande apuro por causa do juízo divino. Suas feridas estão supuradas, seu muro cambaleia. Os remédios superficiais (um curativo na ferida, o cal no muro) são inúteis, e aqueles que os aplicam são criminosos irresponsáveis, pois protegem as pessoas da realidade que devem enfrentar. Conforme exclamou o padre Mapple em *Moby Dick*, tirando da história de Jonas uma lição para os pregadores: "Ai daquele que procura derramar óleo sobre as águas quando Deus as chicoteou em tempestade!".[10]

A situação piora para os pregadores que procuram coragem para ser fiéis, porque se encontram alienados não somente do povo, mas também de outros pregadores. Hoje existe controvérsia na igreja — mesmo no que tange a questões fundamentais de doutrina e de ética, a respeito das quais as Escrituras falam de modo inequívoco —, e o leigo assiste ao espetáculo nada edificante de supostos especialistas em teologia discordarem vigorosamente entre si na TV e nos jornais. Esse fenômeno não é novo. Em princípio, é o mesmo que o embate entre os profetas verdadeiros e os falsos na Bíblia. O protótipo desse conflito foi Micaías, filho de Inlá. O rei Josafá de Judá e o rei Acabe de Israel (que eram parentes por casamento) resolveram juntar suas forças para reconquistar Ramote-Gileade da ocupação síria. Antes de empreenderem sua expedição, no entanto, acharam prudente "buscar primeiro o conselho do SENHOR". (Ainda hoje existe o truque comum de chegar primeiro a uma decisão e depois procurar a confirmação divina para a tornar respeitável.) Os quatrocentos profetas da corte consultados responderam de imediato: "Sim, pois o Senhor a entregará nas mãos do rei". O profeta Zedequias, que devia ser um tanto exibicionista, até fez demonstração com chifres de ferro e disse: "Assim diz o SENHOR: 'Com estes chifres tu ferirás os arameus até que sejam destruídos'". Mas Josafá não se sentia à vontade. De alguma forma, suspeitava da existência de outro profeta que talvez expressasse uma mensagem diferente. Acabe finalmente admitiu que havia outro, chamado Micaías, filho de Inlá. Acrescentou, porém: "Mas eu o odeio, porque nunca profetiza coisas boas a meu respeito, mas sempre coisas ruins". Nem por isso deixou de mandar trazer o profeta, e o mensageiro que foi

---

[10]Herman MELVILLE, p. 142.

buscá-lo disse-lhe: "Veja, todos os outros profetas estão predizendo que o rei terá sucesso. Sua palavra também deve ser favorável". Por certo, a intenção era dar conselho amigo para a própria proteção de Micaías, mas na realidade era diabólico. Qual, pois, era mais importante: a opinião majoritária com o favor do rei, ou a palavra do Senhor, sem esse favor? Parece que Micaías nem hesitou: "Juro pelo nome do SENHOR que direi o que o SENHOR me mandar". Quando se pôs diante dos dois reis, "usando vestes reais [...] sentados em seus tronos", não se deixou obnubilar pela magnificência deles. Declarou com coragem: "Vi todo o Israel espalhado pelas colinas, como ovelhas sem pastor". Isso não era apenas a predição da morte de Acabe na batalha, mas também a contradição dos profetas da corte, cujo conselho se atribuía a "um espírito mentiroso" que tinham na boca. Um desses profetas deu um tapa no rosto de Micaías por causa de sua franqueza (1Rs 22.1-29).

Micaías não conseguiu evitar o dilema que tinha diante de si. Foi obrigado a escolher. Ou ficava na linha popular, encontrando favor com o rei e sendo falso para com seu Deus, ou se manifestava com firmeza contra a opinião do monarca permanecendo fiel a seu Deus, ainda que isso implicasse a perda do favor real. Para seu crédito eterno, preferiu o louvor de Deus ao louvor dos homens. Aparece no registro bíblico apenas nesse único incidente, mas merece ser mais amplamente conhecido e aclamado. É um dos heróis bíblicos não aclamados.

Com freqüência os pregadores cristãos se vêem diante da escolha entre a verdade, com impopularidade, e a falsidade, com popularidade. Quem dera cada um de nós pudesse confirmar o que Hensley Henson escreveu pouco depois de eleito presidente da Oxford House, Bethnal Green, em 1887: "Não dou a mínima importância à popularidade, pois sei que ela geralmente é comprada com o sacrifício da verdade".[11] Foi certamente por essa razão

---

[11] H. Hensley HENSON, *Retrospect of an unimportant life,* vol. 1, p. 27.

que Jesus pronunciou sua advertência: "Ai de vocês, quando todos os homens falarem bem de vocês, pois assim os antepassados deles trataram os falsos profetas" (Lc 6.26). Parecia-lhe óbvio que, tanto no caso dos profetas, quanto no caso dos pregadores, a popularidade só pode ser conseguida à custa da integridade. Apesar disso, parece que poucos membros ou líderes de igreja continuem pensando assim, ou pelo menos se disponham a pagar o preço de acreditar nisso.

O fato é que o evangelho autêntico do Novo Testamento continua extremamente ofensivo para o orgulho humano, e ninguém que o pregue com fidelidade pode esperar escapar de oposição, pelo menos em alguma medida. Paulo descobriu que a mensagem de Cristo crucificado era estultícia para os intelectuais gregos e pedra de tropeço para os judeus que eram justos aos próprios olhos. Ninguém pode chegar a Deus pela própria sabedoria nem pela própria moralidade. É somente na cruz que Deus pode ser conhecido. E isso é duplamente ofensivo para as pessoas intelectualizadas. Essas pessoas se ressentem com a exclusividade da reivindicação cristã e ainda mais com a humilhação nela implícita. É como se, da cruz, Cristo nos dissesse: "Estou aqui por sua causa. Não fosse seu pecado e seu orgulho, eu não estaria aqui. Tampouco eu estaria aqui se você conseguisse se salvar por você mesmo". A peregrinação cristã começa com a cabeça inclinada e os joelhos dobrados. Não existe outro caminho no Reino de Deus para a exaltação senão a humildade.

Sempre dou graças a Deus porque me ensinou essa verdade bem cedo na minha experiência cristã, em parte por vislumbres do orgulho do meu próprio coração, e em parte por algum vislumbre do coração alheio. Isto ocorreu quando eu era universitário do Trinity College, Cambridge. Tinha me convertido a Cristo e estava tentando falar das boas-novas — meio desajeitado, hoje reconheço — a um colega universitário. Estava-me esforçando para explicar a grandiosa doutrina da salvação pela graça somente; que a salvação é o dom gratuito de Cristo; e que não podemos comprá-la, nem sequer contribuir para o preço da sua compra, porque Cristo a obtivera para nós e agora a oferecia de graça. De repente, deixando-me completamente atônito, meu colega gritou três vezes bem alto:

"Horrível! Horrível! Horrível!". Tal é a arrogância do coração humano que acha que as boas-novas não são gloriosas (o que são), mas horríveis (o que não são).

Perto do final de seu ministério em Edimburgo, Alexander Whyte chegou a uma crise por essa mesmíssima questão. Sabia que alguns o consideravam "pouco menos do que um maníaco no que diz respeito ao pecado" e se sentia tentado a abafar essa nota na sua pregação. Certo dia, porém, enquanto passeava pela região montanhosa da Escócia — jamais me esqueci depois do lugar exato —, ouvi

> o que me pareceu ser a voz divina falando-me à consciência com poder imperioso e dizendo com a máxima clareza: "Não! Continue, sem titubear! Volte, e complete com coragem a obra que lhe foi dada para realizar. Fale com franqueza e sem temor. Leve-os, custe o que custar, a se verem na lei santa de Deus como que num espelho. Faça você isso, pois ninguém mais o fará. Ninguém mais arriscará tanto assim a vida e a reputação para fazer isso. E a você não resta muito, tanto de uma quanto da outra, para pôr em risco. Vá para casa e gaste o que sobra da sua vida na sua tarefa determinada de mostrar a meu povo o seu pecado e sua necessidade da minha salvação".

Assim fez. Não foi desobediente à visão celestial, que lhe deu "nova autoridade e novo ânimo" para terminar seu percurso.[12]

Os pregadores não podem, portanto, fugir do dever de perturbar os complacentes. Todos nós sabemos que Cristo falou muitas "palavras de conforto", e na Igreja da Inglaterra repetimos algumas delas em cada Ceia do Senhor. Nem todas as palavras de Cristo, porém, eram consoladoras. Algumas perturbavam profundamente. Devemos, portanto, ser fiéis em expor também as suas "palavras desconfortáveis". Isso implica pregar tanto a ira de Deus quanto seu amor, sua graça e sua misericórdia (na realidade, estes últimos brilham muito mais naquele pano de fundo escuro), tanto seu juízo

---

[12] W. Robertson NICOLL, *Princes of the Church*, p. 320.

quanto a sua salvação (por mais cuidadosos que queiramos ser quanto aos pormenores de ambos, em nosso zelo para não ir além da doutrina clara das Escrituras), tanto a morte com Cristo quanto a ressurreição com ele, tanto o arrependimento quanto a fé, Cristo tanto como Senhor quanto como Salvador, tanto os custos quanto as recompensas do discipulado cristão, a abnegação como o caminho para a descoberta de si mesmo, e o jugo da autoridade de Cristo, sob o qual encontramos nosso descanso.

Não é somente na pregação do evangelho, mas também ao ensinar a respeito da vida cristã que precisamos de coragem para não negligenciar os aspectos menos agradáveis da mensagem do Novo Testamento, mas, pelo contrário, achar o equilíbrio bíblico. Por exemplo, os apóstolos escrevem a respeito da "alegria indizível e gloriosa" de conhecer a Cristo, mas acrescentam que teremos de ser "entristecidos" em conseqüência de várias provações e pressões satânicas (1Pe 1.6-8). Falam do repouso da fé na obra completa de Cristo e na presença do Espírito habitando em nós, mas também nos retratam como soldados, atletas, agricultores e lutadores de boxe — metáforas estas que subentendem grande esforço. Enfatizam a grande liberdade para a qual Cristo nos libertou, mas acrescentam que isso também é uma nova escravidão, a Cristo e a sua vontade. Nos garantem que já não estamos "debaixo da lei", pois a nossa aceitação por Deus depende da graça divina, e não de nossas obras. Porém acrescentam que, mesmo assim, espera-se obediência da nossa parte e, na realidade, que Cristo morreu por nós precisamente "a fim de que as justas exigências da lei fossem plenamente satisfeitas em nós, que não vivemos segundo a carne, mas segundo o Espírito" (Rm 8.3, 4).

Por isso, estão postos diante de nós padrões morais sublimes. Ainda mais: os apóstolos vão além das generalizações vagas até as aplicações precisas. Muitas congregações ficariam assustadas se fosse pregada uma série de sermões, por exemplo, sobre Efésios 4.25—5.21 ou Tito 2.1-15, ou a epístola de Tiago, ou até mesmo sobre o Sermão da Montanha. Somos fiéis ao ensinar o que os apóstolos ensinavam sobre o relacionamento entre marido e mulher, entre pais e filhos, entre senhores e servos? Que a cobiça é idolatria, que as riquezas são perigosas e que a responsabilidade generosa mútua deve marcar a nova sociedade de Deus? Que Deus ordenou o casamento heterossexual vitalício para a realização sexual e que o divórcio (ainda que permitido como concessão à fragilidade humana) é sempre um desvio do ideal de Deus, e que tanto o adultério e a fornicação heterossexuais, por um lado, e as práticas homossexuais, do outro lado, são contrários à sua vontade? Que o trabalho é conseqüência da criação, não da queda, e é determinado por Deus como meio de parceria com ele, para servirmos ao próximo e nos realizar a nós mesmos, o que ressalta ainda mais a tragédia do desemprego?

Se somos fiéis em nossa pregação a respeito do "pecado, da justiça e do juízo", devemos, ao mesmo tempo, tomar o cuidado de evitar qualquer desequilíbrio. É necessário reconhecer que alguns pregadores se deleitam em trovejar os juízos divinos. Sentem satisfação em ver o auditório contorcer-se com suas chicotadas. Quer isso seja uma forma de sadismo verbal, quer lhes proporcione o que os norte-americanos chamam de "viagem do ego", sempre é atitude doentia tirar prazer da dor de outras pessoas. Anthony Trollope em *Barchester towers* desprezava mui claramente sua personagem, o reverendo Obadias Slope, exatamente por isso. Embora "dotado de certo tipo de eloqüência no púlpito", escreveu Trollope, "nos seus sermões lidava muito com denúncias". E, de fato, "seu olhar e seu tom são extremamente severos [...] Quando anda pelas ruas, denota no próprio rosto seu horror pela iniqüidade do mundo, e sempre há um anátema espreitando no cantinho do seu olho [...] A ele, as misericórdias do nosso Salvador falam em vão..."[13] Na expressão chistosa de Colin Morris, usava o púlpito para transmitir as boas broncas em vez de as boas-novas".[14]

Quanto mais achamos necessário, mormente nos dias de moralidade relapsa, delongar-nos sobre o juízo divino contra o pecado, tanto mais precisamos deter-nos na misericórdia de Deus para com

---

[13] P. 26-7.
[14] *The Word and the words*, p. 11.

os pecadores. Os "ais" que Jesus pronunciou contra a hipocrisia dos escribas e fariseus estão entre as denúncias mais incisivas de toda a Bíblia, mas ele não deixou de ser chamado de "o amigo dos pecadores", os quais se aglomeravam ao seu redor e o ouviam com prazer. Jesus os convidou a vir a ele com seus fardos e prometeu-lhes descanso, aceitou a demonstração de afeto de uma prostituta perdoada e disse à mulher presa em flagrante adultério: "Eu também não a condeno. Agora vá e abandone sua vida de pecado".

É significativo que Paulo tenha apelado aos coríntios "pela mansidão e bondade de Cristo" (2Co 10.1). Era severo. Esperava que as igrejas disciplinassem os culpados e mesmo excomungassem os impenitentes. É óbvio, porém, que não achava prazer nisso. Pelo contrário, demonstrava ternura, afeto e amor dedicado de pai. Até se assemelhava, ao lidar com os tessalonicenses, tanto a "uma mãe que cuida dos próprios filhos" "como [a] um pai [que] trata seus filhos" com exortação e consolo (1Ts 2.7,11).

Todo pastor cristão hoje tem os mesmos sentimentos de terno amor para com aqueles que foram confiados aos seus cuidados. Quando lhes fala todos os domingos, conhece um pouco dos fardos que estão carregando. Um membro vai passar por uma cirurgia importante dentro em breve, outro acaba de ser informado que tem uma doença incurável e outro, ainda, perdeu um ente querido. Além disso, há o casal cujo casamento está-se desfazendo, o homem cuja esposa lhe foi infiel, a mulher cujo marido a trata com crueldade, aquele solteiro frustrado no amor, os jovens que estão tendo dificuldade para manter os padrões cristãos no seu ambiente não-cristão. Enquanto o pastor olha para cada rosto a sua frente, parece haver uma trágedia por detrás de cada fachada corajosa. Quase todos foram feridos pela vida e sentem a pressão da tentação, da derrota, da depressão, da solidão ou do desespero. É verdade que alguns precisam ser sacudidos para abandonar a complacência, mas outros precisam, acima de tudo, do consolo do amor de Deus. J. H. Jowett escreveu:

> Fiquei profundamente impressionado nos últimos anos com certo refrão que encontrei percorrendo muitas biografias. O dr. Parker

repetia, numerosas vezes: "Preguem aos corações quebrantados!". E aqui temos o testemunho de Ian Maclaren: "O propósito principal da pregação é consolo...". E posso lhes trazer uma passagem quase sangrando do dr. Dale: "As pessoas querem ser consoladas [...] precisam da consolação — precisam muito dela, e não meramente anseiam por ela".[15]

De alguma maneira, portanto, precisamos conseguir o equilíbrio e precisamos orar, pedindo sensibilidade, a fim de ser bem-sucedidos nisso. Chad Walsh, norte-americano da Igreja Anglicana, deu num de seus primeiros livros, *Campus God's on trial*, uma definição excelente de pregação: "... a função verdadeira do pregador é perturbar os confortados e confortar os perturbados".[16] Um século antes, John Newton, o escravagista convertido "dizia que a razão de ser de toda a sua pregação era 'quebrantar o coração duro, e curar o coração quebrantado'".[17] Essa combinação parece tão rara. Alguns pregadores são grandes consoladores. Todo sermão deles abranda. Mas se omitem de primeiro perturbar aqueles aos quais estão tão ocupados em consolar. Outros cometem o erro oposto. São grandes perturbadores da paz da congregação ao pregarem sobre o pecado humano e sobre a santidade divina, mas se esquecem de passar a consolar àqueles que perturbaram de modo tão eficaz. A definição de Chad Walsh, que reúne as duas funções, pode ser bem ilustrada pelo *Journal* de John Wesley. Por exemplo, em 21 de junho de 1761, pregou no camposanto de Osmotherley, em Yorkshire: "Acredito que muitos foram feridos", escreveu, "e muitos, consolados".[18] Depois, em 17 de agosto de 1787, pregou a uma congregação grande perto da casa do governador na ilha de Alderney, nas ilhas da Mancha: "Creio que muitos ficaram com o coração compungido nessa hora", e alguns, não pouco consolados".[19]

---

[15] *The preacher:* his life and work, p. 107.
[16] P. 95.
[17] John C. POLLOCK, *Amazing grace*, p. 155.
[18] *Journal*, p. 250.
[19] Ibid., p. 401.

Um exemplo mais moderno vem do dr. Horton Davies em *Varieties of english preaching 1900-1960*. Depois da dedicatória do livro a seu pai, um pregador congregacionalista, começa seu Prefácio com as seguintes palavras:

> Como filho da casa pastoral, era um grande privilégio ouvir a Palavra viva de Deus pregada e aplicada com discernimento e compaixão diante de pessoas de várias famílias e de várias profissões [...] O domingo era sempre o auge da semana, e esse clímax era alcançado quando a congregação se aquietava nos bancos da igreja para escutar aquele que podia ser um filho do trovão (Boanerges) ou um filho da consolação (Barnabé). Em geral era os dois no mesmo sermão...[20]

Todo pregador precisa ser tanto um Boanerges (que tem a coragem para perturbar) quanto um Barnabé (que tem a caridade para consolar).

O valor da exposição sistemática

No contexto da necessidade de o pregador ser corajoso, recomendo a prática da exposição sistemática, isto é, passar um livro inteiro da Bíblia, seguindo a ordem, ou uma seção inteira de um livro, quer versículo por versículo, quer parágrafo por parágrafo. O primeiro benefício desse esquema é que nos obriga a lidar com passagens que doutra forma teríamos deixado passar desapercebidas, ou mesmo evitado deliberadamente. Lembro-me bem de, alguns anos atrás, estar pregando sobre o Sermão da Montanha e ter chegado, pela ordem, em Mateus 5.31,32, onde nosso Senhor trata do assunto do divórcio. Preciso confessar que, embora já houvesse completado 25 anos no ministério pastoral, nunca pregara antes sobre o assunto. Sinto vergonha por ter de confessar isso, pois o divórcio é uma questão contemporânea urgente, e muitas pessoas estão querendo ajuda nessa área, mas foi o que aconteceu. Naturalmente, eu podia

---

[20] P. 13.

ter apresentado várias desculpas coerentes. "É um assunto muito complexo, e não tenho a perícia necessária". "É polêmico, também, e não quero provocar contendas". "Além disso, ofenderia alguém, com certeza". E assim, por causa das dificuldades, mantinha-me longe do tema. Mas agora estava acompanhando a congregação através do Sermão do Monte e me vi cara a cara com Mateus 5, v. 31 e 32. O que deveria fazer? Não havia a mínima possibilidade de pular aqueles versículos e começar meu sermão assim: "No domingo passado, meu texto foi Mateus 5.30; hoje é Mateus 5.33". Não. Fui obrigado a fazer o que durante tanto tempo evitara, e me lembro com clareza das horas que tive de passar em estudo e meditação antes de ousar tentar lidar com esses versículos.

O segundo benefício da exposição sistemática é que ninguém fica estranhando por que usamos determinado texto em determinado domingo. Se eu de repente, sem o mínimo motivo, pregasse sobre o divórcio, os membros da igreja teriam inevitavelmente procurado saber por quê. Teriam perguntado a si mesmos: "Contra quem está pregando hoje?". Mas, no caso, a atenção deles não foi distraída por semelhantes perguntas. Sabiam que estava procurando expor Mateus 5.31,32 somente porque eram os próximos versículos na série de sermões.

O terceiro benefício é talvez o maior. A exposição eficiente e sistemática de uma grande porção das Escrituras amplia os horizontes das pessoas, torna-lhes conhecidos alguns dos temas principais da Bíblia e mostra como interpretar as Escrituras pelas Escrituras. P. T. Forsyth expressou bem essa questão:

> Precisamos nos defender da subjetividade do pregador, de suas digressões, de sua monotonia, de suas limitações. Precisamos, ainda, protegê-lo do perigo de pregar sua própria pessoa ou seus próprios tempos. Todos nós devemos *a* nossos tempos, mas ai de nós se for à nossa era que pregamos e se somente levantamos o espelho diante dos tempos.[21]

---

[21] *Positive preaching and the modern mind*, p. 5.

Prossegue:

> Uma das grandes tarefas do pregador é resgatar a Bíblia da idéia textual na mente do público, da idéia biblicista e atomista que a reduz a um livro de recortes religiosos e a emprega somente em versículos e frases [...] [O pregador] precisa cultivar mais o tratamento livre, amplo e orgânico da Bíblia, onde cada parte é mais valiosa por sua contribuição a um todo vivo e evangélico, onde esse todo é articulado no grande curso da história da humanidade.[22]

Mesmo se não tivessem expressado seus motivos da maneira que acabamos de ler, é fato que alguns dos maiores pregadores da história da igreja expuseram as Escrituras consciente, eficiente, e sistematicamente. O exemplo mais notável nos quatro primeiros séculos da igreja foi João Crisóstomo, cuja coragem já mencionamos neste capítulo. Durante quase as duas últimas décadas do século IV, expôs o livro de Gênesis e Salmos, do Antigo Testamento, e, do Novo Testamento, os evangelhos segundo Mateus e João, Atos dos apóstolos e todas as epístolas paulinas.

Foram os reformadores do século XVI, no entanto, no seu anseio de expor suas congregações à Palavra de Deus pura e poderosa, que desenvolveram de modo mais eficiente a exposição sistemática. Lutero e Calvino diferiam entre si em muitos aspectos. Lutero era alemão, Calvino, francês; Lutero era corpulento e forte; Calvino era magro e fraco; o estilo de Lutero dependia da sua imaginação vívida, até ardente, e o de Calvino, da análise calma e transparente. No entanto, ambos lidavam com as Escrituras com diligência e profundidade que nos envergonham a nós modernos. Em Witemberbo, os reformadores (Lutero e seus colegas clérigos),

> empreenderam uma campanha extensiva de instrução religiosa através dos sermões. Havia três cultos públicos aos domingos: de cinco a seis horas da manhã, sobre as epístolas paulinas; de nove a

[22]Ibid., p. 19.

dez, sobre os evangelhos e, de tarde, num horário variável, sobre a continuação do tema da manhã ou sobre a confissão de fé [...] Nas segundas e terças-feiras havia sermões sobre a confissão de fé, nas quartas, sobre o evangelho segundo Mateus, nas quintas e sextas sobre as epístolas apostólicas e, no sábado à noite, sobre o evangelho segundo João. Ninguém carregava esse fardo inteiro [...] mas a participação de Lutero era prodigiosa. Incluindo o culto familiar, quase sempre falava quatro vezes aos domingos e assumia de três em três meses uma série de duas semanas, quatro dias por semana, sobre o catecismo [confissão de fé]. A soma de seus sermões ainda existentes chega a 2 300. O maior número é do ano 1528, com 195 sermões, distribuídos em 145 dias.[23]

O método de Calvino era semelhante ao de Lutero, mas era talvez ainda mais sistemático. Desde 1549 pregava em Genebra duas vezes por domingo e, em semanas alternadas, num culto no fim de cada tarde. Tendia a lidar com o Antigo Testamento nos dias da semana e com o Novo Testamento ou Salmos nos domingos. Um estenógrafo assalariado anotava os seus sermões à medida que os pregava e depois os transcrevia. De 1549 até a morte, expôs, do Antigo Testamento: Gênesis, Deuteronômio, Juízes, Jó, alguns salmos, 1 e 2Samuel, 1Reis e todos os profetas maiores e menores, e, do Novo Testamento: uma harmonia dos evangelhos, Atos, 1 e 2Coríntios, Gálatas, Efésios, 1 e 2Tessalonicenses e as três epístolas pastorais.

Outros reformadores suíços seguiram o mesmo costume. Zuínglio, por exemplo, no início de seu ministério em Zurique, "anunciou sua intenção de pregar, não simplesmente sobre as lições da igreja, mas sobre todo o evangelho de Mateus, capítulo por capítulo. Alguns amigos objetaram que seria uma inovação, mas ele falou simplesmente: 'é o costume antigo. Lembrem-se das homilias de Crisóstomo sobre Mateus e das de Agostinho sobre João'".[24]. A mesma convicção era compartilhada por Henrique Bullinger, suces-

---

[23]Roland H. BAINTON, *Here I stand:* a life of Martin Luther, p. 348-9.
[24]John A. BROADUS, *Lectures on the history of preaching*, p. 115, vol. 1.

sor de Zuínglio em Zurique. Segundo E. C. Dargan, Bullinger era um "homem alto, com barba que caía com graça, expressão benévola e inteligente, voz agradável, e se portava com dignidade, porém animadamente". Dargan continua, dizendo que entre 1549 e 1567 Bullinger pregou 100 sermões sobre o Apocalipse, 66 sobre Daniel, 170 sobre Jeremias, 190 sobre Isaías e muitos outros.[25]

Um século mais tarde, Matthew Henry fornece um exemplo esplêndido da pregação bíblica fiel. Durante seu ministério de 25 anos como pregador dissidente em Chester (1687-1712), concentrando-se no Antigo Testamento todos os domingos de manhã e no Novo Testamento, todos os domingos de tarde, pregou sistematicamente a Bíblia inteira duas vezes, e durante suas preleções do meio da semana expôs o Saltério nada menos que cinco vezes. Essas exposições formam a substância do seu comentário famoso.

Os gigantes do púlpito no século XIX continuaram a tradição estabelecida por Agostinho e Crisóstomo e desenvolvida por Lutero e Calvino, os demais reformadores e os puritanos. Por exemplo: as exposições de Charles Simeon, publicadas nos 21 volumes de *Horae homileticae*, somam 2 536, o que significa que, se lêssemos uma por dia, levaríamos sete anos.

Joseph Parker, ministro do City Temple em Londres durante 33 anos a partir de 1869, pregava com regularidade a três mil pessoas. Em 1884 proclamou sua intenção de pregar a Bíblia inteira. Pregando duas vezes nos domingos e uma vez nas quintas-feiras ao meio-dia, completou sua tarefa em sete anos. Seus sermões foram publicados em *The people's Bible* [*A Bíblia do Povo*] em 25 volumes, o último dos quais publicado em 1895.

Alexander Maclaren, o ministro batista que atraía grandes multidões para a Union Chapel durante quase meio século (1858-1903) e às vezes chamado "o príncipe dos expositores", abrangeu praticamente a Bíblia inteira nos 32 volumes das suas *Expositions of Holy*

---

[25]Ibid., p. 414-5.

Scripture [*Exposições da Escritura Sagrada*], publicados durante os seis últimos anos de sua vida (1904-10).

No século XX, é interessante que William Temple, enquanto era reitor de St. James's, Piccadilly, na Primeira Guerra Mundial, pregou o evangelho segundo João, do começo ao fim, em quase dois anos e posteriormente publicou seus exposições como *Readings from St John's Gospel* [*Leituras do evangelho de São João*].

Para a saúde da igreja (que vive e floresce pela Palavra de Deuss), e para a ajuda do pregador (que precisa dessa disciplina), urge voltar à exposição sistemática. Para isso, no entanto, precisaremos levar em conta as características da nossa era, não copiar nossos antepassados literalmente, sem imaginação. Não há hoje muitas congregações com maturidade espiritual e apetite suficiente para digerir as longas exposições durante períodos extensivos tradicionais de uma era passada. Dale menciona, por exemplo, "um catedrático alemão de exegese que, depois de lecionar o livro de Isaías por pouco mais de vinte anos, chegou à metade do capítulo dois".[26] Até a exposição notável que o dr. Martyn Lloyd-Jones fez de Romanos, a qual o levou ao capítulo 14, v. 17, e continuou durante doze anos até ele se aposentar de Westminster Chapel, dificilmente poderia repetir-se em qualquer igreja britânica. Se, entretanto, levarmos em conta a situação das pessoas contemporâneas e continuarmos a exposição consecutiva durante poucos meses, em vez de vários, as congregações modernas a aceitarão de bom grado.[27] Também nos ajudará, os pregadores, a crescer na coragem que necessitamos para expor a totalidade da vontade de Deus.

HUMILDADE

Infelizmente, a determinação de sermos corajosos no púlpito pode resultar, apenas, em nos tornarmos estouvados e arrogantes. Pode-

---

[26] *Nine lectures on preaching*, p. 231.

[27] Ofereci, no capítulo seis, alguns exemplos daquilo que, sob a liderança de Michael Baughen, procuramos fazer na All Souls Church.

mos ter sucesso em ser francos, mas estragaremos o efeito ficando orgulhosos de nossa franqueza. Para dizer a pura verdade, o púlpito é um lugar perigoso para qualquer filho de Adão ocupar. É "alto e exaltado" e por isso desfruta o destaque que deve ser restrito ao trono de Javé (Is 6.1). Ficamos ali em pé, em total solidão, com os olhares de todos fixos em nós. Fazemos um monólogo, enquanto todos ficam sentados imóveis, em silêncio e subjugados. Quem pode suportar semelhante exposição diante do público sem ser arranhado pela vaidade? A soberba é, sem dúvida, o principal risco profissional do pregador. Tem arruinado muitos e privado de poder o seu ministério.

Em alguns, é descaradamente óbvia. São exibicionistas por temperamento e utilizam o púlpito como o palco onde se exibem. O dr. Lloyd-Jones certamente tem razão em chamar essas pessoas de "pulpiteiros mais do que pregadores", posto que são peritos em organizar espetáculos profissionais.[28] Na nona preleção de Henry Ward Beecher em Yale (1872), chamada "Fazendo sermões", ele falava de "sermões de Nabucodonosor". Referia-se, com essa expressão, aos discursos retóricos "acima dos quais o pregador vaidoso se coloca", o que repete, com efeito, as palavras jactanciosas de Nabucodonosor: 'Acaso não é esta a grande Babilônia que eu construí [...] com o meu enorme poder e para a glória da minha majestade?'. "Queira Deus", continuou Beecher", que esses pregadores vão, assim como Nabucodonosor, comer capim por algum tempo, caso, como ele, voltassem com a mente sã e humilde".[29] A analogia atinge o alvo. Há, pois, algo de fundamentalmente "obsceno" referente ao orgulho, algo que ofende o senso cristão de decência, que enoja certamente. O que talvez seja mais notável na derrocada e restauração do rei de Babilônia é que seu orgulho produziu demência, ao passo que sua saúde mental voltou quando se humilhou.

---

[28] *Preaching and preachers*, p. 13.

[29] *Lectures on preaching:* personal elements in preaching, p. 249. Beecher estava se referindo ao incidente registrado em Dn 4.28-37.

Outros pregadores, porém, não são como Nabucodonosor, pois seu orgulho não toma a forma de jactância descarada. É mais sutil, mais insidioso, e até mais perverso. É possível, portanto, adotar uma pose exterior de grande mansidão, enquanto, por dentro, nosso apetite de aplausos é insaciável. No exato momento em que, no púlpito, estamos engrandecendo as glórias de Cristo, podemos estar, na realidade, buscando a nossa própria glória. E enquanto estamos exortando a congregação a louvar a Deus, e até ostensivamente dirigindo-a no louvor, podemos estar esperando, secretamente, que nos sobre um pouco de louvor. Precisamos exclamar com Baxter: "Oh! que companheiro constante, que comandante tirânico, que inimigo traiçoeiro, sutil e insinuante é o pecado do orgulho!".[30]

A fim de desmascarar, combater e derrotar esse inimigo, acho que o procedimento melhor e mais positivo é fazer uma análise de como deve ser a humildade do pregador.

A Palavra de Deus

Em primeiro lugar, precisamos da humildade de nos submeter à Palavra de Deus. Isto é, devemos resistir à tentação de evitar as verdades das Escrituras, supostamente "fora da moda", e em vez disso ventilar nossas próprias opiniões mais "atualizadas". "O tolo não tem prazer no entendimento, mas em expor os seus pensamentos" (Pv 18.2).

A humildade cristã começa com *tapeinophrosunê*, "mentalidade modesta". Tem que ver com o nosso modo de pensar, tanto com relação aos outros (considerando-os mais importantes que nós mesmos e assim os servir com alegria, Fp 2.3,4; 1Pe 5.5), quanto com relação a Deus, principalmente ("andando humildemente com o seu Deus"; Mq 6.5). A mente humilde não é nem fechada nem acrítica, mas reconhece suas limitações. Sua linguagem é "SENHOR, o meu coração não é orgulhoso e os meus olhos não são arrogantes.

---

[30] *The reformed pastor*, p. 95.

Não me envolvo com coisas grandiosas demais para mim" (Sl 131.1). De novo, com referência à onisciência de Deus: "Tal conhecimento é maravilhoso demais e está além do meu alcance; é tão elevado que não o posso atingir" (Sl 139.6). Não se trata de obscurantismo, nem sequer de antiintelectualismo. É mero reconhecimento humilde, sadio e sóbrio de que o ser infinito de Deus está além de nossa apreensão; que seus pensamentos e caminhos estão tão mais altos do que os nossos quanto os céus estão mais altos do que a terra (Is 55.8,9); que não fosse sua auto-revelação nunca poderíamos conhecê-lo; e que, na realidade, "a loucura de Deus é mais sábia que a sabedoria do homem" (1Co 1.25). Se, pois, os juízos de Deus são insondáveis e seus caminhos, inescrutáveis, é lúdicro supor que poderíamos chegar a conhecer sua mente por conta própria, muito menos instruí-lo ou oferecer-lhe conselhos (Rm 11.33,34). Não temos nenhuma liberdade, portanto, de contradizer a sua revelação nem de criticar o seu plano de salvação. Sem dúvida, a mensagem da cruz talvez pareça tola a nossa mente finita e caída. Talvez por isso queiramos propor meios alternativos de salvação que consideramos preferíveis. Mas Deus diz: "Destruirei a sabedoria dos sábios", e decide, pelo contrário, salvar-nos mediante a "loucura" do evangelho, a qual é, na verdade, a sua sabedoria (1Co 1.18-25; cf. 3.18-20). É nossa responsabilidade, portanto, fazer o possível, tanto em nós mesmos quanto nas outras pessoas, para "destruirmos argumentos e toda pretensão que se levanta contra o conhecimento de Deus, e levarmos cativo todo pensamento, para torná-lo obediente a Cristo" (2Co 10.5).

Como a submissão da mente humilde à revelação de Deus em Cristo achará expressão nos pregadores? Os pregadores evitarão acrescentar às Escrituras suas próprias especulações, bem como subtrair delas segundo suas próprias predileções. O acréscimo em geral adota a forma da moda passageira pela originalidade. Alguns pregadores acham a Bíblia sem graça, de modo que procuram injetar-lhe sua própria efervescência. Outros a acham insípida, de modo que procuram condimentá-la com um pouco de seu próprio tempero. Não se dispõem a tomá-la como é; estão sempre procurando melhorá-la com idéias brilhantes deles mesmos. Essa, porém, não é a tarefa do pregador. Precisamos ser "originais" no que diz respeito a lançar mão de verdades antigas e procurar, de modo criativo, reafirmá-las em termos modernos e reaplicá-las às condições modernas. Mas ser biblicamente "criativos" não é ser "inventador" de noções novas e não-bíblicas. Nem somos tão vaidosos e estultos a ponto de imaginar que nossas tentativas de reinterpretação tenham a autoridade que pertence à própria Palavra de Deus, que estamos nos esforçando para reinterpretar.

O pregador com mente humilde evita tanto as omissões quanto os acréscimos. Precisa recusar-se a manipular o texto bíblico com o objetivo de o tornar mais aceitável aos nossos contemporâneos. Isso porque a tentativa de fazê-lo mais aceitável implica, na verdade, a tentativa de nos tornar a "nós mesmos" mais aceitáveis; essa é a cobiça de popularidade.

Acrescentar à Palavra de Deus era o pecado dos fariseus, ao passo que subtrair dela era o pecado dos saduceus. Jesus criticou os dois grupos, e insistia que a Palavra de Deus devia permanecer pura, sem mais nem menos, sem ampliação nem modificação, suprema e suficiente em sua autoridade. Os fariseus e os saduceus modernos da igreja, que adulteram as Escrituras, descartando o que gostariam que nela não estivesse e introduzindo o que gostariam de nela encontrar, devem prestar atenção a essas críticas de Jesus. Existe, lastimo se necessário dizer, certa arrogância no liberalismo teológico que se desvia do cristianismo bíblico histórico. Isso porque qualquer um que se recusa a submeter-se à Palavra de Deus e "não concorda com a sã doutrina de nosso Senhor Jesus Cristo e com o ensino que é segundo a piedade, é orgulhoso e nada entende" e "insubordinado" (1Tm 6.3,4; Tt 1.9,10). O pregador cristão não deve nem ser especulador que inventa novas doutrinas que lhe agradam, nem um revisor de textos que suprime doutrinas velhas que lhe desagradam, mas um mordomo, o mordomo de Deus, que dispensa fielmente à família de Deus as verdades que lhe foram confiadas nas Escrituras, nada mais, nada menos, e nada diferente. Para esse ministério, é necessário mente humilde. Precisamos chegar diariamente às Escrituras e sentar-nos, como Maria, aos pés de Jesus, escutando a sua Palavra.

Bonhoeffer tinha em mente semelhante "escuta" quando enfatizava a necessidade do "silêncio". Não estava propondo (conforme alguns imaginam) que a igreja abrisse mão da pregação porque suas faltas na área da atuação responsável a destituíram do direito de falar. Pelo contrário, o que condenava não era uma igreja "proclamante", mas uma igreja "tagarela". Seu anseio era que a igreja se tornasse respeitosamente silenciosa diante da Palavra de Deus. "O silêncio da igreja é silêncio diante da Palavra [...] A proclamação de Cristo é a igreja falando com um silêncio apropriado".[31]

Esse estado de ânimo receptivo e expectativo diante da revelação de Deus não é apenas correto, mas também produtivo. Isso porque, conforme Jesus declarou nitidamente, Deus esconde seus segredos dos sábios e eruditos e, pelo contrário, os revela às criancinhas, ou seja: aos humildes que buscam a verdade com coração aberto (Mt 11.25).

A glória de Cristo

A humildade de mente deve ser acompanhada de humildade de motivos. O que devemos pregar? O que esperamos realizar com nossa pregação? Que incentivo nos impulsiona a perseverar? Infelizmente, com excessiva freqüência, nossos motivos são egoístas. Desejamos o louvor e as congratulações dos homens. Ficamos em pé na saída depois dos cultos de domingo e festejamos nossos ouvidos com as observações elogiosas que parece que alguns membros de igreja, mormente nos Estados Unidos, foram ensinados a fazer: "Excelente sermão, pastor!". "O senhor abençoou meu coração hoje!". Sem dúvida, palavras genuínas de apreço podem fazer muita coisa para elevar o moral de um pregador desanimado. Mas a lisonja vã e a repetição hipócrita de chavões (independentemente da qualidade real do sermão) são prejudiciais para o pregador e repug-

---

[31]Da sua *Christology*, in: Cleyde E. FANT, *Bonhoeffer:* worldly preaching, p. 64.

nantes para Deus. As congregações devem ser instadas a se arrepender dessa tradição e ser mais comedidas e discernidoras nas expressões de incentivo.

O objetivo principal da pregação é expor as Escrituras de modo tão fiel e relevante que Jesus Cristo seja percebido em toda a sua suficiência de satisfazer à necessidade humana. O pregador genuíno é testemunha, testifica incessantemente de Cristo. Sem humildade, porém, ele não consegue nem deseja fazer isso. James Denney sabia disso e mandou escrever as seguintes palavras num quadro no escritório de sua igreja escocesa: "Ninguém pode dar testemunho de Cristo e de si mesmo simultaneamente. Ninguém pode dar a impressão de que ele próprio é sábio e que Cristo é poderoso para salvar".[32] Algo muito semelhante foi dito por John Watson, que escreveu com o pseudônimo de Ian Maclaren o romance campeão de vendas: *Beside the bonnie brier bush:* "O efeito principal de todo sermão deve ser desvendar a Cristo, e a arte principal do pregador deve ser ocultar-se a si mesmo".[33] Mas o propósito do pregador é mais do que desvendar a Cristo; é desvendá-lo de maneira tal que as pessoas sejam atraídas a ele e desejem recebê-lo. Foi isso que levou Ronald A. Ward a chamar seu livro sobre a pregação de *Royal sacrament* [Sacramento real]. Percebeu um paralelo entre o ministério da Palavra e o ministério do sacramento, que expressou nos seguintes termos: "Assim como, na Santa Ceia, damos pão e vinho, e os fiéis recebem a Cristo, assim também, na pregação, damos palavras, e os fiéis recebem a Cristo".[34] Desse modo, tanto na ceia do Senhor quanto na exposição das Escrituras, existe um sinal externo (o pão e o vinho, ou as palavras) e uma graça interna e espiritual (Cristo recebido pela fé).

Outra maneira de expressar a mesma verdade é dizer que "a pregação tem a natureza de um encontro pessoal". Ou pelo menos o

---

[32] Ralph TURNBULL, *A minister's obstacles*, p. 40-1.
[33] Leslie J. TIZARD, *Preaching:* the art of communication, p. 40-1.
[34] P. 25.

seu propósito é facilitar o encontro. "O grande encontro, no entanto, não é entre o pregador e o povo. É entre Deus e o povo".[35] Donald G. Miller expõe a idéia em linguagem ainda mais enfática. Retomando a declaração de P. T. Forsyth de que "um sermão genuíno é uma ação genuína", escreve: "Ninguém pregou até o encontro bilateral entre si e sua congregação ceder lugar a um encontro trilateral, do qual o próprio Deus é uma das partes vivas".[36]

Estou de pleno acordo com essas declarações. A experiência mais privilegiada e comovente que o pregador pode chegar a ter é um silêncio estranho descer sobre a congregação no meio do sermão. Os adormecidos acordam, os que tossiam param de tossir e os irrequietos ficam sentados tranqüilos. Nenhum olho nem mente nenhuma se desviam. Todos estão atentos, mas não ao pregador. Isso porque o pregador foi esquecido, e as pessoas estão face a face com o Deus vivo, ouvindo sua voz quieta como murmúrio. Billy Graham tem relatado regularmente essa experiência. Lembro-me de o ter ouvido falar a cerca de 2 400 ministros no salão central de Westminster, em 20 de maio de 1954, no fim da Cruzada da Grande Londres. O terceiro dos seus doze temas enfatizava o poder do Espírito Santo e a liberdade na pregação que sentira em conseqüência dele. Disse: "Muitas vezes, sentia-me como espectador, em pé do lado de fora, olhando Deus operar. Sentia-me à parte disso. Queria me colocar fora do caminho o máximo possível, e deixar o Espírito Santo assumir o controle...".[37] É exatamente nesse ponto que entra a humildade de motivos. "Queria pôr-me fora do caminho". É muito fácil ficar atrapalhando, como intrusos entre as pessoas e seu Senhor. Duas figuras de linguagem úteis foram empregadas para ilustrar esse fato.

A primeira é uma festa de casamento. O desejo do amigo do noivo é fazer o máximo para facilitar o casamento entre os nubentes e não fazer nada que o interponha entre o casal. Jesus adotou a

---

[35]Robert E. TERWILLIGER, *Receiving the word of God*, p. 112, 114.
[36]*Fire in thy mouth,* p. 18.
[37]Frank COLQUHOUN, *Haringay story*, p. 164.

figura de linguagem do Antigo Testamento, do casamento entre Javé e Israel, e proclamou-se abertamente o Noivo (e.g., Mc 2.19,20). Parece que João Batista compreendeu isso. Sabia que ele mesmo não era o Cristo e manifestou isso com clareza. Era o precursor de Cristo, enviado adiante dele. Continuou: "A noiva pertence ao noivo. O amigo que presta serviço ao noivo e que o atende e o ouve, enche-se de alegria quando ouve a voz do noivo. Esta é a minha alegria, que agora se completa. É necessário que ele cresça e que eu diminua" (Jo 3.28-30). Nesse aspecto, o ministério do pregador assemelha-se ao de João Batista, pois prepara o caminho até Cristo, regozija-se com a voz dele, deixa-o junto com sua noiva e reduz-se cada vez mais a fim de que Cristo cresça. O grande apóstolo Paulo via claramente o seu ministério nessas condições discretas. Escreveu aos coríntios: "Eu os prometi a um único marido, Cristo, querendo apresentá-los a ele como uma virgem pura". Até sentia ciúmes em favor de Cristo, porque a noiva estava mostrando sinais de infidelidade" (2Co 11.2,3). Todo pregador cristão entende essa linguagem e sente esses ciúmes. "Devemos ser amigos do Noivo", disse J. H. Jowett, "conquistando pessoas, não para nós mesmos, mas para ele, casamenteiros em favor do Senhor, plenamente satisfeitos quando reunimos a noiva e o Noivo".[38] E era realmente sincero. No início de um culto em que Jowett estava para pregar, fez-se uma oração em seu favor que começou com a seguinte "súplica inspirada" (conforme a chamou): "Ó Senhor, agradecemos-te pelo nosso irmão. Agora, tira-o de cena!". E a oração prosseguiu: "Revela-nos a tua glória com esplendor tão radiante que o próprio pregador seja esquecido". Jowett comentou: "Essa pessoa estava com toda a razão, e creio que a oração foi atendida".[39]

A segunda figura de linguagem que ilustra a necessidade do pregador retirar-se do caminho é a do regente da orquestra. Cito como exemplo Otto Klemperer, o distinto regente alemão, famoso princi-

---

[38] *The preacher:* his life and work, p. 24.
[39] Ibid., p. 150-1.

palmente por suas interpretações de Brahms e Beethoven e falecido aos 88 anos de idade em 1973. Um de seus biógrafos resumiu o dom do maestro na expressão singela: "Ele deixava a música fluir".[40] Num artigo que comemorava o octogésimo aniversário do grande músico, saudou-o como "o melhor regente vivo". Neville Cardus, o crítico de música, escreveu: "Ele jamais foi um regente do tipo prima-dona; nunca na sua longa vida se interpôs entre a música e os ouvintes. Manteve um tipo de invisibilidade visível no palco, um anonimato clássico".[41] Gosto muito da expressão "invisibilidade visível". Aplica-se igualmente ao regente e ao pregador. Nenhum dos dois pode evitar ser visto, um no palco, o outro no púlpito, mas nenhum dos dois deve procurar atrair atenção para si mesmo. O auditório de um concerto não vem para ver o regente, mas para escutar a música; a congregação da igreja não deve comparecer para ver nem escutar o pregador, mas para escutar a Palavra de Deus. A função do regente é ajudar a música a sair do coro ou da orquestra a fim de o auditório deleitar-se com a música. A função do pregador é fazer a Palavra de Deus sair da Bíblia a fim de que a congregação acolha com alegria a Palavra do Criador. O regente não deve interpor-se entre a música e o auditório; o pregador não deve interpor-se entre o Senhor e o seu povo. Precisamos ter a humildade necessária para sair do caminho. Desse modo, o Senhor falará, e o povo o escutará; o Senhor se manifestará, e o povo o verá; e, ouvindo a sua voz e vendo a sua glória, o povo se prostrará e o adorará.

O poder do Espírito Santo

Ao terceiro ingrediente da minha análise da humildade do pregador chamarei de dependência humilde. Todo pregador deseja ser eficaz. Espera que a congregação ouça seus sermões, entenda-os e lhes corresponda com fé e obediência. Mas em que ele confia para esse efeito?

---

[40] Peter BEAVAN, *Klemperisms*, p. 2.
[41] *Guardian Weekly,* 20 maio 1965.

Muitos confiam em si mesmos. São extrovertidos por temperamento e têm personalidade forte. Podem também ter um intelecto perspicaz. Impressionam, portanto, todas as pessoas que conhecem, pois são líderes natos. Pretendem, naturalmente, empregar esses talentos quando estão no púlpito. Têm razão nisso? Sim e não. Certamente, devem reconhecer que sua capacidade intelectual e o brilho de sua personalidade provêm de Deus. Não devem fingir que não possuem esses talentos, nem procurar escondê-los, nem negligenciá-los no seu preparo no gabinete de estudos, nem na sua pregação em púlpito. Devem ser autênticos. Não devem, porém, imaginar que os talentos dados por Deus levem as pessoas a Cristo sem o acréscimo de outros dons outorgadas por Deus.

Na totalidade de nosso ministério precisamos lembrar-nos tanto da condição espiritual lastimável das pessoas sem Cristo quanto do poder e da perícia assustadores dos "poderes e autoridades" postos em ordem de batalha contra nós. O próprio Jesus ilustrou a condição humana de perdição com a linguagem da incapacidade física. Por nós mesmos, somos cegos diante da verdade de Deus, e surdos para não ouvir a sua voz. Mancos, não conseguimos andar nos seus caminhos. Mudos, não podemos cantar-lhe louvor, nem falar em seu favor. Somos até mortos nos nossos delitos e pecados. Além disso, somos enganados e escravizados pelas forças demoníacas. É óbvio que se achamos exagerados, "mitológicos" ou francamente falsos esses conceitos, não veremos necessidade de poder sobrenatural. Consideraremos adequados os nossos próprios recursos. Mas se os seres humanos estão de fato cegos, espiritual e moralmente, surdos, mudos, mancos e até mortos e, ainda, prisioneiros de Satanás, é extremamente ridículo supor que, por conta própria e com nossa pregação meramente humana, poderemos alcançar ou resgatar pessoas em condição tão lastimável. Deixemos Spurgeon expressar a situação com seu elã e seu humor habituais:

> Não vou tentar ensinar a um tigre as virtudes do vegetarianismo, mas essa tarefa é tão inspiradora de esperança quanto pro-

curar convencer um pecador irreconciliável da verdade que Deus revelou a respeito do pecado, da justiça e do juízo vindouro.[42]

Somente Jesus Cristo, pelo seu Espírito Santo, pode abrir os olhos cegos e os ouvidos surdos, fazer os mancos andar e os mudos falar, despertar a consciência, iluminar a mente, fazer arder o coração, afetar a vontade, dar vida aos mortos, e resgatar os escravos do domínio de Satanás. Tudo isso Jesus pode fazer, e o faz, conforme o pregador deve saber por sua própria experiência. Por isso, nossa maior necessidade como pregadores é "sermos revestidos do poder do alto" (Lc 24.49) a fim de que, assim como os apóstolos, possamos "pregar o evangelho pelo Espírito Santo enviado do céu" (1Pe 1.12) e o evangelho chegue às pessoas mediante a nossa pregação "não somente em palavra, mas também em poder, e no Espírito Santo e em plena convicção" (1Ts 1.5). Por que, então, parece tão rara a companhia do Espírito Santo em nossa pregação? Tenho forte suspeita de que a razão principal seja o nosso orgulho. Para receber a plenitude do Espírito, precisamos primeiro reconhecer o nosso próprio vazio. A fim de ser exaltados e usados por Deus, precisamos primeiro humilhar-nos debaixo da sua poderosa mão (1Pe 5.6). A fim de receber o seu poder, precisamos primeiro reconhecer a nossa própria fraqueza e até nos deleitar nela.

É esse último paradoxo que, confesso, mais me impressionou entre as várias maneiras que os autores do Novo Testamento expressam a mesma verdade. "Poder mediante a fraqueza" é um tema recorrente, talvez mesmo predominante, na correspondência de Paulo com os coríntios. E os coríntios precisavam muito disso. Porque eram pessoas orgulhosas, jactanciosas de seus próprios dons e realizações, por um lado, e jactanciosas de seus líderes, por outro. Permitiam-se o culto vergonhoso às personalidades, lançando um apóstolo contra outro, de maneira que deixava Paulo horrorizado. Outorgavam a Paulo uma deferência que se devia a Cristo somente.

---

[42] *An all-round ministry*, p. 322.

"Foi Paulo crucificado em favor de vocês?", exclama desgostoso. "Foram vocês batizados em nome de Paulo?" (1Co 1.13). O apóstolo não permite que continuem gabando-se de si mesmos, nem de nenhum líder humano. "Ninguém se glorie em homens", insiste. Pelo contrário: "Aquele que se gloria, glorie-se no Senhor" (1Co 3.21; 1.31).

É nesse contexto do orgulho dos coríntios que o tema de Paulo, "poder mediante a fraqueza", se destaca em nítido relevo. São três as passagens principais nas quais volta a ocorrer.

> E foi como fraqueza, temor e com muito tremor que estive entre vocês. Minha mensagem e minha pregação não consistiram de palavras persuasivas de sabedoria, mas consistiram de demonstração do poder do Espírito, para que a fé que vocês têm não se baseasse na sabedoria humana, mas no poder de Deus (1Co 2.3-5).

> Mas temos esse tesouro em vasos de barro, para mostrar que este poder que a tudo excede provém de Deus e não de nós (2Co 4.7).

> Para impedir que eu me exaltasse por causa da grandeza dessas revelações, foi-me dado um espinho na carne, um mensageiro de Satanás, para me atormentar. Três vezes roguei ao Senhor que o tirasse de mim. Mas ele me disse: "Minha graça é suficiente para você, pois meu poder se aperfeiçoa na fraqueza". Portanto, eu me gloriarei ainda mais alegremente em minhas fraquezas, para que o poder de Cristo repouse em mim. Por isso, por amor de Cristo regozijo-me nas fraquezas, nos insultos, nas necessidades, nas perseguições, nas angústias. Pois quando sou fraco é que sou forte (2Co 12.7-10).

À parte desse contraste entre o poder e a fraqueza, do poder divino na fraqueza humana e por meio dela, existe outro dado muito importante que une essas três passagens. É a ocorrência da palavra grega *hina,* "a fim de que". Quem sabe eu consiga parafrasear as declarações de Paulo. Primeiro: "Estava entre vocês em fraqueza pessoal e por isso confiava na demonstração poderosa do Espírito Santo quanto à veracidade da minha mensagem, *a fim de que* a fé de vocês dependesse exclusivamente do poder de Deus". Segundo: "Temos o tesouro do evangelho em potes frágeis de barro (nosso corpo) *a fim de que* se veja claramente que o poder tremendo que nos sustenta e converteu vocês provém de Deus, e não de nós mesmos". Terceiro: "Porque Jesus me contou que o poder dele se aperfeiçoa na fraqueza humana, por isso me gabarei com alegria das minhas fraquezas *a fim de que* o poder de Cristo repouse sobre mim [...] Porque é somente quando estou fraco que fico forte". É difícil negar a relevância da repetida expressão "a fim de que", ou resistir a conclusão que ela indica. Nesse caso, foi permitido deliberadamente que a fraqueza humana permanecesse, a fim de ser o meio pelo qual o poder divino operasse e a arena em que se manifestasse. Certamente Paulo foi explícito no tocante ao seu "espinho na carne", qualquer que tenha sido a enfermidade física (ou talvez psicológica). Certamente, tratava-se de um "mensageiro de Satanás". Mesmo assim, o Senhor Jesus Cristo rejeitou os três rogos de Paulo para que removesse o espinho. Esse espinho lhe fora dado para fazê-lo humilde, e foi deixado ali a fim de que, na fraqueza de Paulo, o poder de Cristo repousasse sobre ele e se aperfeiçoasse nele.

Não podemos, no entanto, restringir a Paulo esse princípio; ele tem aplicação universal. Um dos aforismos atribuídos a Hudson Taylor, fundador da Missão do Interior da China, é que "todos os gigantes de Deus são homens fracos", os quais (por certo ele queria dizer) precisavam por isso mesmo depender do poder de Deus. Sua declaração não pode ser comprovada, pois não se conhece nenhuma fraqueza em alguns homens e mulheres que Deus usou grandemente. É possível, pois, que tenha havido fraquezas escondidas e secretas? Acho que sim. De qualquer forma, o número de pregadores de destaque, só nos últimos cento e tantos anos, que sabidamente padeciam enfermidades é notável. Disso é exemplo o dr. James Macgregor, que durante quase quarenta anos foi ministro da Igreja de St. Cuthbert em Edimburgo. Não somente era pequeno de estatura, como também ficara gravemente deformado desde criança. Certa ocasião, um preletor de teologia pastoral insistia na "constituição física grande e robusta" como algo indispensável aos ministros. Nesse mesmo momento, "abriu-se a porta e, aquele que era chamado carinhosamente de 'o pequeno Macgregor' entrou, como se para desafiar aquela declaração [...] Pois sua figura, de pernas curtas e contorcidas que fizeram dele um anão, foi a vindicação triunfante da independência transcendente do espírito sobre os defeitos do corpo."[43]

Outros pregadores tiveram mais enfermidade psicológica do que física. F. W. Robertson (1816-53), às vezes chamado "o pregador dos pregadores", cujos sermões pregados na Trinity Chapel, Brighton, exerciam muita influência na sua própria vida, e ainda hoje são lidos, não apenas sofreu de saúde fraca durante sua breve vida de 37 anos, como também de melancolia e introspecção. Sentia-se fracassado, e freqüentemente sua alma mergulhava em trevas profundas. Certamente foi dessas mesmas fraquezas que nasceram a coragem e o poder da sua pregação. Muitos ficam perplexos quando informados de que Joseph Parker, que pregou durante 28 anos no City Temple, Londres, com autoridade impressionante e atraindo a todos, era atormentado por sentimentos de inferioridade por ser filho de um pedreiro em Northumbria e ter recebido uma parca educação teológica. Para alguns, a revelação mais surpreendente de todas é que o grande C. H. Spurgeon, invariavelmente conhecido como "o príncipe dos pregadores", poderoso nas Escrituras, confiante, eloqüente e espirituoso, disse de si mesmo num sermão pregado em 1866: "Sofro depressões espirituais tão pavorosas que espero que nenhum de vocês chegue a tamanho extremo de aflição".[44]

Hesito mencionar a mim mesmo nessa relação, pois certamente não pertenço à classe dos mestres do púlpito que mencionei. Mes-

---

[43] Alexander GAMMIE, *Preachers I have heard*, p. 24.
[44] Warren WIERSBE, *Walking with the giant:* a minister's guide to good reading and great preaching, p. 263. V. tb. Spurgeon sobre "As crises de desmaio do ministro", *Lectures,* 1.ª série, preleção XI, p. 167-79.

mo assim, embora não tenha o poder deles, acho que conheço um pouco da fraqueza deles. Realmente, tive várias experiências, nos 35 anos de minha ordenação ao ministério, que confirmaram a instrucão de Paulo aos coríntios no tocante ao poder por meio da fraqueza. Mencionarei somente uma dessas experiência. Foi na Austrália, em junho de 1958. Dirigia uma missão de uma semana na Universidade de Sidney, e tínhamos chegado ao último dia, um domingo. Com fé ousada, os alunos alugaram o imponente salão grande da Universidade para a noite final. Mas um tipo de micróbio (que os australianos chamam de "wog") me atacara fortemente e me deixara sem voz. Fiquei incapaz de falar. Durante a tarde inteira, estive a ponto de telefonar para alguém a fim de providenciar um pregador substituto. Mas fui persuadido a não fazer isso. Às sete e meia, meia hora antes do início programado da reunião, fiquei à espera num aposento lateral. Alguns alunos estavam comigo, e susurrei um pedido para o presidente do comitê da missão ler a passagem do "espinho na carne" em 2Coríntios 12. Ele leu, e a conversa entre Jesus e Paulo passou a ter vida.

> Paulo: "Rogo-te que o tires de mim".
>
> Jesus: "Minha graça é suficiente para você, pois meu poder se aperfeiçoa na fraqueza".
>
> Paulo: "Eu me gloriarei ainda mais alegremente em minhas fraquezas, para que o poder de Cristo repouse em mim [...] Pois quando sou fraco é que sou forte".

Depois da leitura, ele orou em meu favor, e subi na plataforma. Quando chegou o momento da preleção, posso apenas dizer que crocitei o evangelho através do microfone num tom monótono. Fiquei totalmente incapacitado de modular minha voz e de exercer minha personalidade de alguma forma. Durante o tempo todo, porém, clamava ao Senhor para cumprir sua promessa de aperfeiçoar o seu poder mediante a minha fraqueza. No fim, depois de instruções singelas sobre como chegar a Cristo, fiz o convite, e houve resposta imediata e razoavelmente grande. Já voltei à Austrália umas sete ou oito vezes desde então, e em todas essas ocasiões alguém veio até mim e disse: "Você se lembra daquele culto final da missão de 1958 no grande salão da Universidade, quando você perdeu a voz? Entreguei-me a Cristo naquela noite".

Todos nós que somos pregadores cristãos somos criaturas finitas, caídas, frágeis e falíveis, somos "vasos de barro" (2Co 4.7). O poder pertence a Cristo e é exercido por intermédio do seu Espírito. As palavras que falamos na fraqueza humana são levadas diretamente pelo Espírito Santo, mediante o seu poder, ao coração, à mente, à consciência e à vontade dos ouvintes. "Seria melhor falar seis palavras no poder do Espírito Santo", disse Spurgeon certa vez, "do que pregar setenta anos de sermões sem o Espírito".[45] Tenho diante de mim, enquanto escrevo, uma fotografia do púlpito central enorme no qual Spurgeon pregava no Metropolitan Tabenacle. A fotografia está reproduzida no segundo volume de sua *Autobiografia*. Quinze degraus de cada lado levam até lá, numa grande e notável curva. Ouvi dizer (sem confirmação) que enquanto Spurgeon subia aqueles degraus, com os passos medidos de um homem corpulento, murmurava consigo mesmo em cada um: "Creio no Espírito Santo". Podemos ter total certeza de que, depois de quinze repetições dessa afirmação de fé, ele *realmente* cria no Espírito Santo. Spurgeon também nos conclama a fazer o mesmo:

> O evangelho é pregado aos ouvidos de todos; chega com poder somente a alguns. O poder do evangelho não se acha na eloqüência do pregador, senão, os homens seriam os convertedores das almas. Tampouco se acha na erudição do pregador; doutra forma, consistiria na sabedoria dos homens. Podemos pregar até que nos apodreça a língua, até esgotar nossos pulmões e morrermos, mas nunca se converteria uma alma sequer a não ser que um poder misterioso acompanhasse a pregação: o Es-

---

[45] *Twelve sermons on the Holy Spirit*, p. 122.

pírito Santo, que transforma a vontade do homem. Ó, senhores! Seria a mesma coisa que pregar a muros de pedra, se pregássemos aos seres humanos sem o Espírito Santo acompanhar a palavra, para lhe dar poder de converter almas.[46]

Mente humilde (submissa à Palavra de Deus revelada), ambição humilde (que deseja o encontro entre Cristo e seu povo) e dependência humilde (confiaça no poder do Espírito Santo) — são elementos da análise que fizemos da humildade do pregador. Indicam que a mensagem tem de ser a Palavra de Deus, não a nossa. Nosso alvo é a glória de Cristo, não a nossa. Nossa confiança, o poder do Espírito Santo, não o nosso. Trata-se, na realidade, de uma humildade trinitariana, como em 1Coríntios 2.1-5, onde o apóstolo escreve que em Corinto proclamara a Palavra ou "testemunho" de Deus a respeito da cruz de Cristo na demonstração do Espírito de poder.

Acredito que não posso terminar este capítulo de maneira melhor do que citando algumas palavras anônimas que o rev. Basil Gough achou nos escritórios da Igreja de St. Mary-at-Quay, em Ipswich, Suffolk, e da Igreja de Hatherleigh, em Devon. Ganhei-as dele, e elas estão num quadro no meu quarto desde de então:

> Quando conto da tua salvação de graça,
> Que pensamentos de ti, que a tudo inundam,
> Engrandeçam-me o coração e a alma!
> E quando todos os corações ficam humildes e comovidos
> Sob a influência da tua palavra,
> Esconde-me atrás da tua cruz.

---

[46]Essa exortação comovente me foi enviada há talvez por volta de 1950 pelo cônego Fred Pickering, então presbítero da Christ Church, Southport. Não se acha, porém, em nenhum dos três volumes das suas *Lectures to my students*. Nem se acha em *An all-round ministry*, nem nos *Twelve sermons on the Holy Spirit*. Não consegui rastrear a referência original.

CONCLUSÃO

E*u creio na pregação.* Essas palavras são mais do que o título deste livro; afirmam, também, forte convicção pessoal. Realmente creio na pregação, e creio, ainda, que nada seria mais eficaz para restaurar a saúde e a vitalidade à igreja, bem como para levar seus membros à maturidade em Cristo, do que uma recuperação da pregação verdadeira, bíblica e contemporânea. Certamente existem contundentes objeções contrárias, que procuramos enfrentar. Mas existem argumentos teológicos ainda mais fortes a favor, que procuramos captar. Certamente, também, a tarefa da pregação hoje é extremamente exigente, à medida que procuramos construir pontes entre a Palavra e o mundo, entre a revelação divina e a experiência humana, e assim produzir correlacionamentos entre eles, com integridade e relevância. Assim, a chamada de Deus chega a nós de modo renovado, no sentido de separarmos mais tempo tanto para estudar quanto para nos preparar, e para sermos resolutos em pregar com sinceridade, zelo, coragem e humildade.

A pergunta que imediatamente nos ocorre é: Quem está suficiente preparado para essas coisas? O privilégio é grande, a responsabilidade é exigente, as tentações são muitas e os padrões são altos. Como podemos esperar que correspondamos de modo adequado?

Como resposta, gostaria de compartilhar com vocês um segredo singelo. Eu mesmo faço um grande esforço para manter esse privilégio em mente, e sempre quando estou capacitado para isso, achou-o extremamente útil. Começa com o fato negativo do salmo 139 de que, por onde quer que formos, não podemos escapar de Deus, e continua com o corolário positivo de que, onde quer que estivermos, "ali mesmo" a mão direita do Altíssimo nos dirige e nos segura. Mais do que isso. Seu olho, e não somente a mão, está sobre nós, e seus ouvidos estão abertos às nossas palavras e orações (Sl 32.8; Sl 34.15; v. 1Pe 3.12). Essa verdade é importante para todos os cristãos, mas tem relevância especial para o pregador. Como exemplos, escolho Jeremias no Antigo Testamento e Paulo no Novo.

Jeremias
Sabes o que saiu dos meus lábios, pois está diante de ti (Jr 17.16).

Paulo
Em Cristo falamos diante de Deus com sinceridade, como homens enviados por Deus. Falamos diante de Deus como alguém que está em Cristo (2Co 2.17; 12.19).

É verdade que quando pregamos, falamos à vista e aos ouvidos dos seres humanos, e eles nos desafiam a sermos fiéis. Mas quanto mais desfiador é a consciência de estarmos pregando à vista e aos ouvidos de Deus? Ele vê o que fazemos e escuta o que dizemos. Nada nos livrará mais rapidamente da preguiça e da frieza, da hipocrisia, da covardia e do orgulho, do que a consciência de que Deus vê, ouve e se importa. Portanto, que Deus nos conceda uma consciência mais constante e vívida da sua presença, pois diante dele todos os corações estão abertos e nenhum segredo está oculto! Que Deus conceda, quando pregamos, que nos tornemos cada vez mais conscientes de que *ele* vê e ouve mais do que a congregação vê e ouve, e que esse conhecimento nos inspire à fidelidade!

Handley Moule, que posteriormente se tornaria o primeiro presidente de Ridley Hall, em Cambridge, e, tempos depois, bispo de Durham, foi ordenado em 1867 para servir sob a supervisão do seu pai em Fordington em Dorset. Isso explica o título do seu poema: "O púlpito de Fordington: os pensamentos do pregador na semana". Embora dificilmente possa ser classificado como poesia grandiosa, contém o fruto do seu próprio auto-exame. Referindo-se a Deus como "esse Grande Ouvinte", que fica em pé ao lado do pregador e escuta seus sermões, termina com estas perguntas perscrutadoras:

Ele achou verdadeira a sua mensagem?
Veraz e também falada com veracidade?

> Pronunciada com um propósito íntegro
> De uma alma que não pensa em si mesma,
> Visando nada senão a fama
> Do grande Nome redentor
> E o perdão, vida e felicidade
> Do rebanho que comprou para si mesmo?[1]

Esquecer-se de si mesmo é um alvo que não pode ser alcançado, a não ser como o subproduto da preocupação com a presença do Outro e com a sua mensagem, o seu poder e a sua glória. É por isso que tenho achado útil, já nestes últimos anos, proferir no púlpito esta oração antes de pregar:

> Pai Celeste, curvamo-nos diante da tua presença.
> Que tua Palavra seja a nossa regra,
>   teu Espírito, o nosso mestre,
> e tua maior glória a nossa ocupação suprema,
> por Jesus Cristo, nosso Senhor.

---

[1] J. B. HARTFORD & F. C. MACDONALD, *Bishop Handley Moule*, p. 63.

BIBLIOGRAFIA SELECIONADA

1) LIVROS SOBRE O MINISTÉRIO E A PREGAÇÃO

ALEXANDER, James W. *Thoughts on preaching.* 1864, Banner of Truth, reimp. 1975.

ALLMEN, Jean-Jacques von. *Preaching and congregation.* 1955; Lutterworth, 1962.

BAVINCK, J. H. *An introduction to the science of missions.* Presbiterian and Reformed Publishing Co., 1960.

BAXTER, Richard. *The reformed pastor.* 1656, 2. ed. Epworth; rev. John T. Wilkinson, 1950.

BEECHER, Henry Ward. *Lectures on preaching:* personal elements in preaching (preleções Yale de 1872). Nelson, 1872.

BERNARD, Richard. *The faithfull shepheard.* Londres, 1607.

BLACK, James. *The mystery of preaching* (preleções Warrack & Sprunt de 1923). James Clarke, 1924, ed. rev., Marshall, Morgan & Scott, 1977.

BLACKWOOD, Andrew W. *The preparation of sermons.* Abingdon, 1948; Church Book Room Press, 1951.

BRILIOTH, Yngve. *Landmarks in the history of preaching* (preleções Donellan de 1949 em Dublin). S.P.C.K., 1950.

BROADUS, John A. *On the preparation and delivery of sermons.* 1870. J. B. Weatherspoon, Harper, 1944.

_____. *Lectures on the history of preaching.* 1876, Armstrong, New York, 1899.

BROOKS, Phillips. *Lectures on preaching* (preleções Yale de 1877). Dutton, 1877; Allenson, 1895; Baker, 1969.

_____. *Essays and addresses.* John Cotton Brooks, org., Macmillan, 1894.

BRUNNER, Emil. *The word and the world.* S.C.M., 1931.

BUTTRICK, George A. *Jesus came preaching:* pregação cristã na nova era, As preleções Yale de 1931. Scribner, 1931.

BULL, Paul H. *Lectures on preaching and sermon construction.* S.P.C.K., 1922.

COGGAN, F. Donald. *Stewards of grace.* Hodder & Stoughton, 1958.
_____. *On preaching.* S.P.C.K., 1978.
CRUM, Milton. *Manual on preaching.* Judson, 1977.
DALE, R W. *Nine lectures on preaching* (preleçoes Yale de 1876). Hodder & Stoughton, 1877; Barnes, 1878; New York: Doran, 1900.
DARGAN, Edwin Charles. *A history of preaching.* Hodder & Stoughton & G. H. Doran, vol. 1, A.D. 70-1572 (1905); vol. 2, A.D. 1572-1900 (1912).
DAVIES, Horton. *Varieties of English preaching 1900-1960.* S.C.M. & Prentice-Hall, 1963.
DAVIES, H. Grady. *Design for preaching.* Fortress, 1958.
FANT, Clyde E. *Bonhoeffer.* Nelson, 1975. (Inclui as preleções Finkenwalde sobre homilética, de Bonhoeffer, 1935-1939.)
FERRIS, Theodore Parker. *Go tell the people.* Scribner, 1951. (Preleções de George Craig Stewart sobre a pregação, em 1950.)
FORD, D. W. Cleverley. *An expository preacher's notebook.* Hodder & Stoughton, 1960.
_____. *A theological preacher's notebook.* Hodder & Stoughton, 1962.
_____. *A pastoral preacher's notebook.* Hodder & Stoughton, 1962.
_____. *Preaching today.* Epworth & S.P.C.K., 1969.
_____. *The ministry of the word.* Hodder & Stoughton, 1979.
FORSYTH, P. T. *Positive preaching and the modern mind.* Independent Press, 1907.
GILLETT, David. *How do congregations learn?* 1979 (Livrete de Grove sobre o ministério e o culto; n.º 67.)
HALL, Thor. *The future shape of preaching.* Fortress, 1971.
HERBERT, George. *A priest to the temple* or *the country parson, his character and rule of holy life.* Escrito em 1632, publicado em 1652, H.C. Beeching, ed. Blackwell, 1898.
HORNE, Charles Silvester. *The romance of preaching.* James Clarke & Revell, 1914. (Preleções Yale de 1914.)
HUXTABLE, John. *The preacher's integrity and other lectures.* Epworth, 1966.
JOWETT, J. H. *The preacher*: his life and work. New York: G. H. Doran, 1912. (Preleções Yale de 1912.)
KEIR, Thomas H. *The word in worship.* O.U.P., 1962.
LLOYD-JONES, D. Martyn. *Preaching and preachers.* Hodder & Stoughton, 1971; Zondervan, 1972.

_____. *The Christian warfare, an exposition of Ephesians 6.10-13.* Banner of Truth, 1976; Baker, 1976.
MAHAFFY, Sir John Pentland. *The decay of modern preaching.* Macmillan, 1882.
MARTIN, Al. *What's wrong with preaching today?* Banner of Truth, 1968.
MATHER, Cotton. *Student and preacher,* ou *Directions for a candidate of the ministry.* 1726, Hindmarsh, Londres, 1789.
MCGREGOR, W.M. *The making of a preacher.* S.C.M., 1945. (Preleções Warrack.)
MCWILLIAM, Stuart W. *Called to preach.* St. Andrew Press, 1969.
MILLER, Donald G. *Fire in thy mouth.* Abingdon, 1954.
MITCHELL, Henry H. *Black preaching.* 1970; 2. ed. Harper & Row, 1979.
_____. *The recovery of preaching.* Harper & Row, 1977; Hodder & Stoughton, 1979.
MORGAN, G. Campbell. *Preaching.* 1937; reimp. Baker Book House, 1974.
MORRIS, Colin. *The word and the words.* Epworth, 1975.
NEILL, S.C. *On the ministry.* S.C.M., 1952.
PERKINS, William: *The art of prophecying,* vol. 2, 1631, in: *The workes of that famous and worthy minister of Christ in the Universitie of Cambridge,* Mr. William Perkins John Legatt e John Haviland. Londres, 3 vols., 1631-1635.
PERRY, Lloyd M. *Biblical preaching for today's world.* Moody Press, 1973.
PHELPS, Austin. *Men and books* or l*ectures introductory for the theory of preaching.* Dickinson, 1882.
PITT-WATSON, Ian. *A kind of folly:* toward a practical theology of preaching. St. Andrew Press, 1976; Westminster, 1978. (Warrack Lectures: 1972-1975.)
POULTON, John. *A today sort of evangelism.* Lutterworth, 1972.
QUAYLE, William A. *The pastor-preacher.* 1910; Baker 1979.
RAHNER, Karl. ed. *The renewal of preaching:* theory and practice, vol. 33 de *Concilium.* New York: Paulist Press, 1968.
READ, David H. C. *The communication of the Gospel* . S.C.M., 1952. (Warrack Lectures).
REID, Clyde. *The empty pulpit:* a study in preaching as communication. Harper & Row, 1967.

ROBINSON, Haddon W. *Biblical preaching*: the developoment and delirety of expository messages. Baker, 1980. [Publicado em português com o título *A pregação bíblica:* o desenvolvimento e a entrega de sermões expositivos, trad. Gordon Chown. São Paulo: Vida Nova, 1983.)]

SANGSTER, W. E. *The craft of sermon illustration*. 1946, incorp. em *The craft of the sermon,* Epworth, 1954.

_____. *The craft of sermon construction*. 1949, incorp. em *The craft of the sermon,* Epworth, 1954.

_____. *The approach to preaching*. Epworth, 1951.

_____. *Power of preaching*. Epworth, 1958.

SIMPSON, Matthew. *Lectures on preaching*. New York: Phillips & Hunt, 1879.

SMYTH, Charles. *The art of preaching*. S.P.C.K., 1940. (Panorama prático da pregação na Igreja da Inglaterra de 747 a 1939.)

SPURGEON, C. H. *An all-round ministry*. Banner of Truth, 1960. (Uma coletânea de preleções a ministros e estudantes em 1900.)

_____. *Lectures to my students*. 3 vols., 1.ª série, 1881, 2.ª série 1882, 3.ª série 1894. Passmore & Alabaster, Zondervan, 1980.

STALKER, James. *The preacher and his models*. Hodder & Stoughton, 1891. (Preleções Yale, 1891.)

_____. *A faith to proclaim*. Scribner's, 1953. (Preleções Yale, 1953.)

_____. *Heralds of God* . Hodder & Stoughton, 1946. (Preleções Warrack; 1946.)

SWEAZEY, George E. *Preaching the Good News*. Prentice-Hall, 1976.

TERWILLIGER, Robert E. *Receiving the Word of God*. Morehouse-Barlow, 1960.

TIZARD, Leslie J. *Preching:* the art of communication. George Allen & Unwin, 1958.

TURNBULL, Ralph G. *A minister's obstacles*. 1946, ed. Baker, Book House, 1972.

VINET, A. *Homiletics* or t*he art of preaching*. 1853.

VOLBEDA, Samuel. *The pastoral genius of preaching*. Zondervan, 1960.

WAND, William. *Letters on preaching*. Hodder & Stoughton, 1974.

WARD, Ronald A. *Royal sacrament:* the preacher and his message. Marshall, Morgan & Scott, 1958.

WELSH, Clement. *Preaching in a new key:* studies in the psychology of thinking and listening. Pilgrim Press, 1974.

WHITE, R. E. O. *A guide to preaching:* a pratical primer of homiletics. Pickering & Inglis, 1973.
WILKINS, John (bispo de Chester). *Ecclesiastes.* 1646; 3. ed. 1651.
WILLIAMS, Howard. *My word:* Christian preaching today. S.C.M., 1973.
WINGREN, Gustaf. *The living word* (1949). S.C.M., 1960.

2) LIVROS SOBRE COMUNICAÇÃO E MÍDIA

BERLO, David K. *The process of communication:* un introduction to theory and practice. Holt, Rinehart & Winston, 1960.
Broadcasting, society and the Church. Church Information Office, 1973. (Relatório do Comitê da Radiodifusão do Sínodo Geral da Igreja da Inglaterra.)
Children and television. (Pesquisa realizada na Inglaterra entre as idades de 7 e 17 anos em 1978. Encomendada por Pye Limited, Cambridge.)
EVANS, Christopher. *The mighty micro:* the impact of the microchip revolution. 1979, Hodder & Stoughton; edição Coronet, 1980.
FREIRE, Paulo. *Pedagogy of the oppressed.* Penguin, 1972.
The future of broadcasting: the Annan Report. H.M.S.O., Londres, 1977.
GOWERS, Sir Ernest. *The complete plain words, que incorpora Plain words* e *The ABC of plain words.* Londres: H.M.S.O., 1954.
HIRSCH, E. D. *Validity in interpretation.* Yale University Press, 1967.
LEWIS, C. S. *Studies in words.* Cambridge University Press, 1960.
MCLUHAN, Marshall. *The gutenberg galaxy:* the making of typographic man. Routledge, 1962.
_____. *Understanding media:* the extensions of man. Routledge, 1964, Abacus 1973.
_____. *The medium is the massage:* an inventory of effects, com Quentin Fiore. Penguin, 1967.
MILLER, Jonathan. *McLuhan.* Collins, 1971. (Série Fontana modern Masters.)
MUGGERIDGE, Malcolm. *Christ and the media.* Hodder & Stoughton, 1977; Eerdmans, 1978. (Preleções de Londres sobre cristianismo contemporâneo.)

Packard, Vance. *The hidden persuaders*. David McKay, 1957; Penguin 1960. (Uma introdução às técnicas da persuasão em massa através do inconsciente.)

Reid, Gavin. *The gagging of God:* the failure of the church to communicate in the television age. Hodder & Stoughton, 1969.

Screen violence and film censorship. Londres: H.M.S.O., 1977. (Estudo de pesquisa do Ministério do Interior n.º 40.)

Solzhenitsyn, Alexander. *One word of truth*. Bodley Head, 1 972, Farrer, Strausz & Giroux, 1970. (Discurso do Prêmio Nobel de Literatura de 1970.)

Thiselton, Anthony. *Two horizons*. Paternoster, 1 980, Eerdmans, 1980.

The Willowbank report on Gospel and culture. Estudo ocasional de Lausana n.º 2. 1978; também publicado em *Explaining the Gospel in today's world,* Scripture Union, 1979.

Winn, Marie. *The plug-in drug:* televion, children and the family. New York: Viking Press, 1977.

3) HISTÓRICOS, BIOGRÁFICOS E AUTOBIOGRÁFICOS

Bainton, Roland H. *Erasmus of Christendom*. 1969, Collins, 1970.
 Here I stand: uma vida de Martinho Lutero. Hodder & Stoughton, 1951, New American Library, 1957.

Barbour, G. F. *The life of Alexander Whyte.* Hodder & Stoughton, 1923.

Beavan, Peter. *Klemperisms*. Cock Robin Press, 1974.

Bosanquet, Mary. *The life and death of Dietrich Bonhoeffer.* Hodder & Stoughton, 1968.

Cadier, Jean. *The man God mastered:* a brief biography of John Calvin. Inter-Varsity Fellowship, 1960.

Carlyle, Thomas. *Heroes and hero-worship*. 1841, 3. ed. Londres, 1846.

Carus, William (org.) *Memoirs of the rev. Charles Simeon.* Hatchard, 1847.

Chorley, E. Clowes. *Men and movements in the American Episcopal Church,* the Hale lectures. New York: Scribner, 1946.

Colquhoun, Frank. *Haringay story.* Hodder & Stoughton, 1955.

Day, Richard Elsworth. *The shadow of the broad brim:* the life-history of Charles Haddon Spurgeon. Judson Press, 1934.

DILLISTONE, F. W. *Charles Raven.* Hodder & Stoughton, 1975).
DWIGHT, S. E. *The life of president Edwards.* New York: Carvill, 1830; sendo o vol. 1 de *The works of president Edwards*, em dez volumes.
GAMMIE, Alexander. *Preachers I have heard.* Pickering & Inglis, 1945.
HALLER, William. *The rise of puritanism.* New York: Columbia University Press, 1938.
HARFORD, J. B. & MACDONALD, F. C. *Bishop handley moule.* Hodder & Stoughton, 1922.
HASLAM, W. *From eeath into life.* Marshall, Morgan & Scott, 1880.
HENNELL, Michael. *John Venn and the clapham sect.* Lutterworth, 1958.
HENSON, H. Hensley. *Robertson of Brighton 1816-1853.* Smith, Elder, 1916.
_____. *Retrospect of an unimportant life.* O.U.P., vol. 1, 1942; vol. 2, 1943; vol. 3, 1950.
HOPKINS, Hugh Evan. *Charles Simeon of Cambridge.* Hodder & Stoughton, 1977.
INGE, W. R. *Diary of a dean.* St. Paul's, 1911-1934, Hutchinson, 1949.
JONES, Edgar De Witt. *American preachers of today*: intimate appraisals of thirty-two leaders. Bobbs-Merrill, 1933.
KEEFE, Carolyn. (ed.) *C. S. Lewis, speaker and teacher:* a symposium. Zondervan, 1971, Hodder & Stoughton, 1974.
KING, Coretta Scott. *My life with Martin Luther King, Jr.* Hodder & Stoughton, 1970; Holt, Rinehart and Winston, 1969.
MOORMAN, J. R. H. *A history of the Church of England.* A. & C. Black, 1953.
MORGAN, Irvonwy. *The godly preachers of the Elizabethan Church.* Epworth, 1965.
MUGGERIDGE, Malcolm. *Chronicles of wasted time:* part 1: *The green stick.* Collins, 1972.
NICOLL, W. Robertson. *Princes of the Church.* Hodder & Stoughton, 1921.
PAGET, Elma K. *Henry Luke Paget, portrait and frame.* Longman, 1939.
POLLOCK, John C. *George Whitefield and the great awakening.* Hodder & Stoughton, 1973.
_____. *Wilberforce.* Constable, 1977, Lion brochura, 1978.
_____. *Amazing grace.* Hodder & Stoughton, 1981.

Rupp, Ernest Gordon: *Luther's progress to the diet of worms 1521.* S.C.M., 1951.

Ryle, J. C. *The christian leaders of the last century* or *A hundred years ago.* Thynne, 1868; n. ed.

_____. *Light from old times.* Thynne & Jarvis, 1924.

Sangster, Paul. *Doctor Sangster.* Epworth, 1962.

Simpson, J. G. *Preachers and teachers.* Edward Arnold, 1910.

Smyth, Charles. *Cyril Forster Garbett:* Archbishop of York. Hodder & Stoughton, 1959.

Warren, M. A. C. *Crowded Canvas.* Hodder & Stoughton, 1974.

Wesley, John. *Journal.* Condensado por Nehemiah Curnock. Epworth, 1949.

White, Paul. *Alias jungle doctor:* an autobiography. Paternoster, 1977.

Whitley, Elizabeth. *Plain Mr. Knox.* Scottish Reformation Society, 1960.

Wiersbe, Warren. *Walking with the giant:* a minister's guide to good reading and great preaching. Baker, 1976.

Williams, W. *Personal eminscences of Charles Haddon Spurgeon.* Religious Tract Society, 1895.

Woodforde, James. *The diary of a country parson 1758-1802.* Org. por John Beresford em 5 vols., O.U.P., 1926-1931.

4) MISCELÂNEOS

Abbott, Walter M. (ed.) *The documents of Vatican II.* Geoffrey Chapman, 1967.

Barth, Karl. *The Word of God and the word of man.* Hodder & Stoughton, 1935 Peter Smith, 1958. (Coletânea de preleções publicadas primeiramente em alemão em 1928.)

Baxter, Richard. *Poetical fragments.* 1681, Gregg International Publishers, 1971.

Berger, Peter L. *Facing up to modernity.* New York: Basic Books, 1977.

Blamires, Harry. *The christian mind.* S.P.C.K., 1963.

Bounds, E. M. *Power through prayer.* Marshall, Morgan & Scott, 1912.

Calvin, John. *Institutes of the Christian religion.* Publicadas primeiramente em 1536. [Publicadas em português com o título *As institutas ou Tratado da religião cristã* (trad. por Waldyr Carvalho Luz, São Paulo: Casa Editora Presbiteriana, 1985).]

CRISTÓSTOMO. *Works of St. Chrysostom*. In: *Post-nicene fathers*. Vol. 10. Eerdmans, 1975.
COGGAN, Donald. *Convictions*. Hodder & Stoughton, 1975, brochura 1978.
ELIOT, George. *Scenes of clerical life*. 1858, Penguin, 1973.
EUSÉBIO. *Ecclesiastical history*. S.P.C.K., 1928. [Publicado em português com o título *História elesiástica*; várias versões].
GOLDING, William. *Free fall*. Faber, 1959, Harcourt Brace, 1962.
FANT, Clyde E. & PINSON, William M. (orgs.) *Twenty centuries of great preaching*. 13 vols. Word Books, 1971.
GLOVER, T. R. *The Jesus of History*. S.C.M. 1917, Hodder & Stoughton, 1965.
GREEN, E. M. B. *The truth of God incarnate*. Hodder & Stoughton, 1977.
GRUBB, Kenneth G. *A layman looks at the Church*. Hodder & Stoughton, 1964.
HENSON, Hensley H. *Church and parson in England*. Hodder & Stoughton, 1927.
HERNANDEZ, José. *The gaucho*. parte 1, 1872, parte 2, 1879, Trad. em inglês por Walter Owen 1935, ed. bilíngüe Editorial Pampa, 1967.
IRENEU. *Adversus haereses*. Livro IV, cap. 26, c. 200 d.C., em *Ante-nicene fathers*, vol. 1, 1886, Eerdmans, 1962.
JUSTINO, o Mártir. *A primeira apologia*. c. 150 d.C., em *Ante-nicene fathers*, vol. 1, 1886, Eerdmans, 1 962.
KNOX, Ronald. *Essays in satire*. Sheed & Ward, 1928, n. ed. 1954.
LATIMER. *Select sermons and letters of Dr. Hugh Latimer*. R. T. S. und.
_____. *Works of Hugh Latimer*. Ed. da Parker Society, vol. 1, C.U.P., 1844.
LEACOCK, Stephen. *Sunshine sketches of a little town*. McLelland & Stewart, 1 948.
LEHMANN, Helmut T. (org.) *Luther's works*. Fortress Press, 1965.
LEWIS, W. H. (org.) *Letters of C.S. Lewis*. Geoffrey Bles, 1966.
Luther's Table-Talk, 1566, Captain Henry Bell, 1886.
Luther's works. Concordia Publishing House, St. Louis, 1956.
MANNING, Bernard L. *A layman in the ministry*. Independent Press, 1942.
MAUGHAM, Somerset. *The moon and sixpence*. Penguin, 1919.
MELVILLE, Herman. *Moby Dick* or *The whale*. 1851, Penguin, 1972.

PARKER, J. H. (org.) *A library of fathers of the Holy Catholic Church.* O.U.P., 1843.
Portable Mark Twain, The. New York: Viking Press, 1958.
RAMSEY, Arthur Michael, e SUENENS, Leon-Joseph. *The future of the christian Church.* S.C.M., 1971.
SCHAFF, Philip. (ed.) *The nicene and post-nicene fathers.* 1892, Eerdmans 1975.
SIMEON, Charles. *Horae homileticae* ou *Estudos:* na forma de esboços) sobre a totalidade das Escrituras. em 11 vols., 1819-1820, também um apêndice das Horae homileticae em 6 vols., 1828, Richard Watts, 1819-1828.

Let wisdom judge: preleções universitárias e esboços de sermões, ed. Arthur Pollard, InterVarsity Fellowship, 1959.
SPURGEON, C. H. *Twelve sermons on the Holy Spirit.* Marshall, Morgan & Scott, 1937, Baker, 1973.
STEWART, James S. *A man in Christ.* Hodder & Stoughton, 1935, ed. rev. 1972, Baker, 1975.
TERTULIANO. *The apologia.* c. 200 d.C. In: *Ante-nicene fathers,* vol. 3, 1885, Eerdmans, 1973.
The Didache. In: *Ante-Nicene Fathers.* Vol. 7. 1886. Eerdmans, 1975.
TOFFLER, Alvin. *Future shock.* Bodley Head, 1970; Random, 1970.
TROLLOPE, Anthony. *Barchester towers.* 1857, J. M. Dent, Everyman's Library, 1906.